Grundwerk
C.G. JUNG
Band 9

Grundwerk
C.G. JUNG

in neun Bänden, herausgegeben von

Helmut Barz, Ursula Baumgardt,
Rudolf Blomeyer, Hans Dieckmann,
Helmut Remmler, Theodor Seifert

Vorwort zur Reihe in Band 1

C.G. JUNG

Mensch und Kultur

WALTER-VERLAG
OLTEN UND FREIBURG IM BREISGAU

Gesamtwerk
ISBN 3-530-40780-1

Band 1
ISBN 3-530-40781-X

Band 2
ISBN 3-530-40782-8

Band 3
ISBN 3-530-40783-6

Band 4
ISBN 3-530-40784-4

Band 5
ISBN 3-530-40785-2

Band 6
ISBN 3-530-40786-0

Band 7
ISBN 3-530-40787-9

Band 8
ISBN 3-530-40788-7

Band 9
ISBN 3-530-40789-5

2. Auflage 1987

Gesamtherstellung in den grafischen Betrieben
des Walter-Verlags
Printed in Switzerland

Inhalt

Vom Werden der Persönlichkeit

In etwas freier Anlehnung an einen GOETHEschen Vers wird oft zitiert:

Höchstes Glück der Erdenkinder
Sei nur die Persönlichkeit[1]

und damit die Ansicht ausgesprochen, daß weitestes Ziel und stärkster Wunsch aller in der Entfaltung jener Ganzheit menschlichen Wesens liege, welche man als *Persönlichkeit* bezeichnet. «Erziehung zur Persönlichkeit» ist heute zu einem erzieherischen Ideal geworden im Gegensatz zu dem von der allgemeinen Massenhaftigkeit geforderten, standardisierten Kollektiv- und Normalmenschen, in richtiger Erkenntnis der historischen Tatsache, daß die großen, befreienden Taten der Weltgeschichte von führenden Persönlichkeiten ausgegangen sind und nie von der allzeit sekundären, trägen Masse, die auch zur mindesten Bewegung stets des Demagogen bedarf. Der Jubelruf der italienischen Nation galt der Persönlichkeit des Duce, und die Klagelieder anderer Nationen beweinen die Abwesenheit der großen Führer[2]. Die Sehnsucht nach Persönlichkeit ist zu einem wirklichen Problem geworden, das heute viele Köpfe beschäftigt, im Gegensatz zu früherer Zeit, wo nur ein einziger diese Frage erahnte, FRIEDRICH SCHILLER, dessen Briefe zur ästhetischen Erziehung seit ihrer Entstehung einen mehr als hundertjährigen Dornröschenschlaf hinter sich haben. Wir können wohl ruhig behaupten, daß das Heilige Römische Reich Deutscher Nation von FRIEDRICH SCHILLER als Erzieher nichts gemerkt hat. Dagegen hat sich der furor teutonicus auf die Pädagogik, das heißt die Erziehung der Kinder, gestürzt, Kinderpsychologie getrieben, das Infantile im erwachsenen Menschen aufgestöbert und damit aus der Kindheit einen für Leben und Schicksal dermaßen wichtigen Zustand gemacht, daß die schöpferische Bedeutung und Möglichkeit der späteren, erwachsenen Existenz daneben gänzlich in den Schatten trat. Ja, man hat unsere Zeit sogar überschwenglich als das «Zeitalter des Kindes» gepriesen. Diese maßlose Erweiterung und Ausbreitung des Kindergartens ist gleichbedeutend mit einem völligen Vergessen der von SCHILLER genial erahnten erzieherischen Problematik. Niemand wird die Wichtigkeit des Kindesalters leugnen oder auch nur unterschätzen; zu offenkundig sind die schweren, oft lebenslangen Schädigungen durch eine blödsinnige Erziehung zu Hause und in der Schule und zu unabweislich die Notwendigkeit vernünftigerer pädagogischer Methoden. Will man dieses Übel aber wirklich an der Wurzel fassen, so muß man sich allen Ernstes diese Frage vorlegen: Wieso kam es und wieso kommt es immer noch, daß dumme und bornierte Erziehungsmethoden angewendet werden? Doch offenbar einzig und allein daher, daß es dumme Erzieher gibt, die keine Menschen, sondern personifizierte Methodenautomaten sind. Wer erziehen will, sei selber erzogen. Das heute immer noch praktizierte Auswendiglernen und mechanische Anwenden von Methoden ist aber keine Erziehung, weder für das Kind noch für den Erzieher selber. Man spricht anhaltend davon, das Kind müsse zur Persönlichkeit erzogen werden. Ich bewundere selbstverständlich dieses hohe erzieherische Ideal. Wer aber erzieht zur Persönlichkeit? Das sind an erster und wichtigster Stelle die gewöhnlichen, inkompetenten Eltern, die oft selber zeitlebens halbe oder ganze Kinder sind. Wer wird schließlich auch von all den gewöhnlichen Eltern erwarten, daß sie «Persönlichkeiten» seien, und wer hätte je daran gedacht, Methoden zu ersinnen, wie man den Eltern «Persönlichkeit» beibringen könnte? Darum erwartet man natürlicherweise mehr vom Pädagogen, vom ausgebildeten Fachmann, dem man ja die Psychologie schlecht und recht beigebracht hat: nämlich Gesichtspunkte von dieser oder jener – meist grundverschiedenen – Observanz, wie das Kind mutmaßlicherweise beschaffen sei und wie man es zu behandeln habe. Von den jungen Leuten, welche Pädagogik als ihren Lebensberuf erkoren haben, wird vorausgesetzt, sie seien selber erzogen. Daß sie zugleich auch schon allesamt Persönlichkeiten seien, wird wohl niemand behaupten wollen. Sie haben im großen und ganzen dieselbe defekte Erziehung gehabt wie die Kinder, die sie erziehen sollten, und sind in der Regel ebensowenig Persönlichkeiten wie diese. Unser Erziehungsproblem leidet allgemein am einseitigen Hinweis auf das zu erziehende Kind und an der ebenso einseitigen Nichtbetonung der Unerzogenheit der erwachsenen Erzieher. Jedermann mit abgeschlossenem Studiengang kommt sich als fertig erzogen, mit einem Wort als erwachsen vor. Er muß sich ja so vorkommen, er muß ja diese feste Überzeugung seiner Kompetenz haben, um im Existenzkampf bestehen zu können. Zweifel und Unsicherheitsgefühle würden lähmend und hindernd wirken, den so notwendigen Glauben an die eigene Autorität untergraben und ihn zum Berufsleben untauglich machen. Man will von ihm hören, daß er's kann und seiner Sache sicher ist, und nicht, daß er an sich und seiner Zuständigkeit zweifelt. Der Fachmann ist eben unweigerlich zur Kompetenz verdammt.

Daß dies keine idealen Zustände sind, weiß jedermann. Sie sind aber, unter den gegebenen Umständen, cum grano salis die bestmöglichen. Man könnte gar nicht absehen, wie sie anders sein könnten. Man kann vom Durchschnittserzieher schlechthin nicht mehr erwarten als von den Durchschnittseltern. Wenn sie gute Fachleute sind, so muß man sich damit ebenso zufriedengeben wie mit den Eltern, die ihre Kinder so gut wie möglich erziehen.

Das hohe Ideal der Erziehung zur Persönlichkeit verwende man besser nicht für die Kinder. Denn was man so gemeinhin unter «Persönlichkeit» versteht, nämlich *eine bestimmte, widerstandsfähige und kraftbegabte seelische Ganzheit, ist ein erwachsenes Ideal,* das man nur in einem Zeitalter, wo der einzelne des Problems seiner sogenannten Erwachsenheit noch unbewußt ist oder wo er sich – schlimmer noch – bewußt darum herumdrückt, der Kindheit zuschieben möchte. Ich verdächtige nämlich unsere zeitgenössische pädagogische und psychologische Begeisterung für das Kind einer unehrlichen Absicht: man spricht vom Kind, sollte aber das Kind im Erwachsenen meinen. Im Erwachsenen steckt nämlich ein Kind, *ein ewiges Kind*[3], *ein immer noch Werdendes, nie Fertiges, das beständiger Pflege, Aufmerksamkeit und Erziehung bedürfte.* Das ist der Teil der menschlichen Persönlichkeit, der sich zur Ganzheit entwickeln möchte. Von dieser Ganzheit aber ist der Mensch unserer Zeit himmelweit entfernt. In dumpfer Ahnung seines Defektes bemächtigt er sich der Erziehung des Kindes und begeistert sich für Kinderpsychologie aufgrund der beliebten Annahme, daß in seiner eigenen Erziehung und kindlichen Entwicklung etwas schiefgegangen sein müsse, etwas, was bei der nächsten Generation ausgemerzt werden könne. Diese Absicht ist zwar löblich, scheitert aber an der psychologischen Tatsache, daß ich am Kind keinen Fehler korrigieren kann, den ich selber immer noch begehe. Die Kinder sind natürlich nicht so dumm, wie wir meinen. Sie merken es nur zu gut, was echt und was unecht ist. ANDERSENS Märchen von des Königs neuen Kleidern enthält eine unsterbliche Wahrheit. Wie viele Eltern haben mir die löbliche Absicht bekundet, ihren Kindern die Erfahrungen zu ersparen, die sie selber in ihrer Kindheit machen mußten. Und wenn ich fragte: «Aber sind Sie sicher, daß sie diese Fehler überwunden haben?», waren sie ganz überzeugt, daß die Schädigung bei ihnen längst korrigiert sei. In Wirklichkeit war sie es aber nicht. Waren sie als Kinder zu streng erzogen worden, so verdarben sie ihre eigenen Kinder mit einer ans Geschmacklose streifenden Toleranz; waren ihnen in der Kindheit gewisse Lebensgebiete peinlich verhüllt worden, so wurden diese nun den eigenen Kindern ebenso peinlich und aufklärerisch eröffnet. Sie waren also nur ins andere Extrem gefallen, ein stärkster Beweis für die tragische Fortdauer der alten Sünde! Das war ihnen völlig entgangen.

Alles, was wir an den Kindern ändern wollen, sollten wir zunächst wohl aufmerksam prüfen, ob es nicht etwas sei, was besser an uns zu ändern wäre, so zum Beispiel unser pädagogischer Enthusiasmus. Vielleicht wäre er auf uns gemünzt. Vielleicht verkennen wir das pädagogische Bedürfnis, weil es uns unbequemerweise daran erinnern würde, daß wir selber noch irgendwie Kinder sind und der Erziehung in hohem Maße bedürfen.

Auf alle Fälle scheint mir dieser Zweifel unbedingt angebracht zu sein, wenn man die Kinder schon zu «Persönlichkeiten» erziehen möchte. Persönlichkeit ist ein Keim im Kind, der sich nur durch das und im Leben allmählich entwickelt. Ohne *Bestimmtheit, Ganzheit* und *Reifung* wird keine Persönlichkeit offenbar. Diese drei Eigenschaften können und sollen dem Kinde nicht eignen, denn durch sie würde es der Kindheit beraubt. Es würde ein unnatürlicher frühreifer Ersatzerwachsener. Aber solche monstra hat moderne Erziehung schon hervorgebracht, namentlich in jenen Fällen, wo die Eltern einen wahren Fanatismus dreinsetzten, stets und immer ihr «Bestes» für die Kinder zu tun und «nur für sie zu leben». Dieses so oft gehörte Ideal verhindert die Eltern aufs wirksamste, sich selber zu entwickeln, und es befähigt sie, ihr eigenes «Bestes» den Kindern aufzudrängen. Was aber in Wirklichkeit dieses sogenannte Beste ist, das ist das, was die Eltern bei sich selber in höchstem Maße vernachlässigt haben. Die Kinder werden so zu Leistungen angespornt, welche die Eltern nie vollbracht haben, und es werden ihnen Ambitionen aufgedrängt, welche die Eltern nie erfüllt haben. Solche Methoden und Ideale erzeugen erzieherische Monstrositäten.

Zur Persönlichkeit kann niemand erziehen, der sie nicht selber hat. Und nicht das Kind, sondern nur der Erwachsene kann Persönlichkeit erreichen als reife Frucht einer auf dieses Ziel eingestellten Lebensleistung. Denn in der Erreichung der Persönlichkeit liegt nichts Geringeres als die bestmögliche Entfaltung des Ganzen eines besonderen Einzelwesens. Es ist gar nicht abzusehen, was für eine unendliche Zahl von Bedingungen hierzu zu erfüllen ist. Es ist ein ganzes Menschenleben mit allen seinen biologischen, sozialen und seelischen Aspekten dazu nötig. Persönlichkeit ist höchste Verwirklichung der eingeborenen Eigenart des besonderen lebenden Wesens. Persönlichkeit ist die Tat des höchsten Lebensmutes, der absoluten Bejahung des individuell Seienden und der erfolgreichsten Anpassung an das universal Gegebene bei größtmöglicher Freiheit der eigenen Entscheidung. Jemanden *dazu* zu erziehen, scheint mir keine geringe Sache zu sein. Es ist wohl die größte Aufgabe, die sich die moderne Geisteswelt gesetzt hat. Eine gefährliche Aufgabe fürwahr, gefährlich in einem Umfang, den selbst SCHILLER, der sich doch als erster prophetisch in diese Problematik hineingewagt hat, nicht annähernd geahnt hat. Sie ist so gefährlich wie das kühne und rücksichtslose Unternehmen der Natur, Frauen Kinder gebären zu lassen. Wäre es nicht ein frevelhaftes prometheisches oder gar luziferisches Wagnis, wenn ein Übermensch sich erdreistete, in seiner Retorte einen Homunkulus, der sich zu einem Golem auswüchse, entstehen zu lassen? Und doch täte er nicht mehr, als die Natur tagtäglich tut. Es gibt keine menschliche Scheußlichkeit und Abnormität, die nicht einer liebenden Mutter im Schoße gelegen hätte. Wie die Sonne über Gerechte und Ungerechte strahlt und wie tragende und nährende Mütter Kinder Gottes und des Teufels mit der gleichen Liebe betreuen, unbekümmert um die möglichen Folgen, so sind auch wir Teile dieser sonderbaren Natur, welche, wie sie, Unabsehbares in sich tragen.

Die Persönlichkeit entwickelt sich im Laufe des Lebens aus schwer oder gar undeutbaren Keimanlagen, und erst durch unsere Tat wird es offenbar, wer wir sind. Wir sind wie die Sonne, welche das Leben der Erde nährt und allerhand Schönes, Seltsames und Übles hervorbringt; wir sind wie die Mütter, die unbekanntes Glück und Leiden im Schoße tragen. Wir wissen zunächst nicht, welche Taten oder Untaten, welches Schicksal, welches Gute und welches Böse wir enthalten; und erst der Herbst wird zeigen, was der Frühling gezeugt hat, und erst am Abend wird deutlich sein, was der Morgen begann.

Die Persönlichkeit als eine völlige Verwirklichung der Ganzheit unseres Wesens ist ein unerreichbares Ideal. Die Unerreichbarkeit ist aber nie ein Gegengrund gegen ein Ideal, denn Ideale sind nichts als Wegweiser und niemals Ziele.

Wie das Kind sich entwickeln muß, um erzogen zu werden, so muß sich auch die Persönlichkeit zuerst entfalten, bevor sie der Erziehung unterworfen werden kann. Und hier schon beginnt die Gefahr. Wir haben es mit etwas Unabsehbarem zu tun, wir wissen nicht, wie und wohin sich die werdende Persönlichkeit entwickeln wird, und wir haben genug von Natur und Weltwirklichkeit gelernt, um mit Recht etwas mißtrauisch zu sein. Wir sind sogar von der christlichen Lehre im Glauben an das ursprünglich Böse der menschlichen Natur erzogen worden. Aber selbst solche, die sich nicht mehr an die christliche Lehre halten, sind natürlicherweise mißtrauisch und ängstlich in bezug auf die in ihren Untergründen liegenden Möglichkeiten. Selbst aufgeklärte, materialistische Psychologen wie FREUD geben uns eine sehr unangenehme Idee von den schlummernden seelischen Hinter- und Abgründen menschlicher Natur. Es bedeutet daher an sich schon fast ein Wagnis, für die Entfaltung der Persönlichkeit ein gutes Wort einzulegen. Der menschliche Geist steckt aber voll der seltsamsten Widersprüche. Wir preisen die «heilige Mutterschaft» und denken nicht daran, sie für alle menschlichen Monstren, wie Schwerverbrecher, gefährliche Geisteskranke, Epileptiker, Idioten und Krüppel jeglicher Art, die doch auch geboren werden, verantwortlich zu machen. Wir sind aber von den schwersten Zweifeln befallen, wenn wir der menschlichen Persönlichkeit freie Entwicklung gewähren sollen. «Dann wäre ja alles möglich», heißt es. Oder man wärmt den schwachbegabten Einwurf des «Individualismus» wieder auf. Individualismus war noch nie eine natürliche Entwicklung, sondern eine unnatürliche Usurpation, eine unangepaßte, impertinente Pose, die ihre Hohlheit oft bei der geringsten Schwierigkeit schon mit einem Zusammenbruch erweist. Hier handelt es sich um anderes.

Niemand nämlich entwickelt seine Persönlichkeit, weil ihm jemand gesagt hat, es wäre nützlich oder ratsam, es zu tun. Die Natur hat sich durch wohlmeinende Ratschläge noch nie imponieren lassen. Nur kausal wirkender Zwang bewegt die Natur, auch die menschliche. Ohne Not verändert sich nichts, am wenigsten die menschliche Persönlichkeit. Sie ist ungeheuer konservativ, um nicht zu sagen *inert.* Nur schärfste Not vermag sie aufzujagen. So gehorcht auch die Entwicklung der Persönlichkeit keinem Wunsch, keinem Befehl und keiner Einsicht, sondern nur der *Not;* sie bedarf des motivierenden Zwanges innerer oder äußerer Schicksale. Jede andere Entwicklung wäre eben Individualismus. Darum bedeutet auch der Vorwurf des Individualismus eine gemeine Beschimpfung, wenn er gegenüber einer natürlichen Persönlichkeitsentwicklung erhoben wird.

Das Wort: «Viele sind berufen, und wenige sind auserwählt», gilt hier wie nirgends; denn die Entwicklung der Persönlichkeit aus ihren Keimanlagen zur völligen Bewußtheit ist ein Charisma und zugleich ein Fluch: ihre erste Folge ist die bewußte und unvermeidliche Absonderung des Einzelwesens von der Ununterschiedenheit und Unbewußtheit der Herde. Das ist *Vereinsamung,* und dafür gibt es kein tröstlicheres Wort. Davon befreit auch keine noch so erfolgreiche Anpassung oder noch so reibungslose Einpassung in die bestehende Umgebung, keine Familie, keine Gesellschaft und keine Position. Die Entwicklung der Persönlichkeit ist ein solches Glück, daß man es nur teuer bezahlen kann. Wer am meisten von der Entfaltung der Persönlichkeit spricht, denkt am wenigsten an die Folgen, die an sich schon schwächere Geister aufs gründlichste abschrecken.

Entwicklung der Persönlichkeit aber heißt noch mehr als bloße Befürchtung abnormer Ausgeburten oder der Vereinsamung, sie heißt auch: *Treue zum eigenen Gesetz.*

Für das Wort Treue möchte ich hier am liebsten das griechische Wort des Neuen Testamentes, nämlich πίστις, das irrtümlicherweise mit «Glauben» übersetzt wird, verwenden. Es heißt aber eigentlich Vertrauen, vertrauensvolle Loyalität. Die Treue zum eigenen Gesetz ist ein Vertrauen auf dieses Gesetz, ein loyales Ausharren und vertrauensvolles Hoffen, eine Einstellung mithin, wie sie der religiöse Mensch Gott gegenüber haben soll. Und hier wird es nun deutlich, ein wie ungeheuer folgenschweres Dilemma den Hintergründen unseres Problems enttaucht: Die Persönlichkeit nämlich kann sich niemals entfalten, ohne daß man bewußt und mit bewußter moralischer Entscheidung *den eigenen Weg* wählt. Nicht nur das kausale Motiv, die Not, sondern auch die bewußte moralische Entscheidung muß ihre Kraft dem Prozeß der Persönlichkeitsentwicklung leihen. Fehlt das erstere, nämlich die Not, dann wäre die sogenannte Entwicklung bloße Willensakrobatik; fehlt das letztere, nämlich die bewußte Entscheidung, so bliebe die Entwicklung im dumpfen, unbewußten Automatismus stecken. Man kann sich aber moralisch für den eigenen Weg nur dann entscheiden, *wenn man ihn für das Beste hält.* Wenn irgendein anderer Weg für besser gehalten werden sollte, so würde an Stelle der eigenen Persönlichkeit jener gelebt und damit entwickelt. Die anderen Wege sind die Konventionen moralischer, sozialer, politischer, philosophischer und religiöser Natur. Die Tatsache, daß die Konventionen immer in irgendeiner Art blühen, beweist, daß die erdrükkende Mehrzahl der Menschen nicht den eigenen Weg, sondern die Konvention wählt und infolgedessen nicht sich selbst entwickelt, sondern eine Methode und damit ein collectivum auf Kosten der eigenen Ganzheit.

Wie das seelische und soziale Leben der Menschen auf primitiver Stufe ein ausschließliches Gruppenleben bei hochgradiger Unbewußtheit des Individuums ist, so ist auch der spätere historische Entwicklungsprozeß in der Hauptsache eine Kollektivangelegenheit und wird es wohl auch bleiben. Deshalb glaube ich an die Konvention als an eine kollektive Notwendigkeit. Sie ist ein Notbehelf, aber kein Ideal, weder in sittlicher noch in religiöser Beziehung, denn Unterwerfung unter sie bedeutet immer Verzicht auf Ganzheit und eine Flucht vor den eigenen letzten Konsequenzen.

Die Unternehmung der Persönlichkeitsentwicklung ist in der Tat ein unpopuläres Wagnis, ein unsympathisches Abseits von der breiten Straße, eine eremitenhafte Eigenbrötelei, wie es den Außenstehenden bedünken will. Kein Wunder daher, daß von jeher nur die wenigen auf diese sonderbare Aventure verfallen sind. Wären es allesamt Narren gewesen, so könnten wir sie als ἰδιῶται, als geistige «Privatleute», aus dem Blickfeld unseres Interesses entlassen. Unglücklicherweise aber sind die Persönlichkeiten in der Regel die legendären Helden der Menschheit, die Bewunderten, die Geliebten, Angebeteten, die wahren Gottessöhne, deren Namen «nicht in Äonen untergehn». Sie sind die echten Blüten und Früchte, die weiterzeugenden Samen des Menschheitsbaumes. Der Hinweis auf die historischen Persönlichkeiten erklärt hinlänglich, warum die Entwicklung zur Persönlichkeit ein Ideal und warum der Vorwurf des Individualismus eine Beschimpfung ist. Die Größe der historischen Persönlichkeit hat niemals in ihrer unbedingten Unterwerfung unter die Konvention, sondern im Gegenteil in ihrer erlösenden Freiheit *von* der Konvention bestanden. Sie ragten wie Berggipfel aus der Masse, die sich an kollektive Ängste, Überzeugungen, Gesetze und Methoden klammerte, hervor und wählten den eigenen Weg. Und immer kam es dem gewöhnlichen Menschen wunderlich vor, daß einer den gebahnten Wegen mit bekannten Zielen einen steilen und schmalen Pfad, der ins Unbekannte führt, vorziehen sollte. Deshalb hielt man immer dafür, daß ein solcher, wenn nicht wahnsinnig, so doch von einem Dämon oder Gott bewohnt sei; denn dieses Wunder, daß einer es anders tun könnte, als es die Menschheit seit jeher getan hat, konnte nur aus einer Begabung mit dämonischer Kraft oder göttlichem Geist erklärt werden. Was anderes schließlich konnte dem Schwergewicht der ganzen Menschheit und der ewigen Gewohnheit die Waage halten als ein Gott? Von jeher hatten die Helden daher dämonische Attribute. Nach der nordischen Auffassung hatten sie Schlangenaugen; ihre Geburt oder Abstammung war sonderbar. Gewisse alte griechische Helden hatten Schlangenseelen, andere hatten einen Individualdämon, waren Zauberer oder von Gott Erwählte. Alle diese Attribute, die sich leicht um ein Vielfaches vermehren ließen, zeigen, daß für den gewöhnlichen Mann die hervorragende Persönlichkeit eine sozusagen *übernatürliche Erscheinung* ist, die nur durch das Dazutreten eines dämonischen Faktors erklärt werden kann.

Was veranlaßt schließlich einen, den eigenen Weg zu wählen und dadurch aus der unbewußten Identität mit der Masse wie aus einer Nebelschicht emporzusteigen? Die Not kann es nicht sein, denn Not kommt an viele, und sie retten sich alle in die Konventionen. Die moralische Entscheidung kann es nicht sein, denn in der Regel entscheidet man sich für die Konventionen. Was ist es also, das unerbittlich den Ausschlag zugunsten des *Ungewöhnlichen* gibt?

Es ist das, was man *Bestimmung* nennt; ein irrationaler Faktor, der schicksalhaft zur Emanzipation von der Herde und ihren ausgetretenen Wegen drängt. Echte Persönlichkeit hat immer Bestimmung und glaubt an sie, hat pistis [Vertrauen] zu ihr, wie zu Gott, obschon es, wie der gewöhnliche Mann sagen würde, nur ein individuelles Bestimmungsgefühl ist. Diese Bestimmung wirkt aber wie ein Gesetz Gottes, von dem es kein Abweichen gibt. Die Tatsache, daß sehr viele an ihrem eigenen

Weg zugrunde gehen, bedeutet dem, der Bestimmung hat, nichts. Er *muß* dem eigenen Gesetz gehorchen, wie wenn es ein Dämon wäre, der ihm neue, seltsame Wege einflüstert.

Wer *Bestimmung* hat, hört die *Stimme des Innern,* er ist *bestimmt.* Deshalb glaubt auch die Sage, daß er einen privaten Dämon habe, der ihn berät und dessen Aufträge er auszuführen hat. Ein allbekanntes Beispiel dieser Art ist Faust, und ein historischer Fall ist das daimonion des SOKRATES. Primitive Medizinmänner haben ihre Schlangengeister, wie auch Äskulap, der Schutzpatron der Ärzte, durch die epidaurische Schlange dargestellt war. Überdies hatte er als Privatdämon den Kabiren Telesphoros, der ihm anscheinend die Rezepte vorlas respektive eingab.

Bestimmung haben heißt im Ursinn: *von einer Stimme angesprochen sein.* Schönste Beispiele hierfür findet man in den Bekenntnissen der alttestamentlichen Propheten. Daß dies nicht bloß eine altertümliche façon de parler ist, beweisen die Bekenntnisse historischer Persönlichkeiten, wie GOETHE und NAPOLEON, um zwei naheliegende Beispiele zu erwähnen, die aus ihrem Bestimmungsgefühl kein Hehl machten.

Die Bestimmung oder das Bestimmungsgefühl ist nun nicht etwa die Prärogative der großen Persönlichkeiten, sondern auch der kleinen bis hinunter zum Duodezformat; nur wird es mit abnehmender Größe schleierhafter und unbewußter. Es ist, wie wenn die Stimme des inneren Dämons ferner und ferner rückte und seltener und undeutlicher spräche. Je kleiner nämlich die Persönlichkeit ist, desto unbestimmter und unbewußter wird sie, und schließlich verschwimmt sie ununterschieden mit der Sozietät, dadurch der eigenen Ganzheit sich begebend und sich dafür im Ganzen der Gruppe auflösend. An Stelle der Stimme des Inneren tritt die Stimme der sozialen Gruppe und ihrer Konventionen und an Stelle der Bestimmung die kollektiven Bedürfnisse. Nicht wenigen aber geschieht es, auch in diesem unbewußten Sozialzustand von der individuellen Stimme aufgerufen zu werden, wodurch sie sofort von den anderen unterschieden sind und sich vor ein Problem gestellt fühlen, um das die anderen nicht wissen. Meist ist es unmöglich, dem Mitmenschen zu erklären, was geschehen ist, denn das Verständnis ist durch stärkste Vorurteile zugemauert. «Man ist wie alle anderen», «so etwas gibt es nicht», oder wenn es ist, so ist es natürlich «krankhaft», überdies höchst unzweckmäßig, eine «ungeheuerliche Anmaßung, zu meinen, daß so etwas eine Bedeutung haben könnte», es ist ja «nichts als Psychologie». Gerade der letzte Einwand ist heutzutage höchst populär. Er geht hervor aus einer seltsamen Unterschätzung des Seelischen, welches man anscheinend als etwas persönlich Willkürliches und darum gänzlich Futiles ansieht, paradoxerweise bei aller psychologischen Begeisterung. Das Unbewußte ist doch «nichts als Phantasie»! Man hat etwas «bloß gedacht» usw. Man kommt sich vor wie Magier, welche das Seelische hin- und herzaubern und es so gestalten, wie einen die Laune ankommt. Man negiert Unbequemes, und Unerwünschtes wird sublimiert, Ängstliches wird wegerklärt, Irrtümer werden berichtigt, und am Schluß meint man, man hätte nun alles trefflich arrangiert. Dabei hat man die Hauptsache vergessen: nämlich, daß das Psychische nur zum geringsten Teil mit dem Bewußtsein und seinen Zauberkunststücken identisch ist, zum weitaus größeren Teil ist es unbewußte Tatsache, die hart und schwer wie der Granit unbeweglich und unzugänglich daliegt und jederzeit, sobald es unbekannten Gesetzen beliebt, auf uns niederstürzen kann. Die gigantischen Katastrophen, die *uns* bedrohen, sind keine Elementarereignisse physischer oder biologischer Natur, sondern psychische Ereignisse. Uns bedrohen in schreckenerregendem Maße Kriege und Revolutionen, die nichts anderes sind als psychische Epidemien. Jederzeit können einige Millionen Menschen von einem Wahn befallen werden, und dann haben wir wieder einen Weltkrieg oder eine verheerende Revolution. Statt wilden Tieren, stürzenden Felsen, überflutenden Gewässern ausgesetzt zu sein, ist der Mensch jetzt seinen seelischen Elementargewalten ausgesetzt. Das Psychische ist eine Großmacht, die alle Mächte der Erde um ein Vielfaches übersteigt. Die Aufklärung, welche die Natur und die menschlichen Institutionen entgöttert hat, hat den *einen Gott des Schreckens,* der in der Seele wohnt, übersehen. Gottesfurcht ist vor der Übermacht des Psychischen, wenn irgendwo, am Platze.

Das sind jedoch alles bloße Abstraktionen. Jedermann weiß, daß der Tausendsassa Intellekt es so und noch ganz anders sagen kann. Ein anderes hingegen ist es, wenn dieses objektive, granitharte und bleischwere Psychische dem einzelnen als innere Erfahrung entgegentritt und mit vernehmlicher Stimme zu ihm spricht: «So wird und muß es gehen.» Dann fühlt er sich bestimmt, gerade so wie die sozialen Gruppen, wenn es Krieg heißt oder Revolution oder sonst ein Wahn. Nicht vergebens ist es gerade unsere Zeit, die nach der erlösenden Persönlichkeit ruft, das heißt nach dem, der sich von der unentrinnbaren Kollektivitätsmacht unterscheidet und damit wenigstens seelisch sich befreit und den anderen ein hoffnungsvolles Leuchtfeuer anzündet, welches bekundet, daß es wenigstens *einem* gelungen ist, der verhängnisvollen Identität mit der Gruppenseele zu entrinnen. Die Gruppe hat nämlich wegen ihrer Unbewußtheit keine freie Entscheidung, weshalb das Psychische sich in ihr auswirkt wie ein ungehemmtes Naturgesetz. Es entsteht ein kausalgebundener Ablauf, der erst mit der Katastrophe zum Stillstand kommt. Das Volk sehnt sich immer nach einem Helden, einem Drachentöter, wenn es die Gefahr des Psychischen fühlt, daher der Schrei nach der Persönlichkeit.

Was aber hat die einzelne Persönlichkeit mit der Not der vielen zu tun? Sie ist zunächst ja Teil des Volksganzen, und der Gewalt, die das Ganze bewegt, ebenso ausgeliefert wie alle anderen. Das einzige, was diesen Menschen von allen anderen unterscheidet, ist seine Bestimmung. Er ist aufgerufen von jenem übergewaltigen, allgemein bedrückenden Psychischen, das seine und des Volkes Not ist. Gehorcht er der Stimme, so ist er unterschieden und isoliert, denn er hat sich entschlossen, dem Gesetz zu folgen, das ihm aus seinem Inneren entgegentrat. «Seinem eigenen Gesetz», werden alle rufen. Er allein weiß es besser, muß es besser wissen: es ist *das* Gesetz, *die* Bestimmung, so wenig sein «eigen» wie der Löwe, der ihn niederschlägt, obschon dies doch zweifellos der Löwe ist, der ihn tötet, und nicht irgendein anderer Löwe. In diesem Sinne bloß kann er von «seiner» Bestimmung, «seinem» Gesetz reden.

Schon mit der Entscheidung, seinen eigenen Weg über alle Wege zu setzen, hat er seine erlösende Bestimmung zum großen Teil erfüllt. Er hat die Gültigkeit aller anderen Wege für sich aufgehoben. Er hat *sein* Gesetz über alle Konventionen gestellt und damit alles für sich auf die Seite geräumt, was die große Gefahr nicht nur verhindert, sondern sogar herbeigeführt hat. Konventionen sind nämlich an sich seelenlose Mechanismen, welche nie mehr können, als die Routine des Lebens erfassen. Das schöpferische Leben aber ist immer jenseits der Konvention. Daher kommt es, daß, wenn die bloße Routine des Lebens in der Form althergebrachter Konventionen vorherrscht, ein zerstörender Ausbruch der schöpferischen Kräfte erfolgen *muß.* Dieser Ausbruch ist aber nur katastrophal als *Massenerscheinung,* niemals aber im einzelnen, der sich bewußt diesen höheren Kräften unterordnet und sein Können in ihren Dienst stellt. Der Mechanismus der Konvention hält die Menschen *unbe-*

wußt, denn dann können sie wie das Wild auf altgewohnten Wechseln gehen, ohne Notwendigkeit bewußter Entscheidung. Diese unbeabsichtigte Wirkung auch der besten Konvention ist unvermeidlich, jedoch nicht minder eine furchtbare Gefahr. Denn wie beim Tier, so tritt auch bei den durch Routine unbewußt gehaltenen Menschen Panik mit all ihren unabsehbaren Folgen ein, wenn neue, durch die alten Konventionen nicht vorgesehene Umstände eintreten.

Persönlichkeit aber läßt sich von der Panik der Erwachenden nicht ergreifen, denn sie hat den Schrecken schon hinter sich. Sie ist der Veränderung der Zeit gewachsen und unwissentlich und unwillentlich *Führer.*

Gewiß sind alle Menschen auch einander gleich, denn sonst könnten sie nicht demselben Wahn unterliegen, und sicherlich ist der seelische Untergrund, auf dem das individuelle Bewußtsein ruht, ein universal gleichartiger, denn sonst könnten sich Menschen gegenseitig nie verständigen. So ist auch in diesem Sinne die Persönlichkeit und ihre eigentümliche seelische Beschaffenheit nicht etwas absolut Einmaliges und Einzigartiges. Die Einzigartigkeit gilt nur für die *Individualität* der Persönlichkeit, wie sie für jegliche Individualität gilt. Persönlichkeit zu werden, ist nicht die absolute Prärogative des genialen Menschen. Ja, er kann genial sein, ohne Persönlichkeit zu haben oder zu sein. Insofern jedes Individuum sein ihm eingeborenes Lebensgesetz hat, hat jeder die theoretische Möglichkeit, diesem Gesetz vor allen zu folgen und damit zur Persönlichkeit zu werden, das heißt, Ganzheit zu erlangen. Da nun aber das Lebendige nur in Form lebender Einheiten, das heißt Individuen, existiert, so zielt das Lebensgesetz in letzter Linie immer auf ein *individuell gelebtes Leben.* Obschon also das Objektiv-Psychische, das man im Grunde gar nicht anders denken kann denn als eine universale und gleichartige Gegebenheit, dieselbe seelische Vorbedingung für alle Menschen bedeutet, so muß es sich, sobald es in Erscheinung treten will, individuieren, denn es bleibt ihm gar keine Wahl, als sich durch das Einzelindividuum auszudrücken. Es sei denn, daß es eine Gruppe ergreift, wo es dann aber naturgemäß zur Katastrophe führt, und dies einfach darum, weil es nur unbewußt wirkte, von keinem Bewußtsein assimiliert und allen anderen schon vorhandenen Lebensbedingungen eingeordnet wurde.

Nur wer *bewußt* zur Macht der ihm entgegentretenden inneren Bestimmung ja sagen kann, wird zur Persönlichkeit; wer ihr aber unterliegt, verfällt dem blinden Ablauf des Geschehens und wird vernichtet. Das ist das Große und Erlösende jeder echten Persönlichkeit, daß sie sich mit freiwilliger Entscheidung ihrer Bestimmung zum Opfer bringt und mit Bewußtsein das in ihre individuelle Wirklichkeit übersetzt, was, von der Gruppe unbewußt gelebt, nur zum Verderben führen würde.

Eines der glänzendsten Beispiele des Lebens und des Sinnes einer Persönlichkeit, das uns die Geschichte aufbewahrt hat, ist das Leben Christi. Dem römischen Cäsarenwahn, der nicht etwa nur dem Kaiser, sondern jedem Römer – «civis Romanus sum» [Römischer Bürger bin ich] – eignete, entstand ein Gegenspieler im Christentum, das, beiläufig erwähnt, die einzige Religion war, die von den Römern wirklich verfolgt wurde. Der Gegensatz zeigte sich, wo immer Cäsarenkult und Christentum aufeinanderprallten. Wie wir aber aus den Andeutungen der Evangelien über den seelischen Werdegang der Persönlichkeit Christi wissen, spielte dieser Gegensatz auch in der Seele des Stifters der christlichen Religion die ausschlaggebende Rolle. Die Versuchungsgeschichte zeigt uns deutlich, mit was für einer psychischen Macht Jesus zusammengestoßen ist: es war der Machtteufel der zeitgenössischen Psychologie, der ihn in der Wüste in ernstliche Versuchung führte. Dieser Teufel war das Objektiv-Psychische, welches alle Völker des römischen Imperiums in seinem Bann hielt; darum auch versprach er Jesus alle Reiche der Erde, wie wenn er ihn zum Cäsaren hätte machen wollen. Der innern Stimme, seiner Bestimmung und Berufung folgend, hat Jesus sich dem Anfall des imperialistischen Wahnes, der alle erfüllte – Sieger und Besiegte – freiwillig ausgesetzt. Damit erkannte er die Natur des Objektiv-Psychischen, das alle Welt in einen leidensvollen Zustand versetzte und eine Erlösungssehnsucht zeitigte, die auch bei heidnischen Dichtern ihren Ausdruck fand. Diesen seelischen Anfall, den er bewußt auf sich wirken ließ, unterdrückte er nicht und ließ sich auch von ihm nicht unterdrücken, sondern er assimilierte ihn. Und so wurde aus dem weltbeherrschenden Cäsaren ein geistiges Königtum und aus dem Imperium Romanum ein universales, unweltliches Gottesreich. Wo das gesamte jüdische Volk als Messias einen ebenso imperialistischen wie politisch tatkräftigen Helden erwartete, hat Christus die messianische Bestimmung weniger für seine Nation als für die römische Welt erfüllt und die Menschheit auf die alte Wahrheit hingewiesen, daß, wo Macht herrscht, keine Liebe ist, und wo Liebe herrscht, keine Macht gilt. Die Religion der Liebe war der genaue psychologische Gegensatz zur römischen Machtteufelei.

Das Beispiel des Christentums illustriert wohl am besten meine vorhergehenden, abstrakten Erörterungen. Dieses anscheinend einzigartige Leben ist deshalb zum geheiligten Symbol geworden, weil es der psychologische Prototyp des einzig sinnvollen Lebens ist, nämlich eines Lebens, welches nach der individuellen, das heißt absoluten und unbedingten Verwirklichung seines ihm eigentümlichen Gesetzes strebt. In diesem Sinne kann man mit TERTULLIAN ausrufen: «Anima naturaliter christiana» [von Natur aus christliche Seele]!

Die Deifikation Jesu sowohl wie Buddhas verwundert nicht, beweist aber schlagend die ungeheure Wertschätzung, welche die Menschheit diesen Helden und damit dem Ideal der Persönlichkeitswerdung entgegenbringt. Wenn es gegenwärtig den Anschein hat, als ob das blinde und zerstörerische Vorwiegen sinnloser Kollektivmächte das Persönlichkeitsideal in den Hintergrund drängen würde, so ist dies nur eine vorübergehende Auflehnung gegen die Übermacht der Historie. Ist einmal durch die revolutionäre, unhistorische und daher auch ungebildete Neigung der neuen Generation die Tradition genügend abgerissen, so werden Helden wieder gesucht und gefunden. Selbst der Bolschewismus, der an Radikalismus nichts zu wünschen übrigläßt, hat LENIN einbalsamiert und aus KARL MARX einen Heiland gemacht. Das Persönlichkeitsideal ist ein unausrottbares Bedürfnis der menschlichen Seele, die es mit um so größerem Fanatismus verteidigt, je unpassender es angelegt ist. Ja, selbst der Cäsarenkult war ein mißverstandener Persönlichkeitskultus, und der moderne Protestantismus, dessen kritische Theologie die *Göttlichkeit* Christi immer mehr zum Schwinden brachte, hat seine letzte Zuflucht in der *Persönlichkeit* Jesu genommen.

Ja, es ist eine große und geheimnisvolle Sache um das, was man als «Persönlichkeit» bezeichnet. Alles, was man darüber sagen kann, ist immer sonderbar unbefriedigend und inadäquat, und stets droht die Gefahr, daß die Diskussion in ein ebenso überschwengliches wie hohles Geschwätz sich verliert. Selbst der Begriff der Persönlichkeit ist im gemeinen Sprachgebrauch ein so vages und schlecht definiertes Wort, daß man wohl kaum zwei Köpfe findet, die dasselbe darunter verstehen. Wenn ich hier eine bestimmte Auffassung proponiere, so bilde ich mir nicht ein, daß damit das letzte Wort gesagt sei. Ich möchte alles, was ich hier sage, nur als einen Versuch betrachten, mich dem Problem der Persönlichkeit zu nähern, ohne Anspruch, es auch zu lösen. Eigentlich möchte ich meinen Versuch lieber als eine Beschreibung des psychologischen Problems der Persönlichkeit auffassen. Die gewöhnlichen psychologischen Mittelchen und Tinkturen versagen hier alle ein bißchen, genauso wie beim Problem des genialen oder schöpferischen Menschen. Die Ableitung aus der familiären Heredität und aus dem Milieu gelingt nicht ganz: die heute so beliebte Kindheitsromantik verläuft – milde gesagt – im Uneigentlichen; die Erklärung aus der Not – kein Geld, krank usw. – bleibt im Äußeren stecken. Immer kommt ein Irrationales, nicht zu Rationalisierendes dazu, ein deus ex machina oder ein asylum ignorantiae [Zuflucht für die Unwissenheit], dieser bekannte Übername Gottes. Das Problem scheint hier in einen außermenschlichen Bereich zu greifen, wofür seit jeher irgendein Gottesname gesetzt wird. Wie ersichtlich, mußte auch ich die Stimme des Inneren, die Be-stimmung, erwähnen und sie als ein machtvolles Objektiv-Psychisches bezeichnen, um sie so zu charakterisieren, wie sie in der werdenden Persönlichkeit wirkt und gegebenenfalls auch subjektiv erscheint. Mephistopheles ist im *«Faust»* nicht etwa darum personifiziert, weil es sich dramatisch oder bühnentechnisch besser ausnimmt, als wenn Faust sich selber moralisierte und seinen eigenen Teufel sich an die Wand malte. Die ersten Worte der Zueignung: «Ihr naht euch wieder, schwankende Gestalten» – sind mehr als ein ästhetischer Effekt. Es ist, wie der Konkretismus des Teufels, ein Zugeständnis an die Objektivität der psychischen Erfahrung, ein leises Bekenntnis, daß es *doch* so war, nicht aus subjektivem Wünschen, Befürchten oder Gutdünken, sondern irgendwie aus sich selber. Gewiß, nur ein Dummkopf könnte an Gespenster denken, aber etwas wie ein primitiver Dummkopf scheint überall unter der Oberfläche des vernünftigen Tagesbewußtseins zu lauern.

Daher der ewige Zweifel, ob das scheinbar Objektiv-Psychische wirklich objektiv oder nicht am Ende eine Einbildung sei. Aber sofort erhebt sich die Frage: Habe ich mit Absicht mir solches eingebildet, oder ist es mir eingebildet worden? Es ist ein ähnliches Problem wie das des Neurotikers, der an einem eingebildeten Karzinom leidet. Er weiß es, und man hat es ihm hundertmal gesagt, daß es eine Einbildung sei, und er fragt mich eingeschüchtert: «Ja, aber wie kommt es denn, daß ich mir so etwas einbilde? Ich will es doch nicht.» Die Antwort hierauf ist: Die Karzinomidee *hat sich ihm eingebildet,* ohne sein Vorwissen und ohne seine Erlaubnis. Der Grund zu diesem Vorgang ist, daß ein psychisches Wachstum, eine «Wucherung» in seinem Unbewußten stattfindet, die er sich nicht bewußtmachen kann. Vor dieser inneren Tätigkeit empfindet er Angst. Da er aber ganz überzeugt ist, daß innen, in der eigenen Seele, doch nichts sein kann, was *er* nicht weiß, so muß er diese Angst eben auf ein körperliches Karzinom beziehen, von dem er weiß, daß es nicht existiert. Und sollte er trotzdem Angst davor haben, so werden ihm hundert Ärzte bestätigen, daß die Angst ganz grundlos sei. So ist die Neurose ein Schutz gegen die objektive innere Tätigkeit der Seele oder ein etwas teuer bezahlter Versuch, sich der inneren Stimme und damit der Bestimmung zu entziehen. Denn diese «Wucherung» ist jene objektive, von bewußter Willkür unabhängige Tätigkeit der Seele, die mit der inneren Stimme zum Bewußtsein sprechen möchte, um den Menschen seiner Ganzheit zuzuführen. Hinter der neurotischen Verdrehung steckt Bestimmung, Schicksal und das Werden der Persönlichkeit, die völlige Verwirklichung des dem Individuum eingeborenen Lebenswillens. Der Mensch ohne amor fati [Liebe zum Schicksal] ist der Neurotiker; er versäumt sich selbst, und nie kann er mit NIETZSCHE sagen: «Nie erhebt sich ein Mann höher, als wenn er nicht weiß, wohin ihn sein Schicksal noch führen wird.»[4]

In dem Maße als man, dem eigenen Gesetz untreu, nicht zur Persönlichkeit wird, hat man den Sinn seines Lebens verpaßt. Glücklicherweise hat die gütige und langmütige Natur den meisten Menschen nie die fatale Frage nach dem Sinn ihres Lebens auf die Zunge gelegt. Und wo niemand fragt, braucht keiner zu antworten.

Die Karzinom-Angst des Neurotikers hat also recht, sie ist keine Einbildung, sondern der folgerichtige Ausdruck einer seelischen Tatsache, die im außerbewußten Bereich, dem Willen und der Einsicht unerreichbar, existiert. Ginge er in die Wüste mit sich selber und hörte er in der Einsamkeit nach innen, so möchte er vielleicht vernehmen, was die Stimme des Inneren sagt. Aber in der Regel ist der verbildete Kulturmensch ganz unfähig, die doktrinär nicht gewährleistete Stimme wahrzunehmen. Primitive sind dazu in viel höherem Maße befähigt, zum mindesten können die Medizinmänner, da es sogar zu ihrem professionellen Rüstzeug gehört, mit Geistern, Bäumen und Tieren reden, das heißt, in diesen Gestalten tritt ihnen das Objektiv-Psychische, das seelische Nicht-Ich entgegen.

Weil die Neurose eine Entwicklungsstörung der Persönlichkeit ist, so sind wir Seelenärzte schon durch die berufliche Notwendigkeit gezwungen, uns mit dem scheinbar fernliegenden Problem der Persönlichkeit und der inneren Stimme zu befassen. In der praktischen Psychotherapie treten diese sonst so vagen und so oft ins Phrasenhafte entarteten seelischen Tatsachen aus dem Dunkel ihre Unbekanntheit hervor und nähern sich der Sichtbarkeit. Jedoch geschieht dies nur äußerst selten spontan wie beim alttestamentlichen Propheten; in der Regel müssen jene seelischen Tatbestände, welche die Störung veranlassen, mühsam bewußtgemacht werden. Die zutage tretenden Inhalte entsprechen aber durchaus der «Stimme des Inneren» und bedeuten schicksalhafte Bestimmung, welche, wenn vom Bewußtsein angenommen und eingeordnet, die Entwicklung der Persönlichkeit herbeiführt.

So wie die große Persönlichkeit sozial lösend, erlösend, umgestaltend und heilend wirkt, so hat auch die Geburt der eigenen Persönlichkeit heilende Wirkung auf das Individuum. Es ist, wie wenn ein in versumpfte Nebenarme sich verlierender Strom plötzlich wieder sein Strombett entdeckte oder wie wenn ein Stein, der auf einem keimenden Samen lag, weggehoben würde, so daß der Schoß sein natürliches Wachstum beginnen kann.

Die Stimme des Innern ist die Stimme eines volleren Lebens, eines weiteren, umfänglicheren *Bewußtseins.* Daher fallen im mythologischen Sinne die Heldengeburt oder die symbolische Wiedergeburt mit dem Sonnenaufgang zusammen, weil das Werden der Persönlichkeit gleichbedeutend ist mit einer *Vermehrung der Bewußtheit.* Aus demselben Grunde sind die meisten Helden durch Sonnenattribute gekennzeichnet, und der Moment der Geburt ihrer großen Persönlichkeit wird Erleuchtung genannt.

Die Furcht, welche die meisten natürlichen Menschen vor der Stimme des Inneren empfinden, ist nicht so kindisch, wie es einem dünken möchte. Die dem beschränkten Bewußtsein gegenübertretenden Inhalte sind, wie das klassische Beispiel des Christuslebens oder das ebenso bezeichnende Mara-Erlebnis der Buddhalegende zeigt, keineswegs harmlos, sondern bedeuten in der Regel die Gefahr, welche dem betroffenen Individuum spezifisch ist. Es ist in der Regel etwas Ungutes, ja Böses, was die Stimme des Inneren an uns heranbringt. Das muß so sein vor allem darum, weil man für gewöhnlich seiner Tugenden nicht so unbewußt ist wie seiner Untugenden, und sodann, weil man am Guten weniger leidet als am Bösen. Die innere Stimme bringt, wie ich vorhin erörterte, das zum

Bewußtsein, woran das Ganze, das heißt das Volk, zu dem man gehört, oder die Menschheit, deren Teil wir sind, leidet. Aber sie stellt dieses Böse in individueller Form dar, so daß man zunächst meinen könnte, daß all dieses Böse nur individuelle Charaktereigenschaft wäre. Die innere Stimme bringt das Böse in versucherisch überzeugender Weise heran, um zu bewirken, daß man ihm erliegt. Unterliegt man ihm nicht zum Teil, so geht nichts von diesem scheinbar Bösen in uns hinein, und dann kann auch keine Erneuerung und Heilung stattfinden. (Ich nenne das Böse der inneren Stimme «scheinbar», was zu optimistisch klingt.) Wenn das Ich der inneren Stimme völlig unterliegt, dann wirken ihre Inhalte, wie wenn sie ebenso viele Teufel wären, das heißt, es folgt eine Katastrophe. Unterliegt das Ich aber nur zum Teil und kann es sich vor dem gänzlichen Verschlungenwerden durch Selbstbehauptung retten, dann kann es die Stimme assimilieren, und dann stellt es sich heraus, daß das Böse nur ein böser Schein war, in Wirklichkeit aber ein Bringer des Heils und der Erleuchtung. «Luziferisch» in des Wortes eigentlichstem und unzweideutigstem Sinne ist der Charakter der inneren Stimme, und deshalb stellt sie den Menschen vor letzte moralische Entscheidungen, ohne die er eben nie zur Bewußtheit gelangen und zur Persönlichkeit werden kann. In unergründlicher Weise ist oft Niederstes und Höchstes, Bestes und Verruchtestes, Wahrstes und Verlogenstes in der Stimme des Inneren gemischt, einen Abgrund von Verwirrung, Täuschung und Verzweiflung aufreißend.

Es ist natürlich lächerlich, wenn man die Stimme der allgütigen und allzerstörenden Natur der Bosheit anklagt. Wenn sie uns vorzugsweise böse erscheint, so rührt das wesentlich von der alten Weisheit her, daß das Gute immer der Feind des Besseren ist. Wir wären ja närrisch, wenn wir uns nicht am althergebrachten Guten hielten, solange wie immer möglich. Aber wie Faust sagt:

> Wenn wir zum Guten dieser Welt gelangen,
> Dann heißt das Bess're Trug und Wahn!

Ein Gutes ist leider nicht ewig gut, denn sonst gäbe es nichts Besseres. Soll das Bessere kommen, so muß das Gute weichen. Deshalb sagte ja der Meister Eckhart: «Gott ist nicht gut, denn sonst könnte er besser sein.»

Es gibt darum Zeiten in der Weltgeschichte (die unsere dürfte dazugehören), wo ein Gutes weichen muß, und darum erscheint jenes, welches bestimmt ist, das Bessere zu werden, zunächst als Böses. Wie gefährlich es ist, diese Probleme überhaupt nur zu berühren, zeigt der eben ausgesprochene Satz; denn wie leicht kann sich damit das Böse einschmuggeln, wenn es einfach erklärt, es sei eben das potentiell Bessere! Die Problematik der inneren Stimme ist voll heimlicher Fanggruben und Fußangeln. Gefährlichstes, schlüpfrigstes Gebiet, genau so gefährlich und abwegig wie das Leben selber, wenn es auf Geländer verzichtet. Wer aber sein Leben nicht verlieren kann, wird es auch nicht gewinnen. Die Geburt des Helden und das Heldenleben ist eben immer bedroht. Die Schlangen der Hera, die den Säugling Herakles bedrohen, der Python, der die Geburt des Lichtgottes Apollo vernichten will, der bethlehemitische Kindermord sind typische Beispiele. Das Werden der Persönlichkeit ist ein Wagnis, und es ist tragisch, daß gerade der Dämon der inneren Stimme höchste Gefahr und unerläßliche Hilfe zugleich bedeutet. Es ist tragisch, aber logisch. Es ist natürlicherweise so.

Kann man es darum der Menschheit und allen wohlmeinenden Hirten der Herde und besorgten Vätern der Kinderscharen verdenken, wenn sie schützende Mauern errichten, wirksame Bilder aufstellen und gangbare Wege empfehlen, welche sich um Abgründe herumschlängeln?

Schließlich und am Ende ist ja auch der Held, Führer und Heiland jener, welcher einen neuen Weg zu höherer Sicherheit entdeckt. Man könnte ja alles beim alten lassen, wenn dieser neue Weg es nicht unbedingt verlangte, entdeckt zu werden und die Menschheit nicht mit allen Plagen Ägyptens so lange heimsuchte, bis der neue Weg gefunden ist. Der unentdeckte Weg in uns ist wie ein psychisch Lebendiges, das die klassische chinesische Philosophie «Tao» nennt und einem Wasserlauf vergleicht, der unerbittlich sich zu seinem Ziel bewegt. Im Tao sein bedeutet Vollendung, Ganzheit, erfüllte Bestimmung, Anfang und Ziel und völlige Verwirklichung des den Dingen eingeborenen Daseinssinnes. Persönlichkeit ist Tao.

Die Frau in Europa

> Frei nennst du dich? Deinen herrschenden Gedanken will ich hören und nicht, daß du einem Joche entronnen bist.
> Bist du ein Solcher, der einem Joche entrinnen durfte? Es gibt Manchen, der seinen letzten Wert wegwarf, als er seine Dienstbarkeit wegwarf.
> *«Also sprach Zarathustra»*

Es ist ein Wagnis, das ich ohne dringliche Aufforderung wohl kaum unternommen hätte, über die Frau im heutigen Europa zu schreiben. Wissen wir überhaupt etwas Gründliches über Europa zu sagen? Steht irgend jemand darüber? Steckt nicht jeder in einem Programm oder in einem Experiment oder in einem kritischen Rückblick? Und was die Frau betrifft – könnte man da nicht dasselbe fragen? Überdies, kann ein Mann über die Frau schreiben, über sein eigenes Gegenteil schlechthin? Ich meine, etwas Richtiges, etwas jenseits von Sexualprogrammatik und Ressentiment, von Illusion und Theorie? Ich wüßte nicht, wer sich diese Überlegenheit zutrauen könnte, denn die Frau steht immer dort, wo der Mann seinen Schatten hat, weshalb er sie nur allzuleicht mit diesem verwechselt, und wenn er dieses Mißverständnis wiedergutmachen will, so überschätzt er die Frau und traut ihr Desiderata zu. Es geschieht deshalb mit größtem Bedenken, wenn ich mich anschicke, dieses Thema zu behandeln.

Eines ist wohl über jeden Zweifel erhaben, und das ist die Tatsache, daß die heutige Frau im selben Übergang steht wie der Mann. Ob dieser Übergang ein historischer Wendepunkt ist oder nicht, bleibe dahingestellt. Bisweilen scheint es – namentlich bei einem historischen Rückblick –, als ob die heutige Zeit ein Analogon hätte mit gewissen Epochen, wo große Reiche und Kulturen ihren Höhepunkt überschritten und unaufhaltsam ihrem Zerfall entgegeneilten. Aber solche Analogien sind trügerisch, denn es gibt Renaissancen. Etwas scheint deutlicher in den Vordergrund zu rücken, nämlich die europäische Mittelstellung zwischen dem asiatischen Osten und dem angelsächsischen – oder soll man sagen amerikanischen? – Westen. Europa ist zwischen zwei Kolosse geraten, noch unfertig in ihrer Gestalt, aber überwältigend gegensätzlich in ihrem bereits erkennbaren Wesen. Sie sind abgrundtief geschieden in ihrer Rasse und ihrem Ideal. Im Westen ein unabsehbarer Aufschwung der technischen und wissenschaftlichen Kulturtendenz Europas, im Osten ein Durchbruch aller jener Mächte, welche in Europa diesen Kulturbetrieb in Schach halten. Die Macht des Westens ist materiell, die des Osten ideell[1]. Der Kampf der Gegensätze, der sich in der europäischen Männerwelt auf dem Gebiet des angewandten Geistes abspielt und sich auf Schlachtfeldern und in Bankbilanzen ausdrückt, ist bei der Frau *seelischer Konflikt.* – Was die Behandlung des Problems der Frau im heutigen Europa so ungemein schwierig macht, ist die Tatsache, daß man notwendigerweise nur über eine Minorität schreibt. Es gibt in diesem Sinne keine europäische Frau schlechthin. Oder ist etwa die Bäuerin von heute anders als die vor hundert Jahren? Es gibt einen ganz wesentlichen Grundstock der Bevölkerung, der nur sehr bedingt in der Gegenwart lebt und am Gegenwartsproblem teilhat. «Der Kampf der Geister» – von wie vielen wird er ausgefochten? Und wie viele verständnisvolle, anteilnehmende Zuschauer hat er? «Das Problem der Frau» – wie viele Frauen haben Probleme? Im Verhältnis zur Gesamtzahl der lebenden Frauen Europas ist es eine verschwindende Minderzahl von Frauen, die im Europa *von heute* leben, überdies sind sie städtebewohnend und gehören – vorsichtig ausgedrückt – zu den komplizierteren Menschen. Das muß so sein, denn es sind immer nur die wenigen, die den Geist einer Gegenwart deutlich ausdrücken. In der christlichen Ära des 4. und 5. Jahrhunderts gab es in der christlichen Majorität nur sehr wenige Christen, die den Geist des Christentums einigermaßen erfaßt hatten, die andern waren noch so gut wie heidnisch. Der Kulturprozeß, der für eine Gegenwart charakteristisch ist, verläuft am intensivsten in Städten, denn es braucht immer eine Zusammenkunft vieler Menschen, um Kultur zu ermöglichen, und von diesen Menschenanhäufungen breiten sich die Kulturerrungenschaften auch zu den kleineren, historisch zurückgebliebenen Gruppen aus. So finden wir die Gegenwart nur in den großen Zentren, und nur dort finden wir die «europäische Frau», das heißt die Frau, welche die europäische Gegenwart ausdrückt, in sozialer wie geistiger Hinsicht. Je weiter wir uns vom Einfluß der großen Zentren entfernen, desto mehr schreiten wir in der Geschichte rückwärts, und wenn wir in einem entlegenen Alpental anlangen, so können wir Menschen finden, die noch nicht einmal mit der Eisenbahn gefahren sind, und in Spanien, das doch auch noch zu Europa gehören soll, tauchen wir in ein dunkles, analphabetisches Mittelalter ein. Menschen aus solchen Gegenden oder aus entsprechenden Bevölkerungsschichten leben nicht in unserem Europa, sondern im Europa von 1400, und ihre Problematik entspricht der Vorzeit, in der sie leben. Ich habe solche Leute analysiert und fand mich zurückversetzt in eine Atmosphäre, die historischer Romantik nicht entbehrte.

Die sogenannte Gegenwart ist eine dünne Oberflächenschicht, die in den großen Zentren der Menschheit erzeugt wird. Ist sie sehr dünn, wie im früheren Rußland, so ist sie irrelevant (wie die Ereignisse gezeigt haben); erreicht sie aber eine gewisse Stärke, dann spricht man von Kultur und Fortschritt, und dann entstehen Probleme, die für eine Zeit charakteristisch sind. In diesem Sinne besitzt Europa eine Gegenwart, und es gibt Frauen, die in ihr leben und an ihren Problemen leiden. Und nur von diesen kann etwas ausgesagt werden. Wem das Mittelalter noch genügend Wege und Möglichkeiten gibt, der bedarf der Gegenwart und ihrer Experimente nicht. Wer aber Mensch der Gegenwart ist – gleichgültig aus was für Gründen –, kann in keine Vergangenheit mehr zurückkehren, ohne wesentliche Verluste zu erleiden. Oft ist die Rückkehr überhaupt unmöglich, auch wenn man zu Opfern bereit wäre. Der Mensch der Gegenwart muß an der Zukunft arbeiten. Er muß es andern überlassen, Vergangenes aufrechtzuerhalten. Daher ist er auch ein Zuhörer, nicht nur ein Bauender. Er selber und seine Welt sind fragwürdig und zweideutig. Die Wege, welche ihm die Vergangenheit wies, und die Antworten, die sie auf seine Fragen gibt, sind ungenügend gegenüber den Nöten der Gegenwart. Alte, bequeme Wege sind verschüttet, neue Möglichkeiten haben sich aufgetan, oder neue Gefahren sind entstanden, welche die Vergangenheit nicht kannte. Wie man von der Geschichte, sprichwörtlich, nie lernt, so sagt sie uns in bezug auf ein Gegenwartsproblem in der Regel auch nichts. Der neue Weg muß durch Unbetretenes gebahnt werden, ohne Voraussetzungen und leider oft auch ohne Pietät. Moral ist das einzige, was nicht verbessert werden kann, denn jede Änderung der herkömmlichen Moral ist in ihrem Sinne eine Immoralität. Das Schwerwiegende an diesem Bonmot ist, daß es auch eine unleugbare Gefühlstatsache bedeutet, über die schon mancher Neuerer gestolpert ist.

Alle Gegenwartsprobleme formen einen Knäuel, der es kaum erlaubt, ein Problem für sich herauszulösen und unabhängig von den andern zu behandeln. So gibt es keine «Frau in Europa» ohne den Mann und seine Welt. Ist sie verheiratet, so ist sie meist ökonomisch vom Mann abhängig; ist sie selbständig erwerbend und unverheiratet, so arbeitet sie in einem vom Mann vorgezeichneten Beruf. Ist sie nicht gewillt, ihr ganzes erotisches Leben zu opfern, so steht sie wiederum in einer wesentlichen Beziehung zum Mann. So ist die Frau vielfach und unlösbar verknüpft mit der Welt des Mannes und daher, ebenso wie er, allen Erschütterungen seiner Welt ausgesetzt. Der Krieg zum Beispiel hat sie ebensosehr getroffen wie den Mann, und sie hat sich mit den Kriegsfolgen ebensosehr auseinanderzusetzen wie er. Was die Umwälzungen der letzten zwanzig oder dreißig Jahre für die Welt der Männer bedeuten, liegt breit an der Oberfläche, die Zeitung berichtet davon jeden Tag; was sie dagegen für die Frau bedeuten, ist nicht ohne weiteres ersichtlich. Die Frau ist nämlich im allgemeinen weder politisch noch ökonomisch noch geistig ein sichtbarer Faktor von irgendwelcher Tragweite. Wäre sie es, so stünde sie mehr im Blickfeld des Mannes, denn dann käme sie als Konkurrentin in Betracht. Sie tut dies gelegentlich, aber dann wird sie bloß sichtbar als Mann, der sozusagen zufälligerweise eine Frau ist. Da sie aber in der Regel auf der intimen Seite des Mannes steht, nämlich da, wo er bloß fühlt und keine Augen hat oder nicht sehen will, so erscheint die Frau als eine Art von undurchsichtiger Maske, hinter welcher man alles mögliche und unmögliche vermutet – nicht nur vermutet, sondern zu sehen glaubt –, ohne dabei das Wesentliche zu treffen. Die ganz ursprüngliche Tatsache, daß ein Mensch seine eigene Psychologie auch immer beim andern voraussetzt, erschwert oder verhindert das richtige Verständnis der weiblichen Psyche. Diesem Umstand kommt die in biologischer Hinsicht zweckmäßige Unbewußtheit und Unbestimmtheit der Frau entgegen: sie läßt sich von der Projektion männlicher Gefühle überzeugen, was zwar eine allgemein menschliche Eigentümlichkeit ist, aber bei der Frau noch die besonders gefährliche Nuance hat, daß sie in dieser Hinsicht nicht naiv ist, das heißt, allzuoft ist es sogar ihre Absicht, sich überzeugen zu lassen. Es entspricht ihrer Natur, als ein selbständig wollendes und verantwortliches Ich im Hintergrund zu stehen, um den Mann nicht zu hindern, sondern ihn sogar einzuladen, seine Absichten in bezug auf sie zu verwirklichen. Das ist zwar ein Sexualschema, das sich aber weit in die weibliche Seele verzweigt. Durch die passive Einstellung mit unsichtbarer Absicht im Hintergrund verhilft sie dem Mann zu seiner Verwirklichung und behaftet ihn damit. Zugleich wird auch sie in ihr Schicksal verwickelt, denn: Wer andern eine Grube gräbt, fällt selbst hinein.

Ich gebe zu, daß ich hier einen Vorgang mit unliebenswürdigen Worten beschreibe, den man auch mit schönen Worten besingen könnte. Alle natürlichen Dinge haben aber zwei Seiten, und wenn wir etwas bewußtmachen müssen, so dürfen wir nicht nur das Licht, sondern müssen auch den Schatten sehen.

Wenn wir nun sehen, wie die Frau schon seit der zweiten Hälfte des 19. Jahrhunderts anfängt, männliche Berufe zu erlernen, sich in der Politik zu betätigen, Vereine zu gründen und zu leiten usw., so beobachten wir die Tatsache, daß die Frau im Begriff ist, mit dem nur weiblichen Sexualschema einer scheinbaren Unbewußtheit und Passivität zu brechen und der männlichen Psychologie eine Konzession einzuräumen, nämlich sich als sichtbares Glied der Sozietät zu begründen und sich nicht nur hinter der Maske von Frau Soundso zu verstecken, um indirekt, durch den Mann, sich alle Wünsche erfüllen zu lassen oder es ihn fühlen zu lassen, wenn die Dinge nicht so gehen, wie sie es wünscht.

Dieser Schritt vorwärts zur sozialen Selbständigkeit ist zwar eine durch ökonomische und andere Ursachen erzwungene Tatsache, aber doch nur ein Symptom und nicht die Sache selber, um die es eigentlich geht. Gewiß sind der Mut und die Aufopferungsfähigkeit solcher Frauen bewundernswert, und man müßte blind sein, wenn man all das Gute, das aus diesen Bestrebungen hervorgegangen ist, nicht sähe. Aber niemand kommt um die Tatsache herum, daß die Frauen einen männlichen Beruf ergreifen, in männlicher Weise studieren und arbeiten und damit etwas tun, was ihrer weiblichen Natur zum mindesten nicht ganz liegt, wenn nicht geradezu schädlich ist. Sie tun ja etwas, was ein Mann kaum imstande wäre zu tun, wenn er nicht gerade ein Chinese ist: könnte er sich als Kinderfrau verdingen oder Kleinkinderschullehrerin werden? Wenn ich von Schädlichkeit spreche, so meine ich damit nicht geradezu physiologische, sondern vor allem psychische Schädigung. Es ist ein Kennzeichen der Frau, daß sie alles aus Liebe zu einem *Menschen* tun kann. Diejenigen Frauen aber, die aus Liebe zu einer *Sache* Bedeutendes leisten, sind die größten Ausnahmen, weil das ihrer Natur nicht entspricht. Die Liebe zur Sache ist eine männliche Prärogative. Da aber der Mensch Männliches und Weibliches in seiner Natur vereinigt, so kann ein Mann Weibliches und eine Frau Männliches leben. Jedoch steht dem Manne das Weibliche im Hintergrund, so wie der Frau das Männliche. Lebt man nun das Gegengeschlechtliche, so lebt man in seinem eigenen Hintergrund, wobei das Eigentliche zu kurz kommt. Ein Mann sollte als Mann leben und eine Frau als Frau. Das Gegengeschlechtliche ist immer in gefährlicher Nachbarschaft des Unbewußten. Es ist sogar typisch, daß die vom Unbewußten auf das Bewußtsein ausgehenden Wirkungen gegengeschlechtlichen Charakter haben, daß zum Beispiel die Seele (Anima, Psyche) weiblichen Geschlechts ist, da dieser Begriff, wie alle Begriffe überhaupt, aus dem Geiste des Mannes hervorgegangen ist. (Die mystische Belehrung bei den Primitiven ist ausschließlich männliche Angelegenheit, dementsprechend die Ausnahmestellung des katholischen Priesters.)

Die unmittelbare Nachbarschaft des Unbewußten übt einen attraktiven Einfluß auf die Bewußtseinsprozesse aus. Diese Tatsache erklärt die Scheu, ja den Abscheu vor dem Unbewußten. Sie ist eine zweckmäßige Abwehrreaktion des Bewußtseins. Das Gegengeschlechtliche hat einen geheimnisvollen Reiz, der mit Scheu, ja vielleicht mit etwas Ekel verbunden ist, und eben darum ist dieser Reiz ganz besonders anziehend und faszinierend, auch wenn er uns nicht von außen als Weib, sondern von innen als seelische Wirkung entgegentritt, zum Beispiel in der Form der Versuchung, sich in einer Stimmung oder einem Affekt gehenzulassen. Dieses Beispiel ist allerdings für die Frau nicht kennzeichnend, denn ihre Launen und Emotionen kommen ihr nicht direkt aus dem Unbewußten, sondern sind ihrer weiblichen Natur eigen und daher nie naiv, sondern vermischt mit nicht zugestandener Absicht. Das, was der Frau vom Unbewußten zufließt, ist eine Art *Meinung,* welche ihr erst sekundär die Laune verdirbt. Diese Meinungen treten mit dem Anspruch gültiger Wahrheit auf und erweisen sich als um so dauerhafter und fester, je weniger sie bewußt kritisiert werden. Sie sind, wie die Stimmungen und Gefühle des Mannes, etwas verschleiert, gegebenenfalls sogar ganz unbewußt, und werden darum in ihrem eigentümlichen Charakter nicht erkannt. Sie sind nämlich kollektiv und gegengeschlechtlich – wie wenn ein Mann, zum Beispiel der Vater, sie gedacht hätte.

So kann es geschehen – und es geschieht fast in der Regel –, daß der Verstand (mind) einer einen männlichen Beruf ausübenden Frau, von ihr unbemerkt, für ihre Umgebung aber sehr bemerkbar, von der unbewußten Männlichkeit beeinflußt wird. Daraus entsteht eine gewisse starre Verstandesmäßigkeit mit sogenannten Prinzipien und einer ganzen Menge von Argumentiererei, welche in aufreizender Weise immer etwas danebengeht und immer ein kleines Etwas ins Problem hineinlegt, das nicht drinliegt. Die unbewußte Voraussetzung oder Meinung ist der schlimmste Feind des weiblichen Wesens, gelegentlich eine geradezu dämonische Leidenschaft, welche die Männer irritiert und verstimmt und der Frau selber den größten Schaden zufügt, indem sie den Charme und den Sinn des weiblichen Wesens allmählich überwuchert und in den Hintergrund drängt. Eine solche Entwicklung endet schließlich in einer tiefen Entzweiung mit sich selbst, das heißt in einer Neurose.

Natürlich brauchen die Dinge nicht so weit zu gehen, aber schon lange vorher hat die seelische Vermännlichung der Frau unwillkommene Folgen. Sie kann zwar ein guter Kamerad des Mannes werden, ohne aber den Zugang zu seinen Gefühlen zu finden. Der Grund dafür ist, daß ihr Animus (eben ihre männliche Verstandesmäßigkeit, beileibe nicht wirkliche Vernünftigkeit!) ihr den Zugang zum eigenen Gefühl verstopft hat. Sie kann auch frigid werden, zur Abwehr eines eher maskulinen Sexualtypus, der ihrem männlichen Verstandestypus entspricht. Oder die Abwehr gelingt nicht, und dann entsteht an Stelle der erwartenden Sexualität der Frau ein aggressiver, dringlicher Sexualtypus, welcher dem Mann eigentümlich ist. Auch diese Reaktion ist eine «zweckmäßige» Erscheinung, bestimmt, gewaltsam eine Brücke zu dem allmählich entschwindenden Mann hinüberzuschlagen. Eine dritte, namentlich in angelsächsischen Ländern bevorzugte Möglichkeit ist fakultative Homosexualität in der männlichen Rolle.

Man müßte daher sagen, daß, wo immer die Attraktion des Animus fühlbar wird, eine ganz besondere Notwendigkeit der intimen Beziehung zum anderen Geschlecht vorhanden ist. Nicht wenige Frauen in dieser Lage sind sich dieser Notwendigkeit voll bewußt und erregen nun – faute de mieux – ein anderes Gegenwartsproblem von nicht geringerer Peinlichkeit, nämlich das *Eheproblem*.

Traditionell gilt der Mann als der Ehefriedensstörer. Diese Sage stammt aus alten, längst vergangenen Zeiten, wo die Männer noch Zeit hatten, allerlei Kurzweil zu treiben. Heutzutage aber stellt das Leben solche Anforderungen an den Mann, daß man den edlen Hidalgo Don Juan höchstens noch im Theater sehen kann. Mehr als je liebt der Mann seine Bequemlichkeit, denn wir leben im Zeitalter der Neurasthenie, der Impotenz und der «easy chairs». Er hat für Fensterkletterei und Duelle keine Energie mehr übrig. Wenn etwas auf der Linie des Ehebruchs passieren soll, so muß es leicht sein. Es darf in keiner Hinsicht zu viel kosten, und deshalb soll das Abenteuer nur vorübergehend sein. Der Mann von heute scheut sich gründlich davor, die Ehe als Institution zu gefährden. In dieser Beziehung glaubt er in der Regel an das «quieta non movere» [was ruht, nicht in Bewegung bringen] und unterhält deshalb die Prostitution. Ich möchte alles wetten, daß im Mittelalter mit seinen famosen Badeorten und seiner uneingeschränkten Prostitution Ehebruch relativ häufiger war als heute. In dieser Hinsicht wäre also die Ehe sicherer als je. Aber in Wirklichkeit fängt sie an, diskutiert zu werden. Es ist ein böses Zeichen, wenn die Ärzte anfangen, Bücher zu schreiben mit Ratschlägen zur Erzielung einer «vollkommenen Ehe». Gesunde bedürfen des Arztes nicht. Aber die Ehe der Gegenwart ist tatsächlich etwas unsicher geworden. (In Amerika werden im Durchschnitt ein Viertel der Ehen wieder geschieden!) Und das Bemerkenswerteste dabei ist, daß der Sündenbock diesmal nicht der Mann ist, sondern die *Frau*. Von ihr geht der Zweifel und die Unsicherheit aus. Es ist kein Wunder, daß dem so ist, denn es gibt im Nachkriegseuropa eine solch bedenkliche Anzahl unverheirateter Frauen, daß es geradezu unerhört wäre, wenn von jener Seite keine Reaktion käme. Eine solche Anhäufung von Misere hat unweigerliche Folgen. Es handelt sich nicht um einige Dutzend hier und dort verteilte, freiwillige und unfreiwillige alte Jungfern, sondern um Millionen. Unsere Gesetzgebung und unsere soziale Moral geben auf die Frage dieser Millionen keine Antwort. Oder kann etwa die Kirche eine befriedigende Antwort geben? Soll man riesige Frauenklöster bauen, um all diese Frauen passend unterzubringen? Oder soll die polizeilich geduldete Prostitution bereichert werden? Das ist offenbar unmöglich, denn es handelt sich weder um Heilige noch um Huren, sondern um normale Frauen, die ihren seelischen Anspruch nicht bei der Polizei anmelden können. Es sind anständige Frauen, die auch heiraten wollen, und wenn dies nicht möglich ist, so doch wenigstens annähernd. Wenn es zur Frage der Liebe kommt, so bedeuten der Frau Ideen, Institutionen und Gesetze noch weit weniger als je zuvor. Wenn es nicht gerade geht, so geht es krumm.

Um die Wende unserer Zeitrechnung bestanden drei Fünftel der italischen Bevölkerung aus Sklaven, das heißt aus rechtlosen, kaufbaren menschlichen Objekten. Jeder Römer war umgeben von Sklaven. Der Sklave und seine Psychologie überflutete das alte Italien, und jeder Römer wurde innerlich, ihm selber unbewußt, zum Sklaven, denn er lebte in der Atmosphäre des Sklaven, und durch unbewußten Einfluß ging dessen Psychologie in ihn über. Vor solchem Einfluß kann sich niemand schützen. Der Europäer, unbekümmert um seine geistige Höhe, kann nicht «ungestraft» in Afrika unter Negern leben, denn unbemerkt geht deren Psychologie in ihn ein, und er wird – dagegen hilft kein Sträuben – unbewußt zum Neger. Dafür existiert in Afrika der wohlbekannte technische Ausdruck «going black». Es ist kein bloßer Snobismus des Engländers, wenn ihm der in den Kolonien vielleicht aus bestem Blut Geborene als «slightly inferior» gilt. Dahinter stecken Tatsachen.

Die merkwürdige Melancholie und Erlösungssehnsucht des kaiserlichen Rom, die ihren ergreifenden Ausdruck in der 4. Ekloge VERGILS fand, ist eine direkte Folge des Sklaveneinflusses. Und die explosionsartige Ausbreitung des Christentums, das sozusagen aus den Kloaken Roms aufstieg – NIETZSCHE nannte es einen Sklavenaufstand in der Moral –, war eine urplötzliche Reaktion, welche die Seele des letzten Sklaven der Seele des göttlichen Caesar an die Seite stellte. Ähnliche, vielleicht weniger wichtige psychologische Kompensationsvorgänge haben sich wohl oftmals in der Weltgeschichte wiederholt. Wenn irgendeine psychische oder soziale Monstrosität sich aufbaut, so bereitet sich auch entgegen aller Gesetzgebung und allen Erwartungen eine Kompensation vor.

Etwas Ähnliches geschieht in der Frau der europäischen Gegenwart. Zuviel Unstatthaftes, nicht Lebendes ist aufgehäuft und wirkt. Die Sekretärin, die Stenotypistin, die Modistin, sie alle wirken, und durch Millionen unterirdischer Kanäle geht der Einfluß, der die *Ehe* untergräbt, denn der Wunsch aller dieser Frauen geht nicht auf Sexualabenteuer – was nur ein Dummer glauben kann –, sondern auf Geheiratetwerden. Die «beatae possidentes» [glücklich Besitzenden], die Ehefrauen, sollen hinausgedrängt werden, in der Regel nicht laut und gewaltsam, sondern durch stillen, hartnäckigen Wunsch, der bekanntlich, wie der starre Schlangenblick, zauberisch wirkt. Das war von jeher der Weg der Frau.

Wie verhält sich aber die verheiratete Frau von heute zu dieser Tatsache? Ihre Meinungen sind wohl noch die alten Ideen, daß der Mann der Sündenbock sei, daß man die Liebe nach Willkür rangieren könne usw. Auf Grund dieser veralteten Vorstellungen kann sie sich in Eifersüchte hineinsteigern. Aber das ist alles nur Oberfläche. Es ist eine tiefere Wirkung vorhanden. Kein römischer Patrizierstolz und nicht die dicksten Mauern des Cäsarenpalastes haben es vermocht, die Sklaveninfektion hintanzuhalten. Und so kann sich keine Frau der geheim zwingenden Wirkung jener Atmosphäre entziehen, mit der vielleicht ihre eigene Schwester sie umgibt, der drückenden Atmosphäre ungelebten Lebens. Ungelebtes Leben ist eine vernichtende, unwiderstehliche Macht, die leise, aber unerbittlich wirkt. Die Folge davon ist, daß die verheiratete Frau an der Ehe zu zweifeln anfängt. Die Unverheiratete glaubt daran, denn sie wünscht die Ehe. Ebenso glaubt der Mann an die Ehe, denn das raten ihm schon die Bequemlichkeit und ein merkwürdiger sentimentaler Glaube an Institutionen, welche bei ihm immer Neigung haben, zu Gefühlsobjekten zu werden.

Da Frauen in Gefühlstatsachen konkret sein müssen, so darf ein gewisser Umstand unserer Aufmerksamkeit nicht entgehen. Dieser Umstand ist die Möglichkeit antikonzeptioneller Maßnahmen. Die Kinderfrage ist einer der Hauptgründe für die strikte Aufrechterhaltung einer verantwortlichen Ehe. Fällt dieser Grund dahin, so können sich «ungeschehene» Tatsachen ereignen. Dieser Umstand zählt in erster Linie für die Unverheiratete, die damit die Möglichkeit einer «annähernden» Ehe hat. Er zählt aber auch für diejenigen verheirateten Frauen, welche, wie ich in meinem Aufsatz *«Die Ehe als psychologische Beziehung»*[2] darstellte, die «Enthaltenen» sind, das heißt die, welche individuelle Ansprüche haben, die durch den Gatten nicht oder ungenügend erfüllt sind. Und schließlich zählt dieser Grund überhaupt für alle Frauen in unerhörtem Maße insofern, als dadurch die ständige Bereitschaft für eine Schwangerschaft und für die Sorge um eine sich vermehrende Kinderzahl wegfällt. Diese Befreiung von der Naturgebundenheit bedeutet die Auslösung beträchtlicher psychischer Kräfte, welche unvermeidlicherweise Verwendung suchen. Immer wenn ein solcher Energiebetrag kein ihm zusagendes Ziel findet, verursacht er eine Störung des seelischen Gleichgewichts.

Die Energie, die kein bewußtes Ziel hat, verstärkt das Unbewußte, wodurch Unsicherheit und Zweifel entstehen.

Dazu kommt als ein weiterer Umstand von nicht zu unterschätzender Wichtigkeit die mehr oder weniger offene Diskussion des Sexualproblems. Dieses früher so obskure Gebiet ist heute ins hellerleuchtete Feld wissenschaftlicher und anderer Interessen gerückt. Man kann in Gesellschaft Dinge hören und sagen, die früher einfach unmöglich gewesen wären. Sehr viele Leute haben freier und ehrlicher denken gelernt und haben infolgedessen verstanden, wie wichtig diese Dinge sind. Die Diskussion des Sexualproblems ist allerdings bloß ein etwas roher Anfang einer weit tieferen Frage, vor der dessen Wichtigkeit verblaßt, und das ist die *Frage der seelischen Beziehung zwischen den Geschlechtern.* Mit dieser Frage betreten wir die eigentliche Domäne der Frau.

Ihre Psychologie gründet sich auf das Prinzip des Eros, des großen Binders und Lösers, während dem Mann seit alters der Logos als oberstes Prinzip zugedacht ist. Man könnte den Begriff des Eros in moderner Sprache als seelische Beziehung und den des Logos als sachliches Interesse ausdrücken. Während für die Auffassung des gewöhnlichen Mannes die Liebe im eigentlichen Sinne mit der Institution der Ehe zusammenfällt und es jenseits der Ehe nur noch die Ehebrüche oder die konkrete Freundschaft gibt, ist für die Frau die Ehe keine Institution, sondern eine menschliche, erotische Beziehung: wenigstens möchte sie das glauben. (Weil ihr Eros nicht naiv ist, sondern uneingestandene andere Motive, wie zum Beispiel eine soziale Stellung durch die Heirat zu erobern usw., auch zuläßt, so kann das Prinzip nicht rein durchgeführt werden.) Sie stellt sich unter der Ehe eine ausschließliche Beziehung vor, deren Ausschließlichkeit sie um so leichter ertragen kann, ohne sich tödlich zu langweilen, als sie, sofern sie Kinder oder nahe Verwandte hat, mit diesen in ebenso enger Beziehung stehen kann wie mit dem Gatten. Daß sie mit jenen keine Sexualbeziehung hat, will insofern gar nichts bedeuten, als es ihr auf Sexalbeziehung sowieso viel weniger ankommt als auf seelische Beziehung. Aber es genügt, daß sie sowohl wie der Gatte des Glaubens ist, daß ihre Beziehung einzig und ausschließlich sei. Ist er der «Enthaltende», so fühlt er sich von dieser sogenannten Ausschließlichkeit erstickt, ganz besonders dann, wenn er nicht merkt, daß die Ausschließlichkeit seiner Gattin nichts ist als ein frommer Betrug. Sie ist in Wirklichkeit über ihre Kinder und womöglich noch über ihre Familie verteilt und steht so in vielerlei intimen Beziehungen. Wenn ihr Gatte ebensolche Beziehungen zu andern hätte, so wäre sie rasend vor Eifersucht. Aber die meisten Männer sind erotisch blind, indem sie das unverzeihliche Mißverständnis begehen, den Eros mit der Sexualität zu verwechseln. Der Mann meint, eine Frau zu besitzen, wenn er sie sexuell hat. Er hat sie nie weniger. Denn für die Frau ist nur erotische Beziehung wirklich maßgebend. Für sie ist die Ehe eine Beziehung mit der Beigabe der Sexualität. Da Sexualität wegen ihrer Folgen etwas formidabel ist, so ist es auch zweckmäßig, sie an sicherem Ort untergebracht zu haben. Wenn sie aber weniger gefährlich ist, dann ist sie auch weniger relevant, und dann tritt die Beziehungsfrage mehr in den Vordergrund.

Damit aber stößt die Frau beim Mann auf große Schwierigkeiten, denn die Beziehungsfrage betrifft ein Gebiet, das ihm dunkel und peinlich ist. Er liebt es nur dann, wenn die Frau die Leidtragende, das heißt wenn er der «Enthaltene» ist, oder mit andern Worten, wenn sie sich Beziehungen auch zu einem andern Mann vorstellen kann und infolgedessen uneins mit sich selbst geworden ist. Dann ist sie es, die das peinliche Problem hat, und dann braucht er das seinige nicht zu sehen, was ihm eine große Erleichterung bedeutet. Er ist nämlich in dieser Situation unverdienterweise in der vorteilhaften Lage des Diebes, dem ein anderer Dieb zuvorgekommen und dabei von der Polizei ertappt worden ist. Er ist plötzlich ein ehrenhafter, unbeteiligter Zuschauer geworden. Ein Mann in anderer Lage aber findet die Diskussion der persönlichen Beziehung immer peinlich und langweilig, genauso wie sie es empfinden würde, wenn ihr Gatte sie über die *«Kritik der reinen Vernunft»* examinieren wollte. Der Eros gehört für den Mann zum Schattenland und verwickelt ihn in weibliches Unbewußtes, in «Seelisches», während der Logos für die Frau eine tödlich langweilige Vernünftelei ist, wenn sie ihn nicht geradezu fürchtet und verabscheut.

Wie die Frau gegen Ende des 19. Jahrhunderts anfing, der Männlichkeit eine Konzession zu machen, indem sie sich als selbständiger Faktor in der sozialen Welt etablierte, so hat der Mann, zögernd zwar, ein Zugeständnis an die Weiblichkeit gemacht, indem er eine neue Psychologie komplexer Phänomene schuf, inauguriert durch die Sexualpsychologie FREUDS. Was die Psychologie der direkten Einwirkung der Frauen verdankt – die psychotherapeutische Praxis ist von Frauen überflutet –, darüber wäre ein Buch zu schreiben. Ich spreche hier nicht nur von der analytischen Psychologie, sondern auch von den Anfängen der pathologischen Psychologie überhaupt. Weitaus die meisten der «großen» Fälle, angefangen mit der «Seherin von Prevorst», waren Frauen, die sich, zwar unbewußt (?), eine enorme Mühe gaben, ihre Psychologie und damit die Psychologie komplexer seelischer Phänomene drastisch zu demonstrieren. Frau Hauffe sowohl wie Helen Smith und Mrs. Beauchamp haben sich damit eine Art von Unsterblichkeit gesichert, ähnlich den verdienstvoll Geheilten, die einen Wunderort in die Höhe brachten.

Das empirische Material der Komplexen Psychologie stammt zu einem erstaunlichen Prozentsatz von Frauen. Dies ist nicht weiter merkwürdig, weil die Frau in viel höherem Maße «psychologisch» ist als der Mann. Er begnügt sich meistens mit der «Logik» allein. Alles «Seelische», «Unbewußte» usw. ist ihm zuwider, es scheint ihm dämmerig, vag oder krankhaft. Er will das Sachliche oder Tatsächliche, nicht die Gefühle oder Phantasien, die daneben oder darüber gehen. Der Frau aber kommt es meistens mehr darauf an, zu wissen, wie der Mann über eine Sache fühlt, als die Sache selber zu kennen. Ihr ist all das wichtig, was dem Mann bloße Futilitäten und Impedimenta sind. So ist es natürlicherweise die Frau, die am unmittelbarsten und reichhaltigsten Psychologie überhaupt darstellt, und sehr vieles kann bei ihr in deutlichster Weise wahrgenommen werden, was beim Mann schattenhafter Hintergrundsvorgang ist, den er zudem oft nicht einmal wahrhaben will. Nun geht aber menschliche Beziehung im Gegensatz zu sachlichen Auseinandersetzungen und Übereinkünften gerade über das Seelische, jenes Zwischenreich, das sich von der Sinnes- und Affektwelt bis zum Geist erstreckt und etwas von beiden enthält, ohne damit seine merkwürdige Eigenart einzubüßen.

Auf dieses Gebiet muß sich der Mann wagen, wenn er der Frau entgegenkommen will. Wie sie durch die Umstände gedrängt wurde, ein Stück Männlichkeit zu erwerben und damit zu verhindern, in einer antiquierten, rein instinktmäßigen Weiblichkeit steckenzubleiben, fremd und verloren in der Welt des Mannes, als ein geistiges Baby, so wird sich der Mann gezwungen sehen, ein Stück Weiblichkeit zu entwickeln, das heißt psychologisch und erotisch sehend zu werden, um nicht hoffnungslos und knabenhaft bewundernd der vorausgehenden Frau nachlaufen zu müssen, auf die Gefahr hin, von ihr in die Tasche gesteckt zu werden.

Für Nur-Männlichkeit und Nur-Weiblichkeit genügt die traditionelle mittelalterliche Ehe, die durchaus lobenswerte, praktisch vielfach bewährte Institution. Der Mensch der Gegenwart empfindet es aber als sehr schwierig, den Rückweg zu ihr zu finden, und gegebenenfalls gelingt es ihm ganz und gar nicht, denn diese Ehe existiert nur unter Ausschluß des von der Gegenwart aufgeworfenen Problems. Zweifellos konnten viele Römer die Augen zuhalten vor dem Sklavenproblem sowohl wie vor dem Christentum, und sie haben ihre Tage in mehr oder weniger angenehmer Unbewußtheit verbracht. Sie konnten es, weil sie keine Gegenwart, sondern nur die Vergangenheit hatten. Für alle diejenigen, für die die Ehe kein Problem enthält, gibt es aber keine Gegenwart.

Kein Grund, um sie nicht seligzupreisen! Der Mensch der Gegenwart findet aber zu viel Problematik in der heutigen Ehe. Ich hörte einen deutschen Gelehrten vor mehreren Hunderten von Zuhörern ausrufen: «Unsere Ehen sind Scheinehen.» Ich habe seinen Mut zur Aufrichtigkeit bewundert. Gewöhnlich drückt man sich indirekt aus, via guter Ratschläge, wie man's machen sollte – um das Ideal nicht zu kränken. Für die Frau der Gegenwart – das sollten sich die Männer merken – ist aber die mittelalterliche Ehe kein Ideal mehr. Sie verheimlicht sich zwar diesen Zweifel und ihre Auflehnung; die eine, weil sie verheiratet ist und es infolgedessen höchst inopportun findet, daß die Tür des Safes nicht luftdicht schließt, die andere, weil sie unverheiratet und zu anständig ist, um sich ganz unverblümt ihre Tendenz bewußtzumachen. Das erworbene Stück Männlichkeit macht es aber beiden unmöglich, die Ehe in ihrer traditionellen Form («Er soll dein Herr sein») für etwas durchaus Glaubwürdiges zu halten. Männlichkeit heißt: Wissen, was man will, und das Nötige tun, um das Ziel zu erreichen. Wenn es einmal gelernt ist, so ist es so einleuchtend, daß man es nicht wieder – ohne gewaltige seelische Einbuße – vergessen kann. Die vermöge dieses Wissens erworbene Selbständigkeit und Kritik sind positive Werte und werden als solche von der Frau empfunden. Darum kann sie sie nicht wieder aufgeben. Und umgekehrt wird der Mann, der das nötige Stück Einsicht in seine Seele mit nicht geringen Anstrengungen, ja sogar mit Schmerzen errungen hat, es nicht wieder fallenlassen, denn er ist zu sehr überzeugt von der Wichtigkeit des Gewonnenen.

Aus der Ferne besehen sollte man meinen, daß damit Mann und Frau ganz besonders in den Stand gesetzt wären, die Ehe vollkommen zu machen. In Wirklichkeit aber und aus der Nähe besehen ist dem nicht so, sondern im Gegenteil entsteht zunächst ein Konflikt, indem das, was die Frau aus der Bewußtheit ihrer selbst heraus tun wird, dem Mann nicht liegt und die Gefühle, die er in sich entdeckt, ihr Mißfallen erregen. Das, was beide entdeckt haben, sind nämlich nicht Tugenden oder Werte an und für sich, sondern im Vergleich mit dem Gewünschten ist es etwas *Minderwertiges*, das man, wenn es als Ausfluß persönlicher Willkür oder Laune verstanden sein sollte, mit Recht verurteilen könnte. So geschieht es auch in der Regel. Jedoch geschieht damit ein halbes Unrecht. Die Männlichkeit der Frau und die Weiblichkeit des Mannes sind minderwertig, und es ist bedauerlich, wenn dem vollen Wert noch etwas Minderwertiges angehängt wird. Auf der andern Seite jedoch gehören zur Ganzheit der Persönlichkeit auch die Schatten: der Starke muß irgendwo schwach sein können, der Gescheite irgendwo dumm, sonst wird es unglaubwürdig und entartet zur Pose und zum Bluff. Ist es nicht eine alte Wahrheit, daß die Frau die Schwäche des Starken mehr liebt als seine Stärke und die Dummheit des Gescheiten mehr als seine Gescheitheit? Das will aber die Liebe der Frau, nämlich den ganzen Mann, also nicht etwa den Nur-Mann, sondern dazu noch dessen andeutungsweise Negation. Die Liebe der Frau ist nämlich kein Sentiment – das kommt nur beim Mann vor –, sondern ein Lebenswille, der bisweilen erschreckend unsentimental ist und der sogar ihr Selbstopfer erzwingen kann. Ein Mann, der so geliebt wird, kann seiner minderwertigen Seite nicht entgehen, denn auf diese Wirklichkeit kann er nur mit seiner Wirklichkeit antworten. Und die Wirklichkeit des Menschen ist kein schöner Schein, sondern ein getreues Abbild der ewigen menschlichen Natur, die ungeschieden alle Menschheit verbindet, ein Abbild des menschlichen Lebens in seinen Höhen und Tiefen, uns allen gemeinsam. In dieser Wirklichkeit sind wir nicht mehr differenzierte Personen (persona = Maske), sondern der gemeinmenschlichen Verbundenheit bewußt. Unbekümmert um die soziale und sonstige Distinktion unserer Persönlichkeit, erreicht mich hier das Gegenwartsproblem, das ich von mir aus nicht hätte – so bilde ich mir wenigstens ein. Aber hier kann ich es nicht mehr leugnen; ich fühle mich und weiß mich als einer der vielen, und was diese bewegt, bewegt auch mich. In unserer Stärke sind wir unabhängig und isoliert, dort können wir unser Schicksal selber schmieden. In unserer Schwäche hingegen sind wir abhängig und deshalb verbunden, und hier werden wir unfreiwillig zu Instrumenten des Schicksals, denn hier spricht nicht der eigene Wille, sondern der Wille der Gattung.

Was die beiden Geschlechter durch Angleichung gewonnen haben, ist eine Minderwertigkeit, wenn vom Standpunkt der zweidimensionalen persönlichen Scheinwelt betrachtet, und eine unmoralische Anmaßung, wenn sie als persönlicher Anspruch gelten soll. Im Sinne des Lebens der Sozietät hingegen ist das Gewonnene eine Überwindung der persönlichen Isolierung und der interessierten Vorenthaltung zugunsten einer aktiven Teilnahme an der Lösung der Gegenwartsprobleme. Wenn daher die Frau der Gegenwart den strengen Zusammenhalt der Ehe bewußt oder unbewußt durch geistige oder ökonomische Selbständigkeit lockert, so geschieht dies nicht aus persönlicher Laune, sondern aus einem ihr weit überlegenen Lebenswillen der Gesamtheit, der sie, die einzelne Frau, zu seinem Werkzeug macht.

Die Institution der Ehe (religiös sogar ein Sakrament) stellt einen solch unzweifelhaften sozialen und moralischen Wert dar, daß es begreiflich ist, wenn ihre Lockerung als unerwünscht, ja als empörend empfunden wird. Die Unvollkommenheit des Menschen ist immer ein Mißton in der Harmonie unserer Ideale. Leider lebt niemand in der Welt, wie sie wünschenswert wäre, sondern in der wirklichen Welt, wo Gutes und Böses vernichtend aufeinanderprallen, wo die Hände, die schaffen und aufbauen wollen oder müssen, das Schmutzigwerden nicht vermeiden können. Wenn immer etwas recht bedenklich wird, so versichert jemand unter vielfachem Applaus, daß nichts geschehen und alles in Ordnung sei. Ich wiederhole, wer so denken und leben kann, der lebt irgendwo anders als in der Gegenwart. Man wolle irgendeine Ehe kritisch unter die Lupe nehmen: Wo nicht ein vollgerüttelt' Maß äußerer Not und Bedrängnis die «Psychologie» verhindert und auslöscht, da sind die Symptome der mehr oder weniger geheimen Lockerung sichtbar, da gibt es «Eheprobleme», von unerträglichen Launen bis zu Neurose und Ehebruch. Leider sind wie immer diejenigen, die es noch aushalten können, unbewußt zu bleiben, unnachahmlich, das heißt, ihr gutes Beispiel wirkt nicht ansteckend genug, daß bewußtere Menschen auf das Niveau bloßer Unbewußtheit wieder hinuntersteigen könnten.

Für all die vielen, welche die Gegenwart nicht lieben müssen, ist es äußerst wichtig, daß sie an das Ideal der Ehe glauben und es halten, denn es ist nichts damit gewonnen, daß ein Ideal und ein unzweifelhafter Wert bloß zerstört wird, ohne daß etwas Besseres an seine Stelle tritt. Daher zögert auch die Frau, ob sie verheiratet ist oder nicht; sie kann sich nicht eindeutig auf die Seite der Rebellion stellen, sondern verharrt in dunklen Zweifeln. Sie macht es allerdings nicht wie jene bekannte Frauenschriftstellerin, welche nach allerhand Experimenten selber in den sicheren Port der Ehe lief und nun die Ehe für das beste hielt, wobei alle die, denen es nicht gelingt, eben das Nachsehen haben und in frommem Verzicht ihre Tage beschließen können. So billig macht es die Frau der Gegenwart nicht. Ihr Gatte könnte davon etwas erzählen.

Solange es einen Gesetzesparagraphen gibt, welcher genau feststellt, was Ehebruch ist, muß die Frau wohl im Zweifel verharren. Aber weiß der Gesetzesparagraph, was «Ehebruch» ist? Ist seine Definition die nunmehr entdeckte ewige Wahrheit? Er ist in Wirklichkeit, vom psychologischen Standpunkt, dem für die Frau einzig wahrhaft gültigen, ein recht armseliges Machwerk, wie alles, was der Mann ersinnt, um die Liebe auf einen faßbaren Ausdruck zu bringen. Es handelt sich aber für die Frau weder um die wenig geschmackvollen Gesetzesformeln, welche der erotisch blinde männliche Verstand ersinnt und der Meinungsteufel der Frau nachbetet, noch um «Eheirrungen», «außerehelichen Geschlechtsverkehr» und «Hintergehen des Gatten», sondern es handelt sich um die Liebe. Nur wer unverbrüchlich an die traditionelle Ehe glaubt, kann dergleichen Geschmacklosigkeiten begehen, so wie nur der, der an Gott glaubt, richtig blasphemieren kann. Wer aber an der Ehe zweifelt, kann die Ehe nicht brechen, und für den gilt der Paragraph nicht, denn er fühlt sich, wie Paulus, jenseits des Gesetzes im höheren Zustand der Liebe. Weil aber alle Gesetzesgläubigen so häufig neben ihr eigenes Gesetz treten, aus Dummheit, aus Verführung, aus Lasterhaftigkeit, so zweifelt die Frau der Gegenwart, ob sie am Ende nicht auch in dieselbe Kategorie gehöre. Vom traditionellen Standpunkt gehört sie auch dazu. Das muß sie wissen, damit der Götze der *Respektabilität* in ihr gebrochen werde. Respektabel ist, wie das Wort sagt, jemand, der sich sehen lassen kann, also einer, der der öffentlichen Erwartung entspricht, mit anderen Worten eine ideale Maske; ein Betrug, kurz gesagt. *Gute Form* ist kein Betrug; wenn aber Respektabilität die Seele, den wirklichen, gottgewollten Inhalt, verdrängt, so ist man, was Christus ein «übertünchtes Grab» nennt.

Die Frau der Gegenwart ist sich der unleugbaren Tatsache bewußt geworden, daß sie nur im Zustand der Liebe ihr Höchstes und Bestes erreicht, und dieses Wissen drängt sie zu der anderen Erkenntnis, daß Liebe jenseits des Gesetzes ist, aber dagegen wieder empört sich ihre persönliche Respektabilität. Man ist geneigt, damit die öffentliche Meinung zu identifizieren. Das wäre aber das geringere Übel; das schlimmere ist, daß diese Meinung ihr auch im Blute steckt. Sie kommt zu ihr als eine Stimme von innen, eine Art von Gewissen, und das ist die Macht, die sie in Schach hält. Sie hat sich nicht bewußtgemacht, daß ihr persönlichstes, intimstes Eigentum mit der Geschichte in Kollision geraten könnte. Ein solcher Zusammenschluß ist ihr das Unerwartetste und Absurdeste. Wer aber ist sich schließlich völlig bewußt, daß die Geschichte in Wirklichkeit nicht in dicken Büchern steht, sondern in unserem Blute steckt? Wohl nur die allerwenigsten.

Solange die Frau das Leben der Vergangenheit lebt, kollidiert sie nirgends mit der Geschichte; kaum aber fängt sie an, von einer die Geschichte beherrschenden Kulturtendenz auch nur leise abzuweichen, so erfährt sie die volle Wucht der geschichtlichen Inertie, und dieser unerwartete Stoß kann sie brechen, vielleicht bis zum Tode. Ihr Zögern und ihr Zweifel werden verständlich, denn sie ist nicht nur in eine höchst peinliche und mißverständliche Situation, in die Nachbarschaft aller Verschlampung und Lumperei, sondern sogar zwischen zwei Weltmächte, die historische Inertie und das Göttlich-Schöpferische, geraten.

Wer wird es ihr verargen? Pflegen nicht die meisten Männer das «laudabiliter se subiecit» [Er hat sich löblicherweise unterworfen] in übertragener Form dem beinahe hoffnungslosen Konflikt, ob man Geschichte machen soll oder nicht, vorzuziehen? Es handelt sich eben schließlich um nichts Geringeres als darum, ob man gewillt ist, unhistorisch zu sein und damit Geschichte zu machen oder nicht. Niemand macht Geschichte, der nicht wagt, seine Haut zu Markte zu tragen, indem er das Experiment, das eben sein Leben selber ist, bis zum Ende durchführt und damit sein Leben nicht als eine Fortsetzung, sondern als einen Anfang erklärt. Das Fortsetzen ist ein Geschäft, das schon vom Tier versorgt wird, das Anfangen aber ist die Prärogative des Menschen, das einzige, was er über das Tierische hinaus aufzuweisen hat.

Zweifellos ist die Frau von heute mit diesem Problem im Innersten beschäftigt. So äußert sich in ihr eine unserer Zeit allgemein innewohnende Kulturtendenz zu einer völligeren Gestaltung des Menschen, eine Sehnsucht nach Sinn und Erfüllung, ein zunehmender Ekel vor sinnloser

Einseitigkeit, vor unbewußter Instinktmäßigkeit und blindem Geschehen. Die Seele des Europäers hat die Lehre des Krieges nicht vergessen, so vieles sein Bewußtsein auch vergessen haben mag. Die Frau weiß in zunehmendem Maße, daß nur die Liebe ihr völligere Gestalt gibt, so wie der Mann zu ahnen beginnt, daß nur der Geist seinem Leben höchsten Sinn verleiht, und beide suchen im Grunde die seelische Beziehung zueinander, weil die Liebe des Geistes und der Geist der Liebe der Vollendung bedürfen.

Die Frau fühlt, daß die Ehe keine wirkliche Sicherheit mehr ist, denn was gilt ihr die Treue des Gatten, wenn sie weiß, daß seine Gefühle und Gedanken danebenlaufen und daß er bloß zu vernünftig und zu feige ist, ihnen nachzulaufen! Was gilt ihr ihre eigene Treue, wenn sie weiß, daß sie damit bloß ihrer legalen Besitzmacht frönt und dabei ihre Seele verkümmern läßt? Sie ahnt eine höhere Treue, eine Treue im Geist und in der Liebe, jenseits der menschlichen Schwäche und Unvollkommenheit. Vielleicht wird sie noch entdecken, daß das, was schwach und unvollkommen, eine schmerzliche Störung, ein angsterregender Abweg ist, seiner zweideutigen Natur entsprechend doppelt gedeutet werden muß; es sind Stufen, die zum Allgemeinmenschlichen hinunterführen und schließlich im Sumpf der Unbewußtheit und Verlorenheit enden, wenn jemand den Halt, den er in seiner persönlichen Distinktion besitzt, gehenläßt; wer aber sich selbst behält, wird erst dadurch den Sinn des Selbstseins erfahren, wenn er auch unter sich selber in das ununterschiedene Menschliche hinuntersteigen kann. Denn was anders kann ihn schließlich aus der inneren Vereinsamung der persönlichen Differenzierung erlösen? Und was anders wird ihm die seelische Brücke sein zur Menschheit? Der, der oben steht und seine Güter den Armen austeilt, ist der Menschheit durch Tugendhöhe entrückt, und je mehr er selbstvergessen und selbstopfernd für den andern tut, desto mehr wird er sich innerlich vom Menschlichen entfremden.

Das so schön klingende Wort «menschlich» bedeutet in seinem letzten Verstande nichts Schönes, nichts Tugendhaftes, nichts Intelligentes, sondern *unteres Mittelmaß*. Das ist der Schritt, den Zarathustra nicht tun konnte: der Schritt zum «häßlichsten Menschen», zum wirklichen Menschen. Das Sträuben dagegen, ja die Angst davor beweisen, wie groß die Anziehung und Verführungskraft des Unteren ist. Die Abscheidung vom Unteren ist keine Lösung, sondern ein Schein, eine wesentliche Verkennung seines Wertes und Sinnes. Denn was ist ein Hoch, dem das Tief fehlt, was ein Licht, das keinen Schatten wirft? Kein Gutes kann wachsen, dem nicht ein Böses entgegensteht. «Du kannst von keiner Sünde erlöst werden, die du nicht begangen hast», sagte KARPOKRATES; ein tiefes Wort für alle, die verstehen wollen, und eine glänzende Gelegenheit für alle, die falsche Schlüsse ziehen wollen. Das Untere aber, das im bewußteren und darum vollkommeneren Menschen mitzuleben verlangt, *ist nicht das, wozu ihn bloße Lust überreden will, sondern das, was er fürchtet.*

Was ich hier sage, gilt nicht dem jungen Menschen – es ist gerade das, was er nicht wissen sollte –, sondern dem reiferen Menschen, dem durch die Lebenserfahrung ein weiteres Bewußtsein ermöglicht ist. Man hat die Gegenwart nicht von vornherein, sondern man wächst erst langsam in sie hinein, denn ohne Vergangenheit gibt es keine Gegenwart. Der junge Mensch hat noch keine Vergangenheit und darum auch keine Gegenwart. Darum schafft er noch keine Kultur, sondern bloß Existenz. Es ist der Vorzug und die Aufgabe des reiferen Alters, das die Mittagshöhe des Lebens überschritten hat, Kultur zu erzeugen.

Die Seele Europas ist von der höllischen Barbarei des Krieges zerrissen. Während der Mann alle Hände voll zu tun hat, die äußeren Schäden wiedergutzumachen, schickt die Frau – unbewußt wie immer – sich an, die inneren Wunden zu heilen, und dazu bedarf sie, als ihres wichtigsten Instrumentes, der *seelischen Beziehung.* Nichts ist dieser aber mehr hinderlich als die Abgeschlossenheit der mittelalterlichen Ehe, denn sie macht Beziehung gänzlich überflüssig. Beziehung ist nur möglich bei seelischer Distanz, wie Moralität auch immer Freiheit voraussetzt. Deshalb steht die unbewußte Tendenz der Frau nach Lockerung der Ehe, nicht aber nach Zerstörung von Ehe und Familie. Das wäre ein nicht nur unmoralischer, sondern geradezu krankhafter Auswuchs.

Auf was für eine Art und Weise dieses Ziel im einzelnen Fall erreicht wird, das zu schildern müßte man Bände mit kasuistischem Material füllen. Es ist die Art der Frau wie der Natur, sich indirekter Wege zu bedienen, ohne Zielbenennung. Sie reagiert in zielentsprechender Weise auf unsichtbar Unbefriedigendes mit Launen, Affekten, Meinungen und Taten, deren scheinbare Sinnlosigkeit, Giftigkeit, Krankhaftigkeit oder – Kaltblütigkeit und Rücksichtslosigkeit dem erotisch blinden Mann unendlich unbequem ist.

Die indirekte Methode der Frau ist gefährlich, sie kann ihr Ziel hoffnungslos kompromittieren. Darum sehnt sich auch die Frau der Gegenwart nach höherer Bewußtheit, nach Sinn und Zielbenennung, um selber ihrer blinden Naturdynamik zu entrinnen. Sie sucht es in Theosophie und allen möglichen sonstigen Uneigentlichkeiten. Zu allen anderen Zeiten wäre es die herrschende Religion gewesen, die ihr letzte Ziele gezeigt hätte, aber heute führt die religiöse Lehre zurück ins Mittelalter, zurück in die kulturwidrige Beziehungslosigkeit, aus der all die furchtbare Barbarei des Krieges hervorgegangen ist: sie reserviert die Seele Gott zu ausschließlich, der Mensch kommt zu kurz. Aber selbst Gott kann nicht gedeihen in einer seelisch unterernährten Menschheit. Auf diesen Hunger reagiert die Seele der Frau, denn es ist der Eros, der verbindet, wo der Logos scheidet und klärt. Die Frau der Gegenwart steht vor einer gewaltigen Kulturaufgabe, welche vielleicht den Anfang eines neuen Zeitalters bedeutet.

Die Ehe als psychologische Beziehung

Als psychologische Beziehung ist die Ehe ein kompliziertes Gebilde. Sie setzt sich zusammen aus einer ganzen Reihe von subjektiven und objektiven Gegebenheiten, die zum Teil sehr heterogener Natur sind. Da ich mich in meinem Beitrag auf das psychologische Problem der Ehe beschränken möchte, muß ich im wesentlichen die objektiven Gegebenheiten rechtlicher und sozialer Natur ausschließen, obschon diese Tatsachen die psychologische Beziehung zwischen den Gatten in hervorragendem Maße beeinflussen.

Wo immer wir von psychologischer Beziehung reden, setzen wir *Bewußtsein* voraus. Eine psychologische Beziehung zwischen zwei Menschen, die beide in einem unbewußten Zustand sind, existiert nicht. Sie wären gänzlich beziehungslos, vom psychologischen Standpunkt aus betrachtet. Von irgendeinem andern Standpunkt aus gesehen, zum Beispiel von einem physiologischen, könnten sie aber trotzdem in Beziehung stehen, jedoch dürfte diese Beziehung keine psychologische genannt werden. Die angenommene totale Unbewußtheit kommt allerdings in diesem Maße nicht vor, jedoch gibt es partielle Unbewußtheiten von nicht unbeträchtlicher Ausdehnung. In dem Maße, als solche Unbewußtheiten existieren, ist auch die psychologische Beziehung beschränkt.

Im Kind taucht das Bewußtsein aus den Tiefen des unbewußten seelischen Lebens auf, zunächst wie einzelne Inseln, die sich erst allmählich zu einem «Kontinent», zu einem zusammenhängenden Bewußtsein, vereinigen. Der fortschreitende geistige Entwicklungsprozeß bedeutet *Ausdehnung des Bewußtseins.* Mit dem Augenblick der Entstehung eines zusammenhängenden Bewußtseins ist die Möglichkeit einer psychologischen Beziehung gegeben. Bewußtsein ist, soweit unsere Auffassung reicht, immer Ichbewußtsein. Um meiner selbst bewußt zu sein, muß ich mich vom anderen unterscheiden können. Nur wo diese Unterscheidung existiert, kann Beziehung stattfinden. Obschon im allgemeinen unterschieden wird, so ist normalerweise die Unterscheidung lückenhaft, indem vielleicht sehr umfangreiche Gebiete des seelischen Lebens unbewußt sind. In bezug auf unbewußte Inhalte findet keine Unterscheidung statt, und daher kann in ihrem Bereich auch keine Beziehung hergestellt werden; in ihrem Bereich herrscht noch der anfängliche unbewußte Zustand einer *primitiven Identität* des Ichs mit dem anderen, also eine vollständige Beziehungslosigkeit.

Der junge Mensch in heiratsfähigem Alter besitzt zwar Ichbewußtsein (das Mädchen in der Regel mehr als der junge Mann), aber es ist nicht allzulange her, seitdem er aus den Nebeln der anfänglichen Unbewußtheit aufgetaucht ist. Er besitzt daher weite Gebiete, die noch im Schatten der Unbewußtheit liegen und die, soweit sie reichen, die Herstellung einer psychologischen Beziehung nicht ermöglichen. Praktisch heißt das, daß dem jungen Menschen nur eine unvollständige Erkenntnis des anderen sowohl wie seiner selbst gegeben ist, daher kann er über die Motive des anderen sowohl wie seiner selbst nur ungenügend unterrichtet sein. Er handelt in der Regel aus größtenteils unbewußten Motiven. Natürlich scheint es ihm subjektiv, als ob er sehr bewußt sei; denn man überschätzt stets die jeweils bewußten Inhalte, und es ist und bleibt eine große und überraschende Entdeckung, daß das, was wir für einen endlich erreichten Gipfel halten, in Wirklichkeit bloß die unterste Stufe einer sehr langen Treppe ist. Je größer der Umfang der Unbewußtheit ist, desto weniger handelt es sich bei der Verheiratung um freie Wahl, was sich subjektiv bemerkbar macht durch den in der Verliebtheit deutlich wahrnehmbaren *Schicksalszwang*. Wo keine Verliebtheit vorhanden ist, kann trotzdem der Zwang existieren, allerdings in weniger angenehmer Form.

Die noch unbewußten Motivationen sind persönlicher und allgemeiner Natur. Zunächst sind es Motive, die vom *elterlichen Einfluß* stammen. In jeder Hinsicht ist für den jungen Mann das Verhältnis zur Mutter und für das Mädchen dasjenige zum Vater bestimmend. In erster Linie ist es der Grad der Verbundenheit mit den Eltern, welcher unbewußt die Wahl des Gatten beeinflußt, fördert oder erschwert. Eine bewußte Liebe zu Vater und Mutter fördert die Wahl eines vater- oder mutterähnlichen Gatten. Eine unbewußte Verbundenheit (die sich bewußt keineswegs als Liebe zu äußern braucht) dagegen erschwert eine solche Wahl und erzwingt eigentümliche Modifikationen. Um diese zu verstehen, muß man in erster Linie wissen, woher die unbewußte Verbundenheit mit den Eltern rührt und unter was für Umständen sie zwangsmäßig die bewußte Wahl modifiziert oder sogar behindert. *In der Regel wird all das aus künstlichen Motiven verhinderte Leben, welches die Eltern leben könnten, in umgekehrter Form auf die Kinder vererbt,* das heißt letztere werden unbewußt in eine Lebensrichtung gezwungen, welche das Unerfüllte im Leben der Eltern kompensieren soll. Daher kommt es, daß übermoralische Eltern sogenannte unmoralische Kinder haben, daß ein unverantwortlicher und verbummelter Vater einen mit krankhaftem Ehrgeiz behafteten Sohn hat usw. Die schlimmsten Folgen hat die *künstliche Unbewußtheit* der Eltern. Zum Beispiel kettet eine Mutter, die sich künstlich unbewußt erhält, um den Anschein der guten Ehe nicht zu stören, unbewußt den Sohn an sich, gewissermaßen als Ersatz für ihren Mann. Dadurch wird der Sohn, wenn nicht immer geradewegs in die Homosexualität so doch in andere ihm eigentlich nicht entsprechende Modifikationen seiner Wahl gedrängt. Er wird zum Beispiel ein Mädchen heiraten, das seiner (des Sohnes) Mutter offenkundig unterlegen ist und so mit der Mutter nicht konkurrieren kann, oder er wird einer Frau von tyrannischem und anmaßendem Charakter verfallen, welche ihn gewissermaßen von der Mutter losreißen soll. Die Gattenwahl kann bei unverkrüppeltem Instinkt von diesen Einflüssen frei bleiben, jedoch werden sich die letzteren früher oder später als Hemmnisse bemerkbar machen. Eine mehr oder weniger rein instinktive Wahl dürfte vom Standpunkt der Arterhaltung aus wohl das beste sein, ist jedoch vom psychologischen Standpunkt aus nicht immer glücklich, indem zwischen der rein instinktiven und der individuell differenzierten Persönlichkeit oft ein ungemein großer Abstand besteht. In einem solchen Fall kann zwar die Rasse durch eine rein instinktive Wahl verbessert oder aufgefrischt werden, dafür aber wird ein individuelles Glück vernichtet. (Der Begriff Instinkt ist natürlich nichts anderes als ein Sammelbegriff für alle möglichen organischen und seelischen Faktoren, deren Natur uns größtenteils unbekannt ist.)

Wenn das Individuum nur als Instrument der Arterhaltung gedacht sein sollte, so ist die rein instinktive Gattenwahl wohl weitaus das beste. Da ihre Grundlagen aber unbewußt sind, so läßt sich darauf nur eine Art unpersönlichen Verhältnisses gründen, wie wir dies bei Primitiven sehr schön beobachten können. Wenn wir dort überhaupt von «Beziehung» sprechen können, so ist es nur ein blasses, distantes Verhältnis von ausgesprochen unpersönlicher Natur, gänzlich reguliert durch hergebrachte Gewohnheiten und Vorurteile, ein Vorbild für jede konventionelle Ehe.

Sofern der Verstand oder die List oder die sogenannte fürsorgende Liebe der Eltern die Ehe der Kinder nicht arrangiert hat und sofern bei den Kindern der primitive Instinkt weder durch falsche Erziehung noch durch die geheime Beeinflussung aus aufgestauten und vernachlässigten elterlichen Komplexen verkrüppelt ist, wird die Gattenwahl normalerweise aus unbewußten, instinktiven Motivationen erfolgen. Unbewußtheit bewirkt Nichtunterschiedenheit, unbewußte Identität. Die praktische Folge ist, daß der eine beim anderen eine gleichartige psychologische Struktur voraussetzt. Die normale Sexualität als ein gemeinsames und scheinbar gleichgerichtetes Erleben bestärkt das Gefühl der Einheit und der Identität. Dieser Zustand wird als völlige *Harmonie* bezeichnet und als ein großes Glück gepriesen («Ein Herz und eine Seele»); wohl mit Recht, denn die Rückkehr zu jenem anfänglichen Zustand der Unbewußtheit und der bewußtlosen Einheit ist wie eine Rückkehr in die Kindheit (daher die kindische Geste aller Verliebten), ja noch mehr, wie eine Rückkehr in den Mutterschoß, in die ahnungsschweren Meere einer noch unbewußten schöpferischen Fülle. Ja es ist ein echtes und nicht zu leugnendes Erleben der Gottheit, deren Übergewalt alles Individuelle auslöscht und verschlingt. Es ist eine eigentliche Kommunion mit dem Leben und dem unpersönlichen Schicksal. Der sich selber behaltende Eigenwille wird gebrochen, die Frau wird Mutter, der Mann wird Vater, und so werden beide der Freiheit beraubt und zu Werkzeugen des weiterschreitenden Lebens gemacht.

Die Beziehung bleibt innerhalb der Grenzen des biologischen Instinktzieles, der Arterhaltung. Da dieser Zweck kollektiver Natur ist, so ist demgemäß auch die psychologische Beziehung der Gatten zueinander im wesentlichen kollektiver Natur und kann deshalb im psychologischen Sinne nicht als *individuelle Beziehung* angesehen werden. Von einer solchen können wir erst dann sprechen, wenn die Natur der unbewußten Motivationen erkannt und die anfängliche Identität weitgehend aufgehoben ist. Selten oder sozusagen nie entwickelt sich eine Ehe glatt und ohne Krisen zu einer individuellen Beziehung. Es gibt keine Bewußtwerdung ohne Schmerzen.

Der Wege, die zur Bewußtwerdung führen, sind manche, aber sie folgen doch gewissen Gesetzen. Im allgemeinen beginnt die Wandlung mit dem *Anbruch der zweiten Lebenshälfte.* Die Mitte des Lebens ist eine Zeit höchster psychologischer Wichtigkeit. Das Kind beginnt sein psychologisches Leben im Engsten, im Bannkreis der Mutter und der Familie. Mit fortschreitender Reifung erweitern sich der Horizont und die eigene Einflußsphäre. Hoffnung und Absicht zielen auf Erweiterung der persönlichen Macht- und Besitzsphäre, das Begehren greift nach der Welt in immer weiterem Umfang. Der Wille des Individuums wird immer mehr identisch mit den Naturzwecken der unbewußten Motivationen. So haucht der Mensch den Dingen gewissermaßen sein Leben ein, bis sie schließlich anfangen, von selbst zu leben und sich zu vermehren, und unmerklich wird er von ihnen überwachsen. Mütter werden von ihren Kindern überholt, Männer von ihren Schöpfungen, und was erst mühsam, vielleicht mit größter Anstrengung ins Dasein gebracht wurde, kann nicht mehr angehalten werden. Erst war es Leidenschaft, dann wurde es Verpflichtung, und schließlich wird es unerträgliche Last, ein Vampir, der das Leben seines Schöpfers in sich gesogen hat. Die Mitte des Lebens ist der Moment größter Entfaltung, wo der Mensch noch mit seiner ganzen Kraft und seinem ganzen Wollen in seinem Werke steht. Aber in diesem Augenblick auch wird der Abend geboren, die zweite Lebenshälfte beginnt. Die Leidenschaft ändert ihr Gesicht und heißt jetzt Pflicht, das Wollen wird unerbittlich zum Muß, und die Wendungen des Weges, die früher Überraschung und Entdeckung waren, werden zur Gewohnheit. Der Wein hat vergoren und beginnt sich zu klären. Man entwickelt konservative Neigungen, wenn alles wohl steht. Statt vorwärts blickt man häufig unwillkürlich rückwärts und beginnt, sich Rechenschaft zu geben über die Art und Weise, wie sich das Leben bisher entwickelt hat. Man sucht nach seinen wirklichen Motivationen und macht Entdeckungen. Die kritische Betrachtung seiner selbst und seines Schicksals läßt den Menschen seine Eigenart erkennen. Aber diese Erkenntnisse fließen ihm nicht ohne weiteres zu. Nur durch gewaltsame Erschütterungen werden solche Erkenntnisse gemacht.

Da die Ziele der zweiten Lebenshälfte andere sind als die der ersten, entsteht durch zu langes Verharren in der jugendlichen Einstellung eine Uneinigkeit des Willens. Das Bewußtsein drängt vorwärts, gewissermaßen seiner eigenen Tätigkeit gehorchend; das Unbewußte aber hält zurück, da Kraft und innerer Wille für weitere Ausdehnung erschöpft sind. Diese Uneinigkeit mit sich selbst erzeugt Unzufriedenheit, und da man sich seines Zustandes nicht bewußt ist, projiziert man die Gründe in der Regel auf den Gatten. Dadurch entsteht eine kritische Atmosphäre, die unerläßliche Vorbedingung für Bewußtwerdung. Dieser Zustand beginnt bei den Gatten allerdings in der Regel nicht gleichzeitig. So vollkommen kann auch die beste Ehe die individuellen Verschiedenheiten nicht auslöschen, daß die Zustände der Gatten absolut identisch würden. Gewöhnlich wird der eine sich rascher in die Ehe finden als der andere. Der eine, gegründet auf ein positives Verhältnis zu den Eltern, wird wenig oder keine Schwierigkeiten haben in der Anpassung an den Gatten, der andere hingegen wird gehindert sein durch eine tiefergehende unbewußte Verbundenheit mit den Eltern. Er wird darum erst später zu einer völligen Anpassung gelangen, und weil schwerer erworben, wird sie vielleicht auch länger festgehalten.

Die *Verschiedenheiten im Tempo* einerseits und der *Umfang der geistigen Persönlichkeit* anderseits sind die Momente, welche eine typische Schwierigkeit erzeugen, die im kritischen Augenblick ihre Wirksamkeit entfaltet. Ich möchte nicht den Eindruck erwecken, als ob ich unter einem großen «Umfang der geistigen Persönlichkeit» immer eine besonders reiche oder großzügige Natur verstünde. Dies wäre keineswegs der Fall. Ich verstehe vielmehr darunter eine gewisse *Kompliziertheit* der geistigen Natur, vergleichbar einem Stein mit vielen Facetten im Gegensatz zu einem einfachen Kubus. Es sind vielseitige, in der Regel problematische Naturen, behaftet mit mehr oder weniger schwer vereinbaren psychischen Erbeinheiten. Anpassung an solche Naturen oder deren Anpassung an einfachere Persönlichkeiten ist immer schwierig. Solche Menschen mit einigermaßen dissoziierter Anlage haben in der Regel auch die Fähigkeit, unvereinbare Charakterzüge auf längere Zeit hinaus abzuspalten und sich dadurch scheinbar einfach zu gestalten, oder ihre «Vielseitigkeit», ihr schillernder Charakter kann ihren ganz besonderen Reiz ausmachen. In solchen etwas labyrinthischen Naturen kann sich der andere leicht verlieren, das heißt, er findet eine solche Fülle von Erlebnismöglichkeiten in ihnen, daß sein persönliches Interesse vollauf beschäftigt ist; gewiß nicht immer in angenehmer Weise, indem seine Beschäftigung öfters darin besteht, ersteren auf allen möglichen Neben- und Abwegen nachzuspüren. Immerhin ist dadurch soviel Erlebnismöglichkeit vorhanden, daß die einfachere Persönlichkeit davon umgeben, ja sogar davon gefangen ist; sie geht in der umfänglicheren Persönlichkeit gewissermaßen auf, sie sieht nicht über jene hinaus. Dies ist eine fast regelmäßige Erscheinung: eine Frau, die geistig ganz in ihrem Mann, ein Mann, der gefühlsmäßig ganz in seiner Frau enthalten ist. Man könnte dies als *das Problem des Enthaltenen und des Enthaltenden* bezeichnen.

Der *Enthaltene* ist im wesentlichen ganz innerhalb der Ehe. Er wendet sich ungeteilt zum anderen, nach außen existieren keine wesentliche Verpflichtung und kein bindendes Interesse. Die unangenehme Seite dieses sonst «idealen» Zustandes ist die beunruhigende Abhängigkeit von einer etwas unübersehbaren, daher nicht ganz glaubhaften oder verläßlichen Persönlichkeit. Der Vorteil ist das eigene Ungeteiltsein – ein für die seelische Ökonomie nicht zu unterschätzender Faktor!

Der *Enthaltende,* der, gemäß seinen etwas dissoziierten Anlagen, ein besonderes Bedürfnis hätte, sich in einer ungeteilten Liebe zu einem anderen mit sich selber zu vereinigen, wird in diesem ihm natürlich schwerfallenden Bestreben von der einfacheren Persönlichkeit überholt. Während er nach all den Subtilitäten und Komplikationen im anderen sucht, die seinen eigenen Facetten Ergänzung und Widerpart sein sollten, stört er die Einfachheit des anderen. Da nun die Einfachheit unter allen gewöhnlichen Umständen gegenüber der Komplikation im Vorteil ist, so muß er seine Versuche, eine einfache Natur zu subtilen und problematischen Reaktionen zu veranlassen, bald aufgeben. Auch wird ihm der andere, der gemäß seiner einfachen Natur einfache Antworten in ihm sucht, bald genug zu tun geben dadurch, daß er gerade durch die Erwartung einfacher Antworten die Kompliziertheiten des ersteren «konstelliert» (wie der technische Ausdruck lautet). Ersterer muß sich nolens volens auf sich zurückziehen vor der überzeugenden Kraft des Einfachen. Das Geistige (der Bewußtseinsprozeß im allgemeinen) bedeutet für den Menschen eine solche Anstrengung, daß er das Einfache unter allen Umständen vorzieht, sogar wenn es nicht einmal wahr ist. Und wenn es wenigstens eine halbe Wahrheit ist, dann ist er ihm sozusagen verfallen. Die einfache Natur wirkt auf den Komplizierten wie ein zu kleines Zimmer, das ihm nicht Raum genug gewährt. Die komplizierte Natur dagegen gibt dem Einfacheren zu viele Zimmer mit zu viel Raum, so daß er nie recht weiß, wohin er eigentlich gehört. So kommt es ganz natürlicherweise, daß der Kompliziertere den Einfacheren enthält. Jener kann aber in diesem nicht aufgehen, er umgibt ihn, ist dabei selber nicht umgeben. Da er aber ein vielleicht noch größeres Bedürfnis hat, umgeben zu sein, als letzterer, so fühlt er sich außerhalb der Ehe und spielt deshalb jeweils die problematische Rolle. Je mehr der Enthaltene festhält, desto mehr fühlt sich der Enthaltende hinausgedrängt. Durch das Festhalten dringt ersterer hinein, und je mehr er hineindringt, desto weniger kann letzterer dasselbe tun. Der Enthaltende späht deshalb immer mehr oder weniger zum Fenster hinaus, allerdings zunächst unbewußt. Wenn er aber zur Mitte des Lebens gelangt, so erwacht in ihm eine stärkere Sehnsucht nach jener Einheit und Ungeteiltheit, die ihm, gemäß seiner dissoziierten Natur, besonders not täte, und dann ereignen sich gewöhnlich Dinge, die ihm den Konflikt zum Bewußtsein bringen. Es wird ihm bewußt, daß er eine Ergänzung, das Enthaltensein und das Ungeteiltsein, das ihm stets mangelte, sucht. Für den Enthaltenen bedeutet dieses Ereignis zunächst eine Bestätigung für die stets schmerzlich empfundene Unsicherheit; er findet, daß in den Zimmern, die scheinbar ihm gehörten, noch andere, unerwünschte Gäste leben. Die Hoffnung auf Sicherheit schwindet ihm, und diese Enttäuschung zwingt ihn auf sich selber zurück, wenn es ihm nicht gelingt, durch verzweifelte und gewalttätige Anstrengungen den anderen auf die Knie zu zwingen und ihn zum Bekenntnis und zur Überzeugung zu veranlassen, daß seine Sehnsucht nach Einheit nichts sei als eine kindische oder krankhafte Phantasie. Gelingt ihm dieser Gewaltstreich nicht, so verschafft ihm die Annahme des Verzichtes ein großes Gut, nämlich die Erkenntnis, daß jene Sicherheit, die er immer im anderen suchte, in ihm selber zu finden ist. Dadurch findet er sich selbst und entdeckt damit in seiner einfachen Natur all jene Komplikationen, die der Enthaltende vergebens in ihm gesucht hatte.

Bricht der Enthaltende beim Anblick dessen, was man gemeinhin eine Ehe-Irrung zu nennen pflegt, nicht zusammen, sondern glaubt er an die innere Berechtigung seiner Sehnsucht nach Einheit, so wird er zunächst die *Zerrissenheit* auf sich nehmen. Nicht durch Abspaltung wird eine Dissoziation geheilt, sondern durch Zerreißung. Alle Kräfte, die nach Einheit streben, alles gesunde Sichselberwollen wird sich gegen die Zerreißung auflehnen, und dadurch wird ihm die Möglichkeit einer inneren Vereinigung, die er früher immer außen suchte, bewußt. Er findet als sein Gut das Ungeteiltsein in sich selber.

Dies ist es, was zur Zeit des Lebensmittags überaus häufig geschieht; und auf diese Weise erzwingt die merkwürdige Natur des Menschen jenen Übergang aus der ersten in die zweite Lebenshälfte, die Verwandlung aus einem Zustand, wo der Mensch nur Werkzeug seiner Triebnatur ist, in einen anderen Zustand, wo er nicht mehr Werkzeug, sondern er selbst ist – eine Wandlung von Natur in Kultur, von Trieb in Geist.

Man sollte sich eigentlich hüten, diese notwendige Entwicklung durch moralische Gewalttätigkeiten zu unterbrechen, denn die Erzeugung einer geistigen Einstellung durch Abspaltung und Unterdrückung der Triebe ist eine *Fälschung*. Nichts ist ekelhafter als eine heimlich sexualisierte Geistigkeit; sie ist ebenso unreinlich wie eine überschätzte Sinnlichkeit. Der Übergang ist aber ein langer Weg, und die allermeisten bleiben auf diesem Wege stecken. Könnte man diese ganze seelische Entwicklung in der Ehe und durch die Ehe im Unbewußten lassen, wie dies beim Primitiven der Fall ist, so könnten sich diese Wandlungen ohne allzu große Reibungen und völliger vollziehen. Man begegnet unter sogenannten Primitiven geistigen Persönlichkeiten, vor denen man nur Ehrfurcht empfinden kann als vor vollkommen gereiften Werken einer ungestörten Bestimmung. Ich spreche hier aus eigener Erfahrung. Wo unter den heutigen Europäern aber finden sich jene durch keine moralischen Gewalttätigkeiten verkrüppelten Gestalten? Wir sind immer noch barbarisch genug, um an Askese und ihr Gegenteil zu glauben. Das Rad der Geschichte läßt sich aber nicht zurückdrehen. Wir können nur vorwärts streben nach jener Einstellung, die es uns erlaubt, so zu leben, wie es die ungestörte Bestimmung des primitiven Menschen eigentlich will. Nur unter dieser Bedingung sind wir imstande, den Geist nicht in Sinnlichkeit und die Sinnlichkeit nicht in Geist zu pervertieren, denn beide müssen leben, da das eine vom anderen sein Leben bezieht.

Der wesentliche Inhalt der psychologischen Beziehung in der Ehe ist diese hier in gedrängter Kürze geschilderte Wandlung. Vieles wäre zu sagen über die Illusionen, welche dem Naturzweck dienen und auch jene Wandlungen herbeiführen, welche für die Lebensmitte bezeichnend sind. Die der ersten Lebenshälfte eigentümliche Harmonie der Ehe (falls eine solche Anpassung überhaupt je zustande kam) ist wesentlich gegründet (wie sich dann in der kritischen Phase herausstellt) auf Projektionen gewisser typischer Bilder.

Jeder Mann trägt das Bild der Frau von jeher in sich, nicht das Bild *dieser* bestimmten Frau, sondern *einer* bestimmten Frau. Dieses Bild ist im Grunde genommen eine unbewußte, von Urzeiten herkommende und dem lebenden System eingegrabene Erbmasse, ein «Typus» («Archetypus») von allen Erfahrungen der Ahnenreihe am weiblichen Wesen, ein Niederschlag aller Eindrücke vom Weib, ein vererbtes psychisches Anpassungssystem. Wenn es keine Frauen gäbe, so ließe sich aus diesem unbewußten Bild jederzeit angeben, wie eine Frau in seelischer Hinsicht beschaffen sein müßte. Dasselbe gilt auch von der Frau, auch sie hat ein ihr angeborenes Bild vom Mann. Die Erfahrung lehrt, daß man genauer sagen sollte: ein Bild von *Männern,* während beim Mann es eher ein Bild von *der* Frau ist. Da dieses Bild unbewußt ist, ist es immer unbewußt projiziert in die geliebte Figur und einer der wesentlichsten Gründe für leidenschaftliche Anziehung und ihr Gegenteil. Ich habe dieses Bild als *Anima* [Seele] bezeichnet und finde darum die scholastische Frage: «Habet mulier animam?» [Hat die Frau eine Seele?] sehr interessant, indem ich der Ansicht bin, diese Frage sei insofern intelligent, als der Zweifel berechtigt erscheint. Die Frau hat keine Anima, sondern einen *Animus.* Die Anima hat einen erotisch-emotionalen, der Animus [Geist] einen räsonierenden Charakter, weshalb das meiste, was die Männer über weibliche Erotik und überhaupt über weibliches Gefühlsleben zu sagen wissen, auf der Projektion ihrer eigenen Anima beruht und darum schief ist. Die erstaunlichen Annahmen und Phantasien der Frauen über die Männer beruhen auf der Wirksamkeit des Animus, der unerschöpflich ist in der Erzeugung unlogischer Urteile und falscher Kausalitäten.

Anima sowohl wie Animus sind durch ungemeine Vielseitigkeit charakterisiert. Es ist in einer Ehe immer der Enthaltene, der dieses Bild auf den Enthaltenden projiziert, während es letzterem nur teilweise gelingt, dieses Bild auf den Ehegatten zu projizieren. Je eindeutiger und einfacher jener ist, desto weniger gelingt die Projektion. In diesem Falle hängt dann dieses höchst faszinierende Bild im leeren Raum und wartet gewissermaßen darauf, durch einen realen Menschen ausgefüllt zu werden. Es gibt nun Frauentypen, die wie von Natur dazu gemacht scheinen, Animaprojektionen aufzunehmen. Man könnte fast von einem bestimmten Typus reden. Unerläßlich ist der sogenannte «Sphinx»-Charakter, die Zweideutigkeit oder Vieldeutigkeit; nicht eine vage Unbestimmtheit, in die man nichts hineinlegen kann, sondern eine verheißungsvolle Unbestimmtheit, mit dem sprechenden Schweigen einer Mona Lisa – alt und jung, Mutter und Tochter, von fragwürdiger Keuschheit, kindlich und von männerentwaffnender naiver Klugheit [1]. Nicht jeder Mann von wirklichem Geist kann Animus sein, denn er muß weniger gute Ideen als vielmehr gute Worte haben, bedeutungsschwere Worte, in die man noch vieles Unausgesprochene hineindeuten kann. Er muß auch etwas unverstanden sein oder wenigstens in irgendeiner Weise im Gegensatz zu seiner Umwelt stehen, damit die Idee der Aufopferung mit hineinkommen kann. Er muß ein zweideutiger Heros sein, einer mit Möglichkeiten, wobei es keineswegs sicher ist, daß eine Animusprojektion nicht schon öfters einen wirklichen Helden viel früher herausgefunden hat als der langsame Verstand des sogenannten intelligenten Durchschnittsmenschen[2].

Für Mann sowohl wie Frau, sofern sie Enthaltende sind, bedeutet die Ausführung dieses Bildes ein folgenschweres Erlebnis, denn hier ergibt sich die Möglichkeit, die eigene Kompliziertheit durch eine entsprechende Vielgestaltigkeit beantwortet zu finden. Hier scheinen sich jene weiten Räume aufzutun, in denen man sich umgeben und enthalten fühlen kann. Ich sage ausdrücklich «scheinen», denn es ist eine zweideutige Möglichkeit. So wie eine Animusprojektion der Frau tatsächlich einen von der Masse unerkannten Mann von Bedeutung herauswittert und, mehr als das, ihm sogar zu seiner eigentlichen Bestimmung durch moralische Unterstützung helfen kann, so kann auch der Mann durch die Animaprojektion eine «femme inspiratrice» sich erwecken. Aber vielleicht öfter war es eine Illusion mit destruktivem Erfolg. Ein Mißerfolg deshalb, weil der Glaube nicht stark genug war. Den Pessimisten muß ich sagen, daß in diesen seelischen Urbildern außerordentlich positive Werte liegen; die Optimisten dagegen muß ich warnen vor verblendender Phantastik und der Möglichkeit absurdester Abwege.

Man darf nun diese Projektion nicht etwa als eine individuelle und bewußte Beziehung verstehen. Das ist sie zunächst keineswegs. Sie schafft eine zwangsmäßige Abhängigkeit auf der Basis unbewußter Motive, aber anderer als biologischer Motive. RIDER HAGGARDS *«She»* zeigt ungefähr, was für eine merkwürdige Vorstellungswelt der Animaprojektion zugrunde liegt. Es sind im wesentlichen geistige Inhalte, oft in erotischer Verkleidung, offenkundige Stücke einer primitiven mythologischen Mentalität, die aus Archetypen besteht und deren Gesamtbild das sogenannte *kollektive Unbewußte* ausmacht. Dementsprechend ist eine solche Beziehung im Grunde genommen kollektiv und nicht individuell. (BENOIT, der in der *«Atlantide»* eine bis in Einzelheiten mit *«She»* übereinstimmende Phantasiefigur geschaffen hat, bestreitet ein Plagiat an RIDER HAGGARD.)

Geschieht einem der beiden Gatten eine solche Projektion, dann tritt der kollektiven biologischen Beziehung eine kollektive geistige gegenüber und bewirkt damit jene oben beschriebene Zerreißung des Enthaltenden. Gelingt es ihm, den Kopf über Wasser zu halten, so wird er eben gerade durch den Konflikt sich selber finden. In diesem Fall hat dann die an sich gefährliche Projektion ihm zum Übergang aus einer kollektiven in eine individuelle Beziehung verholfen. Diese ist gleichbedeutend mit einer völligen Bewußtheit der Beziehung in der Ehe. Da der Zweck dieses Aufsatzes eine Erörterung der Ehepsychologie ist, fällt die Psychologie des Projektionsverhältnisses außer Betracht. Ich begnüge mich hier mit der Erwähnung der Tatsache.

Man kann wohl kaum von der psychologischen Beziehung in der Ehe handeln, ohne die Natur der kritischen Übergänge wenigstens andeutungsweise zu erwähnen, auf die Gefahr von Mißverständnissen hin. Bekanntlich versteht man in psychologischer Hinsicht gar nicht, was man nicht selber erfahren hat. Diese Tatsache hindert aber niemand an der Überzeugung, daß sein Urteil das einzig wahre und kompetente sei. Diese befremdliche Tatsache rührt von der notwendigen Überschätzung des jeweiligen Bewußtseinsinhaltes her. (Ohne diese Häufung von Aufmerksamkeit könnte er ja gar nicht bewußt sein.) So kommt es, daß jedes Lebensalter seine eigene psychologische Wahrheit hat, seine programmatische Wahrheit sozusagen, ebenso jede Stufe der psychologischen Entwicklung. Es gibt sogar Stufen, welche nur die wenigsten erreichen – eine Frage von Rasse, Familie, Erziehung, Begabung und Leidenschaft. Die Natur ist aristokratisch. Der Normalmensch ist eine Fiktion, obschon es gewisse allgemeingültige Gesetzmäßigkeiten gibt. Das seelische Leben ist eine Entwicklung, die schon auf den untersten Stufen zum Stillstand kommen kann. Es ist, wie wenn jedes Individuum ein spezifisches Gewicht hätte, dementsprechend es steigt oder sinkt zu jener Stufe, wo es seine Grenze erreicht. Dementsprechend sind auch seine Einsichten und Überzeugungen beschaffen. Es ist daher kein Wunder, wenn weitaus die meisten aller Ehen mit der biologischen Bestimmung ihre psychologische Höchstgrenze erreichen, ohne Schaden für geistige und moralische Gesundheit. Relativ wenige geraten in ein tieferes Uneinssein mit sich selbst. Wo viel äußere Not ist, kann der Konflikt aus Energiemangel keine dramatische Spannung erreichen. Aber proportional der sozialen Sicherheit steigt die psychologische Unsicherheit, zunächst unbewußt, und verursacht dann Neurosen; sodann bewußt, und veranlaßt dann Trennungen, Streit, Scheidungen und sonstige «Ehe-Irrungen». Auf noch höherer Stufe werden neue psychologische Entwicklungsmöglichkeiten erkannt, welche die religiöse Sphäre berühren, wo das kritische Urteil sein Ende erreicht.

Auf allen diesen Stufen kann ein dauernder Stillstand erfolgen mit völliger Unbewußtheit dessen, was auf einer nächsten Entwicklungsstufe folgen könnte. In der Regel ist sogar der Zugang zur nächsten Stufe durch heftigste Vorurteile und abergläubische Ängste verbarrikadiert, was gewiß von höchster Zweckmäßigkeit ist, da ja ein Mensch, der zufälligerweise veranlaßt sein sollte, auf einer ihm zu hohen Stufe zu leben, zu einem schädlichen Narren wird.

Die Natur ist nicht nur aristokratisch, sie ist auch esoterisch. Kein Einsichtiger wird sich aber dadurch verleiten lassen, Geheimnisse zu verbergen, denn er weiß nur zu gut, daß das Geheimnis der seelischen Entwicklung nie verraten werden kann, einfach darum nicht, weil die Entwicklung eine Frage der Fähigkeit des einzelnen ist.

Die Lebenswende

Von den Problemen der menschlichen Altersstufen zu sprechen, ist wohl eine überaus anspruchsvolle Aufgabe, denn sie meint ja nichts Geringeres, als daß ein Gemälde des gesamten seelischen Lebens von der Wiege bis zum Grabe entrollt werden sollte. Einer solchen Aufgabe können wir im Rahmen eines Vortrages nur in den allgemeinsten Zügen gerecht werden – wohlverstanden, es handelt sich hier nicht darum, eine Beschreibung der normalen Psychologie der verschiedenen Altersstufen zu geben, sondern wir haben von «Problemen» zu handeln, das heißt von Schwierigkeiten, Fragwürdigkeiten, Zweideutigkeiten, mit einem Wort, von Fragen, auf die mehr als eine Antwort gegeben werden kann, Antworten zudem, die niemals genügend sicher und unzweifelhaft sind. Wir werden darum nicht weniges in Fragezeichen denken müssen, ja schlimmer noch: einiges müssen wir auf Treu und Glauben annehmen, und gelegentlich müssen wir sogar spekulieren.

Wenn das seelische Leben nur aus Tatsächlichkeiten bestünde – was übrigens auf primitiver Stufe noch der Fall ist –, dann könnten wir uns mit handfester Empirie begnügen. Das seelische Leben des Kulturmenschen aber ist voller Problematik, ja es läßt sich ohne Problematik überhaupt nicht denken. Unsere seelischen Vorgänge sind zum großen Teil Überlegungen, Zweifel, Experimente – lauter Dinge, welche die unbewußte, instinktive Seele des Primitiven so gut wie gar nicht kennt. Die Existenz der Problematik verdanken wir dem Wachstum des Bewußtseins; sie ist das Danaergeschenk der Kultur. *Das Abweichen vom und das Sich-in-Gegensatz-Setzen zum Instinkt schafft Bewußtsein.* Instinkt ist Natur und will Natur. Bewußtsein hingegen kann nur Kultur oder deren Negation wollen, und wo immer es, beflügelt von Rousseauscher Sehnsucht, zurück zur Natur strebt, «kultiviert» es die Natur. Insofern wir noch Natur sind, sind wir unbewußt und leben in der Sicherheit des problemlosen Instinktes. Alles in uns, was noch Natur ist, scheut sich vor dem Problem, denn sein Name ist *Zweifel,* und wo immer Zweifel herrscht, da ist Unsicherheit und die Möglichkeit verschiedener Wege. Wo aber verschiedene Wege möglich scheinen, da sind wir von der sicheren Führung des Instinktes abgewichen und der *Furcht* ausgeliefert. Denn hier sollte nun unser Bewußtsein das tun, was die Natur stets für ihre Kinder getan hat, nämlich sicher, unzweifelhaft und eindeutig entscheiden. Und da befällt uns allzu menschliche Furcht, daß das Bewußtsein, unsere prometheische Errungenschaft, es am Ende der Natur doch nicht gleichtun könnte.

Das Problem führt uns in eine vater- und mutterlose Einsamkeit, ja in eine naturlose Verlassenheit, wo wir zu Bewußtheit und zu nichts als Bewußtheit gezwungen sind. Wir können nicht anders, sondern müssen bewußte Entscheidung und Lösung an Stelle des naturhaften Geschehens setzen. So bedeutet jedes Problem die Möglichkeit zu einer Erweiterung des Bewußtseins, zugleich aber auch die Nötigung, von aller unbewußten Kindhaftigkeit und Naturhaftigkeit Abschied zu nehmen. Diese Nötigung ist eine so unendlich wichtige seelische Tatsache, daß sie auch einen der wesentlichsten symbolischen Lehrgegenstände der christlichen Religion bildet. Es ist *das Opfer des bloß natürlichen Menschen,* des unbewußten, naturhaften Lebewesens, dessen Tragik schon mit dem Apfelessen im Paradies begann. Jener biblische Sündenfall läßt das Bewußtwerden als einen Fluch erscheinen. Und als solcher erscheint uns in der Tat jedes Problem, das uns zu größerer Bewußtheit nötigt und uns dadurch das Paradies kindhafter Unbewußtheit in noch größere Entfernung rückt. Von Problemen schaut jeder gerne weg; wenn möglich, sollen sie nicht erwähnt werden, oder noch besser, man leugnet ihre Existenz. Man wünscht sich das Leben einfach, sicher und glatt, und darum sind Probleme tabu. Man will Sicherheiten und keine Zweifel, man will Resultate und keine Experimente, ohne dabei zu sehen, daß nur durch Zweifel Sicherheiten und nur durch Experimente Resultate entstehen können. So schafft auch künstliche Leugnung der Probleme keine Überzeugung, vielmehr bedarf es der weiteren und höheren Bewußtheit, um Sicherheit und Klarheit zu erzeugen.

Es bedarf dieser längeren Einleitung, um das Wesen unseres Gegenstandes zu verdeutlichen. Wo es sich um Probleme handelt, da weigern wir uns instinktiv, durch Dunkelheiten und Unklarheiten hindurchzugehen. Wir wünschen nur von eindeutigen Resultaten zu hören und vergessen dabei völlig, daß diese Resultate überhaupt nur dann existieren können, wenn wir die Dunkelheit durchschritten haben. Um aber die Dunkelheit durchdringen zu können, müssen wir alles aufbieten, was unser Bewußtsein an Erleuchtungsmöglichkeiten besitzt; wie ich schon sagte, wir müssen sogar spekulieren. Denn bei der Behandlung der seelischen Problematik stolpern wir beständig über prinzipielle Fragen, die von den verschiedensten Fakultäten als eigenste Domänen gepachtet sind. Wir beunruhigen oder ärgern den Theologen nicht weniger als den Philosophen und den Mediziner nicht weniger als den Erzieher, ja wir tappen sogar in das Arbeitsgebiet des Biologen und des Historikers. Diese Extravaganzen entstammen nicht unserem Vorwitz, sondern dem Umstand, daß die Seele des Menschen ein absonderliches Gemisch von Faktoren ist, welche zugleich auch Gegenstände ausgedehnter Wissenschaften sind. Denn aus sich und seiner eigenartigen Beschaffenheit hat der Mensch seine Wissenschaften geboren. Sie sind *Symptome* seiner Seele.

Wenn wir uns daher die unumgängliche Frage vorlegen: Warum hat der Mensch in ziemlich offenkundigem Gegensatz zur Tierwelt überhaupt Probleme?, so geraten wir damit in den unentwirrbaren Gedankenknäuel, den viele tausend haarscharfe Gehirne im Laufe der Jahrtausende zustande gebracht haben. Ich werde an diesem Kunstwerk keine Sisyphusarbeit tun, sondern mich bloß bemühen, Ihnen einfach darzustellen, was ich zur Beantwortung dieser prinzipiellen Fragen etwa beitragen könnte.

Probleme gibt es keine ohne Bewußtsein. Wir müssen daher die Frage anders stellen, nämlich: Wieso kommt es, daß der Mensch überhaupt Bewußtsein hat? Ich weiß nicht, wieso das kommt, denn ich war nicht dabei, als die ersten Menschen bewußt wurden. Wir können das Bewußtwerden aber heute noch bei kleinen Kindern beobachten. Alle Eltern können es sehen, wenn sie aufpassen. Wir können nämlich folgendes sehen: Wenn das Kind jemanden oder etwas *erkennt,* dann fühlen wir, daß das Kind Bewußtsein hat. Darum war es wohl auch der Baum der Erkenntnis im Paradies, der so fatale Früchte trug.

Was ist aber Erkennen? Wir sprechen dann von Erkenntnis, wenn es uns gelingt, zum Beispiel eine neue Wahrnehmung an einen bereits bestehenden Zusammenhang anzugliedern, und zwar so, daß wir nicht nur die Wahrnehmung, sondern auch Stücke der bereits bestehenden Inhalte zugleich im Bewußtsein haben. Erkennen beruht also auf vorgestelltem Zusammenhang psychischer Inhalte. Einen zusammenhanglosen Inhalt können wir nicht erkennen, und wir können seiner nicht einmal bewußt sein, falls unser Bewußtsein noch auf dieser tiefen Anfangsstufe steht. Die erste Bewußtseinsform, die unserer Beobachtung und Erkenntnis zugänglich ist, scheint also der bloße Zusammenhang zweier oder mehrer psychischer Inhalte zu sein. Auf dieser Stufe ist daher das Bewußtsein noch ganz an die Vorstellung von einigen Zusammenhangsreihen gebunden, und daher ist es bloß sporadisch und wird später nicht mehr erinnert. Tatsächlich existiert für die ersten Lebensjahre kein kontinuierliches Gedächtnis. Es gibt hier höchstens *Bewußtseinsinseln,* wie einzelne Lichter oder beleuchtete Gegenstände in weiter Nacht. Diese Erinnerungsinseln sind aber nicht jene allerfrühesten, bloß vorgestellten Inhaltszusammenhänge, sondern sie enthalten eine neue, sehr wesentliche Inhaltsreihe, nämlich die des vorstellenden Subjektes selber, des sogenannten Ich. Auch diese Reihe ist zunächst bloß vorgestellt, wie die ursprünglichen Inhaltsreihen, weshalb das Kind folgerichtigerweise von sich zunächst in der dritten Person spricht. Erst später, wenn die Ichreihe oder der sogenannte Ichkomplex, wahrscheinlich durch Einübung, eigene Energie erlangt hat, entsteht das Gefühl des Subjekt- oder Ichseins. Das dürfte der Moment sein, wo das Kind anfängt, von sich in der ersten Person zu sprechen. Auf dieser Stufe dürfte die *Gedächtniskontinuität* ihren Anfang nehmen. Sie wäre also im wesentlichen eine Kontinuität der Icherinnerungen.

Die kindliche Stufe des Bewußtseins kennt noch keine Probleme, denn noch hängt nichts vom Subjekt ab, indem das Kind selber noch ganz von den Eltern abhängt. Es ist, wie wenn es noch gar nicht völlig geboren, sondern noch in der seelischen Atmosphäre der Eltern getragen wäre. Die seelische Geburt und damit die bewußte Unterscheidung von den Eltern erfolgt normalerweise erst mit dem Einbruch der Sexualität im Pubertätsalter. Mit dieser physiologischen Revolution ist auch eine geistige verbunden. Durch die körperlichen Erscheinungen wird nämlich das Ich in so hohem Maße betont, daß es sich oft ganz unverhältnismäßig zur Geltung bringt. Daher der Name «Flegeljahre».

Bis zu dieser Epoche ist die Psychologie des Individuums wesentlich triebmäßig und daher unproblematisch. Auch wenn den subjektiven Trieben äußere Schranken entgegenstehen, so bewirken diese Unterdrükkungen keine Entzweiungen des Individuums mit sich selber. Es unterwirft sich oder umgeht sie, völlig eins mit sich selber. Es kennt die Selbstgespaltenheit des problematischen Zustandes noch nicht. Dieser Zustand kann erst eintreten, wenn die äußere Schranke zu einer inneren wird, das heißt, wenn ein Trieb sich gegen den anderen auflehnt. Psychologisch ausgedrückt würde das heißen: der problematische Zustand, die innere Entzweiung tritt dann ein, wenn neben der Ichreihe eine zweite Inhaltsreihe von ähnlicher Intensität entsteht. Diese zweite Reihe ist wegen ihres energetischen Wertes von gleicher funktionaler Bedeutung wie der Ichkomplex, sozusagen ein anderes, zweites Ich, das gegebenenfalls die Führung dem ersten Ich sogar abnehmen kann. Daraus geht die Entzweiung mit sich selbst, der problematische Zustand hervor.

Werfen wir hier einen kurzen Rückblick auf das eben Gesagte: Die erste Bewußtseinsform, die des bloßen Erkennens, ist ein anarchischer oder chaotischer Zustand. Die zweite Stufe, nämlich die des ausgebildeten Ichkomplexes, ist eine monarchistische oder monistische Phase. Die dritte Stufe bringt wiederum einen Bewußtseinsfortschritt, nämlich das Bewußtsein der Zweiheit, eines dualistischen Zustandes.

Hier langen wir nun bei unserem eigentlichen Thema an, nämlich bei der Problematik der Altersstufen. Es handelt sich zunächst um diejenige des *Jugendalters*. Diese Stufe erstreckt sich von der unmittelbaren Nachpubertätszeit bis zur ungefähren Lebensmitte, die etwa auf die Jahre zwischen fünfunddreißig und vierzig fällt.

Man möchte mir nun gewiß die Frage stellen, warum ich auf der zweiten Stufe des menschlichen Lebens beginne, mit anderen Worten, als ob die Kindheitsstufe keine Probleme hätte. Das Kind ist normalerweise noch problemlos, wohl aber ist es mit seiner komplizierten Psyche den Eltern, Erziehern und Ärzten ein Problem erster Ordnung. Erst der erwachsene Mensch kann sich selber zweifelhaft sein und daher auch mit sich selber uneins werden.

Die Quellen der Probleme dieser Altersstufe sind uns allen bekannt. Es sind bei weitaus den meisten Menschen die Anforderungen des Lebens, welche den Kindheitstraum oft jäh unterbrechen. Bringt das Individuum eine genügende Vorbereitung mit, so kann sich der Übergang ins Berufsleben glatt vollziehen. Bestehen aber mit der Wirklichkeit kontrastierende Illusionen, so entstehen Probleme. Niemand tritt ins Leben ohne Voraussetzungen. Diese Voraussetzungen sind gelegentlich falsch, das heißt, sie passen nicht auf die äußeren Bedingungen, denen man begegnet. Oft handelt es sich um zu große Erwartungen oder um Unterschätzung der äußeren Schwierigkeiten oder um unberechtigten Optimismus oder um Negativismus. Man könnte eine lange Liste von all jenen falschen Voraussetzungen herstellen, welche die ersten, bewußten Probleme auslösen.

Es ist aber nicht immer der Widerstreit von subjektiven Voraussetzungen mit äußeren Gegebenheiten, der Probleme erzeugt, sondern vielleicht ebenso oft innere seelische Schwierigkeiten; sie bestehen auch, wenn außen alles glatt geht. Überaus häufig ist es die durch den Sexualtrieb verursachte Störung des seelischen Gleichgewichtes und vielleicht ebenso häufig das Minderwertigkeitsgefühl, welches eine unerträgliche Empfindlichkeit erzeugen kann. Diese inneren Konflikte können bestehen, auch wenn die äußere Anpassung anscheinend mühelos erreicht wird, ja es scheint sogar, daß diejenigen jungen Menschen, die mit dem äußeren Leben schwer zu ringen haben, von inneren Problemen verschont sind, während diejenigen, denen Anpassung aus irgendwelchen Gründen leichtfällt, entweder Sexualprobleme oder Minderwertigkeitskonflikte entwickeln.

Problematische Naturen sind sehr oft neurotisch, aber es wäre ein schweres Mißverständnis, Problematik mit Neurose zu verwechseln, denn der entscheidende Unterschied zwischen den beiden ist, daß der Neurotische krank ist, weil er sich seiner Problematik unbewußt ist, und daß der Problematische an seinem bewußten Problem leidet, ohne krank zu sein.

Wenn man versucht, aus der fast unerschöpflichen Mannigfaltigkeit der individuellen Probleme des Jugendalters das Gemeinsame und Essentielle herauszuziehen, so stößt man auf ein bestimmtes Charakteristikum, das allen Problemen dieser Stufe anzuhaften scheint: es ist ein mehr oder weniger deutliches Festhalten an der Bewußtseinsstufe der Kindheit, ein Sträuben gegen die Schicksalsmächte in uns und um uns, die uns in die Welt verwickeln wollen. Etwas möchte Kind bleiben, ganz unbewußt, oder doch wenigstens nur seines Ich bewußt sein, alles Fremde ablehnen oder es dann wenigstens seinem eigenen Willen unterjochen, nichts tun oder dann doch wenigstens seine eigene Lust oder Macht durchsetzen. Darin liegt etwas von der Trägheit des Stoffes, es ist ein Beharren im bisherigen Zustand, dessen Bewußtheit kleiner, enger, egoistischer ist als die Bewußtheit der dualistischen Phase, in welcher das Individuum vor die Notwendigkeit gestellt ist, das andere, das Fremde ebenfalls als sein Leben und als ein Auch-Ich zu erkennen und anzunehmen.

Der Widerstand richtet sich gegen die Erweiterung des Lebens, welche das wesentliche Kennzeichen dieser Phase ist. Schon lange zuvor zwar hat die Erweiterung, diese «Diastole» des Lebens, um mich eines GOETHEschen Ausdruckes zu bedienen, begonnen. Schon mit der Geburt, wo das Kind aus der engsten Umschränkung im mütterlichen Körper heraustritt, beginnt sie und nimmt von da an unaufhörlich zu, bis sie einen Höhepunkt im problematischen Zustand erreicht, wo nämlich das Individuum anfängt, sich dagegen zu wehren.

Was würde ihm wohl geschehen, wenn es sich einfach in das Fremde, andere, das auch Ich ist, verwandelte und das bisherige Ich einfach in der Vergangenheit verschwinden ließe? Das wäre ein durchaus gangbarer Weg, will es scheinen. Ist es doch die Absicht der religiösen Erziehung – angefangen mit dem Ausziehen des alten Adam bis zurück zu den Wiedergeburtsriten primitiver Völker –, den Menschen in das Kommende, Neue zu verwandeln und das Alte absterben zu lassen.

Die Psychologie belehrt uns, daß es in der Seele in einem gewissen Sinne nichts Altes gibt, nichts, was wirklich endgültig absterben kann; sogar Paulus blieb ein Pfahl im Fleische stecken. Wer sich vor dem Neuen, Fremden schützt und zum Vergangenen regrediert, ist in der gleichen neurotischen Verfassung wie derjenige, der, mit dem Neuen sich identifizierend, der Vergangenheit davonläuft. Der einzige Unterschied ist, daß der eine der Vergangenheit und der andere der Zukunft sich entfremdet hat. Beide tun prinzipiell dasselbe: sie retten ihre Bewußtseinsenge, anstatt sie durch den Kontrast der Gegensätze zu sprengen und dadurch einen weiteren und höheren Bewußtseinszustand aufzubauen.

Diese Konsequenz wäre ideal, wenn sie in dieser Lebensphase durchgeführt werden könnte. Der Natur scheint es nämlich nicht im geringsten an einem höheren Bewußtseinszustand zu liegen, im Gegenteil; auch weiß die Sozietät solche seelischen Kunststücke nicht zu schätzen, prämiert sie doch immer in erster Linie die Leistung und nicht die Persönlichkeit; letztere pflegt meistens postum zu sein. Diese Tatsachen erzwingen eine bestimmte Lösung, nämlich die Einschränkung auf das Erreichbare, die Differenzierung bestimmter Fähigkeiten, welche das eigentliche Wesen des sozial leistungsfähigen Individuums ist.

Leistung, Nützlichkeit usw. sind die Ideale, welche den Weg aus dem Wirrsal der Probleme zu weisen scheinen. Sie sind die Leitsterne für die Erweiterung und Verfestigung unseres physischen Daseins, für unsere Verwurzelung in der Welt, nicht aber für die weitere Entwicklung des menschlichen Bewußtseins, nämlich dessen, was man Kultur nennt. Für das Jugendalter allerdings ist diese Entscheidung die normale und unter allen Umständen besser als das Verharren im bloß Problematischen.

Das Problem wird also gelöst dadurch, daß das durch die Vergangenheit Gegebene an die Möglichkeiten und Forderungen des Kommenden angepaßt wird. Man schränkt sich auf das Erreichbare ein, was psychologisch einen Verzicht auf alle anderen seelischen Möglichkeiten bedeutet. Beim einen geht damit ein Stück wertvoller Vergangenheit, beim anderen ein Stück wertvoller Zukunft verloren. Sie erinnern sich wohl alle an gewisse Freunde und Schulkameraden, die vielversprechende, ideale Jünglinge waren, denen Sie dann nach Jahren wieder begegnet sind und die Sie in einer Schablone vertrocknet und eingeengt gefunden haben. Das sind solche Fälle.

Die großen Lebensprobleme sind nie auf immer gelöst. Sind sie es einmal anscheinend, so ist es immer ein Verlust. Ihr Sinn und Zweck scheint nicht in ihrer Lösung zu liegen, sondern darin, daß wir unablässig an ihnen arbeiten. Das allein bewahrt uns vor Verdummung und Versteinerung. So ist auch die Lösung der Probleme des Jugendalters durch die Beschränkung auf das Erreichbare nur temporär gültig und, im Grunde genommen, nicht von Dauer. Es ist unter allen Umständen eine ganz erhebliche Leistung, sich eine soziale Existenz zu erkämpfen und seine ursprüngliche Natur so umzuformen, daß sie in diese Existenzform mehr oder weniger hineinpaßt. Es ist ein Kampf nach innen und außen, vergleichbar dem Kampfe des Kindesalters um die Existenz des Ich. Jener Kampf verläuft allerdings für uns meistens im dunkeln, aber wenn wir sehen, mit welcher Hartnäckigkeit kindliche Illusionen, Voraussetzungen, egoistische Gewohnheiten usw. später noch festgehalten werden, so können wir daraus ermessen, welche Intensitäten früher darauf verwendet worden sind, um sie zu erzeugen. Und so geschieht es nun auch mit den Idealen, Überzeugungen, leitenden Ideen, Einstellungen usw., die uns im Jugendalter ins Leben hineinführen, für die wir kämpfen, leiden und siegen: sie verwachsen mit unserem Wesen, wir verwandeln uns anscheinend in sie, und deshalb setzen wir sie ad libitum fort mit jener Selbstverständlichkeit, mit der der junge Mensch sein Ich nolens volens der Welt oder sich selbst gegenüber zur Geltung bringt.

Je mehr man sich der *Lebensmitte* nähert und je mehr es einem gelungen ist, sich in seiner persönlichen Einstellung und sozialen Lage zu festigen, desto mehr will es einem scheinen, daß man den richtigen Lauf des Lebens und die richtigen Ideale und Prinzipien des Verhaltens entdeckt habe. Darum setzt man dann auch ihre ewige Gültigkeit voraus und macht sich eine Tugend daraus, an ihnen auf immer hängenzubleiben. Man übersieht dabei die eine wesentliche Tatsache, daß die Erreichung des sozialen Zieles auf Kosten der Totalität der Persönlichkeit erfolgt. Viel, allzuviel Leben, das auch hätte gelebt werden können, blieb vielleicht in den Rumpelkammern verstaubter Erinnerung liegen, manchmal sind es auch glühende Kohlen unter grauer Asche.

Statistisch zeigen die Depressionen von Männern um vierzig herum eine gesteigerte Häufigkeit. Bei Frauen beginnen die neurotischen Schwierigkeiten in der Regel etwas früher. In dieser Lebensphase, eben zwischen fünfunddreißig und vierzig, bereitet sich nämlich eine bedeutende Veränderung der menschlichen Seele vor. Es ist allerdings zunächst keine bewußte und auffallende Veränderung, vielmehr handelt es sich um indirekte Anzeichen von Veränderungen, die im Unbewußten ihren Anfang zu nehmen scheinen. Manchmal ist es etwas wie eine langsame Charakteränderung, ein anderes Mal kommen Eigenschaften wieder zum Vorschein, die seit dem Kindesalter verschwunden waren, oder die bisherigen Neigungen und Interessen fangen an zu verblassen, und an ihre Stelle treten andere, oder – was sehr häufig ist – die bisherigen Überzeugungen und Prinzipien, besonders die moralischen, beginnen sich zu verhärten und zu versteifen, was sich allmählich gegen fünfzig bis zu Unduldsamkeit und Fanatismus steigern kann – wie wenn diese Prinzipien in ihrer Existenz bedroht wären und deshalb erst recht betont werden müßten.

Nicht immer klärt sich im erwachsenen Alter der Wein der Jugend, manchmal trübt er sich auch. Am besten kann man all diese Erscheinungen bei etwas einseitigen Menschen beobachten. Manchmal treten sie früher, manchmal später auf. Öfters wird, wie mir scheint, ihr Eintritt verzögert durch die Tatsache, daß die Eltern der betreffenden Person noch am Leben sind. Es ist dann, wie wenn die Jugendphase ungebührlich lange hinausgezogen würde. Ich habe dies namentlich bei Männern gesehen, wo der Vater noch lange am Leben war. Sein Tod wirkt dann wie eine überstürzte Reifung, sozusagen katastrophal.

Ich weiß von einem frommen Mann, der Kirchenvorsteher war und ungefähr von vierzig an sich in eine unerträgliche moralische und religiöse Unduldsamkeit hineinsteigerte. Dabei verdüsterte sich sein Gemüt zusehends. Er war schließlich nichts mehr als eine finster dreinschauende Säule der Kirche. So brachte er es auf fünfundfünfzig Jahre, wo er einmal, mitten in der Nacht, sich plötzlich im Bett aufsetzte und zu seiner Frau sagte: «Jetzt hab' ich's heraus. Ich bin eigentlich ein Lump.» Diese Selbsterkenntnis blieb praktisch nicht ohne Folgen. Er verbrachte die letzten Jahre seines Lebens in Saus und Braus, wobei auch ein großer Teil seines Vermögens draufging. Offenbar ein nicht ganz unsympathischer Mensch, der beider Extreme fähig war!

Die sehr häufigen neurotischen Störungen des erwachsenen Alters haben alle das eine gemeinsam, daß sie nämlich die Psychologie der Jugendphase über die Schwelle des berühmten Schwabenalters hinüberretten wollen. Wer kennt nicht jene rührenden alten Herren, die die Studentenzeit immer wieder aufwärmen müssen und nur im Rückblick auf ihre homerische Heldenzeit ihre Lebensflamme anfachen können, im übrigen aber in einem hoffnungslosen Philistertum verholzt sind? Sie haben allerdings in der Regel den einen, nicht zu unterschätzenden Vorteil, daß sie nämlich nicht neurotisch sind, sondern für gewöhnlich bloß langweilig und stereotyp.

Der Neurotische ist vielmehr der, dem es in der Gegenwart nie, wie er es möchte, gelingen will und der sich deshalb auch nicht am Vergangenen freuen kann. Wie er früher nicht von der Kindheit loskam, so vermag er sich jetzt nicht der Jugendphase zu entschlagen. Er kann sich anscheinend in den grauen Gedanken des Altwerdens nicht finden und schaut deshalb krampfhaft zurück, weil der Ausblick nach vorne unerträglich ist. Wie der kindhafte Mensch vor der Unbekanntheit der Welt und des Lebens furchtsam zurückschreckt, so weicht auch der Erwachsene vor der zweiten Lebenshälfte zurück, wie wenn dort unbekannte, gefährliche Aufgaben seiner harrten oder wie wenn er dort von Opfern und Verlusten bedroht wäre, die er nicht auf sich nehmen könnte, oder wie wenn ihm das bisherige Leben so schön und so teuer vorkäme, daß er es nicht missen könnte.

Ist es vielleicht in letzter Linie die Angst vor dem Tod? Das scheint mir nicht sehr wahrscheinlich, weil in der Regel der Tod noch weit weg und darum etwas abstrakt ist. Die Erfahrung zeigt vielmehr, daß Grund und Ursache aller Schwierigkeiten dieses Überganges eine tiefliegende, merkwürdige Veränderung der Seele ist. Um dies zu charakterisieren, möchte ich den täglichen Sonnenlauf zum Gleichnis nehmen. Denken Sie sich eine Sonne, von menschlichem Gefühl und menschlichem Augenblicksbewußtsein beseelt. Am Morgen entsteht sie aus dem nächtlichen Meere der Unbewußtheit und erblickt nun die weite, bunte Welt in immer weiterer Erstreckung, je höher sie sich am Firmament erhebt. In dieser Erweiterung ihres Wirkungskreises, die durch das Aufsteigen verursacht ist, wird die Sonne ihre Bedeutung erkennen und ihr höchstes Ziel in größtmöglicher Höhe und damit auch in größtmöglicher Erstrekkung ihres Segens erblicken. Mit dieser Überzeugung erreicht die Sonne die unvorhergesehene Mittagshöhe – unvorhergesehen, weil ihre einmalige individuelle Existenz ihren Kulminationspunkt nicht vorher wissen konnte. Um zwölf Uhr mittags beginnt der Untergang. Und der Untergang ist die Umkehrung aller Werte und Ideale des Morgens. Die Sonne wird inkonsequent. Es ist, wie wenn sie ihre Strahlen einzöge. Licht und Wärme nehmen ab bis zum schließlichen Erlöschen.

Alle Vergleiche hinken. Dieser Vergleich hinkt aber wenigstens nicht mehr als andere. Ein französisches Bonmot faßt die Wahrheit dieses Vergleiches zynisch und resigniert zusammen. Es heißt: «Si jeunesse savait, si vieillesse pouvait.» [Wenn die Jugend wüßte, wenn das Alter könnte.]

Glücklicherweise sind wir Menschen keine Sonnen, sonst wäre es mit unseren Kulturwerten übel bestellt. Aber etwas ist sonnenhaft in uns, und Morgen und Frühling und Abend und Herbst des Lebens sind nicht bloß sentimentales Gerede, sondern psychologische Wahrheiten, ja mehr noch, es sind sogar physiologische Tatsachen, denn der Mittagsumsturz verkehrt sogar körperliche Eigenschaften. Besonders bei südlichen Völkern findet man, daß ältere Frauen rauhe, tiefe Stimmen, Schnurrbärte, harte Gesichtszüge und in verschiedenen anderen Hinsichten männliches Wesen entwickeln. Umgekehrt mildert sich der physische männliche Habitus durch weibliche Züge, wie Fettansatz und weicheren Gesichtsausdruck.

Es gibt in der ethnologischen Literatur einen interessanten Bericht über einen indianischen Häuptling und Krieger, dem um die Lebensmitte der Große Geist im Traum erschien und verkündete, daß er von nun an mit den Weibern und Kindern sitzen, Weiberkleider tragen und der Weiber Speise essen müsse. Er gehorchte diesem Traumgesicht, ohne seine Reputation einzubüßen. Diese Vision ist der getreue Ausdruck der psychischen Mittagsrevolution, des Untergangsbeginnes. Die Werte, ja sogar die Körper verwandeln sich ins Gegenteil, wenigstens andeutungsweise.

Man könnte zum Beispiel das Männliche und das Weibliche zusammen mit den seelischen Eigenschaften mit einem bestimmten Vorrat von Substanzen vergleichen, die in der ersten Lebenshälfte gewissermaßen ungleich verbraucht werden. Der Mann verbraucht seinen großen Vorrat an männlicher Substanz und hat nur noch den kleineren Betrag an weiblicher Substanz übrig, der nunmehr zur Verwendung gelangt. Umgekehrt die Frau, die ihren bisher unbenutzten Bestand an Männlichkeit nunmehr in Tätigkeit treten läßt.

Mehr noch als im Physischen macht sich diese Veränderung im Psychischen geltend. Wie häufig kommt es zum Beispiel vor, daß der Mann mit fünfundvierzig bis fünfzig Jahren abgewirtschaftet hat und daß dann die Frau die Hosen anzieht und einen kleinen Kramladen eröffnet, wo der Mann vielleicht noch Handlangerdienste tut. Es gibt sehr viele Frauen, die zu sozialer Verantwortlichkeit und zu sozialem Bewußtsein überhaupt erst nach dem vierzigsten Lebensjahr erwachen. Im modernen Geschäftsleben zum Beispiel, besonders in Amerika, ist das sogenannte break-down, der nervöse Zusammenbruch, nach dem vierzigsten Jahr ein ungemein häufiges Ereignis. Untersucht man die Opfer genauer, so sieht man, daß das, was zusammengebrochen ist, der bisherige, männliche Stil ist, und zurückgeblieben ist ein verweiblichter Mann. Umgekehrt beobachtet man in denselben Kreisen Frauen, welche in diesen Jahren eine ungemeine Männlichkeit und Härte des Verstandes entwickeln, welche Herz und Gefühl in den Hintergrund drängen. Sehr häufig sind diese Verwandlungen begleitet von Ehekatastrophen aller Art, denn es ist nicht allzuschwer, sich vorzustellen, was es dann gibt, wenn der Mann seine zarten Gefühle und die Frau ihren Verstand entdeckt.

Das Schlimmste an all diesen Dingen ist, daß kluge und gebildete Menschen dahinleben, ohne von der Möglichkeit solcher Veränderungen zu wissen. Gänzlich unvorbereitet treten sie die zweite Lebenshälfte an. Oder gibt es irgendwo Schulen, nicht bloß Hoch-, sondern Höhere Schulen für Vierzigjährige, die sie ebenso auf ihr kommendes Leben und seine Anforderungen vorbereiten, wie die gewöhnlichen und Hochschulen unsere jungen Leute in die Kenntnis von Welt und Leben einführen? Nein, aufs tiefste unvorbereitet treten wir in den Lebensnachmittag, schlimmer noch, wir tun es unter der falschen Voraussetzung unserer bisherigen Wahrheiten und Ideale. Wir können den Nachmittag des Lebens nicht nach demselben Programm leben wie den Morgen, denn was am Morgen viel ist, wird am Abend wenig sein, und was am Morgen wahr ist, wird am Abend unwahr sein. Ich habe zu viele alte Leute behandelt und in die Geheimkammern ihrer Seelen geblickt, um nicht von der Wahrheit dieser Grundregel erschüttert zu sein.

Der alternde Mensch sollte wissen, daß sein Leben nicht ansteigt und sich erweitert, sondern daß ein unerbittlicher innerer Prozeß die Verengerung des Lebens erzwingt. Für den jugendlichen Menschen ist es beinahe Sünde oder wenigstens eine Gefahr, zuviel mit sich selbst beschäftigt zu sein, für den alternden Menschen ist es eine Pflicht und eine Notwendigkeit, seinem Selbst ernsthafte Betrachtung zu widmen. Die Sonne zieht ihre Strahlen ein, um sich selber zu erleuchten, nachdem sie ihr Licht auf eine Welt verschwendet hat. Statt dessen ziehen es viele Alte vor, Hypochonder, Geizhälse, Prinzipienreiter und laudatores temporis acti [Lobredner der vergangenen Zeit] oder gar ewig Junge zu werden, ein kläglicher Ersatz für die Erleuchtung des Selbst, aber eine unausbleibliche Folge des Wahnes, daß die zweite Lebenshälfte von den Prinzipien der ersten regiert werden müsse.

Ich sagte vorhin, daß wir keine Schulen für Vierzigjährige hätten. Das ist nicht ganz wahr. Unsere Religionen sind seit alters solche Schulen oder waren es einmal. Aber für wie viele sind sie es noch? Wie viele von uns älteren Leuten sind in einer solchen Schule wirklich für das Geheimnis der zweiten Lebenshälfte, für das Greisenalter, den Tod und die Ewigkeit erzogen worden?

Der Mensch würde keine siebzig und achtzig Jahre alt, wenn diese Langlebigkeit dem Sinn seiner Spezies nicht entspräche. Deshalb muß auch sein Lebensnachmittag eigenen Sinn und Zweck besitzen und kann nicht bloß ein klägliches Anhängsel des Vormittags sein. Der Sinn des Morgens ist unzweifelhaft die Entwicklung des Individuums, seine Festsetzung und Fortpflanzung in der äußeren Welt und die Sorge für die Nachkommenschaft. Das ist der offensichtliche Naturzweck. Aber wenn dieser Zweck erfüllt, ja reichlich erfüllt ist, soll der Gelderwerb, die Weitereroberung und die Existenzausdehnung über jeden vernünftigen Sinn hinaus beständig weitergehen? Wer solchermaßen das Gesetz des Morgens, also den Naturzweck, in den Lebensnachmittag ohne Not hinüberschleppt, muß es mit seelischen Einbußen bezahlen, genau wie ein Junger, der seinen kindischen Egoismus ins erwachsene Alter hinüberretten will, seinen Irrtum mit sozialen Mißerfolgen begleichen muß. Gelderwerb, soziale Existenz, Familie, Nachkommenschaft sind noch bloße Natur, keine Kultur. Kultur liegt jenseits des Naturzwecks. Könnte also Kultur der Sinn und Zweck der zweiten Lebenshälfte sein?

Bei primitiven Stämmen sehen wir zum Beispiel, daß fast stets die Alten die Hüter der Mysterien und Gesetze sind, und in diesen in erster Linie drückt sich die Kultur des Stammes aus. Wie steht es in dieser Hinsicht bei uns? Wo ist die Weisheit unserer Alten? Wo sind ihre Geheimnisse und Traumgesichte? Fast eher wollen es bei uns die Alten den Jungen gleichtun. In Amerika ist es sozusagen das Ideal, daß der Vater der Bruder seiner Söhne und die Mutter womöglich die jüngere Schwester ihrer Tochter ist.

Ich weiß nicht, wie vieles von dieser Verirrung auf Reaktion gegen frühere Übertreibung der Würde und wie vieles auf falsche Ideale zurückzuführen ist. Letztere bestehen zweifellos: der Zielpunkt für diese Leute liegt nicht vor, sondern hinter ihnen. Deshalb streben sie danach zurück. Man muß es ihnen zugeben, es ist schwer zu sehen, welch andere Zielpunkte die zweite Lebenshälfte haben sollte als diejenigen der ersten: Erweiterung des Lebens, Nützlichkeit, Wirksamkeit, Figurmachen im sozialen Leben, umsichtige Bugsierung der Nachkommenschaft in passende Ehen und gute Stellungen – Lebenszweck genug! Leider nicht genügend Sinn und Zweck für viele, die im Altern nur das bloße Abnehmen des Lebens zu erblicken und die früheren Ideale als verblaßt und verbraucht zu empfinden vermögen! Gewiß, hätten diese Menschen früher schon ihre Lebensschale bis zum Überfließen gefüllt und bis zum Grunde geleert, so würden sie jetzt wohl anders empfinden, sie hätten nichts zurückgehalten, alles, was brennen wollte, wäre verbrannt, und die Stille des Alters wäre ihnen willkommen. Aber wir dürfen nicht vergessen, daß die wenigsten Menschen Lebenskünstler sind und daß zudem die Lebenskunst die vornehmste und seltenste aller Künste ist – den ganzen Becher in Schönheit zu leeren, wem gelänge das? So bleibt für viele Menschen zuviel Ungelebtes übrig – oftmals sogar Möglichkeiten, die sie beim besten Willen nicht hätten leben können, und so betreten sie die Schwelle des Alters mit einem unerfüllten Anspruch, der ihnen den Blick unwillkürlich rückwärts lenkt.

Solchen Menschen ist es besonders verderblich, zurückzublicken. Ihnen wäre eine Aussicht nach vorne, ein Zielpunkt in der Zukunft unerläßlich. Deshalb haben auch alle großen Religionen ihre Jenseitsverheißungen, ihren überweltlichen Zielpunkt, der es dem Sterblichen ermöglicht, die zweite Lebenshälfte mit einer ähnlichen Zielstrebigkeit zu leben wie die erste Hälfte. Aber so plausibel dem heutigen Menschen die Ziele der Erweiterung und der Kulmination des Lebens sind, so fragwürdig oder geradezu unglaubhaft ist ihm die Idee irgendeiner Fortdauer des Lebens nach dem Tode. Und doch kann das Ende des Lebens, nämlich der Tod, nur dann ein vernünftiges Ziel sein, wenn das Leben entweder so miserabel ist, daß man schließlich froh ist, wenn es überhaupt aufhört, oder wenn die Überzeugung besteht, daß die Sonne mit der gleichen Konsequenz, mit der sie zum Mittag aufstieg, auch ihren Untergang sucht, «um fernen Völkern zu leuchten». Aber das Glaubenkönnen ist heutzutage eine so schwierige Kunst geworden, daß es besonders dem gebildeten Teil der Menschheit fast unzugänglich geworden ist. Man hat sich zu sehr an den Gedanken gewöhnt, daß in puncto Unsterblichkeit und dergleichen vielerlei widersprechende Ansichten und keinerlei überzeugende Beweise bestehen. Da unser zeitgenössisches Schlagwort von anscheinend unbedingter Überzeugungskraft «Wissenschaft» ist, so möchte man «wissenschaftliche» Beweise. Diejenigen aber unter den Gebildeten, die denken, wissen ganz genau, daß ein derartiger Beweis zu den philosophischen Unmöglichkeiten gehört. Man kann darüber schlechthin nichts wissen.

Darf ich vielleicht dazu noch anmerken, daß man aus denselben Gründen auch nicht wissen kann, ob nicht doch etwas nach dem Tode passiert? Die Antwort ist ein non liquet, weder positiv noch negativ. Wir wissen einfach nichts wissenschaftlich Bestimmtes darüber und sind damit genau in derselben Lage wie zum Beispiel mit der Frage, ob der Mars bewohnt sei oder nicht; dabei macht es den Marsbewohnern, wenn es welche gibt, gar nichts aus, ob wir ihre Existenz bejahen oder verneinen. Sie können sein oder nicht sein. Und so ist es mit der sogenannten Unsterblichkeit, womit wir das Problem ad acta legen könnten.

Hier erwacht aber mein ärztliches Gewissen, das etwas Wesentliches zu dieser Frage noch zu sagen hat. Ich habe nämlich die Beobachtung gemacht, daß ein zielgerichtetes Leben im allgemeinen ein besseres, reicheres, gesünderes ist als ein zielloses und daß es besser ist, mit der Zeit vorwärts als gegen die Zeit rückwärts zu gehen. Dem Seelenarzt erscheint der Alte, der sich vom Leben nicht trennen kann, ebenso schwächlich und krankhaft wie der Junge, der es nicht aufzubauen vermag. Und tatsächlich handelt es sich in vielen Fällen um dieselbe kindliche Begehrlichkeit, dieselbe Furcht, denselben Trotz und Eigensinn im einen wie im anderen Falle. Ich bin als Arzt überzeugt, daß es sozusagen hygienischer ist, im Tod ein Ziel zu erblicken, nach dem gestrebt werden sollte, und daß das Sträuben dagegen etwas Ungesundes und Abnormes ist, denn es beraubt die zweite Lebenshälfte ihres Zieles. Ich finde deshalb alle Religionen mit einem überweltlichen Ziel äußerst vernünftig, vom Standpunkt einer seelischen Hygiene aus gesehen. Wenn ich ein Haus bewohne, von dem ich weiß, daß es innerhalb der nächsten vierzehn Tage über meinem Kopf zusammenbricht, so werden alle meine Lebensfunktionen von diesem Gedanken beeinträchtigt sein; wenn ich mich dagegen sicher fühle, so kann ich gemächlich und normal darin leben. Es wäre also vom seelenärztlichen Standpunkt aus gut, wenn wir denken könnten, daß der Tod nur ein Übergang sei, ein Teil eines unbekannt großen und langen Lebensprozesses.

Obschon weitaus die meisten Menschen nicht wissen, wozu der Körper Kochsalz braucht, so verlangen doch alle danach aus einem instinktiven Bedürfnis. So geht es auch in seelischen Dingen. Weitaus die meisten Menschen haben von jeher das Bedürfnis nach Fortdauer verspürt. Wir sind daher mit unserer Konstatierung nicht abseits, sondern in der Mitte der großen Heerstraße des Menschheitslebens. Daher denken wir im Sinne des Lebens richtig, auch wenn wir nicht verstehen, was wir denken.

Verstehen wir überhaupt je, was wir denken? Wir verstehen bloß jenes Denken, das nichts ist als eine Gleichung, aus der nie mehr herauskommt, als wir hineingesteckt haben. Das ist der Intellekt: Über ihn hinaus aber gibt es ein Denken in urtümlichen Bildern, in Symbolen, die älter sind als der historische Mensch, ihm seit Urzeiten angeboren und alle Generationen überdauernd, ewig lebendig die Untergründe unserer Seele erfüllend. Volles Leben ist nur in Übereinstimmung mit ihnen möglich.

Weisheit ist Rückkehr zu ihnen. Es handelt sich in Wirklichkeit weder um Glauben noch um Wissen, sondern um die Übereinstimmung unseres Denkens mit den Urbildern unseres Unbewußten, welche die unvorstellbaren Mütter jedes Gedankens sind, welchen auch immer unser Bewußtsein zu ergrübeln vermag. Und einer dieser Urgedanken ist die Idee vom Leben jenseits des Todes. Die Wissenschaft ist mit diesen Urbildern inkommensurabel. Es sind irrationale Gegebenheiten, Bedingungen a priori der Imagination, welche schlechthin *sind* und deren Zweckmäßigkeit und Berechtigung die Wissenschaft nur a posteriori erforschen kann, wie etwa die Funktion der Schilddrüse, die man vor dem 19. Jahrhundert ebensogut als ein sinnloses Organ hätte erklären können. Urbilder sind für mich nämlich etwas wie seelische Organe, denen ich möglichst Sorge trage, weshalb ich etwa einem älteren Patienten sagen muß: «Ihr Gottesbild oder Ihre Unsterblichkeitsidee ist atrophisch, infolgedessen ist Ihr seelischer Stoffwechsel außer Rand und Band.» Sinnreicher und tiefer als wir dachten, ist das alte φάρμακον ἀθανασίας, das Heilmittel der Unsterblichkeit.

Lassen Sie mich zum Schluß noch für einen Augenblick zum Sonnengleichnis zurückkehren. Die 180 Grade unseres Lebensbogens zerfallen in vier Teile. Das erste, östliche Viertel ist die Kindheit, das heißt derjenige problemlose Zustand, wo wir erst ein Problem für andere, aber eigener Problematik noch nicht bewußt sind. Die bewußte Problematik erstreckt sich über das zweite und dritte Viertel, und im letzten Viertel, im Greisenalter, tauchen wir wieder ein in jenen Zustand, wo wir, unbekümmert um unsere Bewußtseinslage, wieder mehr ein Problem für die anderen werden. Kindheit und hohes Alter sind zwar äußerst verschieden, aber haben das eine gemeinsam, nämlich das Eingetauchtsein in unbewußt Seelisches. Da die Seele des Kindes aus dem Unbewußten sich herausentwickelt, so ist seine Psychologie, obschon auch schwierig, so doch eher auszumachen als die des Greises, der in das Unbewußte wieder versinkt und zunehmend darin verschwindet. Kindheit und Greisenalter sind die problemlosen Zustände des Lebens, weshalb ich sie hier auch nicht in Betracht gezogen habe.

Seele und Tod

Schon öfters ist an mich die Frage gerichtet worden, was ich vom Tode halte, von jenem unproblematischen Ende der menschlichen Einzelexistenz. Der Tod ist uns bekannt als ein Ende schlechthin. Es ist der Schlußpunkt, welcher oft noch vor das Ende des Satzes gesetzt wird, über den hinaus es nur noch Erinnerung oder Folgewirkung bei anderen gibt. Für den Betroffenen aber ist der Sand im Glase abgelaufen; der rollende Stein ist zur Ruhelage gekommen. Angesichts solchen Todes erscheint uns das Leben stets wie ein Ablauf, wie der Gang einer aufgezogenen Uhr, deren endlicher Stillstand selbstverständlich ist. Nie sogar sind wir mehr vom «Ablauf» des Lebens überzeugt, als wenn ein Menschenleben vor unseren Augen zu Ende kommt, und nie erhebt sich dringender und peinlicher die Frage nach Sinn und Wert des Lebens, als wenn wir sehen, wie der letzte Hauch einen eben noch lebendigen Körper verläßt. Wie anders erscheint uns der Sinn des Lebens, wenn wir den jugendlichen Menschen sich um ferne Ziele bemühen und Zukunft schaffen sehen, als wenn ein unheilbar Kranker oder ein Greis widerwillig und kraftlos ins Grab sinkt! Die Jugend – will es uns scheinen – hat Ziel, Zukunft, Sinn und Wert. Das Zuendegehen aber ist ein bloß sinnloses Aufhören. Hat ein Junger Angst vor Welt, Leben und Zukunft, so findet es jedermann bedauerlich, unvernünftig, neurotisch; man hält ihn für einen feigen Drückeberger. Wenn aber der alternde Mensch ein geheimes Grauen, ja sogar Todesangst empfindet beim Gedanken, daß seine vernünftige Lebenserwartung jetzt nur noch soundso viele Jahre beträgt, dann ist man peinlich an gewisse Gefühle im eigenen Busen erinnert; man schaut womöglich weg und lenkt das Gespräch auf ein anderes Thema. Der Optimismus, mit dem man den Jungen beurteilt, versagt hier. Man hat zwar für alle Fälle ein paar passende Lebensweisheiten zur Hand, welche man bei Gelegenheit dem anderen gegenüber zum besten gibt, zum Beispiel «Jeder muß einmal sterben», «Man lebt nicht ewig» usw. Aber wenn man allein ist, und es ist Nacht und so dunkel und still, daß man nichts hört und nichts sieht als die Gedanken, welche Lebensjahre addieren und subtrahieren, als die lange Reihe jener unangenehmen Tatsachen, welche erbarmungslos beweisen, wie weit der Zeiger der Uhr vorgerückt ist, als das langsame und unaufhaltsame Näherkommen jener schwarzen Wand, welche alles, was ich liebe, wünsche, besitze, hoffe und erstrebe, endgültig verschlingen wird, dann verkriechen sich alle Lebensweisheiten in ein unauffindbares Versteck, und Angst fällt auf den Schlaflosen wie eine erstickende Decke.

Wie es eine große Zahl junger Menschen gibt, die im Grunde genommen eine panische Angst haben vor dem Leben, das sie doch so sehr ersehnen, so gibt es eine vielleicht noch größere Zahl alternder Menschen, welche die gleiche Furcht vor dem Tode haben. Ja, ich habe die Erfahrung gemacht, daß gerade jene jungen Leute, welche das Leben fürchten, später ebensosehr an Todesangst leiden. Sind sie jung, so sagt man, sie hätten infantile Widerstände gegen die normalen Forderungen des Lebens; sind sie alt, so müßte man eigentlich dasselbe sagen, nämlich daß sie ebenfalls Angst vor einer normalen Forderung des Lebens haben. Aber man ist dermaßen davon überzeugt, daß der Tod einfach das Ende eines Ablaufes ist, daß es einem in der Regel gar nicht beikommt, den Tod ähnlich als ein Ziel und eine Erfüllung aufzufassen, wie man es bei den Zwecken und Absichten des aufsteigenden, jugendlichen Lebens ohne weiteres tut.

Das Leben ist ein energetischer Ablauf wie irgendeiner. Aber jeder energetische Vorgang ist im Prinzip irreversibel und darum eindeutig auf ein Ziel gerichtet, und das Ziel ist die Ruhelage. Jeder Vorgang ist schließlich nichts anderes als eine anfängliche Störung einer sozusagen ewigen Ruhelage, die sich immer wieder herzustellen sucht. Das Leben ist sogar das Teleologische par excellence, es ist Zielstrebigkeit selber, und der lebende Körper ist ein System von Zweckmäßigkeiten, welche sich zu erfüllen trachten. Das Ende jeglichen Ablaufes ist sein Ziel. Jeder Ablauf ist wie ein Läufer, der mit größter Anstrengung und stärkstem Kraftaufwand danach strebt, sein Ziel zu erreichen. Jugendliche Sehnsucht nach Welt und Leben, nach Erreichung hochgespannter Hoffnungen und ferner Ziele ist die offenkundige Zielstrebigkeit des Lebens, welche sich sofort in Lebensangst, neurotische Widerstände, Depressionen und Phobien verwandelt, wenn sie irgendwo an der Vergangenheit hängenbleibt oder vor Wagnissen zurückschreckt, ohne welche die gesteckten Ziele nicht erreicht werden können. Mit der Erlangung der Reife und des Höhepunktes des biologischen Lebens, welcher ungefähr mit der Lebensmitte zusammenfällt, hört aber die Zielstrebigkeit des Lebens keineswegs auf. Mit derselben Intensität und Unaufhaltsamkeit, mit der es vor der Lebensmitte bergauf ging, geht es jetzt bergab, denn das Ziel liegt nicht auf dem Gipfel, sondern im Tale, wo der Aufstieg begann. Die Kurve des Lebens ist wie eine Geschoßparabel. In seiner anfänglichen Ruhelage gestört, steigt das Geschoß auf und kehrt wieder zur Ruhelage zurück.

Die psychologische Lebenskurve allerdings will mit dieser Naturgesetzmäßigkeit nicht übereinstimmen. Die Unstimmigkeit fängt gelegentlich schon früh im Aufstieg an. Das Geschoß steigt zwar biologisch, aber psychologisch zögert es. Man bleibt hinter seinen Jahren zurück, man bewahrt seine Kindheit, wie wenn man sich vom Boden nicht trennen könnte. Man hält den Zeiger an und bildet sich ein, die Zeit stehe dann still. Ist man mit einiger Verspätung schließlich doch auf einen Gipfel gelangt, so setzt man sich psychologisch auch dort wieder zur Ruhe, und obschon man merken könnte, wie man auf der anderen Seite wieder herunterrutscht, so klammert man sich doch wenigstens mit anhaltenden Rückblicken an die einstmals erreichte Höhe. Wie früher die Furcht als Hemmnis vor dem Leben stand, so steht sie jetzt vor dem Tode. Es wird zwar zugegeben, daß man aus Furcht vor dem Leben sich beim Aufstieg verspätet hat, erhebt aber jetzt gerade wegen der Verspätung einen um so größeren Anspruch auf das Festhalten der erreichten Höhe. Es ist zwar offenkundig geworden, daß das Leben sich trotz allen Widerständen (die jetzt – ach so sehr – bereut werden) durchgesetzt hat, aber ungeachtet dieser Erkenntnis wird jetzt doch wieder versucht, das Leben stillzustellen. Damit verliert die Psychologie eines solchen Menschen ihren natürlichen Boden. Sein Bewußtsein steht in der Luft, während unter ihm die Parabel mit vermehrter Geschwindigkeit absinkt.

Der Nährboden der Seele ist das natürliche Leben. Wer dieses nicht begleitet, bleibt in der Luft hängen und erstarrt. Darum verholzen so viele Menschen im reifen Alter, sie schauen zurück und klammern sich an die Vergangenheit mit geheimer Todesfurcht im Herzen. Sie entziehen sich dem Lebensprozeß wenigstens psychologisch und bleiben darum als Erinnerungssalzsäulen stehen, die sich zwar noch lebhaft an ihre Jugendzeit zurückerinnern, aber kein lebendiges Verhältnis zur Gegenwart finden können. Von der Lebensmitte an bleibt nur der lebendig, der mit dem Leben sterben will. Denn das, was in der geheimen Stunde des Lebensmittags geschieht, ist die Umkehr der Parabel, *die Geburt des Todes*. Das Leben der zweiten Lebenshälfte heißt nicht Aufstieg, Entfaltung, Vermehrung, Lebensüberschwang, sondern Tod, denn sein Ziel ist das Ende. Seine-Lebenshöhe-nicht-Wollen ist dasselbe wie Sein-Ende-nicht-Wollen. Beides ist: Nicht-leben-Wollen. Nicht-leben-Wollen ist gleichbedeutend mit Nicht-sterben-Wollen. Werden und Vergehen ist dieselbe Kurve.

Diese ganz unzweifelhafte Wahrheit macht das Bewußtsein, wenn irgend möglich, nicht mit. Man ist in der Regel an seine Vergangenheit verhaftet und bleibt in der Illusion der Jugendlichkeit stecken. Altsein ist äußerst unpopulär. Man scheint nicht zu berücksichtigen, daß Nicht-altern-Können genauso blödsinnig ist wie den Kinderschuhen Nicht-entwachsen-Können. Ein Mann von dreißig, der noch infantil ist, ist wohl bedauernswert, aber ein jugendlicher Siebzigjähriger, ist das nicht entzückend? Und doch sind beide pervers, stillos, psychologische Naturwidrigkeiten. Ein Junge, der nicht kämpft und siegt, hat das Beste seiner Jugend verpaßt, und ein Alter, welcher auf das Geheimnis der Bäche, die von Gipfeln in Täler rauschen, nicht zu lauschen versteht, ist sinnlos, eine geistige Mumie, welche nichts ist als erstarrte Vergangenheit. Er steht abseits von seinem Leben, maschinengleich sich wiederholend bis zur äußersten Abgedroschenheit. Was für eine Kultur, die solcher Schattengestalten bedarf!

Unsere statistisch vorhandene relative Langlebigkeit ist eine Kulturerrungenschaft. Primitive Menschen erreichen nur ausnahmsweise ein hohes Alter. So sah ich nur ganz wenige Männer mit weißen Haaren und schätzungsweise älter als sechzig bei den von mir besuchten primitiven Stämmen in Ostafrika. Aber die waren wirklich alt und zwar so, wie wenn sie immer alt gewesen wären, so völlig hatten sie sich in ihr Alter eingelebt. Sie waren eben das, was sie waren, in jeglicher Beziehung. Wir sind immer nur mehr oder weniger, was wir eigentlich sind. Es ist, wie wenn unser Bewußtsein von seiner natürlichen Grundlage etwas abgerutscht wäre und sich mit der natürlichen Zeit nicht mehr ganz auskennte. Es scheint, als ob wir an einer Hybris des Bewußtseins litten, die uns vorspiegelt, die Lebenszeit sei eine bloße Illusion, die man nach Belieben ändern könne. (Man fragt sich, woher das Bewußtsein seine Fähigkeit, naturwidrig sein zu können, eigentlich bezieht und was solche Eigenmächtigkeit wohl bedeutet.)

Wie die Flugbahn des Geschosses im Ziel, so endet das Leben im Tod, der mithin das Ziel des ganzen Lebens ist. Selbst dessen Aufstieg und sein Höhepunkt sind nur Stufen und Mittel zum Zweck, das Ziel, nämlich den Tod, zu erreichen. Diese paradoxe Formel ist nichts als der logische Schluß aus der Tatsache der Zielstrebigkeit und Zweckbestimmtheit des Lebens. Ich glaube nicht, daß ich mich damit einer syllogistischen Spielerei schuldig mache. Dem Aufstieg des Lebens billigen wir Ziel und Sinn zu, warum nicht dem Abstieg? Die Geburt des Menschen ist bedeutungsschwanger, warum nicht der Tod? Der junge Mensch wird zwanzig und mehr Jahre auf die völlige Entfaltung seiner Einzelexistenz vorbereitet, warum soll er sich nicht zwanzig und mehr Jahre auf sein Ende vorbereiten? Allerdings – mit dem Höhepunkt hat man es sichtlich erreicht, man ist's und man hat's. Was ist aber mit dem Tod erreicht?

Es ist mir unsympathisch, in dem Moment, wo man etwas erwarten dürfte, plötzlich einen Glauben aus der Tasche zu ziehen und meinen Leser aufzufordern, ausgerechnet das zu tun, was er nie konnte, nämlich etwas glauben. Ich muß gestehen, ich konnte es auch nie. Darum werde ich jetzt gewiß nicht behaupten, man müsse eben glauben, daß der Tod eine zweite Geburt sei und in eine Fortdauer über das Grab hinaus überleite. Ich darf aber wenigstens erwähnen, daß der consensus gentium [übereinstimmende Auffassung der Völker] ausgesprochene Auffassungen vom Tod hat, welche sich in allen großen Religionen der Erde unmißverständlich ausgedrückt haben. Ja, man kann sogar behaupten, daß die Mehrzahl dieser Religionen komplizierte Systeme der Vorbereitung zum Tode sind und zwar in einem solchen Maße, daß das Leben tatsächlich im Sinne meiner obigen paradoxen Formel nichts bedeutet als eine Vorbereitung auf das letzthinnige Ziel, den Tod. Für die beiden größten lebenden Religionen, das Christentum und den Buddhismus, vollendet sich der Sinn des Daseins in seinem Ende.

Mit der Epoche der Aufklärung hat sich eine Meinung über das Wesen der Religionen entwickelt, welche wegen ihrer weiten Verbreitung Erwähnung verdient, obschon sie ein typisch aufklärerisches Mißverständnis ist. Nach dieser Meinung sollen Religionen etwas wie philosophische Systeme und, wie diese, mit dem Kopf ausgeklügelt worden sein. Irgend jemand habe einmal einen Gott und sonstige Dogmen erfunden und mit dieser «wunscherfüllenden» Phantasie die Menschheit an der Nase herumgeführt. Dieser Meinung steht aber die psychologische Tatsache gegenüber, daß die religiösen Symbole mit dem Kopf eben gerade sehr schlecht gedacht werden können. Sie stammen auch gar nicht aus dem Kopf, sondern irgendwo anders her, vielleicht aus dem Herzen, jedenfalls aus einer psychischen Tiefenschicht, die dem Bewußtsein, das immer nur Oberfläche ist, wenig ähnelt. Darum haben die religiösen Symbole auch ausgesprochenen «Offenbarungscharakter», das heißt, sie sind in der Regel spontane Erzeugnisse der unbewußten Seelentätigkeit. Sie sind alles, nur nicht ausgedacht; sie sind vielmehr im Laufe der Jahrtausende allmählich gewachsen, wie Pflanzen, als natürliche Offenbarungen der Menschheitsseele. Auch heutzutage können wir noch immer die spontane Entstehung echter und rechter religiöser Symbole bei einzelnen Individuen beobachten, wo sie aus dem Unbewußten hervorwachsen wie Blumen fremder Art, und das Bewußtsein steht verlegen daneben und weiß nicht recht, was es mit solcher Geburt anfangen soll. Es läßt sich mit nicht allzu großen Schwierigkeiten feststellen, daß diese individuellen Symbole inhaltlich und formal demselben unbewußten «Geiste» (oder was es immer ist) entstammen wie die großen Menschheitsreligionen. Auf alle Fälle beweist die Erfahrung, daß die Religionen keineswegs bewußter Erklügelung, sondern dem natürlichen Leben der unbewußten Seele entstammen und dieses irgendwie adäquat ausdrücken. Daraus nämlich erklärt sich ihre universelle Verbreitung und ihre ungeheure historische Wirkung auf die Menschheit. Eine solche Wirkung wäre unverständlich, wenn die religiösen Symbole nicht zum mindesten psychologische Naturwahrheiten wären.

Ich weiß, daß sehr viele Leute mit dem Wort «psychologisch» Schwierigkeiten haben. Zur Beruhigung dieser Kritiker füge ich deshalb bei, daß kein Mensch weiß, was «Psyche» ist, und daß man ebensowenig anzugeben weiß, wie weit «Psyche» in der Natur reicht. Eine psychologische Wahrheit ist darum eine ebenso anständige und gute Sache wie eine physikalische Wahrheit, die sich auf den Stoff beschränkt wie jene auf die Psyche.

Der in den Religionen sich ausdrückende consensus gentium sympathisiert, wie wir sahen, mit meiner paradoxen Formel. Es scheint also der allgemeinen Seele der Menschheit mehr zu entsprechen, wenn wir den Tod als die Sinnerfüllung des Lebens und als sein eigentlichstes Ziel betrachten anstatt als ein bloß sinnloses Aufhören. Wer also einer aufklärerischen Meinung in dieser Hinsicht huldigt, hat sich psychologisch isoliert und steht im Gegensatz zu seinem eigenen allgemeinmenschlichen Wesen.

Dieser letztere Satz enthält die Grundwahrheit aller Neurosen, denn das Wesen der nervösen Störungen besteht in letzter Linie in einer Instinktentfremdung, in einer Abspaltung des Bewußtseins von gewissen seelischen Grundtatsachen. Aufklärerische Meinungen geraten daher unversehens in die unmittelbare Nachbarschaft neurotischer Symptome. Sie sind in der Tat, wie diese, *verbogenes Denken,* das an Stelle des psychologisch richtigen Denkens steht. Letzteres bleibt nämlich immer mit dem Herzen, der Tiefe der Seele, dem Stamm verbunden. Denn – Aufklärung oder nicht, Bewußtsein oder nicht – die Natur bereitet sich auf den Tod vor. Könnten wir die Gedanken eines jungen Menschen direkt beobachten und registrieren, wenn er Zeit und Muße zum Träumen hat, so würden wir neben einigen Erinnerungsbildern wohl in der Hauptsache Phantasien, die sich mit der Zukunft beschäftigen, feststellen können. Tatsächlich besteht weitaus der größte Teil der Phantasien aus Antizipationen. Die Phantasien sind daher größtenteils vorbereitende Handlungen oder gar psychische Einübungen auf gewisse zukünftige Wirklichkeiten. Könnten wir dasselbe Experiment mit einem alternden Menschen anstellen – selbstverständlich ohne daß er es merkt –, so fänden wir natürlich wegen des Zurückschauens eine größere Anzahl von Erinnerungsbildern als beim jungen Mann, daneben aber eine überraschend große Anzahl von Antizipationen der Zukunft, einschließlich des Todes. Mit zunehmenden Jahren häufen sich sogar die Todesgedanken in erstaunlichem Maße. Der alternde Mensch bereitet sich nolens volens auf den Tod vor. Darum meine ich, daß die Natur schon selber für die Vorbereitung aufs Ende sorgt. Dabei ist es objektiv gleichgültig, was das individuelle Bewußtsein darüber denkt. Subjektiv aber bedeutet es einen gewaltigen Unterschied, ob das Bewußtsein Schritt hält mit der Seele oder sich an Meinungen festhakt, welche das Herz nicht kennt. Denn es ist ebenso neurotisch, sich nicht auf den Tod als ein Ziel einzustellen, wie in der Jugend die Phantasien zu verdrängen, welche sich mit der Zukunft beschäftigen.

Ich habe in meiner ziemlich langen psychologischen Erfahrung eine

Reihe von Beobachtungen bei Personen gemacht, deren unbewußte Seelentätigkeit ich bis in die unmittelbare Nähe des Todes verfolgen konnte. In der Regel wurde das nahende Ende mit jenen Symbolen angezeigt, mit welchen auch im normalen Leben psychologische Zustandsveränderungen angedeutet werden, nämlich Wiedergeburtssymbole wie Ortsveränderungen, Reisen und dergleichen. Die Hinweise auf den nahenden Tod habe ich mehrfach in Traumreihen bis über ein Jahr zurückverfolgen können, auch in Fällen, wo die äußere Situation keine solchen Gedanken aufkommen ließ. Das Sterben setzte also ein, lange bevor der wirkliche Tod eintrat. Übrigens zeigt sich dies auch öfters in einer eigentümlichen Charakterveränderung, die dem Tod längere Zeit vorausgehen kann. Im ganzen war ich erstaunt zu sehen, wie wenig Aufhebens die unbewußte Seele vom Tod macht. Demnach müßte der Tod etwas verhältnismäßig Belangloses sein, oder unsere Seele kümmert sich nicht darum, was dem Individuum zufälligerweise zustößt. Um so mehr aber scheint sich das Unbewußte dafür zu interessieren, *wie* man stirbt, nämlich ob die Einstellung des Bewußtseins zum Sterben paßt oder nicht. So mußte ich zum Beispiel einmal eine zweiundsechzigjährige Frau behandeln. Sie war noch frisch und leidlich intelligent. An ihrem Können lag es nicht, daß sie ihre Träume nicht verstehen konnte. Es war leider nur zu deutlich, daß sie nicht einsehen *wollte.* Ihre Träume waren sehr klar, aber ebenso unangenehm. Sie hatte sich in den Kopf gesetzt, daß sie ihren Kindern eine tadellose Mutter sei, aber die Kinder teilten diese Ansicht gar nicht, auch die Träume vertraten eine sehr gegenteilige Überzeugung. Ich war genötigt, nach einigen Wochen fruchtloser Bemühung die Behandlung abzubrechen, da ich zum Militärdienst einrücken mußte (es war während des Krieges). Unterdessen erkrankte die Patientin an einem unheilbaren Leiden, das nach einigen Monaten zu einem agonalen Zustand führte, der jeden Augenblick das Ende hätte bedeuten können. Sie befand sich die meiste Zeit in einer Art von Delir oder Somnambulismus, in welch eigentümlicher geistiger Verfassung sie die unterbrochene analytische Arbeit spontanerweise wieder aufnahm. Sie sprach wieder von ihren Träumen und gab sich selber alles zu, was sie mir früher mit größter Zähigkeit abgeleugnet hatte, und noch eine ganze Menge dazu. Diese selbstanalytische Arbeit dauerte täglich einige Stunden während zirka sechs Wochen. Am Ende dieses Zeitraums hatte sie sich so beruhigt, wie ein Patient in einer normalen Behandlung, und dann starb sie.

Aus dieser und einer Anzahl ähnlicher Erfahrungen muß ich also schließen, daß unserer Seele zum mindesten das Sterben des Individuums doch nicht gleichgültig ist. Der Zwang, alles Verkehrte noch richtigzustellen, der so häufig bei Sterbenden beobachtet wird, dürfte in gleiche Richtung weisen.

Wie diese Erfahrungen letztlich gedeutet werden müßten, ist ein Problem, das die Kompetenzen einer Erfahrungswissenschaft sowohl wie unsere intellektuellen Möglichkeiten überschreitet, denn zu einer Schlußfolgerung gehört notwendigerweise noch die Erfahrung des Todes. Dieses Ereignis versetzt aber den Beobachter unglücklicherweise in eine Lage, welche ihm die objektive Mitteilung seiner Erfahrung und der Schlüsse, die sich daraus ergeben, verunmöglicht.

Das Bewußtsein bewegt sich in engen Schranken, eingespannt in eine kurze Zeitstrecke zwischen Anfang und Ende, die erst noch etwa um ein Drittel durch periodischen Schlaf verkürzt wird. Das Leben des Körpers dauert etwas länger, es fängt stets früher an und hört sehr oft später auf als das Bewußtsein. Anfang und Ende sind die unvermeidlichen Aspekte aller Vorgänge. Jedoch bei näherem Zusehen fällt es ungeheuer schwer, anzugeben, wo etwas anfängt und wo etwas aufhört, denn die Ereignisse und Vorgänge, die Anfänge und Beendigungen bilden genaugenommen ein nirgends teilbares Kontinuum. Wir teilen Vorgänge ab zum Zweck der Unterscheidung und des Erkennens, im Grunde dabei wissend, daß jede Trennung arbiträr und konventionell ist. In das Kontinuum des Weltvorganges greifen wir damit nicht ein, denn «Anfang» und «Ende» sind in allererster Linie Notwendigkeiten unseres bewußten Erkenntnisprozesses. Wohl können wir mit hinlänglicher Sicherheit feststellen, daß ein individuelles Bewußtsein in bezug auf uns selber zum Ende gekommen ist. Ob aber damit auch die Kontinuität des psychischen Vorganges unterbrochen ist, bleibt zweifelhaft, denn die Gehirnverhaftung der Psyche ist heutzutage mit weit geringerer Sicherheit zu behaupten als noch vor fünfzig Jahren. Vorerst muß die Psychologie noch gewisse parapsychologische Tatsachen verdauen, womit sie aber noch nicht einmal angefangen hat.

Es scheinen nämlich der uns unbewußten Psyche Eigenschaften zuzukommen, welche ein ganz merkwürdiges Licht auf deren Verhältnis zu Raum und Zeit werfen. Ich meine damit die räumlichen und zeitlichen telepathischen Phänomene, die bekanntlich viel leichter zu ignorieren als zu erklären sind. Die Wissenschaft hat sich's bis jetzt, bis auf wenige rühmliche Ausnahmen, in dieser Hinsicht sehr bequem gemacht. Ich muß aber gestehen, daß mir die sogenannten telepathischen Fähigkeiten der Psyche erhebliches Kopfzerbrechen verursacht haben, denn mit dem Schlagwort «Telepathie» ist noch längst nichts erklärt. Die raumzeitliche Bewußtseinsbeschränkung ist eine dermaßen überwältigende Tatsache, daß jede Durchbrechung dieser fundamentalen Wahrheit eigentlich ein Ereignis von höchster theoretischer Bedeutung ist, denn es wäre damit erwiesen, daß die Raumzeitbeschränkung eine aufhebbare Bestimmung ist. Die aufhebende Bedingung wäre die Psyche, welcher also die Raumzeitlichkeit höchstens als relative, das heißt bedingte Eigenschaft anhaften würde. Gegebenenfalls aber könnte sie die Schranke der Raumzeitlichkeit auch durchbrechen, und zwar notwendigerweise vermöge einer ihr wesentlichen Eigenschaft relativer Raum- und Zeitlosigkeit. Diese, wie es mir scheint, sehr naheliegende Möglichkeit ist von so unabsehbarer Tragweite, daß sie den forschenden Geist zu größter Anstrengung anspornen sollte. Unsere gegenwärtige Bewußtseinsentwicklung ist aber dermaßen rückständig (Ausnahmen bestätigen die Regel!), daß es noch allgemein an wissenschaftlichem und denkerischem Rüstzeug fehlt, um die Tatsachen der Telepathie in ihrer Bedeutung für das Wesen der Psyche genügend auszuwerten. Ich habe auf diese Gruppe von Erscheinungen bloß hingewiesen, um anzudeuten, daß die Gehirnverhaftung der Psyche, das heißt ihre Raumzeitbeschränkung, doch nicht so selbstverständlich und unumstößlich ist, wie man bisher glaubte annehmen zu dürfen.

Wer auch nur über einige Kenntnisse des bereits vorhandenen und genügend gesicherten parapsychologischen Beweismaterials verfügt, weiß, daß im besonderen die sogenannten telepathischen Erscheinungen unzweifelhafte Tatsachen sind. Eine objektive Sichtung und Kritik der vorhandenen Beobachtungen muß feststellen, daß sich Wahrnehmungen ereignen, die teils so vor sich gehen, als ob es keinen Raum, teils so, als ob es keine Zeit gäbe. Daraus läßt sich natürlich kein metaphysischer Schluß ableiten, daß es infolgedessen im An-sich der Dinge weder Raum noch Zeit gäbe und daß daher der menschliche Geist in die Raumzeitkategorie wie in eine nebelhafte Illusion eingesponnen wäre. Vielmehr sind Raum und Zeit nicht nur unmittelbarste, naivste Gewißheit, sondern auch empirische Anschaulichkeit, indem alles und jedes Wahrnehmbare so geschieht, als ob es in Raum und Zeit sich ereignete. Angesichts dieser überwältigenden Gewißheit ist es begreiflich, daß der Verstand die größte Mühe hat, die Eigenart des telepathischen Phänomens gelten zu lassen. Wer aber den Tatsachen Gerechtigkeit widerfahren läßt, der kann nicht umhin zuzugeben, daß die anscheinende Raumzeitlosigkeit deren eigentlichstes Wesen ausmacht. Schließlich sind naive Anschauung und unmittelbare Gewißheit strenggenommen nur Beweistümer für ein psychologisches Apriori der Anschauungsform, welche schlechterdings keine andere Form zuläßt. Daß unser Anschauungsvermögen ganz und gar außerstande ist, sich eine raumzeitlose Seinsform zu imaginieren, beweist letzten Endes ja keineswegs, daß eine solche an sich unmöglich ist. Und ebensowenig, wie man aus der Eigenschaft einer anscheinenden Raumzeitlosigkeit auf die Tatsache der raumzeitlosen Seinsform einen absoluten Schluß ziehen darf, ist es daher erlaubt, aus der anscheinenden Raumzeitqualität der Wahrnehmung zu schließen, daß es keine raumzeitlose Seinsform geben könne. Der Zweifel aber an der absoluten Gültigkeit der Raumzeitanschauung ist nicht nur erlaubt, sondern in Anbetracht der derzeit vorhandenen Erfahrung sogar geboten. Die hypothetische Möglichkeit, daß die Psyche auch eine raumzeitlose Seinsform berühre, ist ein bis auf weiteres ernstzunehmendes wissenschaftliches Fragezeichen. Die Ideen und Zweifel der theoretischen Physik unserer Tage müssen auch den Psychologen vorsichtig stimmen, denn was heißt schließlich die «Begrenztheit des Raumes», philosophisch genommen, anderes als eine Relativierung der Raumkategorie? Der Zeitkategorie könnte (wie der Kausalität) leicht ein Ähnliches passieren. Zweifel in dieser Hinsicht sind also in heutiger Zeit weniger als je aus der Luft gegriffen.

Das Wesen der Psyche reicht wohl in Dunkelheiten weit jenseits unserer Verstandeskategorien. Die Seele enthält so viele Rätsel wie die Welt mit ihren galaktischen Systemen, vor deren erhabenem Anblick nur ein phantasieloser Geist sein Ungenügen sich nicht zugestehen kann. Bei dieser äußersten Unsicherheit menschlicher Auffassung ist aufklärerisches Getue nicht nur lächerlich, sondern auch betrüblich geistlos. Sollte also jemand aus dem Bedürfnis seines innersten Gemütes oder aus Übereinstimmung mit uralten Weisheitslehren der Menschheit oder aus der psychologischen Tatsache des Vorkommens «telepathischer» Wahrnehmungen den Schluß ziehen, daß die Psyche zutiefst einer raumzeitlosen Seinsform teilhaftig sei und so mithin dem angehöre, was unzulänglich und symbolisch als «Ewigkeit» bezeichnet wird, so vermöchte ihm der kritische Verstand kein anderes Argument entgegenzusetzen als das wissenschaftliche «non liquet» [nicht spruchreif]. Er hätte überdies den nicht zu unterschätzenden Vorteil, mit einem seit unvordenklichen Zeiten bestehenden und universal verbreiteten «penchant» [Neigung] der menschlichen Seele übereinzustimmen. Wer diesen Schluß nicht zieht, aus Skepsis oder aus Rebellion gegen die Tradition oder aus Mangel an Mut oder aus Oberflächlichkeit psychologischer Erfahrung oder aus gedankenloser Ignoranz, hat die statistisch sehr geringe Wahrscheinlichkeit, ein Pionier des Geistes zu werden, daneben aber die unzweifelhafte Sicherheit, in Widerspruch mit den Wahrheiten seines Blutes zu geraten. Ob diese in letzter Linie nun absolute Wahrheiten sind oder nicht, werden wir nie beweisen können. Es genügt, daß sie als «penchant» vorhanden sind, und wir wissen zur Genüge, was es bedeutet, mit diesen «Wahrheiten» in einen leichtfertigen Konflikt zu geraten: es bedeutet dasselbe wie die bewußte Hinwegsetzung über die Instinkte, nämlich Entwurzelung, Desorientierung, Sinnlosigkeit und wie all diese Minderwertigkeitssymptome sonst noch heißen. Es ist einer der verhängnisvollsten soziologischen und psychologischen Irrtümer, an denen unsere Zeit so reich ist, daß man so häufig meint, von irgendeinem gegebenen Augenblick an könne etwas ganz anders werden, zum Beispiel könne sich der Mensch von Grund auf verändern, oder es könnte eine Formel oder Wahrheit gefunden werden, die einen ganz neuen Anfang darstelle usw. Es ist noch immer ein Wunder gewesen, wenn überhaupt etwas wesentlich anders oder sogar besser geworden ist. Das Abgleiten von den Wahrheiten des Blutes erzeugt neurotische *Rastlosigkeit,* etwas, von dem man heutzutage nachgerade genug haben könnte. Rastlosigkeit erzeugt Sinnlosigkeit, und Sinnlosigkeit des Lebens ist ein seelischs Leiden, das unsere Zeit noch nicht in seinem ganzen Umfang und in seiner ganzen Tragweite erfaßt hat.

Das Gewissen in psychologischer Sicht

Das Wort «Gewissen» deutet an, daß damit ein Spezialfall von «Wissen» oder «Bewußtsein» gemeint ist. Die Besonderheit von «Gewissen» besteht darin, daß es ein Wissen um oder Gewißheit über den emotionalen Wert jener Vorstellungen ist, welche wir von den Motiven unseres Handelns haben. Nach dieser Definition ist das Gewissen ein *komplexes Phänomen,* das einesteils aus einem elementaren Willensakt oder aus einem bewußt nicht begründeten Antrieb zum Handeln, anderenteils aus einem Urteil des vernünftigen Gefühls besteht. Dieses ist ein *Werturteil,* das sich dadurch von einem intellektuellen Urteil unterscheidet, daß es neben einem objektiven, allgemeinen und sachlichen Charakter auch die Eigenschaft der *subjektiven Bezugnahme* erkennen läßt. Das Werturteil impliziert immer das Subjekt, indem es voraussetzt, daß etwas schön oder gut «für mich» sei. Wenn der Satz dagegen lautet: Es ist für gewisse andere schön oder gut, so ist dies nicht notwendigerweise ein Werturteil, sondern kann eine intellektuelle Feststellung sein. Das komplexe Phänomen des Gewissens besteht also gewissermaßen aus zwei Stockwerken, von denen das eine als Grundlage ein gewisses psychisches Geschehen enthält, das andere aber eine Art von Überbau darstellt, nämlich das annehmende oder verwerfende Urteil des Subjektes.

Entsprechend der Komplexität des Phänomens ist dessen empirische Phänomenologie sehr weit gespannt. Es kann als vorausnehmende oder mitfolgende oder nachträgliche bewußte Reflexion erscheinen oder als bloße affektive Begleiterscheinung irgendwelcher psychischer Geschehnisse auftreten, wobei gegebenenfalls sein moralischer Charakter nicht einmal erkennbar ist. So kann zum Beispiel ein scheinbar unbegründeter Angstzustand bei einem gewissen Handeln entstehen, ohne daß das Subjekt sich auch nur des geringsten Zusammenhanges seines Handelns mit dem nachträglichen Angstzustand bewußt ist. Nicht selten ist das moralische Urteil in einen nachfolgenden Traum verschoben, welcher dem

Subjekt unverständlich ist. So wurde zum Beispiel einem Geschäftsmann eine anscheinend durchaus seriöse und ehrenhafte Offerte gemacht, die aber, wie es sich viel später herausstellte, ihn in eine fatale Betrugsaffäre verwickelt haben würde, wenn er sie angenommen hätte. In der Nacht, nachdem ihm tags zuvor die Offerte gemacht worden war, die ihm wie gesagt annehmbar erschien, träumte ihm, *daß seine Hände und Vorderarme mit schwarzem Schmutz bedeckt waren.* Er vermochte darin keinen Zusammenhang mit den Ereignissen des Vortages zu finden, weil er sich nicht zugestehen konnte, daß ihn die Offerte an der verwundbaren Stelle, nämlich der Erwartung eines guten Geschäftes, getroffen hatte. Ich warnte ihn, und er war vorsichtig genug, wenigstens gewisse Sicherheitsmaßnahmen zu ergreifen, die ihn dann auch vor größerem Schaden bewahrten. Hätte er gleich zu Anfang die Situation überblickt, so hätte er unbedingt ein böses Gewissen gehabt, denn dann hätte er verstanden, daß es um ein «schmutziges» Geschäft ging, das seine Moral nicht erlaubt hätte; er hätte, wie man sagt, «sich die Hände schmutzig gemacht». Der Traum hat diese Redensart bildlich dargestellt.

In diesem Fall fehlt das klassische Charakteristikum des Gewissens, nämlich die «conscientia peccati», das Bewußtsein der Sünde. Dementsprechend fehlt der spezifische Gefühlston des bösen Gewissens. Dafür tritt im Schlafzustand ein symbolisches Bild von schwarzen Händen auf, das den Träumer auf eine unsaubere Arbeit aufmerksam macht. Um seiner moralischen Reaktion, das heißt seines Gewissens, bewußt zu werden, mußte er mir den Traum erzählen. Diese Mitteilung war insofern ein Gewissensakt, als bei ihm eine gewisse Unsicherheit in bezug auf Träume bestand. Er hatte sie im Laufe einer praktischen Analyse erworben, welche ihm gezeigt hatte, daß Träume oft Erhebliches zur Selbsterkenntnis beitragen. Ohne diese Erfahrung hätte er wahrscheinlich den Traum übersehen.

Hieraus lernen wir ein wichtiges Faktum: Die moralische Bewertung des Handelns, die sich im spezifischen Gefühlston der entsprechenden Vorstellung ausdrückt, ist nicht immer eine Angelegenheit der conscientia, des Bewußtseins, sondern *funktioniert auch ohne diese.* FREUD hat allerdings die Hypothese aufgestellt, daß in einem derartigen Fall eine «Verdrängung» vorliege, welche von einem gewissen psychischen Faktor, dem sogenannten Über-Ich, ausgehe. Damit das Bewußtsein aber den Willensakt der Verdrängung vollziehen kann, muß vorausgesetzt werden, daß irgendwie um die moralische Anstößigkeit des zu verdrängenden Inhaltes gewußt wird, denn ohne dieses Motiv kann der entsprechende Willensimpuls nicht ausgelöst werden. Aber gerade diese Erkenntnis hat dem Geschäftsmann in solchem Maße gefehlt, daß er nicht nur keine moralische Gefühlsreaktion empfand, sondern auch meinem warnenden Hinweis nur bedingten Glauben schenkte. Der Grund hierfür war die Tatsache, daß er die zweifelhafte Natur der Offerte in keinerlei Weise erkannte und daher jeden Motivs zu einer Verdrängung ermangelte. Die Hypothese einer bewußten Verdrängung läßt sich in diesem Falle also nicht anwenden.

Das, was geschehen ist, stellt sich in Wirklichkeit als ein unbewußter Akt dar, welcher sich so vollzog, wie wenn er ein bewußtes und beabsichtigtes Handeln, also ein Gewissensakt, wäre. Es ist so, wie wenn das Subjekt die Unmoralität der Offerte erkannt und diese Erkenntnis die entsprechende emotionale Reaktion ausgelöst hätte. Der ganze Vorgang verläuft aber *subliminal,* und die einzige Spur, die er hinterläßt, ist der Traum, der aber als moralische Reaktion unbewußt bleibt. Das «Gewissen» im Sinne unserer obigen Definition, nämlich als ein «Wissen» des Ich, eine conscientia, existiert in diesem Falle nicht. Wenn das Gewissen ein Wissen ist, so ist nicht das empirische Subjekt der Wissende, sondern dieser stellt eine *unbewußte Persönlichkeit* dar, welche sich allem Anschein nach wie ein bewußtes Subjekt benimmt. Sie weiß um die zweideutige Natur der Offerte, sie erkennt auch die vor Illegalem sich nicht scheuende Gewinnsucht des Ich und veranlaßt einen dementsprechenden Urteilsspruch des Gewissens. Das heißt, das Ich wurde in diesem Falle durch eine unbewußte Persönlichkeit, welche den nötigen Gewissensakt vollzieht, ersetzt.

Solche und ähnliche Erfahrungen waren es, die FREUD veranlaßt haben, dem Über-Ich eine besondere Bedeutung zu verleihen. Das FREUDsche Über-Ich ist nun nicht ein natürlicher und vererbter Strukturteil der Psyche, sondern vielmehr der vom Bewußtsein erworbene Bestand an traditionellem Brauchtum, der sogenannte Sittenkodex, wie er sich zum Beispiel im Dekalog verkörpert hat. Das Über-Ich ist ein patriarchales Überkommnis, das als solches eine bewußte Erwerbung und einen ebenso bewußten Besitz bedeutet. Wenn es bei FREUD als ein fast unbewußter Faktor erscheint, so beruht dies auf der praktischen Erfahrung im individuellen Falle, welche FREUD über die Tatsache belehrt hat, daß der

Gewissensakt als solcher überraschend häufig unbewußt verläuft, wie in unserem Beispiel. Wie bekannt, lehnten FREUD und seine Schule die Hypothese vererbter instinktiver Verhaltensweisen, die unsere Auffassung als *Archetypen* [vgl. Grundwerk 2] bezeichnet hat, als mystisch und unwissenschaftlich ab und erklären unbewußte Gewissensakte dementsprechend als Verdrängungen, die durch das Über-Ich veranlaßt sind.

Der Begriff Über-Ich enthält im großen und ganzen nichts, was an sich nicht als allgemeines Gedankengut bekannt wäre. Er ist insoweit mit dem identisch, was man auch mit dem Ausdruck «Sittenkodex» bezeichnet. Das Besondere ist nur die Tatsache, daß im individuellen Fall der eine oder andere Aspekt der Moraltradition sich als unbewußt erweist. Es muß auch erwähnt werden, daß FREUD das Vorhandensein von gewissen «archaischen Resten» im Über-Ich zugibt, also Gewissensakte, die durch archaische Motive beeinflußt sind. Da FREUD das Vorhandensein der Archetypen, das heißt genuiner archaischer Verhaltensweisen, bestreitet, so kann man nur annehmen, daß er unter «archaischen Resten» gewisse bewußte Traditionen, die im individuellen Fall auch unbewußt sein können, meint. Keinesfalls kann es sich bei ihm um angeborene Typen handeln, denn sonst müßten es nach seiner Voraussetzung «vererbte Vorstellungen» sein. Das meint er allerdings, aber hierfür gibt es meines Wissens keine Beweise. Wohl aber gibt es Belege in Hülle und Fülle für die Hypothese vererbter instinktiver Verhaltensweisen, nämlich der Archetypen. Es ist daher wahrscheinlich, daß die «archaischen Reste» im Über-Ich eine gewisse uneingestandene Konzession an die Archetypenlehre und somit einen prinzipiellen Zweifel an der absoluten Abhängigkeit unbewußer Inhalte vom Bewußtsein bedeuten. Man darf solche aus guten Gründen bezweifeln: denn erstens ist das Unbewußte ontogenetisch wie phylogenetisch älter als das Bewußtsein, und zweitens ist es eine nur allzu bekannte Tatsache, daß es sich vom bewußten Willen kaum oder gar nicht beeinflussen läßt. Es kann von diesem nur verdrängt oder unterdrückt werden, und dies meistens nur temporär. In der Regel wird seine Rechnung einmal beglichen. Wenn dem nicht so wäre, so würde die Psychotherapie kein Problem bedeuten. Mit Einsicht und Willen wäre dem Unbewußten endgültig beizukommen, und die Psyche ließe sich restlos in Beabsichtigtes verwandeln, wenn das Unbewußte vom Bewußtsein abhängig wäre. Nur weltfremde Idealisten, Rationalisten und andere Fanatiker können sich dergleichen Träumen hingeben. Die Psyche ist keine

Willkürerscheinung, sondern *Natur,* die sich zwar mit Kunst, Wissenschaft und Geduld in einigen Punkten modifizieren, nicht aber in ein artificium [Kunstwerk] verwandeln läßt ohne tiefste Schädigung menschlichen Wesens. Der Mensch läßt sich zwar in ein krankes Tier umgestalten, nicht aber in ein erdachtes Idealwesen.

Obschon man sich noch allgemein der Täuschung hingibt, daß das Bewußtsein die Ganzheit des psychischen Menschen repräsentiere, ist es doch nur ein Teil, von dessen Verhältnis zur Ganzheit wir aber wenig wissen. Da der unbewußte Anteil wirklich unbewußt ist, lassen sich dessen Grenzen nicht abstecken, das heißt, wir können nicht angeben, wo die Psyche anfängt oder aufhört. Wir wissen zwar, daß das Bewußtsein und seine Inhalte der modifizierbare Teil der Psyche sind, aber je tiefer wir in den Bereich der unbewußten Psyche wenigstens indirekt einzudringen versuchen, desto mehr unterliegen wir auch dem Eindruck, es mit einem *autonomen Wesen* zu tun zu haben. Wir müssen sogar zugeben, daß unsere besten Erziehungs- oder Behandlungserfolge dort liegen, wo das Unbewußte kooperiert, das heißt, wo das Ziel unserer Einwirkung mit der unbewußten Entwicklungstendenz zusammentrifft, und umgekehrt unsere besten Methoden und Absichten dort versagen, wo die Natur uns nicht zu Hilfe kommt. Ohne eine wenigstens relative Autonomie wäre auch die allgemeine Erfahrung von der komplementären beziehungsweise kompensatorischen Funktion des Unbewußten unmöglich. Wäre das Unbewußte wirklich vom Bewußtsein abhängig, so könnte es auch nicht mehr und anderes enthalten als das Bewußtsein.

Unser Traumbeispiel nun und viele andere Fälle ähnlicher Art legen den Gedanken nahe, daß in Anbetracht der Übereinstimmung des subliminalen moralischen Urteils mit dem Sittenkodex der Traum in derselben Weise verfahren wäre wie das auf das traditionelle Moralgesetz sich stützende Bewußtsein und daß mithin die allgemeine Moralität entweder zugleich ein Grundgesetz des Unbewußten sei oder dieses wenigstens beeinflusse. Dieser Schluß stünde in flagrantem Gegensatz zu der allgemeinen Erfahrung der Autonomie des Unbewußten. Obschon Moralität an sich eine universale Eigenschaft der menschlichen Psyche ist, so kann dies jedoch vom jeweiligen Sittenkodex nicht behauptet werden. Er kann daher als solcher kein natürlicher Strukturteil der Psyche sein. Trotzdem besteht – wie unser Beispiel zeigt – der Umstand, daß der Gewissensakt im Unbewußten im Prinzip genauso verläuft wie in einem Bewußtsein, den gleichen moralischen Präzepten folgt wie dieses und darum den Anschein erweckt, als ob der Sittenkodex auch den unbewußten Vorgang beherrsche.

Dieser Anschein aber trügt, denn es gibt ebensoviele und praktisch vielleicht noch mehr Beispiele, bei denen die subliminale Reaktion mit dem Sittenkodex ganz und gar nicht übereinstimmt. So konsultierte mich zum Beispiel einmal eine sehr distinguierte Dame, die sich durch einen untadeligen Lebenswandel ebensosehr wie durch eine «geistig» hochgestimmte Haltung auszeichnete, um ihrer «abscheulichen» Träume willen. Diese verdienten das Prädikat. Sie produzierte serienweise höchst unschmackhafte Traumbilder, die sich mit betrunkenen Prostituierten, venerischen Krankheiten und dergleichen mehr befaßten. Sie war entsetzt über solche Obszönitäten und konnte sich gar nicht erklären, wieso gerade sie, die immer nach dem Höchsten strebte, von solchen Bildern des Abgrundes verfolgt werde. Sie hätte ebensowohl fragen können, woher es komme, daß gerade die Heiligen den übelsten Versuchungen ausgesetzt seien. Hier spielt der Sittenkodex – wenn überhaupt – die gerade umgekehrte Rolle. Fern davon, sittliche Ermahnung zu produzieren, vergnügt sich hier das Unbewußte mit dem Erzeugen aller erdenkbaren Immoralität, wie wenn es ausschließlich das sittlich Anstößige im Auge hätte. Erfahrungen dieser Art sind so häufig und regelmäßig, daß schon Paulus bekennen konnte, daß er das Gute, das er will, nicht tut, wohl aber das Böse, das er nicht will [*Römerbrief* 7,19].

Angesichts der Tatsache, daß der Traum sowohl ermahnt als auch verführt, wird es fragwürdig, ob das, was als Gewissensurteil in ihm erscheint, als solches gewertet werden darf oder – mit anderen Worten – ob man dem Unbewußten eine uns als moralisch vorkommende Funktion zuschreiben darf oder nicht. Selbstverständlich können wir den Traum moralisch verstehen, ohne zugleich die Annahme zu machen, daß das Unbewußte ebenfalls eine moralische Tendenz damit verbinde. Es scheint vielmehr, als ob es mit der gleichen Objektivität, mit der es unmoralische Phantasien produziert, auch moralische Urteile fälle. Diese Paradoxie oder innere Widersprüchlichkeit des Gewissens ist ja schon seit langem den Erforschern dieser Frage wohlbekannt: neben dem «richtigen» gibt es ein «falsches» Gewissen, das übertreibt, verdreht und Böses in Gutes und umgekehrt verfälscht, wie es zum Beispiel die bekannten Gewissensskrupel tun, und zwar mit derselben Nötigung und denselben emotionalen Begleiterscheinungen wie das richtige Gewissen. Ohne diese Paradoxie wäre die Gewissensfrage überhaupt kein Problem, denn man könnte sich dann in moralischer Hinsicht ganz auf den Entscheid des Gewissens verlassen. Da aber in dieser Hinsicht große und berechtigte Unsicherheit besteht, so braucht es schon ungewöhnlichen Mut oder – was beinahe das gleiche ist – unerschütterlichen Glauben, wenn einer seinem eigenen Gewissen schlechthin folgen möchte. In der Regel gehorcht man seinem Gewissen aber nur bis zu einer bestimmten Grenze, die nämlich durch den Sittenkodex von vornherein gegeben ist. Hier beginnen nämlich die gefürchteten Pflichtenkollisionen, die meistens nach den Präzepten des Sittenkodex beantwortet, von den wenigsten aber wirklich durch einen individuellen Urteilsakt entschieden werden. Sobald es nämlich nicht mehr vom Moralkodex gestützt ist, erleidet das Gewissen leicht einen Schwächeanfall.

Soweit die traditionellen Moralvorschriften reichen, ist es praktisch kaum möglich, das Gewissen von ihnen zu unterscheiden, weshalb auch öfters die Meinung aufgekommen ist, daß das Gewissen überhaupt nichts anderes sei als die suggestive Wirkung der moralischen Präzepte und daß es mithin gar nicht existieren würde, wenn keine Moralgesetze erfunden worden wären. Das Phänomen, das wir «Gewissen» nennen, finden wir überall im Bereich des Menschen. Ob sich nun einer ein «Gewissen daraus macht», daß er das rohe Fell mit einem Eisenmesser statt, wie er eigentlich sollte, mit einem Steinmesser schabt oder einen Freund in der Not verläßt, dem er eigentlich helfen sollte, beide Male handelt es sich um einen inneren Vorwurf, um einen «Gewissensbiß», und in beiden Fällen ist es das Abweichen von einer durch langen Gebrauch inveterierten Gewohnheit oder allgemeingültigen Regel, das etwas wie einen Schock auslöst. Der primitiven Psyche verursacht alles Ungewöhnliche und Ungewohnte eine emotionale Reaktion, die um so heftiger ausfällt, je mehr es gewissen «représentations collectives», welche das regelentsprechende Handeln fast stets begleiten, zuwiderläuft. Es gehört ja zu den Eigenschaften des primitiven Geistes, daß er alles und jedes mit mythischen Ableitungen und Erklärungen, die es begründen sollen, ausstattet. So ist auch all das, was wir als reinen Zufall erklären würden, im primitiven Geist als absichtsvoll verstanden und als magische Bewirkung aufgefaßt. Dabei handelt es sich keineswegs um «Erfindungen», sondern um spontane Phantasiebildungen, die sich ohne Vorbedacht natürlicher- und unwillkürlicherweise einstellen, nämlich unbewußte, archetypische Reaktionen, wie sie der menschlichen Psyche eigen sind. Nichts ist verkehrter, als anzunehmen, daß ein Mythus «ersonnen» worden sei. Er kommt vielmehr wie von ungefähr zustande, wie man dies bei allen authentischen Phantasiegebilden immer und überall beobachten kann, und dies allermeist bei den Träumen. Die Hybris des Bewußtseins will aber, daß alles aus dem Primat des Bewußtseins hergeleitet wird, wo es doch selber nachweisbar aus einer älteren unbewußten Psyche entsteht. Die Einheit und Kontinuität des Bewußtseins ist nämlich eine so junge Erwerbung, daß noch immer die Furcht besteht, sie könnte wieder verlorengehen.

So ist auch die moralische Reaktion ein ursprüngliches Verhalten der Psyche, während die Moralgesetze eine späte, in Sätzen erstarrte Folgeerscheinung des moralischen Verhaltens darstellen. Sie scheinen infolgedessen mit der moralischen Reaktion, das heißt mit dem Gewissen, identisch zu sein. Diese Täuschung aber wird offenbar in dem Augenblick, in dem eine Pflichtenkollision den Unterschied zwischen Sittenkodex und Gewissen klarmacht. Hier entscheidet es sich, wer der Stärkere ist, die traditionelle und konventionelle Moral oder das Gewissen: Soll ich die Wahrheit sagen und damit für einen Mitmenschen eine unverhältnismäßige Katastrophe herbeiführen, oder soll ich lügen, um ein Menschenleben zu retten? In dergleichen Fällen folgt man unter Umständen dem Gewissen keineswegs, wenn man sich auf den Satz versteift: Du sollst nicht lügen. Man hat bloß den Sittenkodex befolgt. Wenn man aber dem Urteil des Gewissens gehorcht, so steht man allein und hat auf eine subjektive Stimme gehört, von der man zunächst nicht weiß, auf was für Motiven sie beruht. Niemand kann garantieren, daß er nur edle Beweggründe hat. Man weiß unter Umständen zuviel von sich selber, als daß man sich noch vorgaukeln könnte, man sei hundertprozentig gut und nicht egoistisch bis in die Knochen. Bei unseren vermeintlich besten Taten steht ja auch immer der Teufel hinter uns, der uns väterlich auf die Schulter klopft und flüstert: «Das hast du großartig gemacht!»

Woher nimmt sich das wahre und eigentliche Gewissen, das sich über den Sittenkodex erhebt und sich dessen Entscheid nicht unterwirft, seine Berechtigung? Was gibt ihm den Mut, anzunehmen, daß es nicht ein «falsches» Gewissen, eine Selbsttäuschung sei?

1. Johannes [4,1] sagt: «Prüfet die Geister, ob sie von Gott seien», welche Ermahnung wir auf unseren Fall anwenden können. Das Gewissen nämlich ist von vielen und seit alters eher als eine göttliche Intervention denn als eine psychische Funktion verstanden worden; ja, sein Diktum galt als vox Dei, als Gottesstimme. Diese Auffassung zeigt, welcher Wert und welche Bedeutung diesem Phänomen beigemessen wurde und noch wird. Die Psychologie darf eine derartige Bewertung nicht übersehen, denn diese ist ebenfalls eine wohlbeglaubigte Erscheinung, die unbedingt zur Sprache kommen muß, wenn man die Vorstellung des Gewissens psychologisch behandeln will. Die Wahrheitsfrage, die man in unsachgemäßer Weise hier zu stellen pflegt, ob denn bewiesen sei, daß Gott selber zu uns mit der Stimme des Gewissens rede, hat mit dem psychologischen Problem nichts zu tun. Die vox Dei ist eine Aussage und ein Dafürhalten wie die Aussage, daß es ein Gewissen gibt. Alle psychologischen Tatsachen, die sich nicht mit Hilfe von Apparaten und exakten naturwissenschaftlichen Methoden festlegen lassen, sind Aussagen und Meinungen, denen aber psychische Wirklichkeit zukommt. Es ist psychologisch wahr, daß die Meinung besteht, die Stimme des Gewissens sei Gottes Stimme.

Da nun das Gewissensphänomen an sich nicht mit dem Sittenkodex zusammenfällt, sondern diesem vielmehr vorausgeht, ihn inhaltlich überragt und überdies, wie eben erwähnt, auch «falsch» sein kann, so wird die Auffassung des Gewissens als vox Dei zu einem äußerst delikaten Problem. Es ist nämlich praktisch sehr schwierig, genau den Punkt anzugeben, wo das «richtige» Gewissen aufhört und das «falsche» beginnt und was das Kriterium ist, welches das eine vom anderen scheidet. Es ist wohl wiederum der Sittenkodex, der es sich ja zur Aufgabe macht, genau zu wissen, was gut und was böse ist. Wenn aber die Stimme des Gewissens Gottes Stimme ist, so müßte diese eine unbedingt höhere Autorität besitzen als die traditionelle Moral. Wer also dem Gewissen diese Würde verleiht, sollte sich auf gut Glück der göttlichen Entscheidung anvertrauen und seinem Gewissen mehr folgen als der Rücksicht auf konventionelle Moral. Würde der Gläubige seiner Definition Gottes als summum bonum [höchstes nur Gutes] unbedingt vertrauen, so wäre es ihm ein leichtes, der inneren Stimme zu folgen, denn er könnte sicher sein, niemals in die Irre geführt zu werden. Da wir aber im Vaterunser immer noch die Bitte aussprechen, Er möge «uns nicht in Versuchung führen», so ist damit eben jene Zuversicht untergraben, die der Gläubige haben sollte, um in der Dunkelheit einer Pflichtenkollision der Stimme seines

Gewissens ohne Rücksicht auf die «Welt» Folge zu leisten, also gegebenenfalls gegen die Vorschriften des Sittenkodex zu handeln, indem er «Gott mehr gehorcht als der Welt».

Das Gewissen – gleichgültig wie es begründet wird – stellt die Forderung an den einzelnen, seiner inneren Stimme Gefolgschaft zu leisten, auf die Gefahr hin, sich zu irren. Man kann diesem Gebot den Gehorsam verweigern unter Berufung auf den durch religiöse Auffassungen gestützten Sittenkodex, allerdings mit dem mißlichen Gefühl, eine Untreue begangen zu haben. Man mag über das Ethos denken, wie man will, es ist und bleibt ein innerer Wert, dessen Verletzung kein Spaß ist, sondern unter Umständen bedenkliche psychische Folgen hat. Diese sind allerdings nur relativ wenigen bekannt, denn es sind nur wenige, welche sich objektiv Rechenschaft über seelische Zusammenhänge geben. Die Seele aber gehört zu jenen Dingen, über die man am wenigsten Bescheid weiß, denn niemand liebt es, sich nach seinem eigenen Schatten zu erkundigen. Ja sogar die Psychologie selber muß dazu herhalten, sich die wahren Kausalzusammenhänge zu verheimlichen. Je «wissenschaftlicher» sie sich gebärdet, desto willkommener ist nämlich ihre sogenannte Objektivität, denn diese stellt ein treffliches Mittel dar, sich der lästigen Gefühlskomponenten des Gewissens zu entledigen, wo doch gerade diese die eigentliche Dynamik der moralischen Reaktion darstellen. Ohne die emotionale Dynamik verliert das Gewissensphänomen allen Sinn, was aber eben der unbewußte Zweck der sogenannten «wissenschaftlichen» Betrachtung ist.

Das Gewissen ist an sich ein autonomer psychischer Faktor. Darin stimmen alle Aussagen, die es nicht direkt leugnen, überein. Am deutlichsten ist in dieser Hinsicht die vox Dei-Auffassung. Es ist «Gottes Stimme», die sich der subjektiven Absicht oft in schneidendem Gegensatz in den Weg stellt und gegebenenfalls eine höchst unwillkommene Entscheidung erzwingt. Wenn selbst FREUD seinem Über-Ich eine fast dämonische Macht zutraut, obschon es per definitionem nicht einmal ein genuines Gewissen, sondern eine menschliche Konvention und Tradition darstellt, so übertreibt er damit keineswegs, sondern konstatiert einfach die regelmäßige Erfahrung des praktischen Psychologen. Das Gewissen bedeutet eine Forderung, die sich gegenüber dem Subjekt entweder überhaupt durchsetzt oder ihm wenigstens erhebliche Schwierigkeiten bereitet. Damit ist selbstverständlich nicht abgestritten, daß es Fälle von Gewissenslosigkeit gibt. Daß das Gewissen an sich nur etwas Angelerntes sei, kann nur derjenige behaupten, der sich einbildet, schon in der Prähistorie zugegen gewesen zu sein, als die ersten moralischen Reaktionen zustande kamen. Das Gewissen ist ja bei weitem nicht der einzige Fall, wo sich ein innerer Faktor autonom dem Willen des Subjektes entgegenstellt. Das tut ja jeder Komplex, von dem niemand in gesunden Sinnen behaupten kann, er sei angelernt, und niemand hätte einen «Komplex», wenn er ihm nicht eingetrichtert worden wäre. Selbst domestizierte Tiere, denen man fälschlicherweise kein Gewissen zutraut, haben Komplexe und moralische Reaktionen.

Die Autonomie des Psychischen gilt dem primitiven Menschen als der Dämonie und Magie verdächtig, was man beim Primitiven auch ganz in Ordnung findet. Bei näherem Zusehen entdeckt man dann allerdings, daß auch der antike Kulturmensch, der zum Beispiel SOKRATES war, noch sein Daimonion besaß und daß damals ein allgemeiner und natürlicher Glaube an übermenschliche Wesen bestand, die, wie wir heutzutage annehmen, Personifikationen projizierter unbewußter Inhalte darstellten. Dieser Glaube hat sich im Prinzip nicht verloren, sondern gilt auch heute noch in den verschiedensten Abarten, wie zum Beispiel in der Annahme, daß das Gewissen die Stimme Gottes sei, oder in der Tatsache, daß es als ein sehr wesentlicher seelischer Faktor gilt, und zwar je nach Temperament, nämlich insofern als es in der Regel die am meisten differenzierte Funktion begleitet (zum Beispiel intellektuelle oder Gefühlsmoral). Oder wo das Gewissen scheinbar keine Rolle spielt, erscheint es indirekt in Form von Zwangssymptomen. In allen diesen Erscheinungsweisen drückt sich die Tatsache aus, daß die moralische Reaktion einer autonomen Dynamik entspricht, welche passenderweise als Daimon, Genius, Schutzengel, «besseres Ich», Herz, innere Stimme und innerer oder höherer Mensch bezeichnet wird. Unmittelbar daneben, das heißt neben dem positiven sogenannten «richtigen» Gewissen, steht das negative, sogenannte «falsche» Gewissen und wird als Teufel, Verführer, Versucher, böser Geist usw. bezeichnet. Mit dieser Tatsache ist jedermann konfrontiert, der sich über sein Gewissen Rechenschaft gibt, und zwar muß er zugeben, daß das Maß des Guten das des Bösen bestenfalls nur um ein weniges überragt, wenn überhaupt. Es ist daher ganz in Ordnung, wenn ein Paulus sich zu seinem «Satansengel» bekennt [2. *Korintherbrief* 12,7]. Man sollte zwar die «Sünde» vermeiden und kann es auch bisweilen, verfällt aber beim nächsten Schritt schon, wie die Erfahrung zeigt, wiederum derselben. Nur Unbewußte und Kritiklose können sich einbilden, in einem dauernden Zustand des moralischen Gutseins zu verharren. Weil die meisten der Selbstkritik ermangeln, bildet andauernde Selbsttäuschung die Regel. Ein entwickelteres Bewußtsein bringt den latenten moralischen Konflikt an den Tag oder verschärft die schon bewußten Gegensätze. Grund genug, Selbsterkenntnis und Psychologie überhaupt zu scheuen und die Seele mit Geringschätzung zu behandeln!

Es gibt kaum ein anderes psychisches Phänomen, das die Polarität der Seele deutlicher ins Licht stellt als das Gewissen. Seine unzweifelhafte Dynamik kann man, wenn man überhaupt etwas davon verstehen will, nicht anders als energetisch auffassen, das heißt als ein auf Gegensätzen beruhendes Potential. Das Gewissen bringt die stets und notwendigerweise vorhandenen Gegensätze zur bewußten Wahrnehmung. Es wäre der größte Irrtum, anzunehmen, daß man sich dieser Gegensätzlichkeit je entledigen könnte, denn sie ist ein unerläßliches Strukturelement der Psyche. Auch wenn man die moralische Reaktion zum Beispiel durch Dressur aufheben könnte, so würden sich die Gegensätze einfach einer anderen als der moralischen Ausdrucksweise bedienen. Sie wären trotzdem vorhanden. Wenn die vox Dei-Auffassung des Gewissens zu Recht besteht, so ergibt sich logischerweise ein metaphysisches Dilemma: entweder besteht ein Dualismus, und Gottes Allmacht wird beschnitten, oder die Gegensätze sind im monotheistischen Gottesbild enthalten, wie zum Beispiel im Jahwebild des *Alten Testamentes,* das nebeneinander bestehende Züge moralischer Gegensätzlichkeit erkennen läßt. Dieser Figur entspricht ein einheitliches Bild der Psyche, welche dynamisch auf Gegensätzen beruht, wie PLATONS Wagenlenker mit dem weißen und dem schwarzen Pferd, oder wir müssen mit Faust bekennen: «Zwei Seelen wohnen – ach – in meiner Brust», welche kein menschlicher Wagenlenker meistert, wie Faustens Schicksal deutlich zeigt.

Die Psychologie kann zwar die Metaphysik als menschliche Aussage kritisieren, ist aber selber nicht in der Lage, solche Aussagen zu machen. Sie kann nur deren Vorhandensein als eine Art von Exklamationen feststellen, wohl wissend, daß weder die eine noch die andere Formulierung beweisbar und darum objektiv berechtigt ist, obschon sie die Legitimität des subjektiven Aussagens anerkennen muß. Derartige Aussagen sind psychische Manifestationen, die zum menschlichen Wesen gehören, und es gibt keine psychische Ganzheit ohne diese, auch wenn man ihnen nicht mehr als subjektive Gültigkeit zumessen kann. So ist auch die vox Dei-Hypothese eine subjektive Exklamation, welche in erster Linie eine Unterstreichung des numinosen Charakters der moralischen Reaktion bedeutet. Das Gewissen ist eine Manaerscheinung, das heißt eine Bekundung des «Außerordentlich Wirksamen», eine Eigenschaft, die vor allem den *archetypischen Vorstellungen* zu eigen ist. Insofern nämlich die moralische Reaktion nur scheinbar identisch mit der Suggestivwirkung des Sittenkodex ist, gehört sie in die Kategorie des *kollektiven Unbewußten* [s. Grundwerk 2], indem sie ein bis in die Tierseele hinunterreichendes archetypisches pattern of behaviour darstellt. Erfahrungsgemäß hat der Archetypus als Naturerscheinung einen moralisch ambivalenten Charakter, oder – besser gesagt – er besitzt an sich keine moralische Eigenschaft, das heißt, er ist amoralisch, wie das jahvistische Gottesbild es im Grunde genommen auch ist, und gewinnt erst durch den Erkenntnisakt moralische Eigenschaften. So ist Jahwe gerecht und ungerecht, gütig und grausam, wahrhaft und trügerisch. Dies gilt durchwegs auch vom Archetypus. Darum ist die Urform des Gewissens paradox: einen Ketzer zu verbrennen ist einerseits eine lobenswerte, fromme Handlung, wie JOHANNES HUS, als er selber auf dem Scheiterhaufen stand, mit dem Ausruf: «O sancta simplicitas!» [O heilige Einfalt] überlieferungsgemäß selber anerkannt hat, andererseits aber eine brutale Manifestation ruchloser und grausamer Rachegelüste.

Beide Formen des Gewissens, das richtige und das falsche, stammen aus derselben Quelle, und beide haben daher annähernd die gleiche Überzeugungskraft. Dies bekundet sich auch in anderer Hinsicht, zum Beispiel in den symbolischen Benennungen Christi als Luzifer, Löwe, Rabe (beziehungsweise Nyktikorax), Schlange, Sohn Gottes usw., die er mit Satan gemeinsam hat, oder in der Idee, daß der gütige Vatergott des Christentums dermaßen rachsüchtig ist, daß es der grausamen Opferung seines Sohnes bedarf, ihn mit der Menschheit auszusöhnen, oder daß dem summum bonum die Tendenz zugetraut wird, den so weit unterlegenen und hilflosen Menschen in Versuchung zu führen, um ihn dann der ewigen Verdammnis zu überantworten, wenn es ihm nicht beizeiten gelungen ist, die göttliche Falle zu wittern. Angesicht dieser für das religiöse Gefühl unerträglichen Paradoxien möchte ich daher vorschlagen, die vox Dei-Auffassung auf die uns erreichbare und verständliche Hypothese des Archetypus zu reduzieren. Der Archetypus ist ein von jeher vorhandenes pattern of bahaviour, das als biologisches Phänomen moralisch indifferent ist, aber eine erhebliche Dynamik besitzt, mittels welcher er das menschliche Verhalten aufs tiefste beeinflussen kann.

Der Begriff des Archetypus ist so oft mißverstanden worden, daß man ihn beinahe nicht erwähnen kann, ohne ihn jedesmal wieder aufs neue erklären zu müssen. Er wird aus der vielfach wiederholten Beobachtung, daß zum Beispiel die Mythen und Märchen der Weltliteratur bestimmte, immer und überall wieder behandelte *Motive* enthalten, abgeleitet. Diesen selben Motiven begegnen wir in Phantasien, Träumen, Delirien und Wahnideen heutiger Individuen. Diese typischen Bilder und Zusammenhänge werden als archetypische Vorstellungen bezeichnet. Sie haben, je deutlicher sie sind, die Eigenschaft, von besonders lebhaften Gefühlstönen begleitet zu sein. Die Betonung verleiht ihnen eine besondere Dynamik im Rahmen des psychischen Lebens. Sie sind eindrucksvoll, einflußreich und faszinieren. Sie gehen hervor aus dem an sich unanschaulichen Archetypus, einer unbewußten Vorform, die zur vererbten Struktur der Psyche zu gehören scheint und sich infolgedessen überall auch als spontane Erscheinung manifestieren kann. Der Archetypus liegt seiner Instinktnatur gemäß den gefühlsbetonten Komplexen zugrunde und nimmt teil an deren relativer Autonomie. Der Archetypus ist auch die psychische Voraussetzung religiöser Aussagen und bedingt den Anthropomorphismus der Gottesbilder. Damit kann aber kein metaphysisches Urteil – weder positiv noch negativ – begründet werden.

Mit dieser Auffassung bleiben wir im Rahmen des menschlich Erfahr- und Wißbaren, wobei die vox Dei-Ansicht nicht mehr bedeuten will als die dem Archetypus eignende amplifikatorische Tendenz, nämlich die für numinose Erfahrungen charakteristischen mythischen Aussagen, welche dieses Geschehen sowohl ausdrücken wie auch begründen. Mit dieser Reduktion auf empirisch Faßbares wird dessen Transzendenz nicht präjudiziert. Wenn zum Beispiel jemand vom Blitz erschlagen wird, so glaubt der antike Mensch, daß Zeus einen Donnerkeil auf ihn gezielt habe. An Stelle dieser mythischen Dramatisierung begnügen wir uns mit der bescheideneren Erklärung, daß ein plötzlicher Ausgleich elektrischer Spannungen zufälligerweise gerade dort stattfand, wo dieser Unglückliche unter einem Baum stand. Die schwache Stelle dieses Arguments ist natürlich der sogenannte Zufall, worüber einiges zu sagen wäre. Auf primitiver Stufe nämlich gibt es keine Zufälle solcher Art, sondern nur Absichten.

Die Zurückführung des Gewissensaktes auf eine Kollision mit dem Archetypus ist einerseits zwar eine in Bausch und Bogen vertretbare Erklärung; aber wir müssen andererseits zugeben, daß der *psychoide Archetypus,* das heißt sein nicht anschauliches und unbewußtes Wesen, nicht etwa nur ein Postulat ist, sondern es kommen ihm auch Eigenschaften parapsychologischer Natur zu, die ich unter dem Terminus *Synchronizität* [s. Grundwerk 2] zusammengefaßt habe. Damit weise ich auf die Tatsache hin, daß in Fällen von Telepathie, Präkognition und ähnlichen unerklärlichen Phänomenen überaus häufig auch eine archetypische Situation zu beobachten ist. Dies dürfte mit der kollektiven Natur des Archetypus zusammenhängen, indes das *kollektive Unbewußte* im Gegensatz zum persönlichen Unbewußten überall, das heißt in allen Menschen, eines und dasselbe ist, so gut wie alle anderen biologischen Grundfunktionen oder wie alle Instinkte innerhalb derselben Art. Abgesehen von der subtileren Synchronizität läßt sich gerade bei den Instinkten, zum Beispiel beim Wandertrieb, ein ausgesprochener Synchronismus beobachten. Da nun die mit der unbewußten Psyche verbundenen parapsychologischen Phänomene die Eigentümlichkeit aufweisen, daß sie die Kategorien von Zeit und Raum relativieren, kommt dem kollektiven Unbewußten eine nicht räumliche und zeitliche Eigenschaft zu. Infolgedessen besteht eine gewisse Wahrscheinlichkeit, daß eine archetypische Situation von einem synchronistischen Phänomen begleitet ist, wie zum Beispiel der Tod, in dessen Umkreis relativ häufig dergleichen Erscheinungen stattfinden.

Wie für alle archetypischen Erscheinungen kommt der Faktor der Synchronizität auch für das Gewissen in Betracht; obschon sich zwar die Stimme des wirklichen Gewissens (und nicht bloß die Erinnerung an den Sittenkodex) im Moment einer archetypischen Konstellation erhebt, so ist es doch keineswegs sicher, daß der Grund dazu immer eine subjektive moralische Reaktion ist. Es kann nämlich der Fall eintreten, daß jemand ein ausgesprochen schlechtes Gewissen empfindet, obgleich kein Anlaß dazu nachweisbar wäre. Selbstverständlich gibt es soundso viele Fälle, die sich aus Nichtwissen und Selbsttäuschung erklären, was aber nicht hindert, daß gelegentlich ein Fall vorkommt, wo sich das Phänomen des bösen Gewissens auch dann ereignet, wenn man mit einem Unbekannten spricht, der allen Anlaß hätte, ein böses Gewissen zu haben, sich dessen aber unbewußt ist. Gleiches gilt von der Angst und anderen Emotionen, welche auf einer Kollision mit dem Archetypus beruhen. Wenn man sich nämlich mit jemandem unterhält, der «konstellierte», das heißt aktivierte unbewußte Inhalte hat, so entsteht im eigenen Unbewußten eine parallele Konstellation, das heißt, der gleiche oder ein ähnlicher Archetypus wird belebt, und da man weniger unbewußt als der andere ist und keinen Anlaß zur Verdrängung hat, wird einem wenigstens der Gefühlston in der Form einer allmählich aufsteigenden Gewissensangst bewußt. Man ist natürlich geneigt, sich selber diese moralische Reaktion zuzuschreiben, was um so leichter möglich ist, als eigentlich niemand Anlaß zu einem durchwegs guten Gewissen hat. Im gegebenen Fall geht aber die an sich lobenswerte Selbstkritik zu weit. Man entdeckt nämlich, daß das schlechte Gewissen, sobald die Unterredung zu Ende ist, in ebenso unerklärlicher Weise wieder verschwindet, wie es gekommen ist, und nach einiger Zeit kommt es dann an den Tag, daß es der andere ist, der seines bösen Gewissens bewußt sein sollte. Als Beispiel schweben uns Fälle vor, wie sie unter anderen ZSCHOKKE in seiner *«Selbstschau»* beschreibt: Der Autor kehrte in Brugg in einer Wirtschaft ein, wo er sein Mittagsmahl einnahm. Ihm gegenüber saß ein junger Mann. Plötzlich sah ZSCHOKKE vor seinem inneren Auge sein Vis-à-vis vor einem Pult stehen und dieses aufbrechen. Er bemächtigte sich des darin befindlichen Geldes. ZSCHOKKE wußte sogar den genauen Betrag und war seiner Sache so sicher, daß er den jungen Mann direkt zur Rede stellte. Dieser war von der Kenntnis ZSCHOKKES dermaßen verblüfft, daß er auf der Stelle gestand.

Diese spontane Rekonstruktion eines unbekannten Tatbestandes kann sich in einem entsprechenden nächtlichen Traum ausdrücken oder ein bewußtes, unangenehmes, jedoch unformuliertes Gefühl verursachen oder Anlaß zum Erraten des Tatbestandes geben, ohne daß man weiß, auf wen er sich bezieht. Der psychoide Archetypus hat nämlich die Tendenz, sich so zu verhalten, wie wenn er nicht in einer Person lokalisiert, sondern auch in der näheren oder weiteren Umgebung wirksam wäre. Die Übermittlung des Tatbestandes beruht in den meisten Fällen auf der subliminalen Wahrnehmung kleinster Anzeichen des Affektes. In dieser Hinsicht zeichnen sich Tiere und Primitive in besonderem Maße durch Feinfühligkeit aus. Diese Erklärung genügt dagegen nicht in Fällen parapsychologischer Art.

Erfahrungen dieser Art macht hauptsächlich der Psychotherapeut oder jemand, der häufig in die Lage kommt, mit Personen, zu denen er keine persönlichen Beziehungen hat, über deren intime Angelegenheiten – womöglich professionell – zu sprechen. Man darf also aus dem Gesagten ja nicht den Schluß ziehen, daß jede subjektive und unbegründet erscheinende Gewissensangst etwa durch den Gesprächspartner verursacht sei. Ein derartiger Schluß rechtfertigt sich nur dort, wo sich die stets vorhandene eigene Schuldkomponente nach reiflicher Überlegung als zur Erklärung der Reaktion inadäquat erweist. Die Unterscheidung ist oft eine delikate Angelegenheit, weil – wie im Fall der Therapie – ethische Werte sowohl auf dieser wie auf der anderen Seite nicht verletzt werden dürfen, soll das Resultat der Behandlung nicht in Frage gestellt werden. Doch was für den therapeutischen Prozeß gilt und sich in diesem ereignet, ist nur ein Spezialfall der menschlichen Beziehung überhaupt. Sobald nämlich das Gespräch zweier Personen auf Fundamentales, Wesentliches und Numinoses stößt und ein gewisser Einklang spürbar wird, entsteht das von LÉVY-BRUHL mit Recht so bezeichnete Phänomen der «participation mystique», einer unbewußten Identität, in welcher sich die beiden individuellen psychischen Sphären gegenseitig durchdringen bis zu solchem Grade, daß es unmöglich wird zu entscheiden, was zu wem gehört. Handelt es sich dabei um ein Gewissensproblem, so ist die Schuld des einen die Schuld des anderen, und es besteht zunächst keine Möglichkeit, diese Gefühlsidentität aufzulösen. Dazu bedarf es schon eines besonderen Reflexionsaktes. Ich bin auf dieses Phänomen etwas ausführlicher eingegangen, weil ich zeigen wollte, daß mit dem Begriff des Archetypus nichts Endgültiges gemeint ist und daß es darum verkehrt wäre anzunehmen, daß das Wesen des Gewissens auf «nichts als» den Archetypus reduziert würde. Die psychoide Natur des letzteren enthält sehr viel mehr als das, was man in eine psychologische Erklärung einbeziehen könnte. Sie weist auf die Sphäre des unus mundus [der einen Welt] hin, zu welcher sich die Psychologie einerseits und die Atomphysik andererseits ihre getrennten Wege bahnen, wobei sie unabhängig voneinander gewisse analoge Hilfsbegriffe erzeugen. Wenn schon der Erkenntnisprozeß auf seiner ersten Stufe unterscheidet und zertrennt, so wird er doch auf der zweiten Stufe das Getrennte wieder vereinigen, und darum wird eine Erklärung nur dann befriedigend sein, wenn ihr eine Synthese gelingt.

Aus dem letztgenannten Grund habe ich mich nicht ausschließlich auf die psychologische Natur des Gewissens beschränken können, sondern mußte auch den theologischen Aspekt des Phänomens in meine Betrachtung einbeziehen. Dieser nämlich setzt nicht voraus, daß der Gewissensakt eo ipso ein Gegenstand sei, der sich durch eine rationale Psychologie erschöpfend behandeln ließe, sondern er stellt die Aussage des Gewissens selber, nämlich daß es eine vox Dei sei, an erste Stelle. Eine solche Auffassung ist also keineswegs eine Erklügelung des Verstandes, sondern vielmehr eine primäre Aussage des Phänomens selber: es ist ein numinoser Imperativ, dem von jeher eine höhere Autorität zukommt als dem menschlichen Verstand. Das Daimonion des SOKRATES ist nicht die empirische Person des SOKRATES. Das Gewissen selber, wenn objektiv betrachtet, das heißt ohne rationale Voraussetzungen, benimmt sich in bezug auf Anspruch und Autorität wie ein Gott und sagt damit aus, daß es eine vox Dei sei. Diese Aussage kann eine objektive Psychologie, die auch das Irrationale einbeziehen muß, nicht umgehen. Sie ist damit in keinerlei Weise auf die ohnehin unbeantwortbare Wahrheitsfrage festgelegt. Aus erkenntnistheoretischen Gründen ist diese Frage schon längst obsolet geworden. Menschliche Erkenntnis muß ihre Genüge finden an der Herstellung von Modellen, die der Wahrscheinlichkeit entsprechen. Mehr wäre gedankenlose Vermessenheit. Wie Erkenntnis kein Glauben ist, so ist auch Glauben keine Erkenntnis. Wir reden hier von diskutablen Dingen, das heißt von Erkenntnis, nicht aber von indiskutablem Glauben, der die kritische Diskussion von vorneherein abschneidet. Das oft verwendete Paradoxon «Erkenntnis durch Glauben» versucht vergeblich, den Abgrund, der die beiden trennt, zu überbrücken.

Wenn daher die psychologische Erklärung das echte Gewissen als eine Kollision des Bewußtseins mit dem numinosen Archetypus versteht und sich mit dieser Formulierung begnügt, so mag sie damit recht haben. Sie muß aber sofort beifügen, daß der Archetypus an sich, das heißt sein psychoides Wesen, ihr nicht erfaßbar ist, mit anderen Worten, eine Transzendenz besitzt, die dieser mit der unbekannten Substanz der Psyche überhaupt gemein hat. Die mythische Aussage des Gewissens, daß es eine vox Dei sei, gehört unabdingbar zu seinem Wesen als Begründung seines Numens. Sie ist ebensosehr ein Phänomen wie das Gewissen selber.

Zusammenfassend möchte ich sagen, daß das Gewissen einer psychischen Reaktion entspricht, welche man darum als moralisch bezeichnen kann, weil sie immer dort in Erscheinung tritt, wo das Bewußtsein die

Bahn des Gebräuchlichen, der Sitte (der mores), verläßt oder daran erinnert. Daher bedeutet das Gewissen auch in erster Linie und in weitaus den meisten individuellen Fällen die Reaktion auf ein wirkliches oder nur vermutliches Abweichen vom Sittenkodex und entspricht größtenteils der primitiven Scheu vor dem Ungewohnten, Ungebräuchlichen und deshalb nicht «Sittlichen». Da dieses Verhalten sozusagen instinktiv und bestenfalls nur zum Teil reflektiert ist, so ist es zwar moralisch, kann aber keinen Anspruch darauf erheben, als ethisch zu gelten. Diese Qualifikation verdient es erst, wenn es reflektiert, das heißt einer bewußten Auseinandersetzung unterzogen wird. Dies ist nur dann möglich, wenn sich ein prinzipieller Zweifel zwischen zwei möglichen moralischen Verhaltensweisen, also in einer Pflichtenkollision, erhebt. Eine derartige Situation kann nämlich nur dadurch gelöst werden, daß eine bis dahin unreflektierte moralische Reaktion zugunsten einer anderen unterdrückt wird. In diesem Falle wird der Sittenkodex vergeblich angerufen, und der urteilende Verstand gerät in die Situation von Buridans Esel zwischen den zwei Heubündeln. Hier kann nur die *schöpferische Kraft des Ethos,* welches den ganzen Menschen ausdrückt, die endgültige Entscheidung fällen. Wie alle schöpferischen Fähigkeiten des Menschen, so fließt auch das Ethos empirisch aus zwei Quellen, aus dem rationalen Bewußtsein einerseits und dem irrationalen Unbewußten andererseits. Das Ethos ist ein besonderer Fall dessen, was wir als «transzendente Funktion» bezeichnen, nämlich eine Auseinandersetzung und Kooperation bewußter und unbewußter Faktoren, in religiöser Sprache ausgedrückt: der *Vernunft* und der *Gnade.*

Es ist nicht die Aufgabe des psychologischen Verständnisses, den Begriff des Gewissens zu erweitern oder zu verengern. «Gewissen» bedeutet im allgemeinen Sprachgebrauch die Gewißheit des Vorhandenseins eines Faktors, welcher im Fall des «guten Gewissens» einen Entschluß oder eine Tat als der Sitte gemäß bestätigt und im umgekehrten Fall als «unsittlich» verurteilt. Diese sich von «mores» (Sitten, Gebräuche) herleitende Auffassung kann daher als «moralische» bezeichnet werden. Von ihr unterscheidet sich die ethische Form des Gewissens, welche dort in Erscheinung tritt, wo zwei als moralisch bestätigte und daher als «Pflichten» aufgefaßte Entschlüsse oder Handlungsweisen miteinander kollidieren. In diesem von der Sitte nicht vorhergesehenen Fall, der meist sehr individuell ist, wird ein Urteil benötigt, das in der Tat nicht mehr als moralisch, das heißt als sittengemäß, bezeichnet werden kann. Der Entschluß hat in diesem Fall über keine Sitte zu verfügen, an die er sich anlehnen könnte. Der entscheidende Faktor des Gewissens ist hier ein anderer, wie es scheint: Er geht nicht aus dem traditionellen Sittenkodex hervor, sondern aus der unbewußten Grundlage der Persönlichkeit oder Individualität. Der Entschluß wird aus den dunklen Wassern der Tiefe geschöpft. Gewiß werden solche Pflichtenkollisionen sehr häufig und bequemerweise durch eine sittengemäße Entscheidung, das heißt durch Unterdrückung des Gegensatzes, gelöst, aber nicht immer. Wenn nämlich genügend Gewissenhaftigkeit vorhanden ist, wird der Konflikt ausgetragen, und es entsteht eine schöpferische Lösung, die durch den konstellierten Archetypus herbeigeführt wird und jene zwingende Autorität besitzt, welche nicht zu Unrecht als «vox Dei» charakterisiert wird. Die Art der Lösung entspricht den tiefsten Grundlagen der Persönlichkeit sowohl wie deren Ganzheit, die Bewußtes und Unbewußtes umfaßt und sich darum dem Ich als überlegen erweist.

Der Begriff und die Erscheinung des Gewissens enthalten also, wenn aus psychologischer Sicht betrachtet, zwei verschiedene Tatbestände: einerseits die Erinnerung an und die Ermahnung durch die Sitte und andererseits die Pflichtenkollision und ihre Lösung durch die Schöpfung eines dritten Standpunktes. Jener ist der moralische und dieser der ethische Aspekt des Gewissensaktes.

Gut und Böse in der analytischen Psychologie

Ich spreche Herrn Professor SEIFERT meinen herzlichen Dank aus für das, was er uns zum Problem des Schattens in so umfassender Weise gesagt hat. Wenn ich nach Ihrem Wunsch dem doch etwas hinzufügen soll, so sei dies über den rein *empirischen* Aspekt von Gut und Böse, so, wie der Therapeut konkret mit ihm zu tun hat.

Ich muß gestehen, daß ich immer wieder vor Schwierigkeiten stehe, wenn ich mit Philosophen oder Theologen über dieses Thema spreche. Mir kommt es vor, als ob diese nicht vom Gegenstand, von der Sache reden, sondern nur von Worten, von Begriffen, die die Sache selbst meinen oder andeuten. Wir lassen uns so leicht verblenden durch die Wörter, die ganze Wirklichkeit ersetzen wir durch Wörter. Man redet zu mir über das Böse oder über das Gute und setzt voraus, ich wüßte, was das sei. Ich aber weiß es nicht. Wenn man vom Guten oder Bösen spricht, so ist es von dem, was ein Mensch gut oder böse nennt, was *er* als gut oder böse empfindet. Er spricht dann mit großer Sicherheit darüber, ohne zu wissen, ob das wirklich so ist und ob das, was er gut oder böse nennt, sich mit der Sache auch wirklich deckt. Vielleicht stimmt das Weltbild des Sprechenden mit den wirklichen Tatbeständen gar nicht überein, ist das Objektive durch ein inneres, subjektives Bild ersetzt.

Wenn man sich über eine so komplexe Frage wie Gut und Böse verständigen will, so müssen wir von folgendem ausgehen: Gut und Böse sind an sich *Prinzipien,* und wir müssen bedenken, daß ein Prinzip lange vor uns ist und weit über uns hinausreicht. – Spricht man vom Guten und Bösen, so spricht man konkret von einem Tatbestand, dessen tiefste Qualität wir in Wirklichkeit nicht kennen. Ob etwas als böse oder schuldhaft erlebt wird, ist zudem vom subjektiven Urteil abhängig, ebenso wie auch das Maß und die Schwere der Schuld.

Sie kennen wohl jene witzige Geschichte von dem Beichtvater in Texas, zu dem ein junger Mann mit furchtbar langem Gesicht kommt.

«What's the matter?» (Was ist los?) – «Something terrible happened» (Etwas Schreckliches ist passiert). – «But what happened?» (Was denn?) – «Murder» (Ich hab' gemordet). – «How many?» (Wie viele?) – Das zeigt, wie verschieden die beiden den gleichen Tatbestand empfinden, die gleiche Wirklichkeit. Einen bestimmten Tatbestand nenne ich böse, oft ohne die Sicherheit zu haben, daß er auch in Wirklichkeit böse ist. Gewisse Dinge erscheinen mir böse, ohne es aber in Wirklichkeit zu sein. – Ich bin schon oft in die Lage gekommen, daß ich einen Patienten entließ und mir hätte die Haare ausreißen mögen, weil ich meinte, ihm unrecht getan zu haben. Vielleicht war ich zu brutal oder habe ihm nicht das Richtige gesagt. Dann kommt er das nächste Mal und sagt mir: «Das war eine wunderbare Stunde. Gerade das war es, was ich hören mußte.» Auch das Umgekehrte kann passieren. Ich denke, daß es eine ausgezeichnete Stunde gewesen sei, eine sehr geglückte Traumdeutung zum Beispiel – und es erweist sich als das Falsche.

Woher haben wir denn diesen Glauben, diese scheinbare Sicherheit, daß wir das Gute und Böse wüßten? «Eritis sicut Deus, scientes bonum et malum» [Ihr werdet sein wie Gott und wissen, was gut und böse ist] [1]. Nur die Götter wissen es, wir nicht. Das ist auch psychologisch gesehen außerordentlich wahr. Wenn Sie sich so einstellen: «Das kann ganz schlimm sein – oder auch nicht», dann haben Sie eine Chance, das Richtige zu tun. Wenn Sie es aber schon von vornherein wissen, dann benehmen Sie sich, als ob Sie ein Gott wären. Wir sind aber alle nur beschränkte Menschen und wissen konkret gesehen im Grunde nicht, was in diesem Falle gut und was böse ist. Wir wissen es nur abstrakt. Eine konkrete Situation restlos zu durchschauen, ist Sache des lieben Gottes. Wir können uns wohl eine Meinung darüber bilden, ohne zu wissen, ob sie letztlich gültig ist. Wir können höchstens vorsichtig sagen: nach dem und dem Maßstab ist das und das gut oder böse. Etwas, was inmitten unseres Volkes als böse erscheint, kann bei einem anderen Volk als gut betrachtet werden. Diese Relativität der Wertung gilt auch auf dem Gebiet des Ästhetischen: ein modernes Kunstwerk ist dem einen ein Höchstwert, für den er eine große Summe auszulegen bereit ist, der andere aber kann damit gar nichts anfangen.

Trotzdem können wir das Urteilen nicht einfach unterlassen. Wenn wir etwas, was uns schlecht erscheint, gut nennen, so ist der Effekt eine Lüge. Wenn ich einem Menschen sage: «Was Sie geschrieben haben, ist ein Meisterwerk», dabei aber denke, es tauge nichts, so ist das eine Lüge. Vielleicht wirkt sie auf diesen Menschen im Augenblick sogar positiv, und er fühlt sich geschmeichelt. Wirklich aufbauend aber wirkt im Grunde nur, wenn ich einem Menschen das Beste gebe, nämlich eine positive Anerkennung, die aus Überzeugung stammt und dazu im richtigen Moment gegeben wird. Wenn wir emphatische Urteile fällen, so sind wir in einer emotionalen Verfassung, in der wir am allerwenigsten gültige Maßstäbe anlegen können.

Meine Einstellung diesem Problem gegenüber ist empirisch, nicht theoretisch oder aprioristisch. Wenn der Patient zum Therapeuten kommt, so hat er einen Konflikt, und es handelt sich darum, diese Konfliktsituation, die oft unbewußt ist, aufzudecken, vor allem aber, einen Weg aus dem Konflikt zu finden. Da ist wohl nichts anderes möglich, als daß ich vorsichtig mir sage: wir wissen nicht genau, was da gespielt wird. Es scheint so oder so zu sein – aber kann man nicht dem Tatbestand mit Recht auch eine andere Deutung geben? Die Sache erscheint einem vielleicht zunächst negativ zu sein, aber dann sieht man, daß schicksalsmäßig gerade dies dem Patienten zustoßen mußte. So sage ich höchstens: Ich hoffe zu Gott, daß ich jetzt das Richtige tue. Vielleicht handelt es sich um eine affektiv exzessive Situation, wie ALBERTUS MAGNUS sagt: «in excessu affectus.» Wenn wir aufpassen, merken wir, daß das Gute und das Böse principia sind. «Prinzip» kommt von «prius», das was «früher», was «am Anfang» ist. Das allerletzte denkbare principium ist Gott. «Principia», aufs Letzte zurückgeführt, sind Gottesaspekte. Gut und Böse sind principia unseres ethischen *Urteils,* aber auf die letzte *ontische* Wurzel zurückgeführt, sind es «Anfänge», Aspekte Gottes, Gottesnamen. Wenn ich in excessu affectus, in einer emotional exzessiven Situation, mit einem paradoxen Tatbestand oder Geschehen zusammenstoße, dann stoße ich letztlich mit einem Gottesaspekt zusammen, den ich nicht logisch beurteilen und bewältigen kann, weil er stärker ist als ich, das heißt weil er numinosen Charakter hat und ich damit dem tremendum und fascinosum begegne. Ich kann ein numinosum nicht «bewältigen», sondern nur ihm gegenüber geöffnet sein, mich überwältigen zu lassen, im Vertrauen auf seinen Sinn. Das Prinzip ist immer ein Übergeordnetes, das mächtiger ist als ich. Selbst letzte physikalische Prinzipien kann ich nicht «bewältigen», sie stehen in ihrer reinen Gegebenheit vielmehr einfach vor mir, über mir, sie «gelten». Da ist etwas Unüberwindliches am Werk.

Wenn ich in excessu affectus sage: «Das ist ein schlechter Wein» oder: «Dieser Kerl ist ein gemeiner Hund», so werde ich schwerlich wissen, ob solche Urteile gültig sind. Ein anderer kann ein ganz anderes Urteil über denselben Wein und denselben Menschen fällen. Wir kennen nur die Oberfläche der Dinge, wir wissen nur, wie sie uns erscheinen – und da muß man sehr bescheiden werden. Ich habe oft erfahren, daß ich eine – wie mir schien – absolut schädliche Tendenz eines Patienten aus der Welt schaffen wollte, und in einem tieferen Sinne war es eben gerade richtig, daß er ihr folgte. Ich will zum Beispiel einen Menschen davor bewahren, daß er in eine Todesgefahr hineinläuft. Wenn mir das gelingt, so denke ich, das sei eine therapeutische Leistung gewesen. Nachher aber sehe ich – wenn er meinem Rat nicht folgte –, daß es eben richtig war, daß er in diese Gefahr geriet. Da tauchte die Frage auf: Mußte er nicht in die Todesgefahr hinein? Wenn er sich nicht gewagt, sein Leben nicht riskiert hätte, wäre er vielleicht um eine für ihn allerwichtigste Erfahrung ärmer. Er hätte nie sein Leben eingesetzt und es deshalb nie gewonnen.

Auch in der Frage des Guten und Bösen kann man als Therapeut immer nur hoffen, man sehe die Dinge richtig, darf aber nie allzu sicher sein. Als Therapeut kann ich das Problem des Guten und Bösen im konkreten Fall nicht theologisch oder philosophisch angehen, sondern nur empirisch damit umgehen. Wenn ich empirisch eingestellt bin, so heißt das aber nicht, daß ich Gut und Böse *an sich* relativiere. Ich sehe genau: das ist böse – aber das Paradoxe ist ja, daß es bei diesem Menschen, in dieser konkreten Situation, auf dieser bestimmten Stufe seines Reifungsweges gerade gut sein kann. Andererseits gilt: das Gute im falschen Moment, an unrichtiger Stelle, wird das Verkehrteste. Wäre es nicht so, so wäre alles so einfach – zu einfach. Wenn ich nicht a priori urteile, sondern auf diese konkrete Gegebenheit hinhorche, dann weiß ich nicht schon von vornherein, was nun für den Patienten gut oder böse ist. Viele Dinge sind zwar vorhanden, aber wir durchschauen sie und ihren Sinn noch nicht, sie erscheinen uns «in umbra», verschleiert und in Dunkel gehüllt, und erst in einem späteren Zeitpunkt fällt Licht auf das noch Verhüllte. Was im *Alten Testament* «in umbra» erscheint, enthüllt sich im *Neuen Tesament* im Lichte der Wahrheit.

So ist es auch psychologisch. Es ist eine Anmaßung von uns, zu meinen, wir könnten immer sagen, was für den Patienten gut oder böse ist.

Vielleicht ist etwas für ihn wirklich böse, und er tut es trotzdem und erlebt dafür das entsprechende schlechte Gewissen. Das kann – therapeutisch gesehen, also empirisch – für den betreffenden Menschen sehr gut sein. Er *muß* vielleicht das Böse und seine Macht erleben und erdulden, weil er nur so sein Pharisäertum anderen Menschen gegenüber endlich aufgeben kann. Vielleicht muß ihn – nennen Sie es wie immer – das Schicksal oder das Unbewußte oder Gott ganz gehörig auf die Nase und in den Dreck fallen lassen, weil nur ein massives Erleben «anschlägt» und ihn aus seinem Infantilismus ein Stück weit herausreißt und reifer macht. Wie soll ein Mensch erfahren, wie nötig er eine Erlösung hat, wenn er selbstsicher meint, er brauche von nichts erlöst zu werden? Ein Mensch sieht seinen Schatten, seine schiefe Ebene, aber er wendet den Blick davon ab, flieht, konfrontiert sich nicht, setzt sich nicht damit auseinander, wagt nichts – und rühmt sich dann vor Gott, vor sich, vor den Menschen seines weiß und unbefleckt gebliebenen Kleides, das er in Wahrheit seiner Feigheit, seiner Regression, seinem Angelismus und Perfektionismus verdankt. Und statt sich zu schämen, steht er vorn im Tempel und sagt: «Ich danke dir, daß ich nicht bin wie diese da...»[2]

Ein solcher Mensch meint, er sei gerechtfertigt, weil er weiß, was Unrecht ist, und es meidet. Aber damit ist es auch nie Inhalt seines konkreten Lebens geworden, und er weiß nicht, wovon er erlöst werden sollte. Auch das apokryphe Wort: «Mensch, wenn du weißt, was du tust, bist du selig, wenn du es aber nicht weißt, bist du verflucht»[3], ist nur eine halbe Chance. Ein Mensch, der weiß, was er tut, wenn er Böses tut, hat zwar eine Chance zur Seligkeit, aber zunächst ist er in der Hölle. Denn das Böse, wenn man es tut, auch wenn man es wissend tut, *ist* das Böse und wirkt so. Aber wenn der Mensch diesen Weg nicht gegangen wäre, diesen Schritt nicht getan hätte, so wäre es vielleicht eine seelische Regression, ein Zurückschreiten in der inneren Entwicklung, eine infantile Feigheit gewesen. Wer meint, durch die Anwendung des apokryphen Wortes, durch das «wissende Tun», sich vor der Sünde zu bewahren oder sich zu erlösen, irrt, er hat sich vielmehr in die Sünde getaucht. Aber das ist so paradox, daß es für das gewöhnliche Gefühl furchtbar schockierend ist. Die Kirche aber weiß davon, wenn sie (in der Liturgie der Osternacht) von der «felix culpa» [glücklichen Schuld] der Ureltern spricht. Wenn sie nicht in die Sünde gekommen wären, dann gäbe es nicht die felix culpa, die das noch größere Wunder der Erlösung nach sich zog.

Nichtsdestoweniger bleibt das Böse böse. Da gibt es einfach gar nichts anderes, als daß man sich an solch einen paradoxen Gedanken gewöhnt.

Ohne es zu wollen, sind wir als Menschen in Situationen gestellt, wo uns die «principia» in irgendetwas verwickeln, in Situationen, in denen Er es mir überläßt, wie ich mich daraus herausziehe. Manchmal zeigt sich ein klarer Weg mit Seiner Hilfe, aber wenn es wirklich drauf und dran kommt, hat man das Gefühl, man sei von allen guten Geistern verlassen. In kritischen Situationen fehlt dem Helden immer seine Waffe, in einem solchen Moment sind wir, wie vor dem Tod, konfrontiert mit der Nacktheit dieser Tatsache. Und man weiß nicht, wie man dazu gekommen ist. Tausend Schicksalsverknüpfungen führen einen plötzlich in eine solche Lage. Das ist symbolisch dargestellt im Kampf von Jakob mit dem Engel. Da kann der Mensch gar nicht anders, als sich zu stellen. Es ist die Situation, wo er herausgefordert ist, *als Ganzer* zu reagieren. Nun kann es auch sein, daß er sich nicht mehr an die Paragraphen eines vorgegebenen Moralgesetzes halten kann. Damit fängt vielleicht seine allerpersönlichste Ethik an: in der ernsten Konfrontation mit dem Absoluten, im Einschlagen eines Weges, den die landläufigen Moralparagraphen und die Hüter des Gesetzes verurteilen. Und doch spürt der Mensch, daß er vielleicht nie seinem innersten Wesen und Ruf und damit dem Absoluten treuer gewesen ist, weil nur er und der Allwissende die konkrete Situation gleichsam von innen her sehen, die Beurteiler und Verurteiler aber nur von außen.

Da gibt es die berühmte Geschichte von dem Sohn, der majorenn wurde. Der Vater sagte ihm: «Jetzt bist du zwanzig. Die gewöhnlichen Leute halten sich an die Bibel und das, was der Pfarrer sagt. Und für die Intelligenteren ist das Strafgesetzbuch da.» Mit anderen Worten: du stehst inmitten der «offiziellen» religiösen und zivilen Moralität. Wo nun das eigene Gewissen damit zusammenstößt, da beginnt die persönlichste, ethische Entscheidung, im Bewußtsein der schöpferischen Freiheit, das moralische Gesetz zu beachten oder nicht. Ich kann zum Beispiel in eine Lage kommen, wo ich – um das Arztgeheimnis zu wahren – lügen muß. Es wäre Eitelkeit, davor zurückzuschrecken mit der Ausrede, daß man ein «moralischer» Mensch sei. Zum Teufel mit solchem Selbstrespekt!

Ich sage dies alles, um meine praktische Haltung zu verdeutlichen. Ich sehe meine Aufgabe nicht darin, mich damit philosophisch auseinanderzusetzen. Für mich sind das praktische Dinge. Gewiß interessiert mich auch schon einmal der philosophische Aspekt, aber damit lockt man keinen Hund hinterm Ofen hervor. Die Wirklichkeit von Gut und Böse besteht in Dingen, Situationen, die einen anfallen, die einem über den Kopf hinauswachsen, wo man in einer Lage ist wie in conspectu mortis, wo es auf Leben und Tod geht. Was in dieser Stärke und Intensität auf mich zukommt, das erlebe ich als etwas Numinoses, mag ich es dann als das Göttliche, das Teuflische oder als das Schicksalhafte bezeichnen. Etwas Stärkeres, Unüberwindliches ist da am Werk, mit ihm sind wir konfrontiert. Die Schwierigkeit ist die: wir sind gewohnt, diese Probleme auszudenken, bis alles so klar ist, wie «zweimal zwei ist vier». In praxi geht das aber nicht, wir kommen nicht zu einer prinzipiellen Lösung, wie wir es immer machen sollen. Dies zu wollen ist falsch. Es ist wie bei den Naturgesetzen, von denen wir auch meinen, sie gälten überall. Die herkömmliche Moral ist genau wie die klassische Physik: eine statistische Wahrheit und Weisheit. Der heutige Physiker weiß zwar, daß die Kausalität eine statistische Wahrheit ist. Aber im praktischen Fall wird er doch immer nach dem für diesen Fall gültigen Gesetz fragen. Ähnlich ist es auf dem Gebiet der Sittlichkeit. Man darf sich nicht verleiten lassen zu denken, man habe etwas absolut Gültiges gesagt, wenn man im praktischen Fall urteilt: das ist böse, das ist gut. Gewiß müssen wir oft ein Urteil fällen, kommen wir nicht daran vorbei. Vielleicht sagen wir dabei sogar die Wahrheit, treffen ins Schwarze. Unser Urteil aber für schlechthin gültig zu halten, wäre unsinnig, hieße sein wollen wie Gott. Selbst jener, der eine Handlung begeht, durchschaut oft nicht deren innerste moralische Qualität, die Summe der bewußten und unbewußten Motive, die der Tat zugrunde liegen, erst recht nicht derjenige, der die Handlung eines anderen beurteilt, ihn aber nur von außen, nach seinem Schein, wahrnimmt, nicht in seinem tiefsten Sein. KANT forderte mit Recht, der einzelne und die Gemeinschaft müßten von einer reinen «Tat-Ethik» zu einer «Gesinnungs-Ethik» fortschreiten. Im letzten und tiefsten die Gesinnung, die hinter einer Tat steht, ganz durchschauen, das kann nur Gott. Deswegen wird unser Urteil, was in concreto gut oder böse ist, sehr vorsichtig und hypothetisch sein müssen, nicht so apodiktisch, als ob wir alle letzten Hintergründe durchschauen könnten. Die moralischen Auffassungen liegen oft so weit auseinander wie der Geschmack bezüglich der Leckerbissen bei den Eskimos und bei uns.

Man kann mir vorhalten, mein Standpunkt sei extrem empirisch, aber wir brauchen ihn, um eine Lösung zu finden. Wenn wir beobachten, wie Menschen, die mit einer ethisch zu bewertenden Situation konfrontiert sind, sich benehmen, so sehen wir dabei einen seltsamen Doppeleffekt: man sieht plötzlich beide Seiten. Diese Menschen werden nicht nur ihrer moralischen Minderwertigkeiten gewahr, sondern automatisch auch ihrer guten Seiten. Sie sagen mit Recht: «So scheußlich bin ich doch auch nicht.» Einen Menschen seinem Schatten gegenüberstellen heißt ihm auch sein Lichtes zeigen. Wenn man das einige Male erfahren hat, wenn man urteilend *zwischen* den Gegensätzen steht, dann spürt man unvermeidlich, was mit dem eigenen Selbst gemeint ist. Wer zugleich seinen Schatten und sein Licht wahrnimmt, sieht sich von zwei Seiten, und damit *kommt er in die Mitte.*

Das ist das Geheimnis der östlichen Haltung: die Betrachtung der Gegensätze lehrt den östlichen Menschen den Charakter der Maja. Sie verleiht der Wirklichkeit den Charakter der Illusion. Hinter den Gegensätzen und in den Gegensätzen ist das eigentlich Wirklichkeit, was das *Ganze* sieht und umfaßt. Der Inder nennt es den Atman. Die Selbstbesinnung läßt uns sagen: «Ich bin der, der gut und böse sagt», oder noch besser: «Ich bin der, durch den gesagt ist, es sei gut oder böse. Der in mir, der die principia spricht, bedient sich meiner als Ausdruck. Er spricht durch mich.» Dies entspricht dem, was der östliche Mensch Atman nennt, was mich, bildhaft gesagt, «durch-atmet». Aber nicht nur mich, sondern alle, das heißt, es ist nicht nur der individuelle Atman, sondern der Atman-Purusha, der allgemeine Atman, das «Pneuma», das alle durchatmet. Im Deutschen brauchen wir dafür das Wort «Selbst», im Gegensatz zum kleinen Ich. Aus dem Gesagten wird klar, daß dieses Selbst nicht nur ein etwas bewußteres oder höher gesteigertes «Ich» ist, was Ausdrücke wie «selbst-bewußt», «selbst-gefällig» usw. nahelegen könnten. Das, was hier «Selbst» genannt wird, ist nicht nur in mir, sondern in allen, wie der Atman, wie das Tao. Es ist die *psychische Totalität.*

Es ist ein Mißverständnis, wenn man mir vorwirft, ich hätte damit einen «immanenten Gott» und also einen «Gottesersatz» geschaffen. Ich bin Empiriker, und als solcher kann ich die Existenz einer dem Bewußtsein übergeordneten Ganzheit nachweisen, empirisch nachweisen. Diese übergeordnete Ganzheit wird vom Bewußtsein numinos erlebt, als tremendum und fascinosum. Als Empiriker interessiert mich nur der Erlebnischarakter dieser übergeordneten Ganzheit, die an sich, ontisch genommen, ein indescriptibile [Unbeschreibliches] ist. Dieses «Selbst» steht nie und nimmer an Stelle Gottes, sondern ist vielleicht ein *Gefäß* für die göttliche Gnade. Solche Mißverständnisse rühren von der Annahme her, daß ich ein irreligiöser Mensch sei, der nicht an Gott glaube und dem man nur den Weg zum Glauben weisen müsse.

Auch in der indischen Geistesgeschichte zeigen sich ja immer wieder Ansätze, den Atman nicht mit einem monistisch gedachten Brahman zu identifizieren, etwa bei RAMANUJA im Gegensatz zu SANKARA oder im Bhakti-Yoga, und AUROBINDO meint, der Inder wäre heute so weit von der Stufe der Unbewußtheit zur Bewußtheit vorgeschritten, daß auch sein Absolutum nicht mehr den Charakter einer bloß unbewußten, apersonalen Weltkraft haben könne. Aber das sind nicht mehr Fragen des reinen Empirikers. Als Empiriker kann ich wenigstens konstatieren, daß der östliche wie der westliche Mensch durch das Erlebnis des Atman, des «Selbst», der höheren Ganzheit, herausgehoben ist aus dem Spiel der Maja oder der Gegensätze. Er weiß, daß Dunkel *und* Hell die Welt machen. Ich kann diesen Gegensatz nur beherrschen, indem ich durch die Anschauung der beiden mich von ihnen befreie und so in die Mitte komme. Nur dort bin ich den Gegensätzen nicht mehr unterworfen.

Wir machen uns kein rechtes Bild vom Osten. Von dort stammt die Scherzfrage: Wie lange braucht einer für seinen Erlösungsweg, wenn er Gott liebt, und wie lange, wenn er Gott haßt? Man erwartet zunächst, er brauche viel länger, wenn er Gott haßt. Der Inder aber sagt: wenn er Gott liebt, braucht er sieben Jahre, wenn er Gott haßt, nur drei. Denn wenn er Gott haßt, denkt er viel mehr an ihn! Welch subtile Ruchlosigkeit! Aber diese Frage ist absolut richtig, so, wie sie gemeint ist. Sie ist eine Art Scherzfrage, die man einem gebildeten Publikum stellen darf, aber einem «Bauern» nicht gerade.

Diese Geschichte erinnert mich an eine Beobachtung, die ich in Ceylon machte. Da erlebte ich, wie zwei Bauern mit ihren Wagen in einer engen Strasse aneinandergerieten. Denken Sie, was hier in der Schweiz, wo man mit Schimpfworten sehr produktiv ist, geschehen wäre! Dort aber geschah folgendes: sie machten voreinander eine Verbeugung und sagten: «Vorübergehende Störung. Keine Seele (anatman).» Das heißt, diese Störung ist ja nur außen geschehen, im Raum des Majahaften, nicht im Raum der eigentlichen Wirklichkeit, wo sie weder sich vollzieht noch eine Spur hinterläßt. Man könnte meinen, das sei bei so einfachen Leuten fast unglaublich. Man steht mit Bewunderung davor. Aber das ist so in den Leuten drin, daß ihnen diese Haltung ganz selbstverständlich ist. Genau das gleiche hat RICHARD WILHELM erlebt. Er hat zwei Riksha-Boys beobachtet, die miteinander stritten. Es war eine furchtbare Redeschlacht. WILHELM dachte, jetzt würden sie gleich mit Fäusten aufeinander losgehen, und es würde noch Blut fließen. Schon springt der eine auf und geht gegen den anderen los – aber geht am anderen vorbei, auf dessen Wagen zu und gibt der Felge des Rades einen Tritt – und damit war der Streit erledigt. Ich selber habe Knaben streiten gesehen, die mit Fäusten aufeinander losgingen, aber die Fäuste blieben ein paar Zentimeter vor dem Gesicht des anderen in der Luft stehen. Keinem ist ein Schaden geschehen. Das ist die Folge der Erziehung jener Knaben: es war in Ceylon, wo noch der alte Buddhismus herrscht. Es ist die moralische Erziehung, die zur Gewohnheit wird, und es ist kein wirkliches Verdienst.

Nun, meine Damen und Herren, haben Sie vielleicht noch Fragen? (Es wird gefragt nach dem «Teufel», nach seiner besonderen, dem Heute entsprechenden Realität, da ja wohl jede Epoche «ihren» Teufel habe.)

Der Teufel unserer Zeit ist etwas ganz Furchtbares! Wenn man unsere heutige Lage überblickt, so ist nicht abzusehen, was noch alles geschehen kann. Die Entwicklung wird zwangsläufig weitergehen. Alle Gotteskräfte, die in der Schöpfung sich finden, werden allmählich in die Hand des Menschen gelegt. Durch die Nuklearspaltung ist Ungeheures geschehen, Ungeheures dem Menschen in die Macht gegeben. Als OPPENHEIMER dem ersten Test einer Atombombe zusah, fielen ihm die Worte der *Bhagavadgita* ein: «... heller als tausend Sonnen.» Die Kräfte, die die Welt zusammenhalten, geraten in die Hände der Menschen, so daß sie sogar auf die Idee einer künstlichen Sonne kommen. Es sind Gotteskräfte in unsere Hände gekommen, in unsere gebrechlichen Menschenhände. Das ist nicht zum Ausdenken. Es handelt sich dabei um Mächte, die nicht an sich böse sind. Aber in den Händen des Menschen sind sie eine furchtbare Gefahr, in den Händen des bösen Menschen. Und da soll das Böse in der für uns erlebbaren, vordergründigen, für uns realen Welt keine Wirklichkeit sein? Das Böse ist eine furchtbare Wirklichkeit! Und das ist es in jedem einzelnen Leben. Wenn man das *Prinzip* des Bösen als *wirklich* ansehen will, kann man ebensogut sagen «Teufel». Mir persönlich fällt es schwer, die Idee der privatio boni [das Böse als bloße Wegnahme von Gutem] noch als gültig zu betrachten.

(Eine praktische Frage: Was soll der Psychotherapeut tun? Soll er dem Patienten einen Fingerzeig geben, wie er mit dem Bösen umgehen soll – oder soll er den Patienten nötigen, den Weg selber zu finden?)

Sie führen mich in Versuchung, eine Regel zu geben. Aber ich würde lieber raten: machen Sie das eine und machen Sie das andere, und handeln Sie als Therapeut hierin nicht aus einem Apriori heraus, sondern horchen Sie in dem einzelnen Fall darauf, was die konkrete Situation erfordert. Das sei Ihr einziges Apriori. Da ist zum Beispiel eine Patient noch so unbewußt, daß man zu seinen Problemen keine Stellung nehmen kann. Der Patient identifiziert sich noch, wie ein Psychotiker, mit seinem Unbewußten und hält eher den Arzt für verrückt, als daß er seine eigene innere Situation begriffe. Sagen Sie einer völlig unbewußten Mutter, einer Kali Durga, die sich aber für die beste Mutter der Welt hält, sie hätte die Neurose der älteren Tochter und die unglückliche Ehe der jüngeren Tochter auf dem Gewissen – Sie können etwas erleben! Und vor allem: der Patientin ist nicht geholfen. Es muß zunächst in ihr etwas von innen wachsen. Ein anderer Patient hat eine gewisse Bewußtheit erlangt und erwartet von Ihnen eine Orientierung. Dann wäre es ein großer Fehler, Ihre Stellung nicht bekanntzugeben. Es muß im richtigen Moment, an der richtigen Stelle das Richtige gesagt werden.

Man soll einen Patienten nicht einfach wie ein untergeordnetes Wesen betrachten, das man auf ein Sofa legt, während man sich wie ein Gott dahintersetzt und ab und zu ein Wort von sich gibt. Man soll auch alles vermeiden, was eine Krankheitssuggestion sein könnte. Der Patient tendiert ohnedies in diese Richtung und möchte sich gerne in die Krankheit flüchten: «... jetzt gibt man auf, jetzt muß ich mich nur noch hinlegen, jetzt bin ich krank und fertig...» Krankheit ist ja auch eine Art von Lösung, mit den Lebensproblemen fertig zu werden: «Ich bin jetzt krank, jetzt muß der Doktor helfen!» Als Therapeut darf ich nicht naiv sein. Man muß den Patienten, wenn er nicht tatsächlich ins Bett gehört, wie einen normalen Menschen – man möchte sagen: wie einen Partner betrachten. Das gibt die gesunde Basis, von der die Behandlung ausgehen kann. Oft kommen Leute zu mir in der Erwartung, ich würde jetzt einen medizinischen Zauber loslassen. Dann sind sie enttäuscht, wenn ich sie wie normale Menschen behandle und mich wie ein normaler Mensch benehme. Eine Patientin hatte in einem anderen Sprechzimmer nur den «schweigenden Gott» hinter ihrem Sofa erlebt. Als ich mit ihr zu sprechen begann, sagte sie erstaunt, fast entsetzt: «Aber Sie äußern ja Affekte, Sie äußern sogar Ihre Meinung!» Natürlich habe ich Affekte und zeige sie auch. Nichts ist wichtiger als dies: man muß jeden Menschen wirklich als Menschen nehmen und darum seiner Eigenart entsprechend behandeln.

Darum sage ich zu den jungen Therapeuten: Lernen Sie das Beste, wissen Sie das Beste – und dann vergessen Sie alles, wenn Sie zu den Patienten kommen. Keiner ist doch schon dadurch ein guter Chirurg, daß er sein Lehrbuch auswendig gelernt hat. Aber wir stehen einfach der Gefahr gegenüber, daß heute die ganze Wirklichkeit ersetzt wird durch Wörter. Das führt zu jener furchtbaren Instinktlosigkeit des heutigen, besonders des urbanen Menschen. Es fehlt der Kontakt mit der gewachsenen, lebenden, atmenden Natur. Was ein Kaninchen oder eine Kuh ist, weiß man nur aus der Illustrierten, dem Lexikon oder vom Bildschirm und meint nun, man wüßte es wirklich – und ist später erstaunt, daß es im Kuhstall auch «riecht», weil dies nicht im Lexikon stand. Ganz ähnlich ist es mit der Gefahr, vom leidenden Menschen vor allem eine Diagnose zu machen. Man weiß, daß diese Krankheit beim Autor X im siebzehnten Kapitel behandelt wird – und meint nun, jetzt sei die Hauptsache geschehen. Der arme Patient aber leidet weiter.

Man spricht manchmal von der «Bewältigung des Bösen». Haben wir denn diese «Gewalt», die es zum «Bewältigen» brauchte? Einmal ist daran zu erinnern, daß «böse» und «gut» zunächst nur unser Urteil in einer bestimmten Situation ist oder, anders gesagt, daß gewisse Prinzipien sich unseres Urteils bemächtigt haben. Dann kann oft von Bewältigung des Bösen durch uns nicht gesprochen werden, weil wir in einer unfreien Situation sind oder in einer Aporie, das heißt: beides, ob wir nun so oder so wählen, ist nicht gut. Wichtig ist, zu spüren, daß wir da in einer numinosen Situation sind, von allen Seiten von Gott umgeben, der das eine und das andere veranlassen kann und das auch tut. Im *Alten Testament* gibt es Beispiele genug. Oder denken wir an TERESA VON AVILA, der auf der Reise etwas Böses zustößt: der Reisewagen bricht bei der Überquerung eines kleinen Flusses zusammen, und sie fällt ins kalte Wasser. «Herr, wie kannst du so etwas zulassen?» – «Ja, so behandle ich meine Freunde.» – «Aha, deswegen hast du so wenige.» TERESA ist in eine Situation hineingestellt, wo das, in diesem Falle, physisch Böse an sie herantritt, sie weiß nicht, wie sie das «einordnen» soll, spürt aber auch dabei die unmittelbare Gottesgegenwart. Da treten eben «principia», «Urmächte» an den Menschen heran, versetzen ihn in eine numinose Situation, in der es keine rein verstandesmäßige Lösung gibt, in der der Mensch nicht sich als «Macher» und Herr der Situation fühlt, sondern Gott als den «Macher» solch einer Situation empfindet. Niemand kann voraussehen, was dann geschieht. Wir können oft nicht sagen, wie in solchen Situationen das Problem Gut und Böse sich löst. Wir sind da auf höhere Mächte angewiesen.

Wenn dieses Problem in der Analyse praktisch an mich herankommt, so sage ich vielleicht: So, jetzt warten wir einmal ruhig ab und sehen zu, was zum Beispiel die Träume befinden oder ob höhere Mächte, etwa durch Krankheit oder Todesfall, eingreifen... auf jeden Fall: entscheiden Sie nicht jetzt gleich. Sie und ich sind ja nicht Gott.

Bei der Bewußtmachung des Schattens heißt es sehr aufpassen, daß das Unbewußte nicht doch wieder einen Streich spielt und eine echte Konfrontation mit dem Schatten doch nicht zustande kommt. Ein Patient sieht vielleicht einen Augenblick das Dunkle in sich, aber im gleichen Augenblick sagt er sich auch, daß alles ja nicht schlimm sei, Bagatellen... Oder aber: ein Patient übertreibt die Reue, weil es ja wunderbar ist, eine so «schöne» Reue zu haben, sie zu genießen wie ein warmes Daunenbett an einem kalten Wintermorgen, wenn man aufstehen sollte. Diese Unehrlichkeit, dieses Nicht-sehen-Wollen macht, daß es zu keiner Konfrontation mit dem eigenen Schatten kommt. Dabei wäre es doch so, daß im Maße der Bewußtwerdung auch das Gute und Positive ins Licht treten würde. Wir müssen also auf die Gefahr achten, die in der Sucht besteht, sich in gewissen Affekten zu wälzen, Affekten der Reue, der Melancholie usw. – Dinge, die verführerisch sind. Man kann sich ja etwas darauf einbilden, daß man zum Beispiel etwas so schön bedauern kann. Die Leute lieben deswegen Theaterstücke, Filme oder Prediger, die sie zu Tränen rühren, weil sie dann ihre eigene Rührung genießen.

Es ist im Laufe unseres Gesprächs einmal das Wort «esoterisch» gefallen. Man spricht beispielsweise davon, die Psychologie des Unbewußten führe zu einer esoterischen Ethik. Man muß aber vorsichtig sein mit einem solchen Wort. Esoterik heißt soviel wie Geheimwissenschaft. Die wirklichen Geheimnisse aber wissen wir nicht, die wissen auch die sogenannten Esoteriker nicht. Esoteriker sollten – wenigstens früher – ihre Geheimnisse nicht verraten. Die wirklichen Geheimnisse aber *kann* man gar nicht verraten. Mit den wirklichen Geheimnissen kann man auch keine «Esoterik treiben», weil man sie eben nicht weiß. Sogenannte esoterische Geheimnisse sind meist künstliche Geheimnisse, nicht die wirklichen. Der Mensch hat ein Bedürfnis, Geheimnisse zu haben, und da er von den wirklichen keine Ahnung hat, macht er sich künstliche. Die wirklichen aber überfallen ihn aus den Tiefen des Unbewußten, so daß er vielleicht dann Dinge verrät, die er wirklich geheimhalten sollte. Auch darin sehen wir wieder den numinosen Charakter der hintergründigen Wirklichkeit. Nicht wir haben Geheimnisse, die wirklichen Geheimnisse haben uns.

Psychologie und Dichtung

VORREDE

Psychologie, die früher ein bescheidenes Leben in einem höchst akademisch ausgestatteten Hinterstübchen führte, hat sich in Erfüllung der NIETZSCHEschen Prophezeiung im Lauf der letzten Jahrzehnte zu einem Gegenstand des öffentlichen Interesses entwickelt, der den von den Universitäten dafür gesetzten Rahmen gesprengt hat. In der Form der Psychotechnik spricht sie in den Industriebetrieb hinein, in Form der Psychotherapie ergreift sie weite Gebiete der Medizin, in Form der Philosophie führt sie die SCHOPENHAUERsche und HARTMANNsche Erbschaft weiter, sie hat BACHOFEN und CARUS recht eigentlich wieder entdeckt, durch sie haben die Mythologie und die Psychologie der Primitiven ein ganz neues Interesse gewonnen, sie wird die vergleichende Religionswissenschaft revolutionieren, und nicht wenige Theologen wollen ihr sogar den Zugang zur Seelsorge eröffnen. Sollte NIETZSCHE mit seinem «scientia ancilla psychologiae» [die Wissenschaft ist die Magd der Psychologie] am Ende recht behalten?

Heute besteht dieses Vordringen und Übergreifen der Psychologie allerdings noch in einem Durcheinanderwogen chaotischer Strömungen, die ihre Unabgeklärtheit durch um so lautere Standpunktsverkündigung und Dogmatisierung zu verdecken suchen. Einseitig genug sind auch die Versuche, all diese verschiedenen Wissens- und Lebensgebiete psychologisch zu erschließen. Einseitigkeit und Prinzipienstarrheit sind aber die Kinderfehler jeder jungen Wissenschaft, welche ihre Pionierarbeit mit einigen wenigen Ideenwerkzeugen verrichten muß. Bei aller Toleranz und Einsicht in die Notwendigkeit von vielerlei Lehrmeinungen wurde ich bisher doch nicht müde zu betonen, daß gerade auf dem Gebiet der Psychologie Einseitigkeit und Dogmatismus die schwersten Gefahren in sich schließen. Der Psychologe sollte sich stets vor Augen halten, daß seine Hypothese zunächst der Ausdruck seiner eigenen, subjektiven Voraussetzung ist und deshalb nie ohne weiteres Anspruch auf allgemeine Gültigkeit erheben darf. Was der einzelne auf dem weiten Feld der seelischen Möglichkeiten an Erklärung beizutragen hat, ist zunächst bloß ein *Gesichtspunkt,* und es hieße dem Objekt die schlimmste Gewalt antun, wollte man diesen einen Gesichtspunkt auch nur anspruchsweise zu einer allgemein verbindlichen Wahrheit machen. So ungeheuer farbenreich, vielgestaltig und vieldeutig ist in der Tat die seelische Erscheinung, daß wir ihre Fülle unmöglich in *einem* Spiegel auffangen können. Auch vermögen wir in unserer Darstellung niemals das *Ganze* zu umfassen, sondern wir haben uns damit zu begnügen, jeweils nur einzelne Teile der Gesamterscheinung zu beleuchten.

Da es nun die Eigentümlichkeit der Seele ist, nicht nur Mutter und Ursprungsort aller menschlichen Tätigkeit zu sein, sondern sich auch in allen Geistesformen und Tätigkeiten auszudrücken, so können wir nirgends das Wesen der Seele an und für sich, sondern eben nur in ihren mannigfachen Erscheinungsformen antreffen und begreifen. Weshalb der Psychologe sich gezwungen sieht, sich mit mancherlei Gebieten vertraut zu machen und zu diesem Zweck seine sicher ummauerte Spezialistenburg zu verlassen, gewiß nicht aus Anmaßung und Vorwitz, sondern aus Liebe zur Erkenntnis, auf der Suche nach der Wahrheit. Es will ihm nämlich nicht gelingen, die Seele in die Enge des Laboratoriums oder des ärztlichen Sprechzimmers zu bannen, sondern er muß ihr auf all jenen ihm vielleicht sogar fremden Gebieten nachspüren, wo immer sie sich sichtbar betätigt.

So kommt es, daß ich, ungeachtet der Tatsache, daß ich als Fachmann Arzt bin, heute als Psychologe zu Ihnen über die dichterische Einbildungskraft spreche, obschon diese das eigenste Gebiet der Literaturwissenschaft und der Ästhetik ausmacht. Auf der anderen Seite ist sie aber auch psychische Erscheinung, als welche sie vom Psychologen deshalb wohl in Betracht gezogen werden muß. Damit greife ich weder dem Literaturhistoriker noch dem Ästhetiker vor, denn nichts läge mir ferner, als diese anderen Gesichtspunkte durch den psychologischen ersetzen zu wollen. Ich würde mich ja damit gerade jener Sünde der Einseitigkeit, die ich eben gerügt habe, schuldig machen. Auch werde ich mich nicht vermessen, Ihnen eine völlige Theorie des dichterischen Kunstschaffens vorzulegen, denn solches wäre mir gar nicht möglich. Meine Ausführungen sollen nichts anderes bedeuten als Gesichtspunkte, nach denen sich eine psychologische Betrachtung der dichterischen Erscheinung im allgemeinen richten könnte.

EINLEITUNG

Es ist ohne weiteres klar, daß die Psychologie – als Wissenschaft der seelischen Vorgänge – mit der Literaturwissenschaft in Beziehung gesetzt werden kann. Die Seele ist ja die Mutter und das Gefäß aller Wissenschaften sowohl wie jeglichen Kunstwerkes. Die Wissenschaft von der Seele sollte demgemäß imstande sein, die psychologische Struktur des Kunstwerkes einerseits und die psychologischen Bedingungen des künstlerisch schöpferischen Menschen andererseits aufzuzeigen und zu erklären. Diese beiden Aufgaben sind von grundverschiedener Natur.

In ersterem Fall handelt es sich um ein «absichtlich» gestaltetes Produkt komplizierter seelischer Tätigkeiten, in letzterem aber um den seelischen Apparat selber. In ersterem Fall ist das Objekt der psychologischen Analyse und Deutung das konkrete Kunstwerk, in letzterem aber der schöpferische Mensch in der Form der einmaligen Persönlichkeit. Obschon beide Objekte in intimstem Zusammenhang und in unauflösbarer Wechselwirkung stehen, so kann doch das eine das andere nicht erklären. Gewiß ist es möglich, Rückschlüsse vom einen auf das andere zu ziehen, jedoch sind diese Schlüsse niemals zwingend. Sie sind und bleiben auch im besten Falle Wahrscheinlichkeiten oder glückliche Aperçus. GOETHES besonderes Verhältnis zu seiner Mutter läßt uns zwar etwas merken, wenn wir Faustens Ausruf vernehmen: «Die Mütter! Mütter! – 's klingt so wunderlich!» Aber es gelingt uns nicht, einzusehen, wieso aus der Bindung an die Mutter gerade ein *«Faust»* hervorgehen soll, obschon uns tiefste Ahnung sagt, daß im Menschen GOETHE die Beziehung zur Mutter eine bedeutende Rolle gespielt und gerade im *«Faust»* vielsagende Spuren hinterlassen hat. Auch können wir umgekehrt aus dem *«Ring des Nibelungen»* unmöglich die Tatsache erkennen oder gar zwingend ableiten, daß WAGNER Neigungen zum weiblichen Transvestiten hatte, obschon auch hier geheime Wege vom Heroischen der Nibelungen zum krankhaft Weiblichen im Menschen WAGNER führen. Die persönliche Psychologie des Schöpfers erklärt zwar manches an seinem Werk, aber nicht dieses selbst. Sollte sie aber letzteres erklären, und zwar mit Erfolg, so würde sich sein angeblich Schöpferisches als bloßes Symptom entpuppen, was dem Werk weder zum Vorteil noch zum Ruhme gereichte.

Der gegenwärtige Stand der psychologischen Wissenschaft, die – beiläufig gesagt – die jüngste aller Wissenschaften ist, erlaubt es keinesfalls, strikte Kausalzusammenhänge in diesem Gebiet aufzustellen, was sie als Wissenschaft eigentlich tun müßte. Sichere Kausalitäten ergibt die Psychologie nur auf dem Gebiet der semipsychologischen Instinkte und Reflexe. Wo aber das eigentliche Leben der Seele anfängt, nämlich im Komplexen, da muß sie sich damit begnügen, weitläufige Beschreibungen der Geschehnisse zu geben und farbige Bilder der oft wunderlichen und fast übermenschlich kunstvollen Gewebe auszumalen, wobei sie darauf zu verzichten hat, auch nur einen einzigen Vorgang als «notwendig» zu bezeichnen. Wäre dem nicht so und könnte die Psychologie sichere Kausalitäten im Kunstwerk und im Kunstschaffen aufzeigen, so wäre die ganze Kunstwissenschaft ihres eigenen Bodens beraubt und fiele der Psychologie als eine bloße Spezialität anheim. Obschon letztere ihren Anspruch, die Kausalität der komplexen Vorgänge zu erforschen und festzustellen, nie aufgeben darf, ohne auf sich selbst zu verzichten, so wird ihr die Erfüllung dieses Anspruchs doch nie zuteil werden, weil das irrationale Schöpferische, das gerade in der Kunst am allerdeutlichsten hervortritt, letztlich aller rationalisierenden Bemühungen spotten wird. Alle psychischen Abläufe innerhalb des Bewußtseins mögen kausal erklärbar sein; das Schöpferische aber, das in der Unabsehbarkeit des Unbewußten wurzelt, wird sich menschlicher Erkenntnis auf ewig verschließen. Es wird sich immer nur in seinem Erscheinen beschreiben, und es wird sich ahnen, aber nicht greifen lassen. Kunstwissenschaft und Psychologie werden aufeinander angewiesen sein, und das Prinzip der einen wird das der anderen nicht aufheben. Prinzip der Psychologie ist, das gegebene psychische Material als ein aus kausalen Prämissen Ableitbares erscheinen zu lassen; Prinzip der Kunstwissenschaft ist es, das Psychische als ein schlechthin Seiendes zu betrachten, ob es sich nun um das Kunstwerk oder um den Künstler handelt. Beide Prinzipien sind gültig trotz ihrer Relativität.

1. DAS WERK

Die psychologische Betrachtung des literarischen Kunstwerkes unterscheidet sich durch ihre spezifische Einstellung von der literaturwissenschaftlichen Weise. Die für die letztere ausschlaggebenden Werte und Tatsachen können für erstere sozusagen belanglos sein; ja, Werke von höchst zweifelhaftem literarischem Wert erscheinen oft dem Psychologen als besonders interessant. Der sogenannte psychologische Roman zum Beispiel bietet ihm längst nicht das, was die literarische Bertrachtungsweise davon erwartet. Dieser Roman, als ein in sich geschlossenes Ganzes betrachtet, erklärt sich selbst, er ist sozusagen seine eigene Psychologie, welche der Psychologe höchstens noch zu ergänzen oder zu kritisieren hätte, womit allerdings die in diesem Fall besonders wichtige Frage, wieso gerade dieser Autor zu diesem Werke kommt, noch nicht beantwortet ist. Letzteres Problem soll uns im zweiten Teil dieses Aufsatzes beschäftigen.

Umgekehrt gewährt der nichtpsychologische Roman der psychologischen Durchleuchtung im allgemeinen bessere Möglichkeiten, da die nichtpsychologische Absicht des Autors keine bestimmte Psychologie seiner Figuren vorwegnimmt und dadurch der Analyse und Deutung nicht nur Raum läßt, sondern durch unvoreingenommene Schilderung derselben noch entgegenkommt. Gute Beispiele hierfür sind die Romane BENOITS und die englischen «fiction stories» im Stile RIDER HAGGARDS, die über CONAN DOYLE zum beliebtesten literarischen Massenartikel, zum Detektivroman, führen. Der größte amerikanische Roman, MELVILLES *«Moby Dick»*, gehört ebenfalls hierher. Die spannende Tatsachenschilderung, die auf psychologische Absichten scheinbar ganz verzichtet, ist gerade für den Psychologen von größtem Interesse, denn die ganze Erzählung baut sich auf vor einem unausgesprochenen psychischen Hintergrund, der für den kritischen Blick um so reiner und ungemischter hervortritt, je mehr der Autor sich seiner Voraussetzung unbewußt ist. Im psychologischen Roman dagegen macht der Autor selber den Versuch, den seelischen Urstoff seines Kunstwerkes aus dem bloßen Geschehen in die Sphäre der psychologischen Erörterung und Durchleuchtung emporzuheben, wodurch der seelische Hintergrund oft bis zur Undurchsichtigkeit verdunkelt wird. Gerade aus Romanen dieser Art bezieht der

Laie «Psychologie», während den Romanen ersterer Art nur Psychologie tieferen Sinn zu geben vermag.

Was ich hier am Roman erläutere, ist ein psychologisches Prinzip, das die Grenzen dieser speziellen Form des literarischen Kunstwerkes beträchtlich überschreitet. Es macht sich auch in der Poesie bemerkbar, und im *«Faust»* scheidet es den ersten und zweiten Teil. Die Liebestragödie erklärt sich selbst, der zweite Teil dagegen verlangt Deutungsarbeit. Dem ersten Teil vermöchte der Psychologe nichts beizufügen, was der Dichter nicht schon besser gesagt hätte; der zweite Teil hingegen mit seiner ungeheuren Phänomenologie hat die Gestaltungskraft des Dichters dermaßen aufgezehrt oder sogar hinter sich gelassen, daß sich nichts mehr von selbst erklärt, sondern fortschreitend von Vers zu Vers das Deutungsbedürfnis des Lesers herausgefordert wird. *«Faust»* charakterisiert wohl am besten die beiden Extreme des literarischen Kunstwerkes in psychologischer Hinsicht.

Um der Klarheit willen möchte ich die eine als die *psychologische*, die andere aber als die *visionäre* Art des Schaffens bezeichnen. Die psychologische Art hat als Stoff einen Inhalt, der sich innerhalb der Reichweite des menschlichen Bewußtseins bewegt, also zum Beispiel eine Lebenserfahrung, eine Erschütterung, ein Erlebnis der Leidenschaft, menschliches Schicksal überhaupt, dem allgemeinen Bewußtsein bekannt oder wenigstens erfühlbar. Dieser Stoff ist aufgenommen in die Seele des Dichters, aus dem Alltäglichen zur Höhe seines Erlebens emporgehoben und so gestaltet, daß sein Ausdruck mit überzeugender Kraft das an sich Gewöhnliche, nur dumpf oder peinlich Gefühlte und darum auch Gescheute oder Übersehene in das hellste Bewußtsein des Lesers rückt und ihn damit zu höherer Klarheit und weiterer Menschlichkeit entrückt. Der Urstoff dieser Gestaltung entstammt der Sphäre des Menschen, seiner ewig sich wiederholenden Leiden und Freuden; er ist Inhalt des menschlichen Bewußtseins, in seiner dichterischen Gestaltung erklärt und verklärt. Der Dichter hat dem Psychologen jegliche Arbeit abgenommen. Oder soll letzterer ergründen, warum Faust sich in Gretchen verliebt? Oder warum Gretchen zur Kindsmörderin wird? Es ist Menschenschicksal, millionenfach wiederholt bis zur gräßlichen Monotonie des Gerichtssaales und des Strafgesetzbuches. Nichts ist dunkel geblieben, denn alles erklärt sich überzeugend aus sich selber.

Auf dieser Linie bewegen sich zahllose literarische Produkte, der Liebes-, der Milieu-, der Familien-, der Kriminal- und der soziale Roman, das Lehrgedicht, die meisten lyrischen Gedichte, die Tragödie und das Lustspiel. Was immer auch deren künstlerische Form ist, die Inhalte des psychologischen Kunstschaffens entstammen stets dem Bereich menschlicher Erfahrung, dem seelischen Vordergrund stärkster Erlebnisse. Darum nenne ich diese Art des Kunstschaffens «psychologisch», weil es sich überall innerhalb der Grenzen des psychologisch Versteh- und Erfaßbaren bewegt. Vom Erlebnis bis zur Gestaltung verläuft alles Wesentliche im Gebiet durchschaubarer Psychologie. Selbst der psychische Urstoff des Erlebnisses hat nichts Fremdartiges an sich; im Gegenteil, er ist das Urbekannte: die Leidenschaft und ihre Schicksale, die Schicksale und ihr Erleiden, die ewige Natur, ihre Schönheiten und ihr Schrecken.

Der Abgrund, der zwischen *«Faust»*, 1. Teil, und *«Faust»*, 2. Teil, sich auftut, trennt auch die *psychologische* Art des Kunstschaffens von der *visionären*. Hier kehrt sich alles um: Der Stoff oder das Erlebnis, das der Gestaltung zum Inhalt wird, ist nichts Bekanntes; es ist von fremdartiger Wesenheit, von hintergündiger Natur, wie aus Abgründen vormenschlicher Zeitläufte oder wie aus Licht- und Dunkelwelten übermenschlicher Natur stammend, ein Urerlebnis, dem menschliche Natur in Schwäche und Unbegreifen zu erliegen droht. Der Wert und die Wucht liegen auf der Ungeheuerlichkeit des Erlebnisses, das fremd und kalt oder bedeutend und erhaben aus zeitlosen Tiefen auftaucht, einerseits von schillernder, dämonisch-grotesker Art, menschliche Werte und schöne Formen zersprengend, ein schreckenerregender Knäuel des ewigen Chaos oder ein «crimen laesae majestatis humanae» [Majestätsbeleidigung des Menschen], um mit NIETZSCHE zu reden, andererseits eine Offenbarung, deren Höhen und Tiefen zu ergründen menschliche Ahnung kaum genügt, oder eine Schönheit, welche zu erfassen Worte sich vergeblich mühen. Der verwirrende Anblick mächtigen Geschehens, das die Reichweite menschlichen Fühlens und Begreifens auf allen Seiten überragt, fordert anderes vom künstlerischen Schaffen als das Vordergrunderlebnis. Letzteres zerreißt nie den kosmischen Vorhang; es zersprengt nie die Grenzen des menschlich Möglichen, weshalb es auch trotz stärkster Erschütterung des einzelnen doch willig in die Formen menschlicher Kunstgestaltung eingeht. Jenes aber zerreißt den Vorhang, auf den die Bilder des Kosmos gemalt sind, von unten bis oben und eröffnet einen Blick in unbegreifliche Tiefen des Ungewordenen. In andere Welten? Oder in Verdunkelungen des Geistes? Oder in vorweltliche Ursprünge der menschlichen Seele? Oder in Zukünfte ungeborener Geschlechter? Wir können diese Fragen weder bejahen noch verneinen.

> Gestaltung, Umgestaltung.
> Des ewigen Sinnes ewige Unterhaltung.

Urvision tritt uns entgegen im *«Poimandres»*[1], im *«Hirt des Hermas»*, in DANTE, in *«Faust»*, 2. Teil, in NIETZSCHES dionysischem Erlebnis[2], in den Werken WAGNERS *(Nibelungenring, Tristan, Parzifal)*, in SPITTELERS *«Olympischem Frühling»*, in WILLIAM BLAKES Zeichnungen und Dichtungen, in der *«Hypnerotomachia»* des Mönches FRANCESCO COLONNA[3], in JACOB BÖHMES philosophisch-dichterischem Stammeln[4] und in den teils skurrilen, teils großartigen Bildern von E. T. A. HOFFMANNS *«Goldenem Topf»*[5]. In beschränkterer und konziserer Form macht dieses Erlebnis den wesentlichen Gehalt bei RIDER HAGGARD aus, insoweit sich seine Schriften um *«She»* anordnen, bei BENOIT (*«L'Atlantide»* hauptsächlich), KUBIN *(«Die andere Seite»)*, MEYRINK (hauptsächlich das nicht zu unterschätzende *«Grüne Gesicht»*), GOETZ *(«Das Reich ohne Raum»)*, BARLACH *(«Der tote Tag»)* und anderen.

Beim Stoff des psychologischen Kunstschaffens brauchen wir uns nie die Frage vorzulegen, worin er bestehe oder was er zu bedeuten habe. Hier aber, beim visionären Erlebnis, drängt sich diese Frage unmittelbar auf. Man verlangt Kommentare und Erklärungen; man ist verwundert, erstaunt, verwirrt, mißtrauisch oder, schlimmer noch, sogar angewidert[6]. Nichts aus dem Bereich menschlichen Taglebens klingt an, aber Träume, nächtliche Ängste und unheimliche Ahnungen seelischer Finsternisse werden lebendig. Das Publikum in seiner großen Mehrheit lehnt diesen Stoff ab, insofern er nicht zu den gröbsten Sinneswahrnehmungen spricht, und der literarische Fachmann selbst ist oft merklich verlegen. DANTE und WAGNER haben ihm zwar die Aufgabe etwas leichter gemacht, da bei ersterem historisches Ereignis, bei letzterem mythische Begebenheit das Urerlebnis bekleiden und deshalb als «Stoff» mißverstanden werden können. Bei beiden aber liegen die Dynamik und der tiefe Sinn weder im historischen noch im mythischen Material, sondern in der darin ausgedrückten Urvision. Selbst bei RIDER HAGGARD, der allgemein und verzeihlicherweise als ein Schreiber von «fiction stories» gilt, ist der «yarn» [das Garn] nur ein – eventuell bedenklich überwucherndes – Mittel, um einen bedeutsamen und überragenden Inhalt einzufangen.

Seltsam ist es, daß in strengstem Gegensatz zum Stoff des psychologischen Schaffens ein tiefes Dunkel über dem Ursprung des visionären Stoffes liegt, ein Dunkel, von dem man öfters glauben möchte, daß es nicht unabsichtlich sei. Man ist nämlich natürlicherweise geneigt – und dies heute besonders unter dem Einfluß der FREUDschen Psychologie – anzunehmen, daß hinter all diesem teils fratzenhaften, teils ahnungsvollen Dunkel persönlichste Erlebnisse stehen müßten, aus denen die seltsame Vision des Chaos erklärt werden könnte und aus denen es auch verständlich würde, warum es bisweilen den Anschein hat, als ob der Dichter noch absichtlich die Ursprünge seines Erlebnisses verhüllen würde. Von dieser Erklärungstendenz bis zur Vermutung, daß es sich um ein krankhaftes, neurotisches Produkt handle, ist nur ein Schritt, der insofern nicht ganz unberechtigt erscheint, als dem visionären Stoff Eigentümlichkeiten anhaften, die man auch bei den Phantasien Geisteskranker beobachtet. Und umgekehrt wohnt dem psychotischen Produkt oft eine Bedeutungsschwere inne, die man sonst nur beim Genie findet. Man wird sich daher natürlicherweise versucht fühlen, das ganze Phänomen unter dem Gesichtswinkel der Pathologie zu betrachten und die seltsamen Gestalten des Urerlebnisses als Ersatzfiguren und Verhüllungsbestrebungen zu erklären. Man möchte vermuten, daß ein persönliches und intimes Erlebnis dem, was ich als «Urvision» bezeichne, vorangegangen sei, ein Erlebnis, ausgezeichnet durch den Charakter der «Inkompatibilität», das heißt der Unvereinbarkeit mit gewissen moralischen Kategorien. Man setzt voraus, daß das fragliche Ereignis zum Beispiel ein Liebeserlebnis sei, von einer moralischen oder ästhetischen Beschaffenheit, die entweder mit dem Ganzen der Persönlichkeit oder wenigstens mit der Fiktion des Bewußtseins unvereinbar erscheint, weshalb das Ich des Dichters dieses Erlebnis als Ganzes oder wenigstens zu wesentlichen Teilen zu verdrängen und unsichtbar («unbewußt») zu machen suche. Zu diesem Zweck würde das ganze Arsenal einer pathologischen Phantasie mobil gemacht, und weil dieses Bestreben ein unbefriedigendes Ersatzunternehmen sei, müsse es in beinahe endlosen Gestaltungsreihen wiederholt werden. Auf diese Weise müßte dann die wuchernde Fülle ungeheuerlicher, dämonischer, grotesker und perverser Gestalten zustande kommen, einesteils zum Ersatz des «nicht akzeptierten» Erlebnisses, anderenteils zur Verhüllung desselben dienend.

Dieser Ansatz zu einer Psychologie des dichterischen Menschen hat ein nicht unbeträchtliches Aufsehen erregt und stellt zudem den bisher einzigen theoretischen Versuch dar, die Herkunft des visionären Materials und damit die Psychologie dieser eigenartigen Kunstwerke «wissenschaftlich» zu erklären. Ich nehme davon meine eigene Stellungnahme aus, mit der Voraussetzung, daß sie weniger allgemein bekannt und begriffen sei als die eben skizzierte Auffassung.

Die Zurückführung des visionären Erlebnisses auf eine persönliche Erfahrung macht dasselbe zu etwas Uneigentlichem, zu einem bloßen «Ersatz». Damit verliert der visionäre Inhalt seinen «Urcharakter», die «Urvision» wird zum *Symptom,* und das Chaos entartet zur seelischen Störung. Die Erklärung kehrt beruhigt in die Grenzen des wohlgeordneten Kosmos zurück, von dem die praktische Vernunft nie Vollkommenheit vorausgesetzt hat. Seine unvermeidlichen Unvollkommenheiten sind Abnormitäten und Krankheiten, die voraussetzungsgemäß auch zur menschlichen Natur gehören. Der erschütternde Ausblick in jenseitsmenschliche Abgründe enthüllt sich als Illusion und den Dichter als täuschenden Getäuschten. Sein Urerlebnis war «menschlich-allzumenschlich», so sehr, daß er sich nicht einmal dazu stellen konnte, sondern es sich selber noch verheimlichen mußte.

Man tut wohl daran, diese unweigerlichen Konsequenzen der *Reduktion auf die persönliche Anamnese* klar ins Auge zu fassen, sonst sieht man nicht, wohin diese Eklärungsart zielt: sie führt nämlich von der Psychologie des Kunstwerkes weg in die persönliche Psychologie des Dichters. Letztere ist nicht zu leugnen. Erstere aber besteht ebenfalls und kann nicht einfach mit diesem «tour de passe-passe» erledigt werden, indem man sie in einen persönlichen «Komplex» verwandelt. Wozu dem Dichter das Kunstwerk dient, ob es ihm eine Gaukelei, eine Verhüllung, ein Leiden oder eine Tat bedeutet, das soll uns in diesem Abschnitt nicht interessieren. Unsere Aufgabe ist vielmehr, das Kunstwerk psychologisch zu erläutern, und dazu ist es notwendig, daß wir seine Grundlage, das heißt das Urerlebnis ebenso ernst nehmen wie im Falle des psychologischen Kunstschaffens, wo doch niemand an der Wirklichkeit und Ernsthaftigkeit des dem Werke zugrunde liegenden Stoffes zweifeln kann. Es ist hier gewiß viel schwieriger, den nötigen Glauben aufzubringen, denn es hat allen Anschein, als ob das visionäre Urerlebnis etwas wäre, was in der allgemeinen Erfahrung gar nicht angetroffen werden könnte. Es erinnert so fatal an obskure Metaphysik, daß wohlmeinende Vernunft einzugreifen sich bemüßigt fühlt. Und unvermeidlich kommt sie zu dem Schluß, daß man solche Dinge doch gar nicht so ernst nehmen könne, denn sonst fiele ja die Welt wieder in den finstersten Aberglauben zurück. Wer nicht gerade «okkult» veranlagt ist, stellt sich daher unter dem visionären Erlebnis «reiche Phantasie», «dichterische Laune» oder «dichterische Lizenz» vor. Gewisse Poeten helfen noch dazu, indem sie sich einen heilsamen Abstand von ihrem Werk dadurch sichern, daß sie, wie zum Beispiel SPITTELER, erklären, man hätte statt des *«Olympischen Frühlings»* ebensogut singen können: «Der Mai ist gekommen»! Dichter sind eben auch Menschen, und was ein Dichter über sein Werk sagt, gehört oft längst nicht zum Besten, was sich darüber sagen ließe. Es handelt sich wohl um nichts Geringeres, als daß wir die Ernsthaftigkeit des Urerlebnisses sogar noch gegen den persönlichen Widerstand des Dichters selber verteidigen müssen.

Der *«Hirt des Hermas»* wie auch die *«Göttliche Komödie»* und *«Faust»* sind durchzogen vom Nach- und Mitklingen des anfänglichen Liebeserlebnisses und erhalten ihre Krönung und Vollendung durch das visionäre Erlebnis. Wir haben keinen Grund zur Annahme, daß das normale Erleben von *«Faust»*, erster Teil, im zweiten Teil geleugnet oder verhüllt wäre, noch besteht irgendein Grund zur Annahme, daß GOETHE zur Zeit der Abfassung des ersten Teiles normal, zur Zeit des zweiten Teiles aber neurotisch gewesen wäre. In der großen, über beinahe zwei Jahrtausende sich erstreckenden Stufenfolge HERMAS – DANTE – GOETHE finden wir übereinstimmend das persönliche Liebeserlebnis unverhüllt dem größeren der Vision nicht nur bei-, sondern sogar untergeordnet. Dieses Zeugnis ist bedeutsam, denn es beweist, daß (abgesehen von der persönlichen Psychologie des Dichters) innerhalb des Kunstwerkes die Vision ein tieferes und stärkeres Erlebnis bedeutet als menschliche Leidenschaft. Was das Kunstwerk (das niemals mit dem persönlichen Dichter verwechselt werden darf) anbetrifft, so ist es unzweifelhaft, daß die Vision ein echtes Urerlebnis ist, unbekümmert darum, was Vernünftler darüber meinen. Es ist nichts Abgeleitetes, nichts Sekundäres und nichts Symptomatisches, sondern ein *wikliches Symbol, nämlich ein Ausdruck für unbekannte Wesenheit.* Wie das Liebeserlebnis das Erleben einer wirklichen Tatsache darstellt, so auch die Vision. Ob ihr Inhalt physischer, seelischer oder metaphysischer Natur ist, das zu wissen steht uns nicht zu. Es ist *psychische Realität,* welche mindestens die gleiche Würde hat wie die physische. Das Erlebnis menschlicher Leidenschaft steht innerhalb der Grenzen des Bewußtseins, der Gegenstand der Vision aber jenseits. Im Gefühl erleben wir Bekanntes, die Ahnung aber führt uns an Unbekanntes und Verborgenes, an Dinge, die von Natur aus geheim sind. Sind sie je bewußt, so werden sie absichtlich verheimlicht und verhüllt, und daher haftet ihnen seit Urzeit Geheimnis, Unheimlichkeit und Täuschung an. Sie sind vor den Menschen verborgen, und er verbirgt sich mit deisidaimonia [Götterfurcht] vor ihnen, sich schützend hinter dem Schild der Wissenschaft und der Vernunft. Der Kosmos ist sein Tagglaube, der ihn vor der Nachtangst des Chaos bewahren soll – Aufklärung aus Furcht vor dem Nachtglauben! Sollte es lebendig Wirkendes geben jenseits der menschlichen Tagwelt? Notwendigkeiten und gefährliche Unvermeidlichkeiten? Absichtlichere Dinge als Elektronen? Sollten wir uns im Besitz und in der Beherrschung unserer Seele bloß wähnen, während das, was die Wissenschaft «Psyche» nennt und als ein in der Schädelkapsel eingeschlossenes Fragezeichen versteht, am Ende ein offenes Tor ist, durch welches Unbekanntes und unheimlich Wirkendes aus der Nichtmenschenwelt bisweilen hereintritt und auf nächtlichen Schwingen den Menschen der Menschlichkeit entrückt und zu überpersönlicher Fron und Bestimmung führt? Es scheint sogar, als ob das Liebeserlebnis bisweilen nur auslösend gewirkt hätte, ja zu einem bestimmten Zweck unbewußt «arrangiert» worden und das Menschlich-Persönliche nur als ein Auftakt zu der allein wesentlichen «göttlichen Komödie» anzusehen wäre.

Das Kunstwerk dieser Art ist nicht das einzige, was der nächtlichen Sphäre entstammt; an ihr nähren sich Seher und Propheten, wie AUGUSTIN trefflich sagt: «Noch weiter stiegen wir empor in innerem Denken, Reden und Wundern über deine Werke, und wir kamen in unsere Verstandesfunktionen und gingen über diese hinaus, um zum Bereich der unerschöpflichen Fülle zu gelangen, wo du Israel ewig weidest mit der Speise der Wahrheit und wo das Leben Weisheit ist...»[7] Derselben Sphäre verfallen aber auch die großen Übeltäter und Zerstörer, welche das Gesicht der Zeiten verdunkeln, und die Dementen, die dem Feuer zu nahe kommen... «Wer von euch wird imstande sein, beim verzehrenden Feuer zu wohnen? Wer unter euch wird bei den ewigen Gluten wohnen?»[8] Es heißt nämlich mit Recht: «Wen Gott verderben will, den schlägt er zuvor mit Wahnsinn.»[9] Auch ist die Sphäre, so dunkel und unbewußt sie sein mag, nichts an sich Unbekanntes, sondern etwas von jeher und weltweit Bekanntes. Dem Primitiven ist sie selbstverständlicher Bestandteil seines Weltbildes, nur wir haben sie aus Scheu vor Aberglauben und aus Metaphysikfurcht ausgeschlossen, um eine scheinbar sichere und handliche Bewußtseinswelt aufzubauen, in welcher Naturgesetze gelten wie menschliche Gesetze in einem geordneten Staat. Aber der Dichter sieht bisweilen die Gestalten der nächtlichen Welt, die Geister, Dämonen und Götter, die geheime Verquickung menschlichen Schicksals mit übermenschlicher Absicht und die nicht zu fassenden Dinge, die sich im Pleroma [Fülle der Welt] ereignen. Er erschaut bisweilen etwas von jener psychischen Welt, die der Schrecken und zugleich die Hoffnung des Primitiven ist. Es wäre nicht uninteressant, zu erforschen, ob nicht unsere in der Neuzeit erfundene Scheu vor Aberglauben und die ebenso neuzeitliche materialistische Aufklärung nichts anderes als ein Derivat und eine Weiterentwicklung der primitiven Magie und Geisterfurcht sind. Jedenfalls gehören die Faszination der sogenannten Tiefenpsychologie und der ebenso heftige Widerstand gegen dieselbe in dieses Kapitel.

Schon in den allerersten Anfängen der menschlichen Gesellschaft finden wir die Spuren der seelischen Bemühung, für das dunkel Geahnte bannende oder propitiierende Formen zu finden. Selbst in jenen sehr frühen Felszeichnungen des Rhodesischen Steinzeitalters findet sich neben naturgetreuen Tierbildern ein abstraktes Zeichen, nämlich ein achtfaches, im Kreis eingeschlossenes Kreuz, das in dieser Gestalt sozusagen durch alle Kulturen gewandert ist und das wir heute noch nicht nur in christlichen Kirchen, sondern zum Beispiel auch in tibetanischen Klöstern finden. Dieses sogenannte Sonnenrad, aus einer Zeit und aus einer Zivilisation stammend, wo es noch längst keine Räder gab, geht nur zum Teil aus der äußeren Erfahrung hervor, zum anderen ist es ein Symbol, eine Erfahrung von innen, welche wahrscheinlich ebenso naturgetreu wiedergegeben ist wie das berühmte Rhinozeros mit den Zeckenvögeln. Es gibt keine primitive Kultur, die nicht ein oft geradezu erstaunlich entwickeltes System der Geheim- und Weisheitslehre besäße, nämlich einer Lehre einerseits von den dunkeln Dingen, die jenseits des menschlichen Tages und dessen Erinnerung liegen, andererseits der Weisheit, welche menschliches Handeln regeln soll[10]. Die Männerbünde und die Totemclans bewahren dieses Wissen, und in den Männerweihen wird es gelehrt. Die Antike tat dasselbe in ihren Mysterien, und ihre reiche Mythologie ist ein Relikt frühester Stufen solcher Erfahrungen.

Es ist daher durchaus folgerichtig, wenn der Dichter wieder auf mythologische Figuren zurückgreift, um für sein Erlebnis den passenden Ausdruck zu finden. Nichts wäre verkehrter, als anzunehmen, er schaffe in solchen Fällen aus überkommenem Stoff; er schöpft vielmehr aus dem Urerlebnis, dessen dunkle Natur der mythologischen Gestalten bedarf und daher gierig das Verwandte an sich zieht, um sich darin auszudrükken. Das Urerlebnis ist wort- und bildlos, denn es ist eine Vision «in dunklem Spiegel». Es ist bloß mächtigste Ahnung, die zum Ausdruck werden möchte. Es ist ein Windwirbel, der alles ergreift, was sich ihm bietet, und, indem er es emporwirbelt, damit sichtbare Gestalt gewinnt. Aber weil der Ausdruck niemals die Fülle des Gesichtes erreicht und niemals dessen Grenzenlosigkeit erschöpft, bedarf der Dichter eines oft beinahe ungeheuren Materials, um auch nur annähernd das Geahnte wiederzugeben, und zudem kann er eines widerspenstigen und widerspruchsvollen Ausdruckes nicht entraten, wenn anders er die unheimliche Paradoxie der Vision will in Erscheinung treten lassen. DANTE spannt sein Erlebnis aus zwischen allen Bildern der Hölle, des Fegefeuers und des Himmels. GOETHE bedarf des Blocksberges und der Unterwelt Griechenlands, WAGNER der ganzen nordischen Mythologie und des Reichtums der Parzifalsage, NIETZSCHE greift auf den sakralen Stil, den Dithyrambus und den sagenhaften Seher der Vorzeit zurück, BLAKE macht sich die Phantasmagorie Indiens, die biblische und apokalyptische Bilderwelt dienstbar, und SPITTELER borgt alle Namen für neue Gestalten, die in beinahe erschreckender Zahl dem Füllhorn seiner Poesie entquellen. Und nichts fehlt von der ganzen Stufenleiter, vom Unbegreiflich-Erhabenen bis hinunter zum Pervers-Grotesken.

Zum Wesen dieser vielfarbigen Erscheinung hat die Psychologie hauptsächlich Terminologie und Vergleichsmaterial beizutragen. Das, was in der Vision erscheint, ist ein Bild des *kollektiven Unbewußten,* nämlich der eigentümlichen, angeborenen Struktur jener Psyche, welche Matrix und Vorbedingung des Bewußtseins darstellt. Nach dem phylogenetischen Grundgesetz muß die psychische Struktur genau wie die anatomische die Merkmale der durchlaufenen Ahnenstufen an sich tragen. Das ist mit dem Unbewußten auch tatsächlich der Fall: in Bewußtseinseklipsen, zum Beispiel im Traum, in der Geistesstörung usw., treten seelische Produkte oder Inhalte an die Oberfläche, die alle Merkmale des primitiven seelischen Zustandes an sich tragen, und zwar nicht nur der Form nach, sondern auch dem Sinngehalt, so daß man oft meinen könnte, sie seien Fragmente alter Geheimlehren. Zahlreich sind die dabei auftretenden mythologischen Motive, die sich aber in moderner Bildersprache verbergen, das heißt, es ist nicht mehr der Adler des Zeus oder der Vogel Rock, sondern ein Flugzeug; der Kampf der Drachen ist ein Eisenbahnzusammenstoß; der Held, der den Drachen erschlägt, ist der Heldentenor am Stadttheater; die chthonische Mutter ist eine dicke Gemüsehändlerin, und Pluto, der Proserpina raubt, ein gefährlicher Chauffeur usw. Das Wichtige und für die Literaturwissenschaft besonders Bedeutsame aber liegt darin, daß die Manifestationen des kollektiven Unbewußten in Beziehung auf die Bewußtseinslage *kompensatorischen Charakter* haben, das heißt, daß durch sie eine einseitige, unangepaßte oder gar gefährliche Bewußtseinslage ins Gleichgewicht gebracht werden soll. Diese Funktion sieht man aber auch in der Symptomatologie der Neurosen und in den Wahnideen der Geisteskranken, wo die Kompensationserscheinungen oft handgreiflich sind, zum Beispiel bei Leuten, die sich ängstlich gegen alle Welt abschließen und plötzlich entdecken, daß jedermann von ihren intimsten Geheimnissen weiß und spricht. Natürlich liegen nicht alle Kompensationen dermaßen klar zutage; schon die neurotischen sind viel subtiler, und die in den Träumen und vor allem die in den eigenen Träumen auftretenden sind nicht nur etwa dem Laien, sondern auch dem Kenner oft zunächst völlig undurchsichtig; so verblüffend einfach sie auch sein mögen, wenn man sie einmal verstanden hat. Aber das Einfachste ist, wie man zur Genüge weiß, oft das Schwierigste. Ich muß meinen Leser hierfür auf die Literatur verweisen.

Wenn wir hier zunächst von der Möglichkeit absehen, daß zum Beispiel ein *«Faust»* eine persönliche Kompensation für GOETHES Bewußtseinslage darstellen könnte, so stellt sich darüber hinaus die Frage, in welcher Beziehung ein solches Werk zum *Zeitbewußtsein* steht und ob diese Beziehung nicht auch als eine Kompensation anzusehen sei. Die große Dichtung, die aus der Seele der Menschheit schöpft, wäre nach meiner Ansicht vollkommen daneben erklärt, wenn man sie auf Persönliches zurückzuführen versuchte. Wo immer nämlich das kollektive Unbewußte sich ins Erlebnis drängt und sich dem Zeitbewußtsein vermählt, da ist ein Schöpferakt geschehen, der die ganze Epoche angeht, denn das Werk ist dann in tiefstem Sinne eine Botschaft an die Zeitgenossen. Deshalb berührt der *«Faust»* etwas in der Seele jedes Deutschen (wie schon JACOB BURCKHARDT einmal bemerkte[11]), deshalb auch ist DANTES Ruhm unsterblich, und der *«Hirt des Hermas»* wäre beinahe ein kanonisches Buch geworden. Jede Zeit hat ihre Einseitigkeit, ihre Voreingenommenheit und ihr seelisches Leiden. Eine Zeitepoche ist wie die Seele eines einzelnen, sie hat ihre besondere, spezifisch beschränkte Bewußtseinslage und bedarf daher einer Kompensation, die dann eben durch das kollektive Unbewußte auf solche Weise geleistet wird, daß ein Dichter oder ein Seher dem Unausgesprochenen der Zeitlage Ausdruck verleiht und in Bild oder Tat das heraufführt, was das unverstandene Bedürfnis aller erwartete, sei es nun im Guten oder im Bösen, zur Heilung einer Epoche oder zu deren Zerstörung.

Es ist gefährlich, von der eigenen Epoche zu reden, denn zu gewaltig ist der Umfang dessen, was heute auf dem Spiel steht[12]. Einige Andeutungen mögen daher genügen. FRANCESCO COLONNAS Werk ist eine Apotheose der Liebe in der Form eines (literarischen) Traumes, nicht die Geschichte einer Leidenschaft, sondern die Darstellung einer Beziehung zur *Anima,* das heißt zur subjektiven Imago des Weiblichen, inkarniert in der fiktiven Gestalt der Polia. Die Beziehung spielt sich in heidnisch-antiker Form ab, was darum bemerkenswert ist, weil der Autor nach allem, was wir wissen, ein Mönch war. Sein Werk führt gegenüber dem mittelalterlich-christlichen Bewußtsein eine zugleich ältere und jüngere Welt aus dem Hades, der Grab und zugleich gebärende Mutter ist, herauf[13]. Auf höherer Stufe webt GOETHE das Motiv Gretchen–Helena –Mater Gloriosa–das Ewig-Weibliche als einen roten Faden dem bunten Gewirke des *«Faust»* ein. NIETZSCHE verkündet den Gottestod, und bei SPITTELER wird das Blühen und Welken der Götter zum Jahreszeitenmythus. Jeder dieser Dichter spricht mit der Stimme von Tausenden und Zehntausenden, Wandlungen im Zeitbewußtsein vorausverkündend. Die Hypnerotomachia des Poliphilo [von COLONNA], sagt LINDA FIERZ, «ist das Symbol des lebendigen Werdeprozesses, der sich undurchschaubar und unverstehbar an Menschen seiner Zeit vollzogen und aus der Renaissance den Beginn der Neuzeit gemacht hat»[14]. Schon bereitete sich zu COLONNAS Zeit einerseits die Schwächung der Kirche durch das

Schisma, andererseits das Zeitalter der großen Reisen und wissenschaftlichen Entdeckungen vor. Eine Welt ging unter, und ein neuer Äon hob an, antizipiert in jener paradoxen, innerlich gegensätzlichen Gestalt der Polia, der modernen Seele des Mönchs Francesco. Nach drei Jahrhunderten des religiösen Schismas und der wissenschaftlichen Weltentdeckung schildert GOETHE den zur Göttergröße bedrohlich herangediehenen faustischen Menschen und versucht, die Unmenschlichkeit dieser Gestalt empfindend, diese mit dem Ewig-Weiblichen, der mütterlichen Sophia, zu einigen. Letztere erscheint als eine Höchstform der Anima, welche die heidnische Grausamkeit der Nymphe Polia abgestreift hat. Dieser Kompensationsversuch hatte keine dauernde Wirkung, denn NIETZSCHE bemächtigte sich wiederum des Übermenschen, und dieser mußte sich noch in sein eigenes Verderben stürzen. Man vergleiche SPITTELERS *«Prometheus»*[15] mit diesem zeitgenössischen Drama, und man wird meinen Hinweis auf die prophetische Bedeutung des großen Kunstwerkes verstehen[16].

2. DER DICHTER

Das Geheimnis des Schöpferischen ist, wie das der Freiheit des Willens, ein transzendentes Problem, welches die Psychologie nicht beantworten, sondern nur beschreiben kann. Gleicherweise ist auch der schöpferische Mensch ein Rätsel, dessen Lösung man zwar auf vielerlei Weise, aber immer vergebens versuchen wird. Immerhin hat sich die moderne Psychologie hin und wieder mit dem Problem des Künstlers und seiner Kunst beschäftigt. FREUD glaubte einen Schlüssel gefunden zu haben, um das Kunstwerk von der persönlichen Erlebnissphäre des Künstlers her aufzuschließen[17]. Hier taten sich nämlich bestehende Möglichkeiten auf; denn sollte es nicht möglich sein, ein Kunstwerk ebenso aus «Komplexen» abzuleiten wie zum Beispiel eine Neurose? Es war ja die große Entdeckung FREUDS, daß Neurosen eine ganz bestimmte seelische Ätiologie besitzen, das heißt, von emotionalen Ursachen und frühen Kindheitserlebnissen wirklicher oder phantastischer Natur herrühren. Einige seiner Schüler, besonders RANK und STEKEL, haben mit einer ähnlichen Fragestellung gearbeitet und ähnliche Resultate erzielt. Es ist nicht zu leugnen, daß des

Dichters persönliche Psychologie sich gegebenenfalls bis in die Wurzeln und bis in die äußersten Zweige seines Werkes hinaus verfolgen läßt. Diese Ansicht, daß das Persönliche des Dichters die Wahl und die Gestaltung seines Stoffes in vielen Hinsichten beeinflußt, ist an sich nichts Neues. Wie weit diese Beeinflussung reicht und in welch eigentümlichen analogischen Beziehungen sie erfolgt, das aufgezeigt zu haben, ist sicherlich ein Verdienst der FREUDschen Schule.

Neurose ist für FREUD eine Ersatzbefriedigung. Also etwas Uneigentliches, ein Irrtum, ein Vorwand, eine Entschuldigung, ein Nichtsehenwollen, kurz etwas wesentlich Negatives, das besser nicht wäre. Man wagt es kaum, für die Neurose ein gutes Wort einzulegen, denn sie ist anscheinend nichts als eine sinnlose und darum ärgerliche Störung. Das Kunstwerk, das sich anscheinend wie eine Neurose analysieren und auf die persönlichen Verdrängungen des Dichters zurückführen läßt, gerät damit in die bedenkliche Nachbarschaft der Neurose, wo es sich aber insofern in guter Gesellschaft befindet, als die FREUDsche Methode die Religion, Philosophie und anderes ebenfalls in ähnlicher Weise betrachtet. Bleibt es bei der bloßen Betrachtungsweise und wird offen zugegeben, daß es sich dabei um nichts anderes handelt als um die Herausschälung persönlicher Bedingtheiten, die selbstverständlich nirgends fehlen, so kann man billigerweise nichts dagegen einwenden. Sollte aber der Anspruch erhoben werden, daß mit dieser Analyse auch das Wesen des Kunstwerkes selber erklärt sei, so muß dieser Anspruch kategorisch zurückgewiesen werden. Das Wesen des Kunstwerkes besteht nämlich nicht darin, daß es mit persönlichen Besonderheiten behaftet ist – je mehr es dies ist, desto weniger handelt es sich um Kunst –, sondern daß es sich weit über das Persönliche erhebt und aus dem Geist und dem Herzen und für den Geist und das Herz der Menschheit spricht. Das Persönliche ist eine Beschränkung, ja sogar ein Laster der Kunst. «Kunst», die nur oder vorwiegend persönlich ist, verdient es, als Neurose behandelt zu werden. Wenn von der FREUDschen Schule die Meinung vertreten wird, daß jeder Künstler eine infantil-autoerotisch beschränkte Persönlichkeit besitze, so mag dieses Urteil für diesen als Person gelten, es ist aber ungültig für den Schöpfer in ihm. Denn dieser ist weder auto- noch hetero- noch überhaupt erotisch, sondern in höchstem Maße sachlich, unpersönlich, ja sogar un- oder übermenschlich, denn als Künstler ist er sein Werk und kein Mensch.

Jeder schöpferische Mensch ist eine Dualität oder eine Synthese paradoxer Eigenschaften. *Einerseits ist er menschlich-persönlich, andererseits aber unpersönlicher, schöpferischer Prozeß.* Als Mensch kann er gesund oder krankhaft sein; seine *persönliche* Psychologie kann und soll darum persönlich erklärt werden. Als Künstler dagegen ist er nur aus seiner schöpferischen Tat zu verstehen. Es wäre zum Beispiel ein grober Mißgriff, die Manier eines englischen Gentleman oder eines preußischen Offiziers oder eines Kardinals auf persönliche Ätiologie zurückführen zu wollen. Der Gentleman, der Offizier und der hohe Geistliche sind objektive, unpersönliche officia [Ämter, Aufgaben] mit einer ihnen innewohnenden sachlichen Psychologie. Obschon der Künstler das Gegenteil ist von offiziell, so besteht doch eine geheime Analogie, insofern als eine spezifisch künstlerische Psychologie eine kollektive und keine persönliche Angelegenheit ist. Denn die Kunst ist ihm eingeboren wie ein Trieb, der ihn erfaßt und zum Instrument macht. Das in letzter Linie in ihm Wollende ist nicht er, der persönliche Mensch, sondern das Kunstwerk. Als Person mag er Launen und Willen und eigene Zwecke haben, als Künstler dagegen ist er in höherem Sinne «Mensch», er ist *Kollektivmensch,* ein Träger und Gestalter der unbewußt tätigen Seele der Menschheit. Das ist sein officium, dessen Last oft dermaßen überwiegt, daß ihm menschliches Glück und alles, was dem gewöhnlichen Menschen das Leben lebenswert macht, schicksalsmäßig zum Opfer fällt. C. G. CARUS sagt: «Es ist *hier*durch auch besonders, wodurch das sich beurkundet, was wir *den Genius* nannten, denn auf merkwürdige Weise zeichnet sich eben ein solcher höher begabter Geist dadurch aus, daß bei aller Freiheit und Klarheit seines Sichdarlebens er vor dem Unbewußten, dem mysteriösen Gott in ihm, überall gedrängt und bestimmt wird, daß Anschauungen sich ihm ergeben – er weiß nicht woher; daß zum Wirken und Schaffen es ihn drängt – er weiß nicht wohin; und daß ein Drang des Werdens und Entwickelns ihn beherrscht – er weiß noch nicht wozu.»[18]

Es ist unter diesen Umständen keineswegs verwunderlich, daß es gerade der Künstler – als Ganzes gesehen – ist, der einer kritisch analysierenden Psychologie besonders reichen Stoff liefert. Sein Leben ist notwendigerweise voll von Konflikten, indem zwei Mächte in ihm sich bekämpfen: der gewöhnliche Mensch mit seinen berechtigten Ansprüchen auf Glück, Zufriedenheit und Lebenssicherheit einerseits und die rücksichtslose, schöpferische Leidenschaft andererseits, welche gegebenenfalls alle persönlichen Wünsche in den Staub tritt. Daher rührt es, daß das persönliche Lebensschicksal so vieler Künstler so überaus unbefriedigend, ja tragisch ist, nicht etwa aus dunkler Fügung, sondern aus Minderwertigkeit oder ungenügender Anpassungsfähigkeit ihrer menschlichen Persönlichkeit. Es gibt selten einen schöpferischen Menschen, der den göttlichen Funken des großen Könnens nicht teuer bezahlen muß. Es ist, wie wenn jeder mit einem gewissen beschränkten Kapital an Lebensenergie geboren würde. Das Stärkste in ihm, eben sein Schöpferisches, wird das meiste an Energie an sich reißen, wenn er wirklich ein Künstler ist, und für den Rest bleibt dann zu wenig übrig, als daß noch irgendein besonderer Wert sich durchaus entwickeln könnte. Im Gegenteil wird das Menschliche zugunsten des Schöpferischen oft dermaßen entblutet, daß es nur noch auf einem primitiven oder sonstwie erniedrigten Niveau leben kann. Dies äußert sich oft als Kindlichkeit und Unbedenklichkeit oder als rücksichtsloser, naiver Egoismus (sogenannter «Autoerotismus»), als Eitelkeit und andere Fehler. Diese Minderwertigkeiten sind insofern sinnvoll, als dem Ich einzig auf diese Weise genügend Lebenskraft zugeführt werden kann. Es bedarf dieser niederen Lebensformen, weil es sonst an völliger Beraubung zugrunde ginge. Der persönliche Autoerotismus gewisser Künstler kann demjenigen illegitimer oder sonstwie vernachlässigter Kinder, die sich schon frühzeitig durch schlechte Eigenschaften gegen die zerstörende Wirkung einer liebeleeren Umgebung schützen mußten, verglichen werden. Solche Kinder nämlich werden leicht zu rücksichtslos selbstischen Naturen, entweder passiv dadurch, daß sie zeitlebens infantil und hilflos bleiben, oder aktiv dadurch, daß sie gegen Moral und Gesetz verstoßen. Es ist wohl einleuchtend, daß der Künstler aus seiner Kunst erklärt werden muß und nicht aus den Unzulänglichkeiten seiner Natur und aus seinen persönlichen Konflikten, welche bloß bedauerliche Folgeerscheinungen der Tatsache darstellen, daß er ein Künstler ist, das heißt ein Mensch, dem eine größere Last als dem gewöhnlichen Sterblichen aufgebürdet wurde. Das Mehrkönnen verlangt auch einen größeren Energieaufwand, weshalb das Mehr auf der einen Seite nur von einem Weniger auf der anderen Seite begleitet sein kann.

Ob es nun der Dichter weiß, daß sein Werk in ihm gezeugt ist, wächst und reift, oder ob er sich einbildet, daß er aus eigener Absicht eigene Erfindung gestalte, ändert nichts an der Tatsache, daß in Wirklichkeit sein Werk aus ihm wächst. Es verhält sich wie ein Kind zur Mutter.

Die Psychologie des Schöpferischen ist eigentlich weibliche Psychologie, denn das schöpferische Werk wächst aus unbewußten Tiefen empor, recht eigentlich aus dem Reich der Mütter. Überwiegt das Schöpferische, so überwiegt das Unbewußte als leben- und schicksalgestaltende Kraft gegenüber dem bewußten Willen, und das Bewußtsein wird von der Gewalt eines unterirdischen Stromes mitgerissen, ein oft hilfloser Zuschauer der Geschehnisse. Das wachsende Werk ist des Dichters Schicksal und bestimmt seine Psychologie. Nicht GOETHE macht den *«Faust»,* sondern die seelische Komponente «Faust» macht GOETHE[19]. Und was ist «Faust»? «Faust» ist ein *Symbol,* nicht ein bloßer semiotischer Hinweis auf oder eine Allegorie für ein längst Bekanntes, sondern der Ausdruck eines urlebendig Wirkenden in der deutschen Seele, dem GOETHE zur Geburt verhelfen mußte. Ist es denkbar, daß ein Nichtdeutscher einen *«Faust»* oder *«Also sprach Zarathustra»* geschrieben hätte? Beide spielen wohl auf dasselbe an, auf etwas, was in der deutschen Seele vibriert, ein «urtümliches Bild», wie JACOB BURCKHARDT einmal sagte, die Figur eines Arztes und Lehrers einerseits und des düsteren Zauberers andererseits; der Archetypus einesteils des Weisen, Hilfreichen und Erlösenden, anderenteils des Magiers, Blenders, Verführers und Teufels. Dieses Bild ist dem Unbewußten seit Urzeiten eingegraben, wo es schläft, bis die Gunst oder Ungunst der Zeit es weckt, nämlich dann, wenn ein großer Irrtum das Volk vom richtigen Weg ablenkt. Denn wo Abwege sich auftun, bedarf es des Führers und Lehrmeisters und sogar des Arztes. Der verführende Irrweg ist das Gift, das zugleich Heilmittel sein könnte, und der Schatten des Erlösers ist ein teuflischer Zerstörer. Diese Gegenkraft wirkt sich zunächst am mythischen Arzt selber aus: der wundenheilende Arzt ist selber der Träger einer Wunde, wofür Chiron das klassische Beispiel ist[20]. Im christlichen Bereich ist es die Seitenwunde Christi, des großen Arztes. Faust aber ist – charakteristischerweise – unverwundet, vom moralischen Problem unberührt: man kann beides, hochgemut und teuflisch, sein, wenn man seine Persönlichkeit zu spalten vermag, und nur dann ist man imstande, sich «sechstausend Fuß jenseits von Gut und Böse» zu fühlen. Für die Entschädigung, die dem Mephisto damals scheinbar entging, wurde hundert Jahre später eine blutige Rechnung präsentiert. Aber wer glaubt noch im Ernst, daß der Dichter die Wahrheit aller ausspricht? In welchem Rahmen müßte man dann das Kunstwerk betrachten?

Der Archetypus ist an sich weder gut noch böse. Er ist ein moralisch indifferentes Numen, welches erst durch den Zusammenstoß mit dem Bewußtsein zu dem einen oder dem anderen oder zu einer gegensätzlichen Zweiheit wird. Diese Entscheidung zum Guten oder zum Bösen wird wissentlich oder unwissentlich von der menschlichen Einstellung herbeigeführt. Es gibt viele solcher Urbilder, die aber alle so lange nicht in den Träumen der einzelnen und nicht in den Werken der Kunst erscheinen, als sie nicht durch die Abweichung des Bewußtseins vom mittleren Weg erregt werden. Verirrt sich aber das Bewußtsein in eine einseitige und darum falsche Einstellung, so werden diese «Instinkte» belebt und senden ihre Bilder in die Träume der einzelnen und die Gesichte der Künstler und Seher, um damit das seelische Gleichgewicht wiederherzustellen.

So erfüllt sich das seelische Bedürfnis des Volkes im Werk des Dichters, und darum bedeutet das Werk dem Dichter in Tat und Wahrheit mehr als sein persönliches Schicksal, ob er sich dessen nun bewußt sei oder nicht. Er ist in tiefstem Sinne Instrument und deshalb unterhalb seines Werkes, weshalb wir von ihm auch niemals eine Deutung seines eigenen Werkes erwarten dürfen. Er hat sein Höchstes geleistet mit der Gestaltung. Die Deutung muß er anderen und der Zukunft überlassen. Das große Werk ist wie ein Traum, der trotz aller Offenkundigkeit sich selbst nicht deutet und auch niemals eindeutig ist. Kein Traum sagt: «Du sollst» oder «Das ist die Wahrheit»; er stellt ein Bild hin, wie die Natur eine Pflanze wachsen läßt, und es ist uns überlassen, daraus Schlüsse zu ziehen.

Wenn einer einen Angsttraum hat, so hat er entweder zuviel Angst oder zuwenig, und wenn einer von einem weisen Lehrer träumt, so ist er entweder zu lehrhaft oder bedarf des Lehrers. Und beides ist subtil dasselbe, wessen einer nur dann innewird, wenn er das Kunstwerk annähernd so auf sich wirken läßt, wie es auf den Dichter wirkte. Um seinen Sinn zu verstehen, muß man sich von ihm gestalten lassen, wie es den Dichter gestaltet hat. Und dann verstehen wir auch, was sein Urerlebnis war: er hat jene heilsame und erlösende seelische Tiefe berührt, wo noch kein einzelner zur Einsamkeit des Bewußtseins sich abgesondert hat, um einen leidensvollen Irrweg einzuschlagen; wo noch alle in derselben Schwingung begriffen sind und darum Empfinden und Handeln des einzelnen noch in alle Menschheit hinausreicht.

Das Wiedereintauchen in den Urzustand der «participation mystique» ist das Geheimnis des Kunstschaffens und der Kunstwirkung, denn auf dieser Stufe des Erlebens erlebt nicht mehr der einzelne, sondern das Volk, und es handelt sich dort nicht mehr um das Wohl und Wehe des einzelnen, sondern um das Leben des Volkes. Darum ist das große Kunstwerk sachlich und unpersönlich und berührt uns doch aufs tiefste. Darum ist das Persönliche des Dichters bloß Vorteil oder Hemmnis, aber nie wesentlich für seine Kunst. Seine persönliche Biographie kann die eines Philisters, eines braven Mannes, eines Neurotikers, eines Narren oder eines Verbrechers sein: interessant und unvermeidlich, aber hinsichtlich des Dichters unwesentlich.

Die träumende Welt Indiens

Ein erster Eindruck von einem Land ist häufig wie die erste Begegnung mit einem Menschen: der Eindruck mag ganz ungenau, ja in mancher Hinsicht falsch sein, und doch nimmt man wahrscheinlich bestimmte Qualitäten, gewisse Schatten wahr, die durch die deutlicheren Eindrücke eines zweiten oder dritten Besuches vermutlich überlagert werden. Mein Leser würde einen großen Fehler begehen, nähme er irgendwelche Aussagen meinerseits über Indien für evangelische Wahrheit. Stellen Sie sich einen Mann vor, der zum erstenmal in seinem Leben nach Europa kommt; er verbringt etwa sechs, sieben Wochen auf Reisen von Lissabon nach Moskau und von Norwegen bis Sizilien, versteht keine einzige europäische Sprache außer Englisch und hat ein höchst oberflächliches Wissen über die Völker, ihre Geschichte und ihr heutiges Leben. Wäre er wohl imstande, mehr als ein leicht phantastisches Trugbild, gewoben aus flüchtigen Impressionen, Schnappschußgefühlen und voreiligen Urteilen wiederzugeben? Ich fürchte, er hätte wenig Aussicht, dem Vorwurf hochgradiger Inkompetenz und Unzulänglichkeit zu entgehen. Indem ich mir herausnehme, etwas über Indien zu sagen, befinde ich mich in der genau gleichen Lage. Man sagt mir, ich könne darauf pochen, Psychologe zu sein und als solcher vielleicht mehr oder wenigstens etwas Besonderes, was andere Leute übersehen, wahrzunehmen. Ich weiß es nicht. Ich muß das schließliche Urteil meinem Leser überlassen.

Die weite Fläche Bombays und seine niedrigen, dunkelgrünen Hügel, die unvermittelt über den Horizont hinausragen, lassen einen die Unermeßlichkeit eines Kontinentes dahinter ahnen. Dieser Eindruck erklärt meine erste Reaktion, sobald ich an Land ging: ich nahm einen Wagen und fuhr aus der Stadt weg, hinaus ins Gelände. Da fühlte ich mich um vieles besser – gelbes Gras, verstaubte Felder, Eingeborenenhütten, große, dunkelgrüne, sonderbare Feigenbäume, kränkliche Fächerpalmen, ihres Lebenssaftes beraubt (er wird in Wipfelnähe in Flaschen abgezapft, zur Zubereitung von Palmwein, den ich nie gekostet habe), ausgemergeltes Vieh, dünnbeinige Männer, die bunten Saris der Frauen, alle in müßiger Eile oder eiliger Muße, die nicht weiter erklärt zu werden noch sich zu erklären brauchen, weil sie offensichtlich sind, was sie sind. Sie waren unbeteiligt und durchaus nicht beeindruckt; ich war der einzige, der nicht zu Indien gehörte. Wir fuhren durch einen Dschungelstreifen in der Nähe eines blauen Sees. Plötzlich bremsten wir mit einem Ruck, aber nicht weil wir über einen auf der Lauer liegenden Tiger gefahren wären: wir befanden uns mitten in einer einheimischen Filmszene. Irgend etwas schien offenbar mit einem weißen Mädchen los zu sein, das als eine einem Zirkus entflohene Tierbändigerin gekleidet war. Aufnahmegeräte, Lautsprecher und aufgeregte Männer in Hemdsärmeln waren in voller Aktion – der Schock war so groß, daß wir unwillkürlich auf den Gashebel traten. Hiernach hatte ich das Gefühl, ich könnte in die Stadt zurückkehren, die ich eigentlich noch nicht so richtig gesehen hatte.

Der angloindische Stil der Architektur der vergangenen fünfzig Jahre ist nicht interessant, aber er verleiht Bombay einen eigenartigen Charakter, als ob man das alles schon einmal gesehen hätte. Er hat mehr mit der «englischen Wesensart» als mit Indien zu tun. Ich nehme den «Torweg nach Indien» aus, jenes mächtige Portal am Anfang der Königsstraße nach Delhi. Irgendwie klingt darin der prachtvoll-selbstbewußte Stolz an, welchem man in dem von Akbar dem Großen errichteten «Siegestor» in Fatehpur-Sikri begegnet, jener bald darauf verlassenen, heute in Trümmer liegenden Stadt – roter Sandstein, der in der indischen Sonne viele verflossene und künftige Jahrhunderte hindurch leuchtet – eine Woge, die sich am Strand der Zeit gebrochen und einen Streifen Schaum hinterlassen hat.

Das ist Indien, wie ich es sah: manches dauert für immer – gelbe Ebenen, grüne Geister-Bäume, dunkelbraune Gesteinsbrocken von gigantischem Ausmaß, smaragdgrüne, bewässerte Felder, gekrönt von dem metaphysischen Saum aus Eis und Felsen oben im Norden, jener unerbittlichen Schranke, die über menschliches Fassungsvermögen hinausgeht. Anderes rollt ab wie ein Film, unvorstellbar reich an Farben und Formen, immer wechselnd, ein paar Tage oder ein paar hundert Jahre während, seinem Wesen nach aber vergänglich, traumhaft, ein buntschillernder Majaschleier. Heute ist es das noch immer jugendliche British Empire, das in Indien eine Prägespur hinterlassen wird, wie das Mogulnreich, wie

Alexander der Große, wie zahllose Dynastien heimischer Könige, wie die arischen Eindringlinge – aber Indien ändert irgendwie sein majestätisches Antlitz nie. Menschliches Leben scheint in jeder Hinsicht seltsam nichtig zu sein. Die ursprüngliche Stadt Bombay erscheint als ein Wirrwarr zufällig angehäufter menschlicher Behausungen. Die Leute führen ein sinnlos anmutendes Dasein, eifrig, emsig, geräuschvoll. Sie sterben und werden geboren in unaufhörlichen Wellen, als mehr oder weniger immer wieder die gleichen, eine mächtige Monotonie von endlos wiederholtem Leben.

In all dieser Hinfälligkeit, diesem leeren Getöse, wird man sich geschichtsloser Dauer bewußt. Wozu sollte es denn aufgezeichnete Geschichte geben? In einem Land wie Indien vermißt man sie eigentlich nicht. All seine urtümliche Größe ist auf jeden Fall anonym und unpersönlich, wie die Größe Babylons und Ägyptens. Geschichte hat einen Sinn in europäischen Ländern, wo in einer verhältnismäßig jungen, barbarischen und unhistorischen Vergangenheit die Dinge Gestalt anzunehmen begannen. Burgen, Tempel und Städte wurden errichtet, Straßen und Brücken gebaut, und die Völker entdeckten, daß sie Namen hatten, daß sie irgendwo lebten, daß ihre Städte sich vermehrten und daß ihre Welt von Jahrhundert zu Jahrhundert größer wurde. Als sie sahen, daß eine Entwicklung stattfand, begannen sie sich natürlicherweise für den Wandel der Dinge zu interessieren, und es erschien als der Mühe wert, Anfänge und späteren Fortgang zu verzeichnen – denn alles lief auf irgend etwas hinaus, und jedermann erhoffte sich unerhörte Möglichkeiten und Verbesserungen in der Zukunft, auf geistlichem sowohl wie auf weltlichem Gebiet.

In Indien aber scheint es nichts zu geben, was nicht zuvor schon hunderttausendmal dagewesen wäre. Auch das einzelne Individuum von heute hat bereits ungezählte Male in vergangenen Zeiten gelebt. Die Welt selbst ist nichts als die Erneuerung eines Weltendaseins, die sich viele Male vorher schon vollzogen hat. Sogar Indiens größter Persönlichkeit, dem einzigartigen Gautama Buddha, waren Dutzende anderer Buddhas vorausgegangen, und er ist noch nicht der letzte. Kein Wunder denn, daß auch die Götter ihre zahlreichen Avatars haben. «Plus ça change, plus c'est la même chose» [Je mehr sich etwas ändert, desto mehr bleibt sich alles gleich] – wozu unter solchen Umständen also Geschichte? Überdies ist Zeit relativ. Der Yogi sieht sowohl Vergangenheit wie Zukunft. Wenn man den «edlen achtfachen Pfad» begeht, wird man sich erinnern, was man vor zehntausend Leben war. Raum ist relativ: der Yogi durchschreitet in Gedankenschnelle Länder, Meere und Himmel. Was man «wirklich» nennt – alles Gute und Schlechte menschlichen Lebens – ist Blendwerk. Was man «unwirklich» nennt – sentimentale, groteske, obszöne, monströse Götter, die einem das Blut in den Adern gerinnen lassen –, wird unvermutet selbstverständliche Wirklichkeit, wenn man sich eine halbe heiße Nacht lang ein unablässiges raffiniertes Trommelkonzert mit anhört, welches das schlummernde Sonnengeflecht des Europäers wachrüttelt. Er ist gewohnt, seinen Kopf als das einzige Instrument zur Erfassung der Welt anzusehen, und der kathakali, den er mit seinen Augen verfolgt, bliebe ein grotesker Tanz, wenn nicht das Trommeln wäre, das eine neue Wirklichkeit aus den Eingeweiden erstehen läßt.

Ein Bummel durch Bombays Basargetriebe setzte mein Denken in Gang. Ich hatte die Wirkung der traumverwandten Welt Indiens verspürt. Ich bin überzeugt, daß der Durchschnittsinder seine Welt nicht als traumhaft empfindet. Im Gegenteil: jede seiner Reaktionen zeigt, wie sehr er von ihren Wirklichkeiten beeindruckt und ergriffen ist. Stünde er nicht im Banne seiner Welt, würde er seine religiöse und philosophische Lehre über die Große Illusion nicht brauchen – nicht mehr, als wir der christlichen Botschaft der Liebe nicht bedürften, wenn wir anders wären, als wir sind. (Das Wesen des Lehrens besteht darin, Wissen um Dinge zu vermitteln, von denen wir zu wenig Kenntnis haben!) Vielleicht war ich selbst in einen traumhaften Zustand geraten, indem ich mich unter Märchenfiguren aus Tausendundeiner Nacht bewegte. Meine eigene Welt europäischer Bewußtheit war sonderbar fadenscheinig geworden, wie ein Netzwerk von Telegrafendrähten hoch über dem Boden, das sich in geraden Linien über die ganze Oberfläche einer Erde erstreckt, die einem Geografenglobus trügerisch ähnlich sieht.

Es ist durchaus möglich, daß Indien die wirkliche Welt ist und daß der Weiße in einem Narrenhaus von Abstraktionen lebt. Geboren werden, sterben, krank sein, gierig, schmutzig, kindisch, lächerlich, unbedeutend, elend, hungrig, verkommen, offenkundig in analphabetischer Unbewußtheit befangen, in einem engen Universum von guten und bösen Göttern hängen und durch Zaubermittel und hilfreiche mantras geschützt sein, das ist vielleicht das wirkliche Leben, das Leben, wie es gemeint war, das Leben der Erde. Das Leben in Indien hat sich noch nicht in die Kapsel des Kopfes zurückgezogen. Noch ist es der ganze Leib, der lebt. Kein Wunder, daß der Europäer sich wie in einem Traum fühlt; das ganze Leben Indiens ist etwas, wovon er bloß träumt. Wenn man barfuß geht, wie kann man da die Erde vergessen? Es bedarf aller Akrobatik höheren Yogas, um einen der Erde unbewußt werden zu lassen. Man brauchte irgendeine Art von Yoga, wollte man ernsthaft versuchen, in Indien zu leben. Aber ich sah keinen einzigen Europäer, der wirklich dort lebte. Sie lebten alle in Europa, das heißt in einer Art Flasche, gefüllt mit europäischer Luft. Man ginge sicher unter ohne die isolierende Glaswand; man würde ertrinken in all den Dingen, die wir Europäer in unserer Phantasie erobert haben. In Indien werden sie zu ungeheuerlichen Wirklichkeiten, sobald man sich über die Glaswand hinausbegibt.

Nordindien ist geprägt durch den Umstand, daß es einen Teil des gewaltigen asiatischen Kontinents bildet. Ich bemerkte häufig eine schroffe Note im Ton, in welchem die Leute miteinander verkehrten und der an aufgebrachte Kameltreiber oder reizbare Pferdehändler gemahnte. Die Vielfalt asiatischer Gewänder verdrängt hier das makellose Weiß der milden Pflanzenesser. Die Kleider der Frauen sind bunt und provozierend. Die vielen Pathan, hochmütig, unbekümmert und rücksichtslos, und die bärtigen Sikhs mit ihrem widerspruchsvollen Charakter – übermännliche Brutalität gepaart mit schmelzender Sentimentalität – verleihen dem Erscheinungsbild der Massen einen stark asiatischen Anstrich. Die Architektur zeigt deutlich, wie sehr das Hinduelement dem überwiegenden asiatischen Einfluß unterlegen ist. Sogar die Tempel von Benares sind klein und nicht besonders eindrucksvoll, es sei denn wegen des Lärms und Schmutzes, die darin herrschen. Shiva, der Zerstörer, und die blutrünstige, grauenerregende Kali scheinen im Vordergrund zu stehen. Der dicke, elefantenköpfige Ganesha ist, als Glücksbringer, ebenfalls sehr populär.

Im Vergleich dazu erscheint der Islam als eine überlegene, vergeistigte und höher entwickelte Religion. Seine Moscheen sind rein und schön und selbstverständlich durchaus asiatisch. Es kommt nicht viel Intellekt darin zum Ausdruck, dafür ein beträchtliches Maß Gefühl. Der Kult ist ein einziger klagender Aufschrei zum Allerbarmer. Es ist ein Verlangen, ein heißes Sehnen, ja eine Gier nach Gott. Ich würde es nicht Liebe nennen. In diesen alten Moguln aber ist Liebe, eine äußerst poetische, höchst erlesene Liebe zum Schönen. In einer Welt der Tyrannei und Grausamkeit kristallisierte sich ein himmlischer Traum in Stein: der Taj Mahal. Ich kann die schrankenlose Bewunderung nicht verhehlen, die ich für diese allerköstlichste Blüte, dieses unschätzbare Kleinod hege, und ich staune ob jener Liebe, die das Genie Schah Jahans zu entdecken und als Werkzeug der Selbstverwirklichung zu gebrauchen wußte. Dies ist der eine Ort in der Welt, wo die – leider – allzu unsichtbare und allzu eifersüchtig gehütete Schönheit des islamischen Eros durch ein beinahe göttliches Wunder offenbar wurde. Es ist das zarte Geheimnis der Rosengärten von Schiras und der stillen Patios arabischer Paläste, dem Herzen eines großen Liebenden entrissen durch grausamen, nicht wiedergutzumachenden Verlust. Die Moscheen der Moguln und ihre Gräber mögen rein und nüchtern, ihre Diwans oder Audienzgemächer von makelloser Schönheit sein, der Taj Mahal aber ist eine Offenbarung. Er ist ganz und gar unindisch. Er ist eher wie eine Pflanze, die in der reichen indischen Erde gedeihen und blühen konnte, wie es sonst nirgendwo möglich gewesen wäre. Er ist Eros in seiner reinsten Form; an ihm ist nichts geheimnisvoll und nichts symbolisch. Er ist der sublime Ausdruck menschlicher Liebe zu einem Menschen.

In den gleichen Ebenen Nordindiens, nahezu zweitausend Jahre vor der Zeit der Moguln, hatte der Geist Indiens seine reifste Frucht hervorgebracht, die eigentliche Substanz seines Lebens, Buddha, den vollkommenen Herrn und Meister. Nicht sehr weit von Agra und Delhi befindet sich der Hügel von Sanchi mit seinem berühmten Stupa. Wir waren dort an einem frischen Morgen. Das Licht und die außergewöhnliche Klarheit der Luft ließen jede Einzelheit hervortreten. Dort, auf der Kuppe eines felsigen Hügels mit Fernsicht über die Ebenen Indiens, erblickt man eine mächtige Kugel aus Mauerwerk, halb im Boden begraben. Nach dem *Maha-Parinibbana-Sutta* bezeichnete Buddha selbst die Art und Weise, wie seine sterbliche Hülle bestattet werden sollte. Er nahm zwei Reisschalen und deckte die eine mit der anderen zu. Der sichtbare Stupa ist eben die obere Schale. Man hat sich die untere, in der Erde eingegrabene, dazu vorzustellen. Das Runde, ein Vollkommenheitssymbol von jeher, erscheint als ein ebenso angemessenes wie ausdrucksvolles Denkmal für einen Tathagata. Es ist von überwältigender Einfachheit, Strenge und Klarheit, in völligem Einklang mit der Einfachheit, Strenge und Klarheit von Buddhas Lehre.

Es liegt etwas unsagbar Feierliches über diesem Ort in seiner erhöhten

Einsamkeit, als zeugte er noch immer vom Augenblick in der Geschichte Indiens, da der größte Genius seiner Rasse ihrer erhabensten Wahrheit Ausdruck gab. Dieser Ort, mit seiner Architektur, seiner Stille und seinem Frieden jenseits von allem Aufruhr des Herzens, seinem Vergessen menschlicher Emotionen, ist wahrhaft und wesentlich indisch: er ist ebensosehr das «Geheimnis» Indiens, wie der Taj Mahal das Geheimnis des Islams darstellt. Und genau wie der Duft islamischer Kultur noch in der Luft schwebt, so ist Buddha, obwohl an der Oberfläche vergessen, weiterhin der heimliche Lebensodem des modernen Hinduismus. Er wird zum mindesten als ein Avatar Vishnus geduldet.

Da ich zusammen mit den britischen Delegierten zu einem indischen wissenschaftlichen Kongreß in Kalkutta reiste, wurde ich durch eine große Anzahl von Galadiners und Empfängen geschleust. Bei diesen hatte ich Gelegenheit, mit gebildeten Inderinnen ins Gespräch zu kommen. Das war neu für mich. Ihre Kleidung prägt sie als Frauen. Es ist die kleidsamste, stilvollste und zugleich sinnreichste Art, sich anzuziehen, die Frauen je ersonnen haben. Ich hoffe inständig, daß die «Geschlechtskrankheit» des Westens, welche die Frauen in eine Art unbeholfener Jungen umzuwandeln versucht, nicht im Gefolge der Marotte «wissenschaftliche Erziehung» nach Indien eingeschleppt werde. Es wäre ein Verlust für die ganze Welt, wenn die Inderinnen ihre heimische Tracht aufgäben. Indien (und vielleicht China, das ich nicht kenne) ist praktisch das einzige zivilisierte Land, wo man an lebenden Modellen sehen kann, wie Frauen sich kleiden können und sollten.

Das Gewand der Inderin drückt viel mehr aus als die sinnlose Halbnacktheit des Abendkleides der westlichen Frau. Es gibt daran noch etwas zu enthüllen oder zu entdecken, und andererseits wird der Geschmack nicht beleidigt durch den Anblick ästhetischer Mängel. Das europäische Abendkleid ist eines der offenkundigsten Symptome unserer sexuellen Kränklichkeit: es ist zusammengesetzt aus Schamlosigkeit, Exhibitionismus, ohnmächtiger Provokation und einem lächerlichen Versuch, die Beziehung zwischen den Geschlechtern billig und leicht zu machen. Nun ist sich aber jedermann der Tatsache zutiefst bewußt – oder sollte es sein –, daß das Geheimnis sexueller Anziehung weder billig noch leicht ist, sondern einer jener Dämonen, die noch keine «wissenschaftliche Erziehung» je gemeistert hat. Die Frauenmode wird bei uns weitgehend von Männern erdacht: man kann sich das Ergebnis vorstellen. Nachdem sie alle Mittel erschöpft haben, mit Hilfe von Miedern und Polstern etwas hervorzubringen, was einer fruchtbaren Zuchtstute ähnelt, bemühen sie sich nun den adoleszenten Zwitter zu schaffen, einen athletischen, halbmännlichen Körper, dem Umstand zum Trotz, daß die nordische Frau ohnehin schon eine peinliche Neigung zu knochiger Grobwüchsigkeit aufweist. Man versucht Koedukation, um die Geschlechter einander anzugleichen, statt den Unterschied hervorzuheben. Der schlimmste Anblick aber sind – o weh – die Frauen in Hosen, die auf Deck paradieren! Ich habe mich oft gefragt, ob sie wußten, wie erbarmungslos häßlich sie aussahen. Gewöhnlich waren es grundanständige Mittelklassetypen, alles andere als raffiniert, nur eben von der gegenwärtig grassierenden Hermaphroditose befallen. Es ist eine traurige Wahrheit, aber die europäische Frau und vor allem ihre hoffnungslos verfehlte Art, sich anzuziehen, machen keinen Staat, verglichen mit der Würde und Eleganz der Inderin und ihrer Bekleidung. Sogar dicke Frauen haben in Indien eine Chance; bei uns können sie sich höchstens zu Tode hungern.

Wenn von Kleidern die Rede ist, muß ich erwähnen, daß der Hindumann allzusehr auf Bequemlichkeit und Kühle aus ist. Er trägt ein langes Stück Baumwollstoff um sich herum und zwischen seinen Beinen durchgeschlungen. Vorn sind die Beine wohl bedeckt, die Rückseite jedoch ist lächerlich entblößt. Es wirkt ein wenig effeminiert und babyhaft. Man kann sich ganz einfach keinen Soldaten vorstellen mit solchen Stoffgirlanden zwischen seinen Beinen. Manche tragen darüber ein Hemd oder einen europäischen Rock, was einen merkwürdigen, aber nicht sehr männlichen Eindruck macht. Der nördliche Typus Bekleidung ist persisch und sieht tadellos und rassig aus. Der Girlandentyp kommt namentlich im Süden vor, vielleicht der matriarchalen Tendenz wegen, die im Süden vorherrscht. Die Stoffgirlande wirkt wie eine Art übergroße Windel. Es ist eine wesentlich unkriegerische Bekleidung und paßt ausgezeichnet zu der pazifistischen Hindumentalität.

Ein wirklicher Kampf in solcher Aufmachung ist nahezu undenkbar. Die Kämpfer würden sich im Geschlinge ihrer lächerlichen Tücher augenblicklich verwickeln. Sie sind indessen frei mit Worten und Gebärden, aber wenn man das Schlimmste erwartet, beschränken sie sich darauf, des anderen Hemd und Windel anzugreifen. Ich habe einmal zwei Jungen von ungefähr acht, neun Jahren beobachtet, die einen hitzigen Streit über ein Spiel austrugen. Es kam zu einer Prügelei. Wir wissen alle gut genug, was ein Kampf zwischen Buben dieses Alters bedeutet. Doch was die beiden Hinduknaben boten, war wirklich sehenswert: sie schlugen heftig zu, aber die bedrohlich aussehenden Fäuste hielten auf wunderbare Weise einen Zoll breit vor dem Gesicht des Feindes inne – und nachher war es genau, als ob sie einen wirklich zünftigen Kampf ausgetragen hätten! Sie sind zutiefst zivilisiert. Das war im Süden; das mohammedanische Element im Norden kommt dem Eigentlichen wohl um einiges näher, wenn es ums Kämpfen geht.

Der Eindruck von Weichheit, den der Hindu erweckt, weist auf ein Überwiegen des weiblichen Elementes in der Familie hin, vermutlich der *Mutter.* Es scheint ein Stil zu sein, der auf alten matriarchalischen Traditionen beruht. Der gebildete Hindu hat ganz ausgesprochen den Charakter des «Familienknaben», des «guten» Sohnes, der weiß, daß er es mit seiner Mutter zu tun hat, und zudem, wie er es machen muß. Man gewinnt jedoch weitgehend den gleichen Eindruck von den Frauen. Sie tragen eine gesuchte und erlesene Art Bescheidenheit und Unauffälligkeit zur Schau, die einem augenblicklich das Gefühl gibt, einer äußerst kultivierten und gesellschaftlich wohleingeordneten Person gegenüberzustehen. Da ist keine Schroffheit oder Anmaßung, nichts Männliches oder Schneidendes in ihrer Stimme. Dies bildet einen ungemein wohltuenden Gegensatz zu gewissen europäischen Frauen, die ich kenne und deren überspannte, schrille und gekünstelte Stimmen eine merkwürdig erzwungene und unnatürliche Haltung verraten.

Ich hatte viele Gelegenheiten, die englische Stimme in Indien zu studieren. Stimmen sind verräterisch; sie offenbaren nur zu viel. Man wundert sich über die phantastischen Anstrengungen, die Leute machen, um fröhlich, munter, einladend, unternehmungslustig, fidel, wohlwollend, kameradschaftlich und so weiter zu wirken. Und man weiß, daß es bloß ein Versuch ist, die eigentliche Wahrheit zuzudecken, die so ziemlich das Gegenteil darstellt. Es macht einen müde, sich diese unnatürlichen Töne mit anzuhören, und man sehnt sich danach, daß jemand etwas Unfreundliches oder sackgrob Aggressives sagen möchte. Man kommt nicht darum herum festzustellen, wie zahlreiche durchaus liebenswerte und anständige Engländer sich eine Heidenmühe um eine supermännliche, eine «he-man»-Stimme geben – weiß Gott warum. Es tönt, als ob sie versuchten, der Welt mit ihren kehlig dröhnenden Organen Eindruck zu machen oder als ob sie sich an eine politische Versammlung richten würden, die es von der tiefinneren Redlichkeit und Aufrichtigkeit des Redners zu überzeugen gälte. Das übliche Timbre ist der Baß, des Offiziers etwa oder des Haushaltsvorstandes, der einer großen Schar von Kindern und Dienstboten gebührenden Respekt einflößen muß. Die Weihnachtsmannstimme ist eine besondere Abart, zumeist von akademisch gebildeten Musterexemplaren gepflegt. Ich habe bemerkt, daß ein besonders furchterregendes Gebrumm von ganz bescheidenen und ordentlichen Burschen mit bemerkenswertem Minderwertigkeitsgefühl ausging. Was für eine übermenschliche Bürde ist es, die Oberherrschaft über einen Kontinent wie Indien auszuüben!

Die Inder sprechen ohne Geziertheit. Sie stellen nichts dar. Sie gehören zu den dreihundertsechzig Millionen Menschen Indiens. Die Frauen bedeuten noch weniger als nichts. Sie gehören zu umfangreichen Familien, die zufällig und geografisch betrachtet in einem Land namens Indien leben. Und man hat sich der Familie anzupassen und zu wissen, wie man reden und sich benehmen muß, wenn zwanzig oder dreißig Glieder einer Familie in einem kleinen Haus zusammengedrängt sind, mit einer Großmutter an der Spitze. Das lehrt einen, bescheiden, achtsam und höflich zu sprechen. Es erklärt dieses zwitschernde Stimmlein und das blumenhafte Gebaren. Das Zusammengedrängtsein in Familien hat bei uns die gegenteilige Wirkung. Es macht die Leute nervös, reizbar, rücksichtslos, ja gewalttätig. Indien aber nimmt die Familie ernst. Da ist nichts Dilettantisches oder Rührseliges dabei. Sie wird als die unentbehrliche, unumgängliche, notwendige und selbstverständliche Lebensform angesehen. Um dieses Gesetz zu brechen und «Heimatlosigkeit» als ersten Schritt zur Heiligmäßigkeit zu verstehen, bedarf es einer Religion. Es sieht gewiß so aus, als ob es ungemein erfreulich und leicht wäre, mit Indern zu leben, vor allem mit den Frauen; und wenn der Stil den ganzen Menschen ausmachen würde, wäre das indische Leben nahezu ideal. Aber Milde im Benehmen und Sanftheit der Stimme sind auch Bestandteil von Heimlichkeit und Diplomatie. Ich nehme an, die Inder sind einfach Menschen, und somit trifft keine Verallgemeinerung ganz zu.

Tatsächlich stolpert man immer wieder über einen eigentümlichen Widerstand, wenn man eine eindeutige Auskunft erbittet. Man stellt dann fest, daß sich die Leute weniger mit der betreffenden Frage befassen als mit Überlegungen hinsichtlich der möglichen Beweggründe, die man dafür haben mag, oder wie sie sich selber aus der Enge, in die sie getrieben wurden, schmerzlos herauswinden könnten. Das Zuviel an Menschen hat sicher einiges zu tun mit diesem weitverbreiteten und sehr bezeichnenden Defekt am indischen Charakter, denn nur die Kunst der Täuschung vermag die Intimsphäre des einzelnen in einer Masse zu bewahren. Das ganze Wesen der Frau ist nach der Mutter sowie nach dem Mann ausgerichtet. Jener ist sie eine Tochter, diesem die Frau, deren geschicktes Benehmen ihm einigermaßen die Chance gibt, sich wie ein Mann zu fühlen. Zum mindesten begegnete ich nicht einem einzigen «Schlachtschiff», wie es so typisch ist für den westlichen Salon und dessen Anblick einen Mann sich ungefähr so behaglich fühlen läßt wie eine Maus, die noch vor dem Frühstück in kaltem Wasser ertrinkt.

Die Inder haben im Sinn und sind dazu geschaffen, in Indien zu leben. Daher haben sie sich in einen Grad von Domestikation geschickt, den wir nicht imstande sind zu erreichen, selbst nicht mit Hilfe von Idealen und krampfhaften moralischen Anstrengungen. Unsere Wanderungen sind noch an kein Ende gelangt. Es ist noch nicht lange her, daß die Angelsachsen aus Norddeutschland in ihre neue Heimat gezogen sind. Die Normannen gelangten eine geraume Weile später von Skandinavien aus über Nordfrankreich dahin, und ähnlich verhält es sich mit sozusagen jeder Nation in Europa. Unser Motto ist immer noch: «Ubi bene, ibi patria» [Wo es gut sein ist, da ist die Heimat]. Dieser Wahrheit wegen sind wir alle glühende Patrioten. Weil wir immer noch wandern können und werden, bilden wir uns ein, mehr oder weniger überall, wo auch immer, leben zu können. Noch nicht überzeugt, daß wir imstande wären, es in dichtgedrängten Familien auszuhalten, haben wir den Eindruck, daß wir es uns leisten können zu streiten, denn es gibt noch zur Genüge gutes offenes Land «fern im Westen», falls es zum Schlimmsten kommen sollte. Wenigstens scheint es so. Es stimmt jedoch nicht mehr ohne weiteres. Sogar der Engländer hat sich in Indien nicht niedergelassen; er ist nur dazu verurteilt, seine Frist hier abzudienen und das Beste daraus zu machen. Daher rühren all diese zuversichtlichen, lustigen, munteren, energischen, kraftvollen Stimmen von Leuten, die dem Frühling in Sussex nachtrauern und -träumen.

Was Indien uns lehren kann

Indien liegt zwischen dem asiatischen Norden und dem pazifischen Süden, zwischen Tibet und Ceylon. Indien hört am Fuß des Himalaja und bei Adam's Bridge abrupt auf. Am einen Ende beginnt eine mongolische Welt, am anderen das «Paradies» einer Südseeinsel. Ceylon ist von Indien so eigenartig verschieden, wie Tibet es ist. Seltsamerweise findet man an beiden Enden die «Spur des Elefanten», wie der *Pali-Kanon* [die Gesamtheit der südbuddhistischen heiligen Schriften] die Lehre des Herrn und Meisters Buddha nennt.

Warum hat Indien sein strahlendstes Licht, Buddhas Erlösungspfad, diese großartige Synthese von Weltanschauung und opus divinum [göttlichem Werk] verloren? Es ist allgemein bekannt, daß die Menschheit sich auf einem Höhepunkt der Erleuchtung und geistigen Anstrengung nie halten kann. Buddha war ein unzeitiger Eindringling, er hat den Gang der Geschichte von Grund auf geändert und wurde schließlich doch von ihm besiegt. Die indische Religion gleicht einer vimana oder Pagode. Wie Ameisen klettern die Götter übereinander, von den Elefanten an, die in die Grundmauern geschnitzt sind, bis zu dem abstrakten Lotus zuoberst, der das Gebäude krönt. Mit der Zeit werden die Götter zu philosophischen Begriffen. Buddha, ein geistiger Wegbereiter für die gesamte Welt, sagte – und suchte es wahrzumachen –, daß der erleuchtete Mensch der Lehrer und Erlöser sogar seiner Götter sei (nicht deren stupider Leugner, wie die westliche «Aufklärung» es will). Das war offensichtlich zu viel, da der indische Geist noch gar nicht bereit war, die Götter in dem Maße zu integrieren, daß sie psychologisch vom seelischen Zustand des Menschen abhängig werden. Wie Buddha selbst solche Einsicht gewinnen konnte, ohne sich völlig in einer Inflation zu verlieren, grenzt an ein Wunder. (Aber jedes Genie *ist* ein Wunder.)

Buddha störte den historischen Prozeß, indem er mit der allmählichen Umwandlung der Götter in Ideen dazwischentrat. Das echte Genie bricht sozusagen immer ein und stiftet Unruhe. Es spricht zu einer zeitlichen Welt aus einer ewigen Welt. So sagt es das Falsche zur richtigen Zeit. Ewige Wahrheiten sind nie zu einem gegebenen Augenblick in der Geschichte wahr. Der Prozeß der Wandlung hat einen Halt zu machen, um die äußerst unbequemen Dinge zu verdauen und zu assimilieren, die das Genie aus der Vorratskammer der Ewigkeit hervorgebracht hat. Und doch ist das Genie der Heilbringer seiner Zeit, denn alles, was es an ewiger Wahrheit offenbart, ist heilsam.

Das Fernziel des Wandlungsprozesses ist indessen annähernd das, was Buddha vorschwebte. Aber dorthin zu gelangen, ist weder in einer noch in zehn Generationen möglich. Es braucht eindeutig viel länger, auf alle Fälle Tausende von Jahren, da die erstrebte Umwandlung nicht ohne eine gewaltige Entwicklung des menschlichen Bewußtseins vor sich gehen kann. Sie kann nur «geglaubt» werden, was Buddhas wie Christi Nachfolger offensichtlich taten, in der Annahme – wie das bei «Gläubigen» immer der Fall ist –, daß Glaube alles sei. Glaube ist zwar etwas Großes, aber er ist ein Ersatz für eine bewußte Wirklichkeit, welche die Christen weise auf ein Leben im Jenseits verlegen. Dieses «Nachher» ist in Wirklichkeit die angestrebte Zukunft der Menschheit, vorweggenommen durch religiöse Intuition.

Buddha ist aus dem Leben und der Religion Indiens mehr verschwunden, als wir uns je vorstellen könnten, daß Christus im Gefolge irgendeiner künftigen Katastrophe der Christenheit verschwinden würde, mehr sogar als die griechisch-römischen Religionen aus dem heutigen Christentum verschwunden sind. Nicht daß Indien seinen geistigen Lehrmeistern undankbar wäre. Es ist ein bemerkenswertes Wiederaufleben des Interesses an klassischer Philosophie festzustellen. Universitäten wie Kalkutta und Benares haben bedeutende philosophische Fakultäten. Das Hauptgewicht wird jedoch auf klassische Hinduphilosophie und ihre weitgespannte Sanskritliteratur gelegt. Der *Pali-Kanon* liegt nicht ganz in ihrem Gesichtskreis. Buddha vertritt keine eigentliche Philosophie. Er fordert den Menschen heraus! Das ist nicht eigentlich, was die Philosophie will. Sie, wie irgendeine andere Wissenschaft, braucht einen weiten intellektuellen Spielraum, unbehindert von moralischen und menschlichen Verstrickungen. Dazu kommt, daß kleine und mängelbehaftete Leute in der Lage sein müssen, «etwas dazu zu tun», ohne auf fatale Weise in Zusammenhänge verwickelt zu werden, die weit über ihre Trag-

und Leistungskräfte hinausgehen. Dies ist letzten Endes der richtige Weg, auch wenn es in der Tat eine longissima via [sehr langer Weg] ist. Die göttliche Ungeduld eines Genies mag den kleinen Mann verstören oder gar aus der Fassung bringen. Ein paar Generationen später wird er sich jedoch durch die schiere Kraft der Zahlen wieder behaupten, und auch das scheint in Ordnung zu sein.

Ich werde nun etwas sagen, was meine indischen Freunde möglicherweise unangenehm berühren wird, doch möchte ich sie selbstverständlich keineswegs kränken. Ich habe, so scheint mir, die merkwürdige Tatsache beobachtet, daß ein Inder, insofern er wirklich Inder ist, nicht denkt, zumindest nicht, was wir «denken» nennen. *Eher nimmt er den Gedanken wahr.* In dieser Hinsicht gleicht er dem Primitiven. Ich sage nicht, daß er primitiv *ist,* sondern daß der Vorgang seines Denkens mich an die primitive Art des Gedankenhervorbringens erinnert. Das Räsonieren des Primitiven ist zur Hauptsache eine unbewußte Funktion, und er nimmt ihre Ergebnisse wahr. Man könnte eine solche Eigentümlichkeit in jeder Kultur erwarten, die sich seit Urzeiten einer nahezu ungebrochenen Kontinuität erfreut hat.

Unsere westliche Entwicklung von einem primitiven Stand aus wurde plötzlich unterbrochen durch das Eindringen einer Psychologie und Geistigkeit, die einer viel höheren Kulturstufe zugehörten. Unser Fall war nicht so arg wie derjenige der Neger oder Polynesier, die sich mit einemmal der unvergleichlich höheren Zivilisation des Weißen Mannes gegenübersahen, aber dem Wesen nach war es das gleiche. Wir wurden mitten in einem noch barbarischen Polytheismus gestoppt, der ausgerottet oder unterdrückt wurde – Jahrhunderte hindurch und vor nicht allzu langer Zeit. Ich nehme an, daß dieser Umstand dem westlichen Geist eine sonderbare Knickung verliehen hat. Unsere geistige Existenz wurde in etwas verwandelt, was sie noch nicht erreicht hatte und im Grunde genommen noch nicht sein konnte. Und dies ließ sich nur bewerkstelligen durch eine Dissoziation zwischen dem bewußten Teil der Psyche und dem Unbewußten. Es war eine Befreiung des Bewußtseins von der Last der Irrationalität und Triebhaftigkeit, auf Kosten der Ganzheit des Individuums. Der Mensch wurde in eine bewußte und eine unbewußte Persönlichkeit aufgespalten. Die bewußte Persönlichkeit konnte domestiziert werden, weil sie vom naturhaften und primitiven Menschen getrennt war. So wurden wir einerseits höchst diszipliniert, organisiert und rational, die andere Seite aber blieb ein unterdrückter Primitiver, abgeschnitten von Erziehung und Kultur.

Dies erklärt unsere vielen Rückfälle in die erschreckendste Barbarei, und es erklärt auch die wirklich furchtbare Tatsache, daß, je höher wir den Berg wissenschaftlicher und technischer Errungenschaften hinaufklettern, der Mißbrauch unserer Erfindungen um so gefährlicher und diabolischer wird. Man denke an den großen Triumph menschlichen Geistes, die Macht zu fliegen: wir haben den uralten Menschheitstraum verwirklicht! Und man denke an die Bombenangriffe moderner Kriegsführung! Ist es das, was Zivilisation bedeutet? Führt es nicht vielmehr den überzeugenden Beweis für die Tatsache vor Augen, daß, als unser Geist zur Eroberung des Himmels auszog, unser andere Mensch, dieses unterdrückte, barbarische Individuum, zur Hölle fuhr? Gewiß darf unsere Zivilisation stolz sein auf ihre Leistungen, doch müssen wir uns gleichzeitig über uns schämen.

Sicher ist dies nicht der einzige Weg, auf dem der Mensch zivilisiert werden kann, jedenfalls ist es kein idealer Weg. Man könnte sich eine andere, befriedigendere Möglichkeit ausdenken. Statt nur die eine Seite des Menschen könnte man den ganzen Menschen differenzieren. Indem man dem bewußten Menschen die erdgebundene Last seiner primitiven Seite aufbürdete, ließe sich diese verhängnisvolle Spaltung zwischen einer oberen und einer unteren Hälfte vermeiden. Allerdings wäre es kein geringer tour de force, mit dem Weißen von heute in dieser Richtung zu experimentieren. Es würde natürlich zu teuflisch verwickelten moralischen und intellektuellen Problemen führen. Aber wenn es dem Weißen nicht gelingt, seine eigene Rasse mit Hilfe seiner brillanten Erfindungen zu vernichten, wird er sich schließlich zu einem verzweifelt ernsthaften Selbsterziehungskurs bequemen müssen.

Was immer das endgültige Schicksal des Weißen sein wird, wir können wenigstens *ein* Beispiel für eine Kultur betrachten, die jede wesentliche Spur der Primitivität mit sich getragen hat und die den ganzen Menschen, von zuoberst bis zuunterst, umfaßt. Indiens Kultur und Psychologie gleicht seinen Tempeln, die in ihren Skulpturen das Universum darstellen, einschließlich des Menschen und aller seiner Aspekte und Tätigkeiten, als Heiliger oder als Scheusal. Dies ist vermutlich der Grund, weshalb Indien so traumartig erscheint: man wird ins Unbewußte zurückgestoßen, in jene unerlöste, unzivilisierte, urtümliche Welt, von der wir nur träumen, da unser Bewußtsein sie verleugnet. Indien stellt den anderen Weg der Zivilisierung des Menschen dar, den Weg ohne Unterdrückung, ohne Gewalttätigkeit, ohne Rationalismus. Hier sieht man sie Seite an Seite, in derselben Stadt, in derselben Straße, in demselben Tempel, innerhalb derselben Quadratmeile: den höchst kultivierten Geist und den Primitiven. In der geistigen Aufmachung des Allergeistigsten erkennt man die Züge des lebendig gebliebenen Primitiven, und in den melancholischen Augen des ungebildeten, halbnackten Dorfbewohners läßt sich ein unbewußtes Wissen um geheimnisvolle Wahrheiten erahnen.

Ich sage das alles, um zu erklären, was ich unter Nicht-Denken verstehe. Ich könnte ebensogut sagen: Gott sei Dank gibt es noch einen Menschen, der nicht denken gelernt hat, sondern noch fähig ist, seine Gedanken wahrzunehmen, als ob es Visionen oder lebendige Dinge wären; einen Menschen, der seine Götter umgewandelt hat – oder umwandeln wird – in sichtbare Gedanken, die auf der Wirklichkeit der Instinkte beruhen. Er hat seine Götter gerettet, und sie leben mit ihm. Es ist zwar ein irrationales Leben, voller Roheit, Greuel, Elend, Krankheit und Tod, jedoch irgendwie ganzheitlich, befriedigend und von unsagbarer emotionaler Schönheit. Es stimmt, daß die logischen Prozesse Indiens komisch sind, und es ist verblüffend zu sehen, wie Bruchstücke westlicher Wissenschaft sich dicht neben – kurzsichtigerweise von uns so genanntem – Aberglauben finden. Den Indern machen anscheinend unerträgliche Widersprüche nichts aus. Wenn sie bestehen, sind sie eine Eigentümlichkeit solchen Denkens, und der Mensch ist nicht verantwortlich dafür. Er macht sie nicht, da Gedanken ja von selbst erscheinen. Der Inder fischt nicht infinitesimale Einzelheiten aus dem Universum heraus. Sein Streben geht dahin, eine Schau des Ganzen zu haben. Er weiß noch nicht, daß man die lebendige Welt straff zwischen zwei Begriffe schrauben kann. Haben Sie je einen Augenblick darüber nachgedacht, wieviel vom Eroberer (um nicht zu sagen Dieb oder Räuber) schon im Ausdruck «Begriff» liegt? Er besagt «etwas durch Zupacken Gewonnenes». So gehen wir an die Welt heran. Indisches Denken aber ist Verdichtung einer Vision und nicht ein beutegieriger Überfall in die noch uneroberten Bereiche der Natur.

Wenn Sie die bedeutendste Lektion lernen wollen, die Indien einem beibringen kann, so hüllen Sie sich in den Mantel Ihrer moralischen

Überlegenheit, begeben Sie sich in die Schwarze Pagode von Konarak, setzen Sie sich in den Schatten der gewaltigen Ruine, die noch immer mit der bestürzendsten Sammlung von «Obszönitäten» bedeckt ist, lesen Sie MURRAYS hinterlistiges altes *«Handbuch für Indien»,* das einem sagt, wie man angesichts dieses beklagenswerten Standes der Dinge so richtig schockiert sein und wie man des Abends in die Tempel gehen soll, weil sie im Lampenlicht wenn möglich «noch <wie erfreulich!> viel schlimmer» wirken; und dann analysieren Sie sorgfältig und mit der äußersten Ehrlichkeit alle Ihre Reaktionen, Gefühle und Gedanken. Es wird Sie eine ganze Weile in Anspruch nehmen, aber am Ende, wenn Sie gute Arbeit geleistet haben, werden Sie etwas über sich selbst erfahren haben und über den Weißen im allgemeinen, was Sie wahrscheinlich noch von niemand sonst hörten. Ich finde, eine Reise nach Indien, wenn man sie sich leisten kann, ist im ganzen höchst erbaulich und, vom psychologischen Standpunkt aus, äußerst ratsam, obschon sie einem erhebliches Kopfweh verursachen kann.

Zur Psychologie östlicher Meditation

Mein leider zu früh verstorbener Freund HEINRICH ZIMMER hat in seinem Buch *Kunstform und Yoga*[1] die tiefen Zusammenhänge hervorgehoben, welche zwischen der hieratischen Architektur Indiens und dem Yoga bestehen. Wer einmal den Borobudur oder die Stûpas von Barhut und Sânchi gesehen hat, der kann sich in der Tat schwer dem Eindruck entziehen, daß hier eine dem Europäer ungewohnte Geisteshaltung und Anschauung am Werk ist, wenn er nicht schon durch tausend andere Eindrücke des indischen Lebens darüber belehrt worden ist. In den ungezählten Facetten des überquellenden Reichtums indischer Geistigkeit spiegelt sich eine innere Anschauung der Seele wider, welche dem griechisch geschulten Verstand des Europäers zunächst fremdartig und unzugänglich erscheint. Unser Verstand erschaut die Dinge, unser «Auge trinkt» – um mit GOTTFRIED KELLER zu reden –, «was die Wimper hält, von dem goldnen Überfluß der Welt», und wir schließen aus der Fülle äußerer Eindrücke auf das Innere. Ja, wir leiten sogar dessen Inhalte von Äußerem ab nach dem Satz: «Nichts ist im Verstand, das nicht vorher in den Sinnen war.» Dieser Satz scheint in Indien keine Geltung zu haben. Indisches Denken und Gestalten *erscheint* bloß in der Sinnenwelt, läßt sich aber nicht aus dieser ableiten. Trotz aller oftmals aufdringlichen Sinnlichkeit des Ausdruckes ist es doch in seinem eigentlichsten Wesen unsinnlich, um nicht zu sagen *übersinnlich.* Es ist nicht die Welt der Sinne, der Körper, Farben und Töne, nicht menschliche Leidenschaft, welche durch die Gestaltungskraft der indischen Seele in verklärter Gestalt oder in realistischem Pathos wiedergeboren werden, sondern es ist eine Unter- oder Überwelt metaphysischer Natur, aus welcher fremde Gestalt in irdisch bekanntes Weltbild durchbricht. Wenn man die ungeheuer eindrucksvollen Götterdarstellungen der südindischen Kathakalitänzer aufmerksam beobachtet, so wird man nicht *eine* natürliche Geste sehen. Alles ist bizarr unter- und übermenschlich: sie gehen nicht wie Menschen, sondern sie gleiten, sie denken nicht mit dem Kopf, sondern mit den Händen. Selbst das menschliche Antlitz verschwindet hinter blauemaillierter kunstvoller Maske. Unsere bekannte Welt bietet nichts, das sich auch nur im entferntesten mit dieser grotesken Großartigkeit vergleichen ließe. Man wird durch solchen Anblick in einen Traum versetzt, als dem einzigen Ort, an dem einem etwa schon Ähnliches begegnet ist. Es sind aber keine nächtlichen Spukgestalten, die uns im Kathakali oder in den Tempelbildern entgegentreten, sondern gespannt dynamische, bis in feinste Einzelheiten gesetzmäßig gebildete oder organisch gewachsene Figuren. Es sind keine Schemen und Abbilder einstmaliger Wirklichkeiten, sondern vielmehr Wirklichkeiten, die *noch nicht* waren, potentielle Realitäten, die jeden Moment über die Schwelle des Seins treten können.

Wer sich solchen Eindrücken ungeteilten Herzens hingibt, wird bald merken, daß diese Gestalten dem Inder nicht als traumhaft, sondern als wirklich vorkommen, wie sie auch in uns selber mit beinahe erschreckender Lebendigkeit an etwas rühren, wofür wir allerdings keine Sprache haben. Und zugleich merkt man, je tiefer man ergriffen ist, daß unsere Sinnenwelt zum Traum wird und daß man in einer Götterwelt von unmittelbarster Wirklichkeit *erwacht.*

Was der Europäer zunächst in Indien sieht, ist äußerlich angeschaute Körperhaftigkeit. Das ist aber nicht Indien, wie es der Inder sieht, das ist nicht *seine* Wirklichkeit. Wirklichkeit ist, wie das deutsche Wort besagt, das, was *wirkt.* Der Inbegriff des Wirkenden ist für uns mit der Erscheinung der Welt verknüpft, für den Inder dagegen mit der *Seele.* Welt ist ihm Schein, und seine Realität nähert sich dem, was wir etwa Traum nennen würden.

Dieser seltsame Gegensatz zum Westen drückt sich zuallermeist in der religiösen Übung aus. Wir reden von religiöser Erbauung und Erhebung, Gott ist uns der Herr des Weltalls, wir haben eine Religion der Nächstenliebe, in unseren in die Höhe strebenden Kirchen gibt es einen *Hochaltar;* Indien dagegen spricht von Dhyâna, Meditation und Versenkung, die Gottheit ist im Innern aller Dinge und vor allem im Menschen, man wendet sich vom Äußeren ab zum Inneren; in den alten indischen Tempeln ist der Altar 2–3 m tief in die Erde versenkt, und was wir auf das Schamhafteste verhüllen, ist dem Inder heiligstes Symbol. Wir glauben an das Tun, der Inder an das unbewegte Sein. Unsere religiöse Übung besteht in Anbetung, Verehrung und Lobpreisung, die wesentlichste Übung des Inders dagegen ist der Yoga, die Versenkung in einen, wie wir sagen würden, bewußtlosen Zustand, den er aber als höchstes Bewußtsein preist. Der Yoga ist einerseits der sprechendste Ausdruck des indischen Geistes, andererseits das stets gebrauchte Instrument zur Erzeugung eben dieser eigenartigen Geisteshaltung.

Was ist nun der Yoga? Das Wort «yoga» bedeutet wörtlich *Anjochung,* nämlich Disziplinierung der seelischen Triebkräfte, im Sanskrit als kleças bezeichnet. Die Anjochung bezweckt die Beherrschung jener Kräfte, die den Menschen an die Welt verhaften. In der Sprache AUGUSTINS entsprechen die kleças der superbia [Stolz] und concupiscentia [Begierde]. Es gibt vierlerlei verschiedene Formen des Yoga, die aber alle dasselbe Ziel verfolgen. Ich will sie nicht alle aufführen, sondern nur erwähnen, daß es neben rein psychischen Übungen auch den sogenannten Hatha-Yoga gibt, der in einer Art *Gymnastik* besteht, hauptsächlich in Atemübungen und besonderen Körperhaltungen. Ich habe mir nun vorgenommen, in diesem Aufsatz einen Yogatext zu schildern, der einen tiefen Einblick in die psychischen Vorgänge des Yoga vermittelt. Es ist dies ein wenig bekannter buddhistischer Text in chinesischer Sprache, welcher aber eine Übersetzung aus dem ursprünglichen Sanskrit ist. Er stammt aus dem Jahre 424 n.Chr. Sein Name ist *Amitâyur-dhyâna-sûtra,* zu deutsch: Traktat der Amitâbha-Meditation[2]. Das besonders in Japan hochgeschätzte Sûtra gehört in das Gebiet des sogenannten theistischen Buddhismus, in welchem sich die Lehre vom *Âdhibuddha* oder Mahâbuddha, dem Urbuddha, findet, aus welchem die fünf Dhyâni-Buddhas oder Dhyâni-*Bodhisattvas* hervorgehen. Einer der fünf ist Amitâbha, der «Buddha der *untergehenden Sonne* des unermeßlichen Lichtes», der Herr von Sukhâvatî, dem Lande der Glückseligkeit. Er ist der Protektor unserer gegenwärtigen Weltperiode, wie Çâkyamuni, nämlich der historische Buddha, der Lehrer derselben ist. Im Kult des Amitâbha findet bemerkenswerterweise eine Art Eucharistiefeier mit konsekriertem Brot statt. Er wird dargestellt, wie er in der Hand das Gefäß der lebenspendenden *Unsterblichkeitsspeise* oder des heiligen *Wassers* hält.

Der Text beginnt mit einer Rahmenerzählung, deren Inhalt uns hier nicht weiter interessiert. Ein Kronprinz trachtet seinen Eltern nach dem Leben, und die Königin in ihrer Not ruft Buddhas Hilfe an, der ihr seine beiden Schüler, den Maudgalyâyana und den Ânanda, schicken möge. Buddha erfüllt ihren Wunsch, und sofort erscheinen ihr die beiden.

Ebenso erscheint Çâkyamuni, der Buddha selber, vor ihren Augen. Er zeigt ihr in der Vision alle zehn Welten, um sie wählen zu lassen, in welcher sie wiedergeboren werden will. Sie wählt das westliche Reich des Amitâbha. Er lehrt sie nun den Yoga, der sie zur Wiedergeburt im Amitâbhareich befähigen soll. Nach verschiedenen moralischen Vorschriften teilt er ihr folgendes mit:

«Du und alle andern Wesen (nämlich die mit derselben Absicht) sollten es zu ihrem einzigen Ziel machen, eine Wahrnehmung des westlichen Reiches zu erzeugen durch den konzentrierten Gedanken. Du fragst wohl, wie diese Wahrnehmung geschaffen werden kann. Ich will es Dir jetzt erklären. Alle Wesen, insofern sie nicht von Geburt an blind sind, haben einen Gesichtssinn, und alle sehen die untergehende *Sonne.* Du solltest Dich in der richtigen Haltung hinsetzen, den Blick nach Westen gerichtet, und dann bereite Deine Gedanken vor für eine konzentrierte Meditation über die *Sonne.* Veranlasse Dein Bewußtsein zu einer festen Fixation an die Sonne, so daß Du eine ungestörte Wahrnehmung derselben hast durch die ausschließliche Konzentration darauf. Schaue auf sie hin, wenn sie im Begriff ist, unterzugehen, und wenn sie aussieht wie eine aufgehängte Trommel. Nachdem Du so die Sonne gesehen hast, behalte dieses Bild klar und fixiert, gleichgültig, ob Deine Augen offen sind oder geschlossen. Dies ist die Wahrnehmung der Sonne, und das ist die *erste Meditation.*»

Wie wir bereits gesehen haben, ist die untergehende Sonne eine Allegorie des Unsterblichkeit spendenden Amitâbha. Der Text fährt fort:

«Dann sollst Du die Wahrnehmung des *Wassers* erschaffen. Blicke auf das klare und reine Wasser und laß dieses Bild klar und unverändert vor Dir verharren. Erlaube Deinen Gedanken nie, sich zu zerstreuen und verlorenzugehen.»

Wie schon erwähnt, ist Amitâbha auch der Spender des Wassers der Unsterblichkeit.

«Nachdem Du so das Wasser gesehen hast, solltest Du die Wahrnehmung des *Eises* erschaffen. Sowie Du es leuchtend und durchsichtig schaust, solltest Du auch die Erscheinung des *lapis lazuli* imaginieren. Nachdem Du das getan hast, wirst Du den *Boden* sehen, wie wenn er aus lapis lazuli bestünde, durchsichtig und leuchtend, beides innen und außen. Unter diesem Boden von lapis lazuli wirst Du die *goldene Fahne* sehen mit den sieben Juwelen, Diamanten und andern (Edelsteinen), welche den Boden tragen. *Diese Fahne erstreckt sich nach den acht*

Richtungen des Kompasses, und auf diese Weise sind die acht Ecken der Grundlage vollkommen ausgefüllt. Jede Seite der acht Richtungen besteht aus 100 Juwelen, und jedes Juwel hat 1000 Strahlen, und jeder Strahl hat 84000 Farben, welche, reflektiert auf dem Boden von lapis lazuli, den Anschein haben von 1000 Millionen Sonnen, und es ist schwierig, diese getrennt voneinander zu sehen. Über die Oberfläche dieses Bodens von lapis lazuli strecken sich goldene Taue, die kreuzweise verbunden sind, und die Abteilungen sind gemacht von Schnüren mit jeweils sieben Juwelen, und jeder Teil ist klar und deutlich.

Wenn diese Wahrnehmung geformt worden ist, so solltest Du meditieren über ihre Bestandteile, einen nach dem andern. Und mache die Bilder so klar wie möglich, so daß sie niemals sich auflösen und verlorengehen, gleichgültig ob Deine Augen geschlossen oder offen sind. Mit Ausnahme der Zeit Deines Schlafes solltest Du dieses Bild immer vor Deinem inneren Auge tragen. Einer, der den Zustand dieser Wahrnehmung erreicht hat, von dem wird gesagt, er habe undeutlich das Land des Glückes gesehen (Sukhâvatî). Einer, der aber den Zustand von Samâdhi erreicht hat, ist imstande, das Land klar und deutlich zu sehen. Dieser Zustand kann nicht ganz erklärt werden. Dies ist die Wahrnehmung des Landes, und dies ist die dritte Meditation.»

Samâdhi ist «Eingezogenheit», d.h. ein Zustand, in welchem aller Weltzusammenhang ins Innere absorbiert ist. Samâdhi ist das *Achte* des *achtfachen Pfades*.

Darauf folgt die Meditation über die Juwelen-*Bäume* des Amitâbha-Landes und dann die Meditation über das *Wasser*.

«Im Lande der höchsten Glückseligkeit findet sich Wasser in *acht Seen*. Das Wasser in jedem See besteht aus sieben Juwelen, welche weich und nachgiebig sind. Die Quelle kommt vom König der Juwelen (Cintâmani, «Wunschperle»)... In der Mitte jedes Sees sind 60 Millionen Lotusblüten, jede aus sieben Juwelen bestehend. Alle Blüten sind vollkommen rund und genau gleich groß. Das zwischen den Blüten fließende Wasser erzeugt melodische und angenehme Töne, welche alle vollkommenen Tugenden ausdrücken, wie Leiden, Nichtexistenz, Vergänglichkeit und Nichtselbst. Sie drücken auch das Lob der Zeichen der Vollkommenheit aus und der minderen Zeichen von Ausgezeichnetheit aller Buddhas. Dem König der Juwelen (Cintâmani) entfließen die goldfarbenen Strahlen von äußerster Schönheit. Ihr Leuchten verwandelt sich in Vögel, welche die Farben von 100 Juwelen haben. Sie singen harmonische Töne, süß und entzückend, die Erinnerung an Buddha lobend, ebenso die Erinnerung an das Gesetz und die Erinnerung der Kirche. Das ist die Wahrnehmung des Wassers der acht guten Eigenschaften, und das ist die fünfte Meditation.»

Über die Meditation des Amitâbha selber belehrt Buddha die Königin folgendermaßen: «Gestalte die Wahrnehmung einer Lotusblüte auf dem Boden von sieben Juwelen.» Die Blüte besitzt 84000 Blütenblätter, jedes Blatt 84000 Adern und jede Ader 84000 Strahlen, «von denen jeder einzelne klar gesehen werden kann».

«Darauf solltest Du *Buddha selbst wahrnehmen.* Du fragst, wie? Jeder Buddha Tathâgata (der Vollendete) ist einer, dessen Hauchkörper das Prinzip der Natur ist (Dharmadhâtu-kâya, dhâtu = Element), so daß er in das Bewußtsein aller Wesen eingehen kann. Deshalb, wenn Du Buddha wahrgenommen hast, dann besitzt in der Tat Dein Bewußtsein jene 32 Zeichen der Vollkommenheit und die 80 kleineren Zeichen der Ausgezeichnetheit, welche Du am Buddha wahrnimmst. Schließlich ist es Dein Bewußtsein, das Buddha wird, oder besser, *es ist Dein Bewußtsein, das in der Tat Buddha ist.* Der Ozean des wahren und universellen Wissens aller Buddhas hat seine Quelle in unserem eigenen Bewußtsein und Gedanken. Deshalb solltest Du Deinen Gedanken mit einer ungeteilten Aufmerksamkeit auf eine sorgfältige Meditation über jenen Buddha Tathâgata, den Arhat, den Heiligen und vollkommen Erleuchteten, richten. Wenn Du die Wahrnehmung dieses Buddha gestaltest, so solltest Du zuerst das Bild dieses Buddha wahrnehmen, gleichgültig ob Deine Augen offen oder geschlossen sind. Schaue ihn an, wie ein Idol im Jâmbûnada-Gold (Saft des Jambubaumes), das auf der Blüte sitzt[3].

Wenn Du die sitzende Figur gesehen hast, so wird Dein geistiges Gesicht klar werden, und Du wirst imstande sein, die Schönheit jenes Buddha-Landes klar und deutlich zu sehen. Indem Du diese Dinge siehst, lasse sie klar und fest Dir erscheinen, so deutlich wie die Fläche deiner Hände.

Wenn Du durch dieses Erlebnis hindurch gehst, so wirst Du zugleich alle Buddhas der 10 Welten sehen. Diejenigen, welche diese Meditation ausgeübt haben, von denen wird gesagt, daß sie die Körper aller Buddhas betrachtet haben. Da sie über den Körper Buddhas meditiert haben, werden sie auch den *Geist Buddhas* wahrnehmen. Es ist das *große Mitleid*, welches Buddhas Geist genannt wird. Durch das allumfassende Mitleid geschieht es, daß er alle Wesen annimmt. Diejenigen, welche diese Meditation ausgeübt haben, werden nach ihrem Tode wiedergeboren werden in der Gegenwart der Buddhas in einem anderen Leben und werden einen Geist des Verzichtes erreichen, mit dem sie allen Folgen begegnen, welche sich nach diesem ereignen werden. Darum sollten die, welche Weisheit besitzen, ihre Gedanken zu einer sorgfältigen Meditation über diesen Buddha Amitâyus sammeln.»

Von denen, welche diese Meditation ausüben, wird gesagt, daß sie nicht mehr in einem embryonischen Zustand leben, sondern freien Zugang haben werden zu den ausgezeichneten und wunderbaren Ländern der Buddhas.

«Wenn Du diese Wahrnehmung erreicht hast, solltest Du Dir ein Bild machen von Dir selber, wie Du geboren wirst in der Welt des höchsten Glücks, in der Region des Westens, und wie Du dort sitzest mit gekreuzten Beinen auf einer Lotusblüte. Dann mache Dir ein Bild davon, wie diese Blüte Dich in sich einschließt und wie sie sich nachher wiederum entfaltet. Wenn sich nämlich die Blüte wieder entfaltet, so ist Dein Körper von 500 farbigen Strahlen umspielt. Deine Augen werden geöffnet sein, so daß Du die Buddhas und Bodhisattvas siehst, wie sie den ganzen Himmel erfüllen. Du wirst das Geräusch des Wassers und der Bäume hören, den Gesang der Vögel und die Stimme der vielen Buddhas.»

Buddha spricht darauf zu Ânanda und Vaidehî (der Königin):

«Diejenigen, die wünschen, vermittelst ihrer reinen Gedanken im westlichen Lande wiedergeboren zu werden, sollten zuerst über ein Bild des Buddha meditieren, das 16 Ellen hoch ist und auf dem Lotus im Wasser des Sees sitzt. Wie vorher gesagt wurde, ist der wirkliche Körper und sein Maß unbegrenzt und unbegreiflich für den gewöhnlichen Verstand. Aber durch die Wirksamkeit des alten Gebetes dieses Tathâgata werden sicherlich alle, die daran denken und sich seiner erinnern, ihr Ziel erreichen.»

Der Text fährt fort:

«Als Buddha diese Rede vollendet hatte, da konnte Vaidehî, die Königin, zusammen mit ihren 500 Begleiterinnen, geleitet von den Worten Buddhas, den Anblick der weit sich erstreckenden Welt der Glückseligkeit sehen, und sie konnte ebenso den Körper Buddhas und den Körper der beiden Bodhisattvas sehen. Ihr Geist war erfüllt mit Freude, sie pries diese, indem sie sagte: ‹Niemals habe ich solch ein Wunder gesehen.› Auf der Stelle wurde sie ganz und gar erleuchtet und erreichte den Geist des Verzichtes, nunmehr vorbereitet, alle Folgen zu erdulden, was immer auch diese seien. Ihre 500 Begleiterinnen erfreuten sich ebenso des Gedankens, daß sie nunmehr die höchste vollkommene Erkenntnis erreichten, und wünschten in jenem Lande des Buddha wiedergeboren zu werden. Der durch alle Welt Geehrte sagte voraus, daß sie alle in jenem Lande wiedergeboren würden und daß sie imstande sein würden, Samâdhi (die übernatürliche Ruhe) der Gegenwart vieler Buddhas zu erreichen.»

In einem Exkurs über das Schicksal des Unerleuchteten sagt Buddha, die Yogaübung zusammenfassend:

«Aber da er von Schmerzen geplagt ist, so wird er keine Zeit finden, an Buddha zu denken. Ein guter Freund wird dann zu ihm sagen: Auch wenn Du die Erinnerung an Buddha nicht üben kannst, so mögest Du wenigstens den Namen aussprechen: ‹Buddha Amitâyus.› Er möge dies in reiner Gesinnung tun mit konstanter Stimme. Er möge beständig an Buddha denken, bis er zehnmal den Gedanken vollendet hat, indem er wiederholt: ‹Namo (A)mitâyushe Buddhâya› (Verehrung dem Buddha Amitâyus). Vermöge des Verdienstes des Aussprechens des Buddhanamens wird er durch jede Wiederholung seine Sünden austilgen, die ihn sonst in Geburt und Tod während 80 Millionen Kalpas verwickeln würden. Er wird, wenn er stirbt, einen goldenen Lotus sehen, gleich der Scheibe der Sonne vor seinen Augen, und in einem Augenblick wird er wiedergeboren sein in Sukhâvatî, der Welt der höchsten Glückseligkeit.»

Das sind die wesentlichen, uns hier interessierenden Inhalte der Yogaübung. Der Text zerfällt in 16 Meditationen, von denen ich hier nur Stücke hervorgehoben habe. Sie mögen aber genügen, um die bis Samâdhi, der höchsten Entzückung und Erleuchtung, aufsteigende Meditation zu schildern.

Die Übung beginnt mit der Konzentration auf die untergehende Sonne. In südlichen Breiten ist die Strahlungsintensität der untergehenden Sonne noch so stark, daß einige Augenblicke des Hinsehens genügen, um ein intensives Nachbild zu erzeugen. Man sieht dann, auch mit geschlossenen Augen, die Sonne noch für eine ganze Weile. Bekanntlich besteht eine der hypnotischen Methoden darin, daß ein glänzender Gegenstand, z.B. ein Diamant oder Kristall, fixiert wird. Man darf vermuten, daß die Fixierung der Sonne einen ähnlichen hypnotischen Effekt bewirken soll. Allerdings soll es kein einschläfernder Effekt sein, insofern mit der Fixierung auch eine «Meditation» der Sonne verknüpft werden muß. Meditation ist ein Nachdenken über die Sonne, ein Sich-Klarmachen und Realisieren der Sonne, ihrer Gestalt, ihrer Eigenschaften und Bedeutungen. Da das Runde in den folgenden Stücken eine bedeutsame Rolle spielt, darf man auch vermuten, daß die runde Sonnenscheibe als Vorlage zu den nachfolgenden runden Phantasiegebilden dienen soll. Ebenso soll sie vermöge ihres intensiven Lichtes die nachfolgenden strahlenden Visionen vorbereiten. Auf diese Weise soll, wie der Text sagt, «die Wahrnehmung erschaffen» werden.

Die nächste Meditation, die des *Wassers*, stützt sich auf keinen Sinneseindruck mehr, sondern erschafft nun durch *aktive Imagination* das Bild einer spiegelnden Wasserfläche, die, wie man aus Erfahrung weiß, das Sonnenlicht vollkommen widerspiegelt. Es soll nun vorgestellt werden, daß das Wasser sich in «leuchtendes und durchsichtiges Eis» verwandelt. Durch diese Prozedur wird das immaterielle Licht des Sonnennachbildes in die Materie des Wassers und dieses schließlich in die feste Stofflichkeit des Eises gewandelt. Dadurch wird offenbar eine Konkretisierung und Verstofflichung der Vision bezweckt, und damit entsteht eine Materialität der Phantasieschöpfung, welche an die Stelle der physischen Natur, dieser uns bekannten Welt, tritt. Es wird eine *andere Wirklichkeit* geschaffen, gewissermaßen aus seelischem Stoff. Das Eis, das natürlicherweise eine bläuliche Farbe hat, wandelt sich nun zu dem blauen Lapislazuli, zu einem festen steinernen Gebilde, welches seinerseits zu einem «Boden» wird, der allerdings «leuchtend und durchsichtig» ist. Mit diesem «Boden» ist eine unveränderliche, sozusagen absolut reale Grundlage geschaffen. Dieser blaue, durchsichtige Boden ist wie ein gläserner See, durch dessen durchsichtige Schichten der Blick in die Tiefe dringt.

Aus dieser Tiefe leuchtet nun die sogenannte «goldene Fahne» auf. Es ist hier zu bemerken, daß das Sanskritwort «dhvaja» für «Fahne» überhaupt die Bedeutung von «Zeichen» und «Symbol» hat. Man könnte daher ebensogut vom Erscheinen eines «Symboles» reden. Es wird hier klar, daß, indem das Symbol sich «nach den acht Richtungen *des Kompasses*» erstreckt, die Grundlage ein achtstrahliges System darstellt. Wie der Text sagt, sind durch die Fahne die «acht Ecken der Grundlage vollkommen ausgefüllt». Das System leuchtet wie «1000 Millionen Sonnen». Das leuchtende Sonnennachbild hat also an Strahlungsenergie bedeutend gewonnen und sich zu einer unermeßlichen Leuchtkraft gesteigert. Die eigentümliche Vorstellung von «goldenen Tauen», die sich wie ein Netz über das System ausbreiten, will vermutlich besagen, daß letzteres zusammengebunden und auf diese Weise befestigt sei, so daß es nicht mehr auseinanderfallen kann. Leider sagt der Text nirgends etwas über die Möglichkeit eines Versagens der Methode und über die Zerfallserscheinungen, die infolge eines Fehlers eintreten könnten. Derartige Störungen eines imaginativen Prozesses sind aber für den Kenner nichts Unerwartetes; sie bilden im Gegenteil ein regelmäßiges Vorkommnis. Es ist daher nicht erstaunlich, daß in der Yogavision eine Art innerer Verfestigung des Bildes durch goldene Taue vorgesehen ist.

Obschon der Text es nicht ausdrücklich erwähnt, ist das achtstrahlige System bereits das *Amitâbha-Land.* Darin wachsen wunderbare Bäume, wie sich dies für ein Paradies, das es ist, geziemt. Eine besondere Wichtigkeit kommt dem *Wasser* des Amitâbha-Landes zu. Es findet sich, dem Oktogon entsprechend, in der Gestalt von acht Seen. Die Quelle dieses Wassers ist ein zentrales Juwel, Cintâmani, die Wunschperle, ein Symbol der «schwer erreichbaren Kostbarkeit»[4] und des höchsten Wertes. In der chinesischen Kunst ist es jenes mondartige Gebilde, das häufig mit dem Drachen verbunden erscheint[5]. Die wundersamen «Töne» des Wassers bestehen in zwei Gegensatzpaaren, die dogmatische Grundwahrheiten des Buddhismus ausdrücken, «Leiden und Nichtsein, Vergänglichkeit und Nichtselbst», was besagen will, daß alles Sein leidvoll und alles Ichhafte vergänglich sei. Aus diesen Irrtümern erlöst das *Nichtsein* und das *Nicht-Ich-Sein.* Das tönende Wasser ist also etwas wie die Lehre Buddhas überhaupt, ein erlösendes Wasser der Weisheit, eine «aqua doctrinae» [Wasser der Lehre], um einen Ausdruck des ORIGENES zu gebrauchen. Die Quelle dieses Wassers, die Perle ohnegleichen, ist der Tathâgata, der Buddha selber. Daher folgt nun die imaginative Rekonstruktion des Buddhabildes, und indem dieser Aufbau vorgenommen wird, ergibt sich die Einsicht, daß Buddha eigentlich nichts anderes ist als die in der Meditation tätige Psyche des Yogin, des Meditierenden selber. Aus dem «eigenen Bewußtsein und Gedanken» geht nicht nur die Gestalt des Buddha hervor, sondern die *Seele,* die diese Gedankenbilder erzeugt, ist *Buddha selber.*

Die Gestalt des Buddha sitzt im runden Lotus, im Zentrum des oktogonalen Amitâbha-Landes. Buddha ist ausgezeichnet durch das große Mitleid, mit dem er «alle Wesen annimmt», also auch den Meditierenden, d. h., das innerste Wesen, welches Buddha ist, tritt in der Vision hervor und offenbart sich als das eigentliche *Selbst des Meditierenden.* Er erfährt sich selber als das alleinig Seiende, als das höchste Bewußtsein, welches eben Buddha ist. Um zu diesem letzten Ziel zu gelangen, brauchte es den ganzen Weg mühsamer geistiger Rekonstruktionsübung, um vom verblendeten Ichbewußtsein, das die Schuld an der leidvollen Illusion der

Welt trägt, loszukommen und an jenen andern seelischen Pol zu gelangen, in welchem Welt als Illusion aufgehoben wird.

*

Unser Text ist insofern kein bloßes literarisches Museumstück, als er in dieser und in vielen andern Formen in der Seele des Inders lebt und dessen Leben und Denken durchdringt bis in die kleinsten Einzelheiten, die dem Europäer so überaus fremdartig vorkommen. Es ist nicht etwa der Buddhismus, der diese Seele formt und erzieht, sondern der Yoga. Der Buddhismus selber ist eine Geburt aus dem Geiste des Yoga, der älter und universaler ist als die historische Reformation Buddhas. Mit diesem Geiste muß sich derjenige wohl oder übel befreunden, welcher danach strebt, indische Kunst, Philosophie und Ethik von innen her zu verstehen. Unser gewohntes Verstehen aus dem Äußeren versagt hier, weil es dem Wesen indischer Geistigkeit hoffnungslos inadäquat ist. Und insbesondere möchte ich warnen vor der so oft versuchten Nachahmung und Anempfindung östlicher Praktiken. Es kommt dabei in der Regel nicht mehr heraus als eine besonders künstliche Verdummung unseres westlichen Verstandes. Ja, wer es fertigbrächte, in jeder Hinsicht auf Europa zu verzichten und wirklich auch nichts anderes zu sein als ein Yogin mit allen ethischen und praktischen Konsequenzen, und im Lotussitz auf dem Gazellenfell unter einem staubigen Banyanbaum dahinzuschwinden und seine Tage in namenlosem Nichtsein zu beschließen, einem solchen würde ich es zugestehen müssen, daß er den Yoga auf indisch verstanden hat. Wer das nicht kann, der soll auch nicht tun, als ob er den Yoga verstünde. Er kann und soll nicht auf seinen westlichen Verstand verzichten, sondern im Gegenteil letzteren anstrengen, um ohne Nachahmung und Anempfinderei in ehrlicher Weise so viel vom Yoga zu verstehen, als unserem Verstand eben möglich ist. Da die Geheimnisse des Yoga dem Inder so viel oder noch mehr bedeuten als uns die Mysterien des christlichen Glaubens und wir es doch jedem Exoten verwehren würden, unser mysterium fidei [Glaubensgeheimnis] lächerlich zu machen, so dürfen auch wir die seltsamen indischen Vorstellungen und Übungen nicht geringschätzen und für absurden Irrtum halten. Damit würden wir uns nur den Zugang zu einem sinngemäßen Verständnis verbauen. Allerdings haben wir es in Europa schon weit gebracht in dieser Hinsicht, indem uns die geistigen Inhalte des christlichen Dogmas in einem rationalistischen und aufklärerischen Nebel bis zu einem bedenklichen Grad entschwunden sind, und allzuleicht ist es, zu unterschätzen, was man nicht kennt und versteht.

Wenn wir überhaupt verstehen wollen, so kann dies nur auf europäische Weise geschehen. Man kann zwar vieles mit dem Herzen verstehen, aber dabei findet es der Verstand oft schwierig, mit der intellektuellen Formulierung nachzukommen und dem Verstandenen den gebührlichen Ausdruck zu geben. Es gibt zwar ein Begreifen mit dem Kopf und insbesondere mit dem wissenschaftlichen Verstand, wobei aber manchmal das Herz zu kurz kommt. Wir müssen daher bald das eine, bald das andere der wohlwollenden Mitarbeit des Publikums überlassen. Versuchen wir es also zunächst mit dem Kopf, jene verborgene Brücke aufzufinden oder zu bauen, welche vom Yoga zum europäischen Verständnis herüberführen soll.

Zu diesem Zweck müssen wir uns noch einmal die Reihe der bereits besprochenen Symbole vergegenwärtigen, aber diesmal mit Rücksicht auf ihren *Sinngehalt.* Die *Sonne,* mit der die Reihe anhebt, ist die Quelle von Wärme und Licht und unzweifelhafter Mittelpunkt unserer sichtbaren Welt. Als *Spenderin des Lebens* ist sie daher sozuagen immer und überall entweder die Gottheit selber oder wenigstens ein Bild derselben. Selbst in der christlichen Vorstellungswelt ist sie eine beliebte Allegorie Christi. Eine zweite Quelle des Lebens, und dies namentlich in südlichen Ländern, ist das *Wasser,* das bekanntlich auch in der christlichen Allegorik eine bedeutende Rolle spielt, z.B. in der Gestalt der vier Paradiesesströme und der Quelle, die an der Seite des Tempelberges entsprang. Letztere wurde dem Blut aus der Seitenwunde Christi verglichen. In diesem Zusammenhang erinnere ich auch an das Gespräch Christi mit der Samariterin am Brunnen und an die Ströme lebendigen Wassers aus dem Leib Christi (*Joh* 7,38). Eine Meditation über Sonne und Wasser wird unfehlbar solche und ähnliche Bedeutungszusammenhänge evozieren, womit der Meditierende allmählich aus dem Vordergrund der sichtbaren Erscheinung zum Hintergrund, d.h. zu dem *dahinterliegenden geistigen Sinn* der Meditationsgegenstände übergeleitet wird. Dadurch wird er in die psychische Sphäre versetzt, wo Sonne und Wasser ihrer physischen Gegenständlichkeit entkleidet und damit zu Symbolen seelischer Inhalte werden, nämlich zu Bildern der Lebensquelle in der eigenen Seele. Unser

Bewußtsein schafft sich ja nicht selber, sondern es quillt auf aus unbekannter Tiefe. Es erwacht allmählich im Kind, und es erwacht jeden Morgen aus der Tiefe des Schlafes aus einem unbewußten Zustand. Es ist wie ein Kind, das täglich aus dem mütterlichen Urgrund des Unbewußten geboren wird. Ja, eine genauere Erforschung des Bewußtseinsprozesses ergibt die Tatsache, daß es nicht nur vom Unbewußten beeinflußt wird, sondern sogar in Form zahlloser spontaner Einfälle überhaupt beständig dem Unbewußten entquillt. Die Meditation der Bedeutung von Sonne und Wasser ist daher etwas wie ein Abstieg zur seelischen Quelle, eben zum Unbewußten selber.

Hier liegt nun allerdings ein Unterschied zwischen östlichem und westlichem Geist vor. Es ist derselbe Unterschied, dem wir schon begegnet sind: es ist der zwischen Hochaltar und Tiefaltar. Der Westen sucht immer Erhebung, der Osten aber Versenkung oder Vertiefung. Die äußere Wirklichkeit mit ihrem Geist der Körperhaftigkeit und Schwere scheint den Europäer viel stärker und schärfer anzupacken als den Inder. Darum sucht ersterer sich über die Welt zu erheben, letzterer aber kehrt gern in die mütterlichen Tiefen der Natur zurück.

Wie nun die christliche Kontemplation, z. B. in den *Exercitia Spiritualia* [Geistlichen Übungen; Exerzitien] des IGNATIUS VON LOYOLA, mit allen Sinnen sich bestrebt, die heilige Gestalt so konkret wie möglich zu erfassen, so verfestigt auch der Yogin das Wasser, das er betrachtet, zunächst zu Eis und sodann zu Lapislazuli und schafft dadurch einen festen «Boden», wie er es nennt. Er schafft seiner Vision sozusagen einen soliden Körper. Damit gibt er dem Inneren, nämlich den Gestalten seiner seelischen Welt, eine konkrete Realität, welche an die Stelle der äußeren Welt tritt. Er sieht zwar zunächst nichts als eine spiegelnde blaue Oberfläche, etwa wie die eines Sees oder Meeres, welch letzteres auch in unseren Träumen ein beliebtes Symbol des Unbewußten ist. Denn unter der spiegelnden Wasserfläche bergen sich unbekannte Tiefen, die dunkel und geheimnisvoll sind.

Wie der Text sagt, ist der blaue Stein *durchsichtig,* womit ausgesagt wird, daß der Blick des Meditierenden in die Tiefe des seelischen Geheimnisses einzudringen vermag. Dort erblickt er nun das, was zuvor nicht gesehen werden konnte, d. h., was unbewußt war. Wie Sonne und Wasser die physischen Lebensquellen sind, so drücken sie als Symbole das essentielle Lebensgeheimnis des Unbewußten aus: in der *Fahne,* d. h.

dem Symbol, das der Yogin durch den Lapislazuliboden erblickt, schaut er gewissermaßen eine Gestalt der vordem unsichtbaren und anscheinend gestaltlosen Bewußtseinsquelle. Durch Dhyâna, d. h. Versenkung und Vertiefung der Kontemplation, hat das Unbewußte, wie es scheint, Gestalt angenommen. Es ist, wie wenn das Licht des Bewußtseins, das aufgehört hat, Gegenstände der äußeren Sinneswelt zu beleuchten, nunmehr das Dunkel des Unbewußten erleuchtete. Wenn die Sinneswelt und der Gedanke an sie gänzlich ausgelöscht sind, dann tritt das Innere deutlicher hervor.

Hier überspringt nun der östliche Text ein psychisches Phänomen, das dem Europäer zur Quelle endloser Schwierigkeiten wird. Versucht ein solcher die Vorstellungen der äußeren Welt zu verbannen und seinen Geist von allem Äußeren zu entleeren, so wird er zunächst zur Beute seiner subjektiven *Phantasien,* die mit den Inhalten unseres Textes nichts zu tun haben. Phantasien haben keinen guten Ruf, sie sind billig und wertlos und werden daher als nutz- und sinnlos verworfen. Sie sind die kleças, jene unordentlichen und chaotischen Triebkräfte, die der Yoga eben «anjochen» will. Dasselbe Ziel verfolgen auch die *Exercitia Spiritualia,* und zwar suchen beide Methoden den Erfolg dadurch zu erreichen, daß sie dem Meditierenden den Gegenstand der Kontemplation vorhalten, indem sie ihm dasjenige Bild zeigen, auf das er sich konzentrieren soll, eben um die sogenannten wertlosen Phantasien auszuschalten. Beide Methoden, sowohl die östliche wie die westliche, versuchen auf direktem Wege zum Ziel zu gelangen. Ich will die Erfolgsmöglichkeiten dort, wo sich die Meditationsübung in einem bedeutsamen kirchlichen Rahmen abspielt, nicht in Frage stellen. Außerhalb eines solchen aber geht die Sache in der Regel nicht, oder sie führt sogar zu deplorablen Resultaten. Durch die Erhellung des Unbewußten nämlich gerät man zunächst in die Sphäre des chaotischen persönlichen Unbewußten, in welchem sich alles findet, was man gern vergißt und was man unter allen Umständen weder sich selber noch einem andern eingestehen und überhaupt nicht wahrhaben möchte. Man glaubt daher am besten wegzukommen, wenn man möglichst nicht in diese dunkle Ecke schaut. Allerdings, wer so verfährt, der wird auch um diese Ecke nie herumkommen. Keinesfalls wird er auch nur eine Spur von dem erreichen, was der Yoga verspricht. Nur wer diese Dunkelheit durchschreitet, kann hoffen, irgendwie weiterzukommen. Ich bin darum prinzipiell gegen die kritiklose Übernahme von Yogapraktiken durch Europäer, denn ich weiß zu genau, daß sie sich damit um ihre dunkle Ecke herumzudrücken hoffen. Ein solches Beginnen ist aber völlig sinn- und wertlos.

Hier liegt auch der tiefere Grund, warum wir im Westen (abgesehen von der sehr beschränkten Anwendung der jesuitischen Exercitia) nichts entwickelt haben, das sich mit dem Yoga vergleichen ließe. Wir haben eine abgrundtiefe Scheu vor der Scheußlichkeit unseres persönlichen Unbewußten. Daher zieht es der Europäer vor, lieber den anderen zu sagen, wie sie es zu machen hätten. Daß die Besserung des Ganzen beim einzelnen, ja bei mir selber anfängt, das will uns schon gar nicht in den Kopf. Viele denken sogar, es sei krankhaft, einmal ins eigene Innere zu blicken, man werde davon melancholisch, wie mir sogar einmal ein Theologe versicherte.

Ich habe vorhin gesagt, es hätte sich bei uns nichts entwickelt, was sich dem Yoga vergleichen ließe. Das ist nicht ganz richtig. Es hat sich bei uns, wie das dem europäischen Präjudiz entspricht, eine ärztliche Psychologie entwickelt, die sich speziell mit den kleças befaßt. Wir nennen dies die «Psychologie des Unbewußten». Die von FREUD inaugurierte Richtung hat die Bedeutung der menschlichen Schattenseite und ihres Einflusses auf das Bewußtsein erkannt und sich in dieses Problem verwickelt. Diese Psychologie beschäftigt sich ausgerechnet mit dem, was unser Text verschweigt und als erledigt voraussetzt. Der Yoga weiß sehr wohl um die Welt der kleças, aber die Naturhaftigkeit seiner Religion kennt den *moralischen Konflikt* nicht, welchen die kleças für uns bedeuten. Ein ethisches Dilemma trennt uns von unserem Schatten. Der Geist Indiens wächst aus der Natur. Unser Geist steht gegen die Natur.

Darum ist uns der Boden aus Lapislazuli undurchsichtig, weil die *Frage des Bösen in der Natur* zuerst beantwortet werden muß. Diese Frage kann beantwortet werden, aber sicherlich nicht mit seichter rationalistischer Argumentation oder intellektuellem Geschwätz. Die ethische Verantwortung des einzelnen *kann* eine gültige Antwort geben. Aber Rezepte oder Lizenzen gibt es nicht, sondern nur Bezahlung bis zum letzten Heller. Dann kann der Boden aus Lapislazuli durchsichtig werden. Unser Sûtra setzt also voraus, daß die Schattenwelt unserer persönlichen Phantasien, d.h. des *persönlichen* Unbewußten, durchschritten sei, und fährt nun fort, eine symbolische Gestalt zu schildern, die uns zunächst fremdartig anmutet. Es handelt sich um ein radiäres, achtteiliges, geometrisches Gebilde, um eine sogenannte Ogdoas, eine Achtheit. In der Mitte erscheint ein Lotus, in welchem Buddha sitzt, und das entscheidende Erlebnis ist schließlich die Erkenntnis, daß der Meditierende selber Buddha ist, wodurch der durch die Rahmenerzählung geschürzte Schicksalsknoten als gelöst erscheint. Das konzentrisch gebaute Symbol drückt offenbar höchste Konzentration aus, welche nur dadurch erreicht wird, daß die vorhin geschilderte Abziehung und Überleitung des Interesses von den Eindrücken der Sinneswelt und den objektgebundenen Vorstellungen weg und die Zuwendung zum Bewußtseinshintergrund auf die Spitze getrieben wurde. Die Bewußtseinswelt mit ihrer Verhaftung ans Objekt, ja sogar das Zentrum des Bewußtseins, das Ich, erlischt, und dafür erscheint in endloser Steigerung des Glanzes die Amitâbhawelt.

Psychologisch heißt dies soviel, als daß hinter oder unter der persönlichen Phantasie- und Triebwelt eine noch tiefere Schicht des Unbewußten erscheint, welche im Gegensatz zur chaotischen Unordnung der kleças von höchster Ordnung und Harmonie ist und im Gegensatz zu deren *Vielheit* die allumfassende *Einheit* des «bodhimandala», des Zauberkreises der Erleuchtung, darstellt.

Was hat nun unsere Psychologie zu dieser indischen Feststellung eines überpersönlichen, weltumfassenden Unbewußten zu sagen, welches gewissermaßen dann erscheint, wenn die Dunkelheit des persönlichen Unbewußten durchsichtig geworden ist? Unsere moderne Psychologie weiß, daß das persönliche Unbewußte nur eine Oberschicht ist, die auf einem ganz anders gearteten Fundament ruht. Dieses wird als *kollektives Unbewußtes* bezeichnet. Der Grund zu dieser Bezeichnung ist der Umstand, daß, unähnlich dem persönlichen Unbewußten und dessen rein persönlichen Inhalten, die Bilder des tieferen Unbewußten von ausgesprochen *mythologischem* Charakter sind. Das will besagen, daß sie nach Form und Inhalt mit jenen allverbreiteten Urvorstellungen, wie sie den Mythen zugrunde liegen, übereinstimmen. Sie sind nicht mehr persönlicher, sondern rein überpersönlicher Natur und darum allen Menschen gemeinsam. Darum lassen sie sich auch in allen Mythen und Märchen aller Völker und Zeiten und ebenso bei einzelnen Individuen nachweisen, ohne daß diese die geringste bewußte Kenntnis der Mythologie hätten.

Unsere abendländische Psychologie ist tatsächlich so weit wie der Yoga, indem sie nämlich imstande ist, eine tiefere Einheitsschicht des Unbewußten wissenschaftlich nachzuweisen. Die mythologischen Motive, deren Vorhandensein die Erforschung des Unbewußten erwiesen hat, bilden zwar an sich eine Vielheit, aber diese gipfelt in einer konzentrischen oder radiären Anordnung, welche recht eigentlich das Zentrum oder das Wesen des kollektiven Unbewußten ausmacht. Wegen der bemerkenswerten Übereinstimmung der Einsichten des Yoga mit den Ergebnissen der psychologischen Forschung habe ich für dieses Zentralsymbol den Sanskritterminus «Mandala», was «Kreis» bedeutet, gewählt [s. Grundwerk 5].

Man wird nun gewiß fragen: Aber wie in aller Welt kommt die Wissenschaft auf dergleichen Feststellungen? Dazu gibt es zwei Wege. Der erste ist der *historische.* Untersuchen wir z. B. die introspektive Methode der mittelalterlichen Naturphilosophie, so sehen wir, daß sie sich immer wieder des Kreises, und zwar meistens des viergeteilten, zur Symbolisierung des zentralen Prinzips bedient hat, und dies in offenkundiger Anlehnung an die kirchliche Quaternitätsallegorik, wie sie sich in zahlreichen Darstellungen des rex gloriae [König der Herrlichkeit] mit den vier Evangelisten, den vier Paradiesesströmen, den vier Winden usw. findet.

Der zweite Weg ist der *empirisch-psychologische.* In einem gewissen Stadium der psychischen Behandlung zeichnen die Patienten gelegentlich spontan solche Mandalas, entweder weil sie sie träumen oder weil sie plötzlich das Bedürfnis spüren, ihre seelische Unordnung durch die Darstellung einer geordneten Einheit zu kompensieren. Einen solchen Prozeß hat z. B. auch unser nationaler Heiliger, der selige Bruder NIKLAUS VON DER FLÜE, durchlaufen, dessen Endzustand man noch im Bild der Dreifaltigkeitsvision in der Pfarrkirche von Sachseln sehen kann. Er hat seine große Schreckvision, die ihn aufs tiefste erschütterte, mit Hilfe der Kreiszeichnungen im Büchlein eines deutschen Mystikers geordnet[6].

Was aber sagt unsere empirische Psychologie zu dem im Lotus sitzenden Buddha? Folgerichtig müßte ja beim Abendländer Christus in der Mitte des Mandalas thronen. Das war, wie schon gesagt, im Mittelalter bei uns auch der Fall. Aber unsere modernen Mandalas, deren spontane Entstehung wir bei zahlreichen Individuen ohne äußere Voraussetzung oder Einmischung beobachten, enthalten keine Christusfigur und noch weniger einen Buddha im Lotussitz. Wohl aber kommt das gleichschenklige Kreuz oder gar eine unverkennbare Andeutung des Svastika [Hakenkreuz] nicht selten vor. Ich will diese seltsame Tatsache, die an sich allerdings von höchstem Interesse ist, hier nicht diskutieren[7].

Zwischen dem christlichen und dem buddhistischen Maṇdala besteht ein feiner, aber enormer Unterschied. Der Christ wird in der Kontemplation nie sagen: *Ich* bin Christus, sondern mit Paulus wird er bekennen: «Ich lebe, aber nicht mehr ich, sondern Christus lebt in mir» (*Gal* 2,20). Unser Sûtra aber sagt: Du wirst erkennen, daß *du* Buddha bist. Im Grunde ist das Bekenntnis identisch, insofern der Buddhist diese Erkenntnis nur erreicht, wenn er «anâtman», d. h. ohne Selbst, ist, aber in der Formulierung besteht ein grenzenloser Unterschied: der Christ erreicht sein Ende in Christus, der Buddhist erkennt, daß er Buddha ist. Der Christ kommt eben aus der vergänglichen und ichhaften Bewußtseinswelt, der Buddhist aber ruht *noch* auf dem ewigen Grund der inneren Natur, deren Einssein mit der Gottheit oder dem universalen Wesen uns auch in andern indischen Bekenntnissen entgegentritt.

Vorwort zum I Ging

Dem Wunsch der Übersetzerin der WILHELMschen Ausgabe des *I Ging* nach einem Vorwort von meiner Hand komme ich um so lieber nach, als ich damit auch einen Akt der Pietät gegenüber meinem verstorbenen Freund RICHARD WILHELM erfüllen kann. Wie er durchdrungen war vom Bewußtsein der kulturhistorischen Bedeutung seiner Bearbeitung und Darstellung des *I Ging,* die im Abendland ihresgleichen nicht hat, so fühle auch ich mich diesem Werk gegenüber verpflichtet, es der Englisch sprechenden Welt nach bestem Vermögen zu vermitteln.

Wäre das *Buch der Wandlungen* eine populäre Schrift, so würde es keiner Einleitung bedürfen. Es ist aber nichts weniger als populär, sondern steht im Verdacht, eine Sammlung alter Zaubersprüche und dementsprechend einerseits schwerverständlich, andererseits wertlos zu sein. LEGGES Übersetzung in MAX MÜLLERS Serie der *Sacred Books of the East* hat wenig dazu beigetragen, das Buch der westlichen Mentalität näherzubringen[1]. Um so mehr hat sich WILHELM bemüht, dem Verständnis einen Zugang zu der oft sehr dunklen Symbolik des Textes zu öffnen. Er konnte dies um so eher tun, als er sich jahrelang auch praktisch mit der eigentümlichen Technik dieses Orakelbuches beschäftigt hatte, was ihm natürlich eine ganz andere Möglichkeit gab, ein Gefühl für den lebendigen Sinn des Textes zu entwickeln, als es eine mehr oder weniger wörtliche Übersetzung allein getan haben würde.

Ich verdanke WILHELM die wertvollsten Aufschlüsse über das komplizierte Problem des *I Ging* sowohl wie über die praktische Auswertung der gewonnenen Resultate. Ich selber habe mich schon seit mehr als zwei Jahrzehnten mit dieser Orakeltechnik, die mir vom psychologischen Standpunkt aus von beträchtlichem Interesse schien, beschäftigt und kannte den *I Ging,* als ich WILHELM anfangs der zwanziger Jahre zum erstenmal begegnete, schon ziemlich gut. Es war mir aber trotzdem ein Erlebnis, als ich WILHELM selber an der Arbeit sah und mit eigenen

Augen verfolgen konnte, wie er die Resultate praktisch verwertete. Zu meiner großen Genugtuung konnte ich feststellen, daß meine Kenntnisse der Psychologie des Unbewußten mir die nützlichsten Dienste leisteten.

Da ich kein Chinesisch verstehe, konnte ich mich dem *I Ging* natürlich nur von der praktischen Seite nähern, und meine einzige Frage war die nach der Verwendbarkeit und Tauglichkeit der Methode. Die abstruse Symbolik dieser «Zaubersprüche» hätte mich, bei meiner völligen Unkenntnis der Sinologie, wenig interessieren können. Um die philologischen Schwierigkeiten des Textes konnte ich mich nicht kümmern, sondern einzig und allein um die psychologische Ausbeute der im *I Ging* verwendeten Methode.

Als WILHELM damals bei mir in Zürich weilte, bat ich ihn, ein Hexagramm über unsere psychologische Gesellschaft auszuarbeiten. Die Situation war mir bekannt, ihm aber ganz und gar nicht. Die Diagnose, die sich ergab, war verblüffend richtig, und ebenso war es die Prognose, welche ein Ereignis beschrieb, das erst später eintrat und das ich selber nicht vorausgesehen hatte. Mir war dieses Resultat allerdings nicht mehr so erstaunlich, da ich bereits früher eine Reihe von bemerkenswerten Erfahrungen mit der Methode gemacht hatte. – Anfangs verwendete ich die umständlichere Technik der 50 Schafgarbenstengel[2], später, als ich einigen Überblick über das Funktionieren der Methode erlangt hatte, genügte mir das sogenannte Münzenorakel, von dem ich in der Folge reichlichen Gebrauch machte. Im Laufe der Zeit stellte es sich heraus, daß sozusagen regelmäßig gewisse Zusammenhänge zwischen der in Frage stehenden Situation und dem Inhalt der Hexagramme bestehen. Das ist zugegebenermaßen merkwürdig und sollte nach unseren landläufigen Voraussetzungen nicht vorkommen, abgesehen von sogenannten Zufallstreffern. Ich muß aber bemerken, daß wir trotz unserem Glauben an die Naturgesetzlichkeit mit dem Begriff des Zufalls etwas zu liberal verfahren. Wie viele psychische Phänomene z. B. bezeichnen wir als «zufällig», wo der Wissende nur allzu deutlich sieht, daß es sich um nichts weniger als einen Zufall handelt! Ich erinnere nur an all jene Fälle von Versprechen, Verlesen und Vergessen, die schon FREUD als keineswegs zufällig aufgeklärt hat. Ich bin daher in bezug auf die sogenannten Zufallstreffer des *I Ging* zur Skepsis geneigt. Es scheint mir sogar, daß die Anzahl der deutlichen Treffer eine Prozentzahl erreicht, die weit über aller Wahrscheinlichkeit liegt. Ich glaube, daß es sich überhaupt nicht um Zufall, sondern um Regelmäßigkeit handelt.

Damit kommen wir nun zur Frage: Wie ist diese behauptete Regelmäßigkeit zu beweisen? Hier muß ich den Leser enttäuschen: Die Beweisführung ist äußerst schwierig, wenn nicht überhaupt unmöglich, wobei ich das letztere für wahrscheinlicher halte. Einem rationalistischen Standpunkt muß diese Feststellung durchaus katastrophal erscheinen, und ich gewärtige den Vorwurf, eine leichtfertige Behauptung aufgestellt zu haben, indem ich von einer Regelmäßigkeit der Übereinstimmung zwischen Situation und Hexagramm spreche. Ich müßte mir in der Tat selber diesen Vorwurf machen, wenn ich nicht aus langer praktischer Erfahrung wüßte, wie schwierig respektive wie unmöglich Beweise in gewissen psychologischen Angelegenheiten zu erbringen sind. Wenn es sich um etwas kompliziertere Tatbestände des praktischen Lebens handelt, so erledigen wir die Angelegenheiten aufgrund von Auffassungen, Gefühlen, Affekten, Intuitionen, Überzeugungen usw., für deren Berechtigung oder deren Anwendbarkeit sogar ein «wissenschaftlicher» Beweis schlechthin unmöglich ist, und doch können alle Beteiligten mit der Lösung zufrieden sein. Die praktisch vorkommenden psychologischen Situationen sind eben in der Regel von solch unabsehbarer Kompliziertheit, daß deren «wissenschaftlich» zureichende Erforschung einfach unmöglich ist. Man kann höchstens einen gewissen Grad von Wahrscheinlichkeit erhoffen. Und dies auch nur dann, wenn die Beteiligten nicht nur möglichst ehrlich, sondern darüber hinaus noch guten Willens sind. Wann aber sind wir vollkommen ehrlich und wann gänzlich guten Willens? Wir können einen höheren Grad von Ehrlichkeit und gutem Willen nur soweit erlangen, als unser Bewußtsein reicht. Was wir dabei aber im Unbewußten sind, das entzieht sich unserer Kontrolle, d. h., unser Bewußtsein glaubt ehrlich und guten Willens zu sein, aber das Unbewußte weiß vielleicht darüber hinaus, daß unsere anscheinende Ehrlichkeit und Gutwilligkeit eine Fassade ist, die das Gegenteil verdeckt. Infolge der Existenz des Unbewußten kann kein Mensch und keine psychologische Situation restlos beschrieben und erfaßt, und darum kann auch nichts Derartiges wirklich bewiesen werden. Gewisse engumschriebene Phänomene können allenfalls noch aufgrund eines ungeheueren Erfahrungsmaterials statistisch als wahrscheinlich erwiesen werden[3]. An den individuell einmaligen, hochkomplizierten psychologischen Situationen ist aber so gut wie nichts zu beweisen, da sie ihrer Natur entsprechend auch gar nichts an sich haben, das sich zur experimentellen Wiederholung eignen würde. Zu diesen einmaligen und nicht wiederholbaren Situationen gehört auch das Orakel des *I Ging.* Wie überall in solchen Situationen ist man auch hier darauf angewiesen, ob etwas als wahrscheinlich oder als unwahrscheinlich erscheint. Wenn z. B. jemand nach längerer Vorbereitung den Entschluß faßt, einen ausgedachten Plan durchzuführen, dabei aber plötzlich innewird, daß durch diesen Schritt gewisse Interessen anderer Leute geschädigt werden, und er befragt nun in dieser suspendierten Situation das Orakel, so erhält er vielleicht unter anderem die Antwort (Hexagramm 41):

Wenn die Geschäfte fertig sind, rasch hingehen,
Ist kein Makel.
Doch muß man überlegen,
Wie weit man andere mindern darf.

Es ist nun keinesfalls möglich zu *beweisen,* daß dieser Satz trotz seiner unverkennbaren Entsprechung mit der psychologischen Situation des Fragestellers irgend etwas zu tun hat. Es ist letzterem überlassen, entweder darüber erstaunt zu sein, daß der Satz des Hexagramms mit seiner Situation so vorzüglich übereinstimmt, oder diese anscheinende Übereinstimmung als lächerlichen Zufall abzutun oder eine solche überhaupt zu leugnen. In ersterem Fall wird er sich dem zweiten Vers zuwenden, welcher lautet:

Etwas zu unternehmen, ist von Unheil.
Ohne sich selbst zu mindern,
Vermag man die anderen zu mehren.

Er wird vielleicht die Weisheit dieser Folgerung anerkennen, oder er wird sie als belanglos übergehen. In ersterem Fall findet er, daß da kein Zufall vorliegen könne, in letzterem, daß es sich um Zufall handeln *müsse,* oder am Ende gar, daß es überhaupt nichts bedeute. Zu beweisen ist hier aber nichts. Infolgedessen schreibe ich dieses Vorwort nur für diejenigen, die geneigt sind, dieser eigentümlichen Prozedur einigen Kredit zu schenken.

Obschon derartige «wörtliche» Übereinstimmungen nicht allzuselten vorkommen, so sind sie doch nicht in der Überzahl. Die Zusammenhänge sind häufig lockerer oder indirekter und erheben einen noch größeren Anspruch auf Kredit. Dies ist namentlich dann der Fall, wenn die psychologische Ausgangssituation nicht allzu klar, sondern eher dunkel oder nur einseitig erfaßt ist. Unter solchen Umständen ereignen sich Fälle, in denen – falls der Fragesteller willig ist, seine Situation in einem andern Licht zu betrachten – ein mehr oder weniger symbolischer Zusammenhang mit dem Hexagramm wahrgenommen werden kann. Ich drücke mich absichtlich vorsichtig aus, da ich nicht den Eindruck erwecken möchte, als ob man à tout prix einen Konnex konstruieren müßte. Dergleichen Kunststücke lohnen sich nicht und führen nur zu ungesunden Spekulationen. Die Methode steht jedem Mißbrauch offen. Sie eignet sich darum nicht für unreife, kindische und spielerisch eingestellte Menschen, so wenig wie für intellektualistische und rationalistische Naturen, wohl dagegen für meditative und reflexive Leute, die es lieben, über das, was sie tun und was ihnen geschieht, nachzudenken, was mit hypochondrischem Grübeln nichts zu tun hat. Letzteres stellt den morbiden Mißbrauch des Nachdenkens dar. Der *I Ging* empfiehlt sich mit keinen Beweisen und mit keinen Resultaten, er preist sich nicht an und kommt nicht bereitwillig entgegen; wie ein Stück Natur wartet er, bis ihn einer entdeckt. Er bietet kein Wissen und kein Können an, aber für Liebhaber der Selbsterkenntnis und der Weisheit des Denkens und Tuns, falls es solche geben sollte, scheint er das richtige Buch zu sein. Er verspricht nichts und braucht darum auch nichts zu halten, und auf keinen Fall ist er dafür verantwortlich, wenn jemand falsche Schlüsse zieht. Die Methode will mit einiger Intelligenz gehandhabt sein. Dummsein ist bekanntlich keine Kunst.

Nehmen wir also an, es sei nicht purer Unsinn, was in dem Buch steht, und nicht lauter Autosuggestion, was der Fragesteller hineindeutet, so ist unser westlicher, philosophisch und naturwissenschaftlich gebildeter Geist trotz bereitwilliger Krediterteilung doch ernstlich durch die Tatsachenfrage beunruhigt. Man muß sich ja, wenn man nur im geringsten geneigt ist, etwas daran zu finden, mit der unleidlichen Tatsache auseinandersetzen, daß eine psychologische Situation sich in der Zufallsteilung der 49 Schafgarbenstengel oder dem ebenso zufälligen oder noch zufälligeren Fallen der Münzen auszudrücken vermöge, und zwar in einer solchen Totalität, daß sogar ein Sinnzusammenhang sichtbar wird. Diese Konsequenz ist für unsern westlichen Verstand, der ganz andere Denkgewohnheiten hat, doch etwas unerhört. Es ist daher nur allzu begreiflich, wenn unser Geist Derartiges als unmöglich ablehnt. Es wäre zwar zur Not noch denkbar, daß jemand, der die Hexagramme gründlich kennt, «unbewußterweise» so geschickt greift, daß er die Stengel entsprechend teilt. Beim Münzenorakel allerdings versagt aber diese ohnehin dünne Möglichkeit, denn hier spielen so viele andere äußere Bedingungen (Beschaffenheit und Unterlage, Rollen der Münzen etc.) hinein, daß eine psychische Tendenz, nach unserer Auffassung wenigstens, sich nicht durchzusetzen vermöchte. Stimmt also etwas an der Methode, so muß man annehmen, daß ein unerwarteter *Parallelismus von psychischem und physikalischem Geschehen* existiert[4]. Dieser Gedanke ist zwar «shocking», aber keineswegs neu, denn er bildet ja die einzig mögliche Hypothese der *Astrologie,* und zwar besonders der modernen Charakterhoroskopie, wennschon diese mehr auf die Zeit als auf die aktuellen Gestirnspositionen abstellt; denn auch die Zeit wird auf physikalischem Wege bestimmt und gemessen. Sollte die Charakterhoroskopie im allgemeinen stimmen (wofür einige Wahrscheinlichkeit vorhanden ist), so wäre sie nicht wunderbarer als die Fähigkeit eines guten Weinkenners, der aus dem Charakter des Weines dessen Region, örtliche Lage (Weinberg) und Jahrgang mit Sicherheit bestimmt, was dem Nichtkenner zunächst fragwürdig vorkommt. Aber ebenso kann ein guter Astrologe mir auf den Kopf zu sagen, in welchen Zeichen meine Geburtssonne und mein Geburtsmond stehen und welches mein Aszendent ist. – Der psychophysikalische Parallelismus des Phänomens, das man sich als Grundlage des *I Ging*-Orakels denken müßte, wäre daher nichts als ein anderer Aspekt jenes Vorganges, den man auch der Astrologie zugrunde legen muß, wenn man nämlich der astrologischen Charakterdiagnose irgendwelche Bedeutung beimißt. Zweifellos beschäftigen sich sehr viele Leute mit Astrologie, und es sind ebenso unzweifelhaft nachdenkende und psychologisch interessierte Naturen, welche aus dieser Beschäftigung allerhand erkennerischen Gewinn ziehen. Auch hier liegt die Möglichkeit des Mißbrauchs auf der Hand.

Ich würde meine wissenschaftliche Kompetenz weit überschreiten, wollte ich diese hier aufgerollte Frage beantworten. Ich kann nur feststellen, daß jeder, der das Orakel befragt, so handelt, als ob ein notwendiger Parallelismus von innerem und äußerem, psychischem und physikalischem Geschehen bestünde und, indem er dem Resultat seiner Befragung auch nur die geringste Bedeutung beimißt, sich schon zugunsten einer solchen Möglichkeit entschieden hat. – Mein Verhalten solchen Dingen gegenüber ist ein pragmatisches, und die große Lehrmeisterin, die mir dieses Verhalten als praktisch und nützlich beigebracht hat, ist die Psychotherapie und die ärztliche Psychologie. Nirgends wohl hat man mit mehr Unbekannten zu rechnen als eben auf diesem Gebiet, und nirgends wird man mehr daran gewöhnt, das anzuwenden, was wirkt, auch wenn man die längste Zeit nicht merkt, warum es wirkt. Man erlebt unerwartete Heilungen bei fragwürdigen Therapien und unerwartete Versager angeblich zuverlässiger Methoden. Bei der Erforschung des Unbewußten begegnet man den merkwürdigsten Dingen, von denen sich ein Rationalist mit Abscheu wegwendet und nachher behauptet, nichts gesehen zu haben. Die irrationale Fülle des Lebens hat mich gelehrt, nie etwas zu verwerfen, auch wenn es gegen alle unsere (ach – so kurzlebigen) Theorien verstößt oder sich sonstwie als vorderhand unerklärlich erweist. Man ist dadurch zwar beunruhigt; man ist nicht ganz sicher, ob der Kompaß richtig zeigt, aber in Sicherheit, Gewißheit und Ruhe macht man keine Entdeckungen. So ist es auch mit dieser chinesischen Divinationsmethode. Sie erstrebt offenkundig Selbsterkenntnis, auch wenn zu allen Zeiten daneben ein abergläubischer Gebrauch vorhanden war. Selbsterkenntnis erscheint nur dummen und minderwertigen Menschen als ein Nachteil. Niemand wird sie in dieser Überzeugung stören. Intelligentere Leute aber dürfen es ruhig riskieren, mit dieser Methode einige vielleicht lehrreiche Erfahrungen zu sammeln.

Die Methode selber ist leicht und einfach. Die Schwierigkeit beginnt aber, wie schon gesagt, bei der Auswertung des Resultates. Vor allem ist das Verständnis der Symbolik auch mit Hilfe der trefflichen Kommentare WILHELMS keine ganz einfache Sache. Je mehr Kenntnisse der Leser in der Psychologie des Unbewußten besitzt, desto leichter wird ihm diese Arbeit fallen. Eine weitere und noch wesentlichere Schwierigkeit aber besteht in der allgemein verbreiteten Unkenntnis des eigenen Schattens, nämlich der minderwertigen Seite der eigenen Persönlichkeit, die zu einem großen Teil aus verdrängten Komplexen besteht. Die bewußte Persönlichkeit sträubt sich oft mit aller Macht gegen solche Inhalte und schiebt sie gern in Form von Projektionen dem Nebenmenschen zu. Man sieht nur allzu genau den Splitter in des Bruders Auge, nicht aber den Balken im eigenen. Die Tatsache, daß man häufig für eigene Fehler mit systematischer Blindheit geschlagen ist, erweist sich dem Studium und dem Verständnis des *I Ging* gegenüber als äußerst hinderlich. Man könnte beinahe sagen, daß jemand, der bei öfterem Gebrauch der Methode nichts Verständliches findet, höchst wahrscheinlich einen blinden Fleck von beträchtlicher Ausdehnung besitzt. – Es würde sich wohl lohnen, vom Standpunkt der modernen Psychologie aus einen Kommentar zu den einzelnen Zeichen zu verfassen, wie dies schon KUNG-FU-TSE getan hat. Eine solche Arbeit würde aber den Umfang eines bloßen Vorwortes um ein Vielfaches übersteigen und eine höchst anspruchsvolle Aufgabe bedeuten. Ich mußte mich daher für ein anderes Procedere entschließen.

Als ich im Begriff stand, dieses Vorwort zu schreiben, hatte ich mir vorgenommen, dies nicht zu tun, ohne vorher den *I Ging* zu befragen. Da es darum ging, dieses Buch einem neuen Publikum zugänglich zu machen, so erschien es mir recht und billig, dessen Methode eine Chance zu geben, sich zu meinem Vorhaben zu äußern. Da es nach alter chinesischer Auffassung geistige Agentien sein sollen, welche in geheimnisvoller Weise die Schafgarbenstengel zu einer sinngemäßen Antwort bewegen[5], lag mir der Gedanke nahe, mir das Buch gewissermaßen als Person vorzustellen und an diese die Frage zu richten, wie sie ihre jetzige Situation, nämlich meine Absicht, sie einem modernen Publikum vorzustellen, auffasse. Ich benützte die Münzenmethode, und die Antwort war das Hexagramm 50, *Ding, der Tiegel.*

Der Anlage meiner Fragestellung entsprechend, müssen wir den Text so auffassen, wie wenn der *I Ging* selber die sprechende Person wäre. Er bezeichnet daher sich selber als Tiegel, d.h. als das Opfergefäß, das die gekochte Nahrung enthält. Die Speise ist hier als «geistige Nahrung» zu verstehen. WILHELM sagt dazu: «Der Tiegel als Gerät der *verfeinerten Kultur* legt Pflege und Ernährung der tüchtigen Männer nahe, deren Pflege der Staatsregierung zugute kam.» «So ist hier die Kultur gezeigt, wie sie ihren Gipfel in der Religion hat. Der Tiegel dient zum Opfern für Gott.» «Gottes höchste Offenbarung ist in Propheten und Heiligen. Ihre Verehrung ist die wahre Gottesverehrung. Der Wille Gottes, der durch sie geoffenbart wird, muß demütig entgegengenommen werden» usw.

Wir müssen also, unserer Hypothese entsprechend, schließen, daß der *I Ging* so von sich selber aussage.

Wenn es vorkommt, daß gewisse Linien des Hexagramms den Wert von 6 oder 9 haben, so sind diese besonders hervorgehoben und für die Deutung infolgedessen wichtig[6]. Die «spiritual agencies» haben nun in meinem Hexagramm den zweiten und den dritten Platz je durch eine 9 betont. Der Text sagt:

> Neun auf zweitem Platz bedeutet:
> Im Tiegel ist Nahrung.
> Meine Genossen haben Neid,
> Aber sie können mir nichts anhaben.

Der *I Ging* sagt also von sich selber: «Ich enthalte (geistige) Nahrung.» Da Besitz an Großem immer Neid erregt, so gehört der Chor der Neider zum Bild des großen Besitzes[7]. Neider wollen es ihm nehmen, d. h. seinen Sinn rauben oder zerstören. Aber ihre Feindseligkeit ist vergeblich. Sein Sinnreichtum ist ihm sicher, d. h., er ist überzeugt von seinen positiven Leistungen, die ihm niemand nehmen kann. Der Text fährt fort:

> Neun auf drittem Platz bedeutet:
> Der Henkel des Tiegels ist verändert.
> Man ist behindert in seinem Wandel.
> Das Fett des Fasans wird nicht gegessen.
> Wenn erst der Regen fällt, dann erschöpft sich die Reue.
> Endlich kommt Heil.

Der Henkel ist der Griff, an dem man den Tiegel heben kann. Er bedeutet also den *Begriff*[8], den man vom *I Ging* (= Tiegel) hat. Im Laufe der Zeit hat sich offenbar der Begriff verändert, so daß man heute den *I Ging* nicht mehr begreifen kann. Infolgedessen ist man «in seinem Wandel behindert», d. h., man ist nicht mehr unterstützt von dem weisen Rat und der tiefen Einsicht des Orakels. Man findet sich deshalb in den Wirrnissen des Schicksals und in der Dunkelheit der eigenen Natur nicht mehr zurecht. Man ißt nicht mehr «das Fett des Fasans», d. h. das Beste und Reichste eines guten Gerichts. Wenn aber die dürstende Erde endlich wieder den Regen empfängt, d. h., wenn diesem Mangelzustand abgeholfen wird, dann ist die «Reue», d. h. das Bedauern über den Verlust der Weisheit, zu Ende, denn endlich kommt die ersehnte Chance. Wilhelm sagt dazu: «Es ist damit jemand gezeichnet, der in einer Zeit hoher Kultur an einer Stelle sich befindet, wo er von niemand beachtet und anerkannt wird. Das ist für sein Wirken eine schwere Hemmung.» Der *I Ging* beklagt sich also sozusagen darüber, daß seine trefflichen Eigenschaften verkannt werden und darum brachliegen. Er tröstet sich aber mit der Hoffnung, daß ihm wieder zur Anerkennung verholfen werde.

Die Antwort, welche diese beiden Hauptlinien auf meine an den *I Ging* gestellte Frage erteilen, fordert von der Deutung keine besondern Finessen, keine Kunststücke und keine ungewöhnlichen Kenntnisse. Mit etwas gesundem Menschenverstand kann jedermann den Sinn der Antwort erkennen: sie ist wie die Antwort eines Menschen, der keine geringe Meinung von sich besitzt, in seinem vollen Wert aber weder allgemein anerkannt noch überhaupt gekannt ist. Das antwortende Subjekt hat von sich selber eine sehr interessante Auffassung: es empfindet sich als ein Gefäß, in welchem den Göttern Opfer dargebracht werden bzw. Opferspeise zu deren Ernährung. Es versteht sich also als kultisches Instrument, welches dazu dient, jenen unbewußten Faktoren oder Potenzen (spiritual agencies!), welche als Götter projiziert wurden, geistige Nahrung, d. h. die gebührende Aufmerksamkeit, zu verschaffen, so daß sie am Leben des Individuums teilhaben können. Das ist ja der Sinn des Wortes religio, ein sorgfältiges Beobachten und Inbetrachtziehen (von religere) [nochmals lesen][9] von göttlichen numina.

Mittels der Methode des *I Ging* wird in der Tat das verborgene Eigenleben von Dingen und Menschen inklusive des eigenen unbewußten Selbst in Betracht gezogen. Indem ich nämlich meine Frage an den *I Ging* richtete, habe ich, wie oben bemerkt, diesen als ein Subjekt angesprochen, wie man z. B. jemanden, den man mit seinen Freunden bekannt machen will, zuerst fragt, ob es ihm willkommen sei. Auf meine Frage erzählt mir der *I Ging* von seiner religiösen Bedeutung, von seinem Unbekannt- und Verkanntsein und von seiner Hoffnung, wieder zu Ehren zu gelangen, offenbar mit einem Seitenblick auf mein damals noch ungeschriebenes Vorwort[10] und vor allem auf die Übersetzung. Dies scheint eine durchaus verständliche und sinngemäße Reaktion, die man von einem Menschen in ähnlicher Lage auch erwarten könnte.

Doch wie ist diese Reaktion zustande gekommen? Wie konnte mir der *I Ging* so menschlich-selbstverständlich antworten? Dadurch, daß ich drei kleine Münzen in die Höhe warf und sie fallen ließ, wie sie aus physikalischen Gründen fallen, rollen und zur Ruhe kommen mußten, die einen mit dem Kopf, die andern mit der Schrift oben. Ich hatte auch nicht die leiseste Ahnung, welches von den 64 Zeichen herauskommen würde. Diese sonderbare Tatsache, daß aus einer Technik, die jede Sinngemäßheit von vornherein ausschließt, doch eine sinngemäße Reaktion hervorzugehen scheint, ist die positive Leistung des *I Ging*. Dieser Fall ist nicht etwa ein Unikum, sondern bildet die Regel. Ich habe mir von Sinologen und auch von maßgebenden Chinesen bestätigen lassen, daß der *I Ging* eine Sammlung obsoleter Zaubersprüche ist. Bei solchen Gesprächen ist es einige Male vorgekommen, daß mein Partner zugegeben hat, selber einmal ein Orakel bei einem Zauberer erfragt zu haben. Natürlich sei alles Unsinn. Das Orakel aber, das sie erhielten, paßte merkwürdig auf ihren blinden Fleck.

Ich bin mir bewußt, daß auf meine Frage unzählige Antworten möglich gewesen wären, und ich kann gewiß nicht behaupten, daß ich nicht auch eine andere Antwort als irgendwie sinnvoll empfunden hätte. Ich habe aber diese Antwort als erste und einzige erhalten, und von anderen Antworten weiß ich nichts. Sie hat mich erfreut und befriedigt. Ein zweitesmal zu fragen, empfände ich als ebenso unhöflich wie respektlos und tue es darum nicht. «Der Meister sagt es einmal.» Stilwidrigkeiten im Umgang mit irrationalen Dingen sind mir als Anzeichen einer niedrigen, aufklärerischen Kulturstufe, die im besserwisserischen Schulmeister ihren Heros erblickt, sowieso verhaßt. Solche Dinge sollen so sein und bleiben, wie sie erstmals in die Sichtbarkeit traten, denn dann nur wissen wir, was die Natur aus sich, ohne von menschlichem Vorwitz zu sehr gestört zu sein, tut. Man soll das Leben nicht an Leichnamen studieren wollen. Überdies wäre eine Wiederholung des Experimentes schon aus dem einfachen Grund unmöglich, weil die Ausgangssituation nicht mehr hergestellt werden könnte. Es gibt darum jeweils nur eine erste und einmalige Antwort.

Es ist nun weiter nicht seltsam, daß das ganze Hexagramm 50 das in den beiden Hauptlinien[11] dargestellte Thema im Wesentlichen nur amplifiziert. Die erste Linie sagt:

> Ein Tiegel mit umgekippten Beinen.
> Fördernd zur Entfernung des Stockenden.
> Man nimmt eine Nebenfrau um ihres Sohns willen.
> Kein Makel.

Ein umgekehrter Tiegel zeigt, daß er nicht gebraucht wird. Der *I Ging* ist daher wie ein Tiegel außer Gebrauch. Er dient zur Entfernung der Hindernisse, wie oben erwähnt. Man braucht ihn wie eine Nebenfrau, die man nimmt, wenn die Hauptfrau keinen Sohn hat, d. h., man benützt den *I Ging,* wenn man sich anders nicht zu helfen weiß. Trotz der Quasi-Legalität der Nebenfrau in China ist sie eben doch eine gewisse mißliche Behelfsmäßigkeit, und so ist die magische Prozedur des Orakels eine Aushilfe, deren man sich um eines höheren Zweckes willen bedienen darf. Daran haftet kein Makel, obschon es sich um ein ausnahmsweises Vorgehen handelt.

Die zweite und dritte Linie haben wir bereits besprochen. Die vierte Linie sagt:

> Der Tiegel bricht die Beine.
> Das Mahl des Fürsten wird verschüttet,
> Und die Gestalt wird befleckt.
> Unheil!

Hier ist der Tiegel in Gebrauch genommen worden, aber offenbar in sehr ungeschickter Weise, d. h., das Orakel wurde mißhandelt bzw. unrichtig gedeutet. Auf diese Weise geht die Götterspeise verloren. Damit tut man sich selber Schande an. LEGGE übersetzt hier: «Its subject will be made to blush for shame.» [Sein Subjekt muß vor Scham erröten.] Wenn solcher Mißbrauch ein kultisches Instrument wie den Tiegel (resp. den *I Ging*) betrifft, so spricht man von grober Profanierung. Der *I Ging* insistiert hier offenbar auf seiner Würde als Opfergefäß und warnt vor profanem Gebrauch.

Die fünfte Linie sagt:

> Der Tiegel hat gelbe Henkel, goldene Tragringe.
> Fördernd ist Beharrlichkeit.

Der *I Ging* hat, wie es scheint, ein neues korrektes (gelbes) Verständnis gefunden, d. h. einen «Begriff», mit dem man ihn «begreifen» kann. Dieser Begriff ist wertvoll (golden). Das kann sich auf die neue englische Ausgabe beziehen, die das Werk der westlichen Welt zugänglicher macht, und auf mein jahrelanges, beharrliches Studium des *I Ging.*

Die sechste Linie sagt:

> Der Tiegel hat Nephritringe. Großes Heil!
> Nichts, das nicht fördernd wäre.

Der Nephrit zeichnet sich durch seine Schönheit und milden Glanz aus. Wenn die Tragringe von Nephrit sind, so ist damit das ganze Gefäß verschönert, geehrt und in seinem Wert gemehrt. Der *I Ging* drückt sich hier nicht nur sehr befriedigt, sondern auch sehr optimistisch aus. Man kann nur die weiteren Ereignisse abwarten und in der Zwischenzeit sich mit der erfreulichen Feststellung begnügen, daß der *I Ging* zu seiner Neuausgabe anscheinend sein Placet gegeben hat.

Ich habe mit größtmöglicher Objektivität an diesem Beispiel gezeigt, wie ich im konkreten Falle mit einem Orakel verfahre. Selbstverständlich ändert sich das Lesen des Hexagramms einigermaßen mit der Fragestellung. Wenn man sich z. B. in einer gewissen unübersichtlichen Situation befindet, so ist man unter Umständen selber das aussagende Subjekt, oder wenn es sich um die Beziehung zu einem andern Menschen handelt, so kann auch jener als aussagendes Subjekt auftreten oder durch die spezifische Art der Fragestellung dazu gemacht werden. Das hängt aber insofern nicht ganz von unserer Willkür ab, als gerade die Beziehungen zu den Mitmenschen keineswegs immer oder auch nur hauptsächlich von diesen abhängen, sondern sehr oft fast ausschließlich von uns selber, wenn uns dieser Umstand auch unbewußt sein sollte. In letzterem Fall kann man daher die Überraschung erleben, daß man, entgegen der Erwartung, selber als handelndes Subjekt im Orakel erscheint, was durch den Text gelegentlich unmißverständlich angezeigt wird. Auch kann es vorkommen, daß man eine gewisse Situation überschätzt und als außerordentlich wichtig ansieht, wogegen das Orakel ganz anderer Meinung ist und dann auf einen andern, unvermuteten und doch vorhandenen Aspekt der Frage aufmerksam macht. Solche Fälle können einen dazu verleiten, das Orakel für einen Fehlschluß zu halten. KUNG-FU-TSE soll nur einmal ein unpassendes Orakel erhalten haben, und zwar das Hexagramm 22: Bi, die Anmut, ein durchwegs ästhetisches Zeichen. Das erinnert an den Rat, den das Daimonion dem SOKRATES gab: «Du solltest mehr Musik machen», worauf er sich eine Flöte zulegte. KUNG-FU-TSE und SOKRATES machen sich in puncto Vernünftigkeit und erzieherischer Einstellung den Rang streitig, werden sich aber kaum damit beschäftigt haben, den «Kinnbart» zu pflegen, wie die zweite Linie dieses Hexagramms sagt. Vernunft und Pädagogik lassen leider oft die «Anmut» vermissen, weshalb in diesem Fall das Orakel nicht notwendigerweise unrecht hat.

Kehren wir nun wieder zu unserem Hexagramm zurück! Obschon wie gezeigt der *I Ging* selber mit der Neuausgabe nicht nur einverstanden ist, sondern auch noch seinen Optimismus in dieser Hinsicht betont, so heißt das noch nicht, daß auch die Wirkung auf das Publikum, an welches der *I Ging* gelangen soll, damit vorweggenommen wäre. Da wir nun in unserem Hexagramm zwei durch 9 hervorgehobene yang-Linien besitzen, sind wir in der Lage zu erfahren, welche Prognose der *I Ging* sich selber stellt. Linien, die durch eine Sechs oder eine Neun hervorgehoben sind, besitzen nach alter Auffassung eine derartige innere Spannung, daß sie Neigung bekunden, sich in ihr Gegenteil zu verwandeln, also yang [männliches] in yin [weibliches Prinzip] und umgekehrt. Durch diese Wandlung ergibt sich Hexagramm 35: Dsin, der Fortschritt.

Das Subjekt dieses Hexagramms ist jemand, der bei seinem Emporstieg allerhand Wechselfälle des Glücks erdulden muß, und der Text beschreibt, wie man sich dabei zu verhalten hat. In dieser Lage befindet sich der *I Ging*. Er steigt zwar auf «wie die Sonne» und «erklärt» sich, aber er wird «zurückgewiesen» und «findet kein Vertrauen», er ist zwar im Fortschritt, aber «in Trauer». Jedoch bekommt er «großes Glück von seiner Ahnfrau». Bei dieser dunkeln Stelle hilft uns die Psychologie: die Großmutter oder Ahnfrau stellt in Träumen und Märchen nicht selten das Unbewußte dar, weil es beim Mann weibliches Vorzeichen hat. Wenn der *I Ging* also schon beim Bewußtsein keine Aufnahme findet, so kommt ihm doch das Unbewußte entgegen, weil er, seiner Natur entsprechend, mit diesem auch enger verbunden ist als mit dem Rationalismus des Bewußtseins. Da das Unbewußte in Träumen oft durch eine weibliche Person dargestellt ist, so könnte dies hier auch der Fall sein. Die weibliche Person wäre daher die Übersetzerin, die dem Buch ihre mütterliche Sorgfalt hat angedeihen lassen. Dies könnte dem *I Ging* leicht als ein «großes Glück» erscheinen. Er sieht zwar ein allgemeines Einverständnis voraus, befürchtet aber Mißbrauch («Fortschritt wie ein Hamster»). Aber «Gewinn und Verlust» wird er nicht «zu Herzen nehmen». Er bleibt von der «Parteien Gunst und Mißgunst» unberührt. Er drängt sich nicht auf.

Der *I Ging* sieht also seiner Zukunft auf dem amerikanischen Büchermarkt mit Gelassenheit entgegen und drückt sich in dieser Hinsicht etwa so aus, wie jeder vernünftige Mensch über das Schicksal einer so kontroversen Schrift auch denken würde. Auch diese dem Zufallsspiel der fallenden Münzen entsprungene Voraussage ist so sinngemäß und nüchtern vernünftig, daß man sich kaum eine treffendere Antwort ersinnen könnte.

Dies alles geschah, bevor ich das Obenstehende geschrieben hatte. Als ich mit meinem Vorwort so weit war, interessierte es mich zu erfahren, wie der *I Ging* die durch meine Darstellung geschaffene neue Situation auffaßte. Durch das, was ich geschrieben hatte, war die frühere Situation insofern verändert, als ich durch meine inzwischen erfolgte Aktion mich eingeschaltet hatte und deshalb erwartete, etwas zu vernehmen, das sich auf mein Handeln bezog. Auch muß ich dem Leser gestehen, daß es mir bei der Abfassung dieses Vorwortes nicht gerade wohl zumute war, indem ich nämlich als wissenschaftlich verantwortlicher Mensch gewöhnt bin, nichts zu behaupten, was ich nicht auch beweisen oder wenigstens als der Vernunft annehmbar hinstellen kann. Wenn sich aber jemand, wie ich, durch ein Versprechen in die Lage begeben hat, eine «Sammlung alter Zaubersprüche» einzuleiten und sie damit einem modernen, kritischen Publikum mehr oder weniger annehmbar zu machen, weil man selber der subjektiven Ansicht ist, daß etwas mehr dahinter sei, als es den äußeren Anschein hat, dann fühlt man sich mit einer nicht gerade angenehmen Aufgabe konfrontiert.

So ist es mir etwas peinlich, daß ich notgedrungen an den guten Willen und die Phantasie des Publikums appellieren muß, anstatt bündige Beweise und hieb- und stichfeste, wissenschaftlich ausreichend fundierte Erklärungen geben zu können. Es ist mir leider nur zu deutlich, was für Argumente man gegen diese uralte Orakeltechnik ins Feld führen könnte. Man ist nicht einmal sicher, ob das Schiff, das einen über unbekannte Meere tragen sollte, nicht irgendwo ein irreparables Leck hat. Ist der alte Text nicht korrupt? Stimmt die Übersetzung WILHELMS in allen Stükken? Unterliegt man in der Deutung nicht der Selbsttäuschung? Ich bin zwar vom Wert der Selbsterkenntnis restlos überzeugt. Aber nützt es etwas, solche zu empfehlen, da ja doch die Weisesten aller Menschen sie zu allen Zeiten ohne Erfolg gepredigt haben?

Es war nur die subjektive Überzeugung, daß am *I Ging* «etwas dran» sei, die mich veranlaßte, dieses Vorwort zu schreiben. Nur einmal habe ich mich früher, in einer Gedächtnisrede auf RICHARD WILHELM, zum Problem des *I Ging* geäußert, aber sonst taktvoll dazu geschwiegen. Diese wohlüberlegte Vorsicht habe ich jetzt durchbrochen, und zwar konnte ich es deshalb wagen, weil ich jetzt ins achte Jahrzehnt meines Lebens eintrete, wo mir die wechselnden Meinungen der Menschen kaum mehr Eindruck machen und wo mir die Gedanken der alten Meister interessanter sind als das akademische Tagesgespräch. Ich weiß, daß ich es früher nicht gewagt hätte, mich über eine so unsichere Sache so explizit auszusprechen, wie ich es heute tue.

Es ist mir unsympathisch, daß ich meinen Leser mit diesen persönlichen Details behelligen muß. Aber, wie ich oben bereits andeutete, wird beim Orakel sehr oft die eigene Persönlichkeit einbezogen. Durch meine Fragestellung habe ich sogar das Orakel direkt eingeladen, mein Handeln in Betracht zu ziehen. Das ist denn auch geschehen. Das Resultat war Hexagramm 29: Kan, das Abgründige. Durch eine Sechs ist der dritte Platz besonders hervorgehoben. Diese Linie sagt:

> Vorwärts und rückwärts, Abgrund über Abgrund.
> In solcher Gefahr halte zunächst inne,
> Sonst kommst du im Abgrund in ein Loch.
> Handle nicht so.

Den guten Rat, «nicht so zu handeln», hätte ich früher unbedingt angenommen und auf eine Meinung über den *I Ging* verzichtet, aus dem einzigen Grund, weil ich keine hatte. Jetzt soll er mir aber als ein Exempel für sein Funktionieren dienen. In der Tat kann ich nicht vorwärts, d. h. über das hinaus, was ich über das Orakel gesagt habe, noch kann ich zurück, d. h. mich einer Meinung gänzlich enthalten. Tatsächlich besteht die Problematik des *I Ging,* wenn man darüber nachzudenken beginnt, aus «Abgrund über Abgrund», und unvermeidlich muß man in all den Fährnissen uferloser und unkritischer Spekulation «innehalten» und stillstehen, sonst verrennt man sich tatsächlich in einer Sackgasse. Kann man sich intellektuell in einer mißlicheren Lage befinden, als wenn man in der dünnen Luft unbewiesener Möglichkeiten schwebt und nicht weiß, ob das, was man sieht, Wahrheit oder Illusion ist? Das ist jedoch die traumhafte Atmosphäre des *I Ging,* in der man ohne Gewißheiten auf das eigene, so fehlbare subjektive Urteil angewiesen ist. Ich kann in der Tat nicht anders als zugeben, daß diese Linie den Gefühlszustand, in welchem ich das Obenstehende schrieb, sehr passend wiedergibt. Ebenso treffend erscheint mir der tröstende Anfang dieses Zeichens: «Wenn du wahrhaftig bist, so hast du im Herzen Gelingen», denn dieser Spruch weist darauf hin, daß das Entscheidende in dieser Situation nicht die äußere Gefahr, sondern der subjektive Zustand ist, nämlich ob man sich selber für «wahrhaftig» hält oder nicht.

Das Hexagramm vergleicht das lebendige Geschehen in dieser Situation mit dem Fließen des Wassers, das vor keiner gefährlichen Stelle scheut, sondern über Felsen stürzt und Löcher auffüllt. («Kan» bedeutet nämlich auch Wasser.) So benimmt sich auch der höhere Mensch (der «Edle») «und übt das Geschäft des Lehrens». Nun ja, ich scheue mich nicht vor möglicher Selbsttäuschung, Unsicherheit, Zweifelhaftigkeit, Mißverständnis und wie all die Löcher heißen, in die man fallen kann, sondern bemühe mich, dem Leser eine Lehre über den *I Ging* zu erteilen.

Kan gehört entschieden zu den unangenehmeren Zeichen. Ich habe es nicht selten angetroffen bei Patienten, die etwas zu weit unter die Herrschaft des Unbewußten (Wasser!) geraten und daher von der Möglichkeit psychotischer Erscheinungen bedroht waren. Eine abergläubische Einstellung wäre leicht geneigt, deshalb anzunehmen, daß dem Zeichen überhaupt eine solche Bedeutung anhafte. Wie man bei der Deutung von Träumen den Traumtext mit skrupulöser Genauigkeit beobachten muß, so beim Orakel die ursprüngliche Fragestellung, welche der Deutung eine ganz bestimmte Grenze setzt. Wie ich bei der ersten Befragung des Orakels vor allem an die Bedeutung der Neuausgabe und meines noch zu verfassenden Vorwortes für den *I Ging* dachte und daher diesen in den Vordergrund schob und quasi schon zum voraus zum handelnden Subjekt erhob, so war es im zweiten Fall ich, der als handelndes Subjekt in Betracht kam. Es wäre daher willkürlich, in letzterem Fall wieder den *I Ging* als Subjekt anzunehmen, und zudem würde dadurch die Deutung verunmöglicht. Wenn ich aber das Subjekt bin, dann ist die Deutung nach meinem subjektiven Empfinden sinngemäß, denn sie spricht mein unzweifelhaft vorhandenes Gefühl der Unsicherheit und des Risikos aus. Wenn man sich auf so unsicheren Boden begibt, kann man leicht, ohne es zu merken, in bedenklicher Weise unter den Einfluß des Unbewußten kommen.

Die erste Linie konstatiert das Vorhandensein der gefährlichen Situation («man gerät im Abgrund in ein Loch»); ebenso die zweite Linie, welche noch den guten Rat beifügt: «Man soll nur Kleines zu erreichen streben.» Welchen Rat ich damit vorweggenommen habe, daß ich mich in dieser Einleitung auf einige Beispiele beschränke und auf die viel anspruchsvollere Aufgabe, die mir eine Zeitlang vorschwebte, nämlich einen psychologischen Kommentar zum ganzen Buch zu schreiben, verzichtete.

Die Vereinfachung meiner Aufgabe drückt sich in der vierten Linie aus:

> Ein Krug Wein, eine Reisschale als Zugabe, Tongeschirr,
> Einfach zum Fenster hineingereicht.

WILHELM kommentiert dies folgendermaßen: «Ein Beamter braucht für gewöhnlich, ehe er eingestellt wird, bestimmte Einführungsgeschenke und Empfehlungen. *Hier ist alles aufs äußerste vereinfacht.* Die Geschenke sind dürftig, ein Empfehlender ist nicht da, *man stellt sich selber vor,* und dennoch braucht man sich alles dessen nicht zu schämen, wenn man nur die ehrliche Absicht hat, einander zu helfen in der Gefahr.»

Die fünfte Linie führt das Thema der Beschränkung weiter. Indem man nämlich der Natur des Wassers folgt, sieht man, daß es ein Loch nur bis zum Rand füllt und dann weiterläuft. Es bleibt nicht darin gefangen.

> Der Abgrund wird nicht überfüllt.
> Er wird nur bis zum Rand gefüllt.

Sollte man aber, verlockt durch die Gefahr, sich darauf versteifen, gerade wegen der Unsicherheit Überzeugung durch besondere Bemühungen, wie elaborierte Kommentare, Kasuistik und dergleichen mehr, quasi zu erzwingen, so würde man sich in der Schwierigkeit nur festrennen, was die oberste Linie treffend als einen gebundenen und eingesperrten Zustand beschreibt. Öfters nämlich zeigt die letzte Linie die Folgen an, welche entstehen, wenn man sich den Sinn des Hexagramms nicht zu Herzen genommen hat.

Wir haben in unserem Hexagramm eine Sechs auf drittem Platz. Dieses gespannte yin wandelt sich durch Enantiodromie [innere Gegenläufigkeit] in ein yang und erzeugt damit ein neues Hexagramm, welches eine quasi zukünftige Möglichkeit oder die Tendenz zu einer solchen schildert. Es ergibt sich das Zeichen 48: Dsing, der Brunnen. Das Motiv des Wasserloches wird, wie ersichtlich, fortgesetzt. Das Loch bedeutet aber nicht mehr Gefahr, sondern einen nützlichen Sodbrunnen.

> So ermuntert der Edle das Volk
> Und ermahnt es, einander zu helfen.

Letzteres vermutlich bei der Wiederherstellung des Brunnens. Es ist nämlich ein alter, verfallener Brunnen voller Schlamm. Nicht einmal die Tiere trinken aus ihm. Es hat zwar Fische darin, die man schießen kann, aber zum Trinken, d.h. zum menschlichen Gebrauch, wird er nicht benutzt. Diese Schilderung erinnert an das umgekehrte und unbenützte Opfergefäß, das einen neuen Griff bekommen soll. So wird auch dieser Brunnen gereinigt. Aber niemand trinkt daraus.

Das ist meines Herzens Leid;
Denn man könnte daraus schöpfen.

Wie das gefährliche Wasserloch auf den *I Ging* weist, so der Brunnen. Letzterer aber hat positive Bedeutung: *er* ist ein Loch, das Lebenswasser enthält. Er ist das Unbewußte; einerseits eine Gefahr, andererseits eine Hilfe. Sein Gebrauch sollte wiederhergestellt werden. Aber man hat keinen Begriff davon, kein Werkzeug, mit dem man das Wasser fassen könnte, denn «der Krug ist zerbrochen und rinnt». Wie das Opfergefäß neue Henkel oder Tragringe bekommt, an denen man es fassen kann, so muß auch der Brunnen neu «ausgemauert» werden. Er enthält nämlich einen «klaren kühlen Quell, den man trinken kann». Man kann aus ihm schöpfen, «er ist zuverlässig».

Es ist ohne weiteres ersichtlich, daß das aussagende Subjekt dieser «Prognose» wiederum der *I Ging* ist, der sich selber als Brunnen lebendigen Wassers darstellt, nachdem das vorhergehende Hexagramm ausführlich das Risiko dessen beschrieben hat, welcher wie zufällig in dieses Loch hineingefallen ist und sich zuerst wieder daraus herausarbeiten muß, um dann zu entdecken, daß es ein alter, zerfallener und verschlammter Brunnen ist, den man aber zu neuem Gebrauch herrichten kann.

*

Ich stellte an die Zufallstechnik des Münzenorakels zwei Fragen, die eine vor der Darstellung des ersten und zweiten Hexagramms und die zweite nachher. Die erste Frage richtete sich gewissermaßen an den *I Ging,* wie er sich zu meiner Absicht, ihm eine Einführung zu schreiben, verhalte. Die zweite Frage betraf mein eigenes Handeln bzw. die Situation, in welcher ich die handelnde Person war, nämlich die, welche das erste Hexagramm besprochen hatte. Auf die erste Frage antwortete der *I Ging,* indem er sich mit einem zu erneuernden Opfergefäß verglich, welches beim Publikum nur ein zweifelhaftes Wohlgefallen erregt. Auf die zweite Frage lautete die Anwort, daß ich in eine Schwierigkeit hineingeraten sei, indem nämlich der *I Ging* ein abgründiges und nicht ungefährliches Wasser, ein tiefes Wasserloch darstelle, in welchem einer auch steckenbleiben könnte. Das sei aber ein alter Brunnen, den man nur erneuern müsse, um wieder den nützlichsten Gebrauch davon machen zu können.

Diese vier Hexagramme sind in puncto Motiv (Gefäß, Loch, Brunnen) konsequent und in puncto geistigem Inhalt vernünftig und sinngemäß – nach meinem subjektiven Dafürhalten. Hätte mir ein Mensch so geantwortet, so müßte ich als Psychiater ihn, soweit das Material reicht, als zurechnungsfähig erklären. Ich könnte beim besten Willen an den vier Antworten nichts Deliriöses, Idiotisches oder Schizophrenes entdekken. In Anbetracht seines hohen Alters und seiner chinesischen Herkunft könnte ich ihm seine etwas archaische, symbolische und blumige Sprache nicht als pathologisch anrechnen. Andererseits müßte ich ihn positiv beglückwünschen zu seiner tiefen Ensicht in meine unausgesprochene, mißliche Stimmung. Ich kann darin nur eine ausgezeichnete Intuition erblicken.

Es kommt mir beinahe so vor, als ob mein nicht voreingenommener Leser durch diese Beispiele in den Stand gesetzt wäre, sich über die Wirkungsweise des *I Ging* wenigstens ein vorläufiges Urteil zu bilden[12]. Mehr kann eine bescheidene Einleitung nicht erhoffen.

Wenn es mir gelungen sein sollte, mit diesem Anschauungsunterricht die psychologische Phänomenologie des *I Ging* zu verdeutlichen, so habe ich meine Absicht erreicht. All die tausend Fragen, Zweifel, Kritiken usw., welche dieses sonderbare Buch aufwirbelt, kann ich nicht beantworten. Sein Geist erscheint dem einen hell, dem andern dämmerig und dem dritten wie finstere Nacht. Wem es nicht gefällt, der muß es ja nicht gebrauchen, und wer dagegen ist, muß es nicht für wahr halten. Es soll für die in die Welt gehen, welche damit etwas anzufangen wissen.

Die Visionen des Zosimos

1. DIE TEXTE

Wenn ich im folgenden mich anschicke, einige kommentierende Bemerkungen zu den Visionen des ZOSIMOS VON PANOPOLIS, jenes bedeutenden Alchemisten und Gnostikers des 3. Jahrhunderts, zu machen, so muß ich gleich zu Anfang erklären, daß meine Ausführungen keineswegs den Anspruch erheben, den außerordentlich schwierigen Stoff restlos aufzuklären. Meine psychologischen Beiträge zur Erhellung dieses besonderen Falles wollen nicht mehr bedeuten als einen Versuch, wenigstens einige der durch die Visionen aufgeworfenen Fragen zu beantworten.

Die erste Vision befindet sich am Anfang des Traktates Ζωσίμου τοῦ θείου περὶ ἀρετῆς[1] (Traktat des göttlichen Zosimos über die Kunst). ZOSIMOS leitet den Traktat mit einer allgemeinen Betrachtung über die Naturprozesse und speziell über die «Zusammensetzung der Wässer» und andere Operationen ein und schließt mit den Worten: «... und auf diesem einfachen und vielfarbigen System beruht die vielfache und unendlich variierte Erforschung des Alls.» Er fährt fort, und so beginnt der Text[2]:

III, I, 2. «Und indem ich dieses sprach, schlief ich ein, und ich sah einen Priester[3] vor mir stehen oben auf einem Altar, der die Form einer flachen Schale (βωμὸς φιαλοειδής) hatte. Daselbst hatte dieser Altar fünfzehn Stufen, um hinaufzusteigen. Daselbst stand der Priester, und ich hörte, wie eine Stimme von oben zu mir sagte: ‹Ich habe vollendet den Abstieg über die fünfzehn Stufen der Finsternis, und ich habe vollendet den Aufstieg über die Stufen des Lichtes. Und der mich erneuert, das ist der Priester, indem er die Dichtigkeit des Körpers wegwarf und mit Notwendigkeit bin ich zum Priester geweiht und werde als Geist (πνεῦμα) vollendet.› Und ich vernahm die Stimme dessen, der auf dem Schalenaltar stand, und ich fragte, weil ich von ihm erfahren wollte, wer er sei. Er aber antwortete mir mit feiner Stimme und sprach: ‹Ich bin Ion[4], der Priester der innersten verborgenen Heiligtümer, und ich unterziehe mich einer unerträglichen Strafe[5]. Denn es kam einer um die Morgenfrühe in eilendem Laufe, der überwältigte mich und zerteilte mich mit dem Schwert, indem er mich durchbohrte, und zerriß mich entsprechend der Zusammensetzung der Harmonie[6]. Und er zog die Haut meines Kopfes ab mit dem Schwert, das von ihm mit Macht gehandhabt wurde, und er fügte die Knochen mit den Fleischstücken zusammen und verbrannte das Ganze der Kunst entsprechend auf dem Feuer, bis ich wahrnahm, wie mein Körper verwandelt und zu Geist wurde. Und dieses ist meine unerträgliche Qual.› Und wie er mir dies noch erklärte und ich ihn mit Gewalt zwang, mir Rede zu stehen, da geschah es, daß seine Augen wurden wie Blut. Und er spie all sein eigenes Fleisch aus. Und ich sah, wie er sich in einen verstümmelten Homunculus (ἀνθρωπάριον), in seine eigene Umkehrung, verwandelte[7]. Und mit seinen eigenen Zähnen zerfleischte er sich und sank in sich zusammen.»

III, 1, 3. «Voller Furcht erwachte ich aus dem Schlafe, und ich erwog bei mir: ‹Ist dies nicht etwa die Zusammensetzung der Wässer?› Ich meinte fest überzeugt zu sein, daß ich wohl verstanden hätte. Und ich schlief wiederum ein. Und ich sah denselben Schalenaltar, oben darauf brodelndes Wasser und viel Volks darin, eine unzählbare Menge. Niemand war da in der Umgebung des Altars, den ich hätte fragen können. Und ich schritt hinauf zu demselben, um die Sicht auf den Altar zu erlangen. Und ich erblickte einen grauen Barbier-Homunculus[8], der sprach zu mir: ‹Was schaust du?› Ich antwortete ihm: ‹Ich staune über das Sieden des Wassers und der Menschen, die mitverbrennen und doch leben.› Er antwortete und sprach: ‹Die Schau, die du siehst, ist der Eingang und der Ausgang und die Wandlung.› Ich fragte ihn nun wiederum: ‹Welche Wandlung?› Und er antwortete und sprach: ‹Der Ort der Ausübung (ἀσκήσεως) der sogenannten Einbalsamierung. Denn die Menschen, die der Kunst[9] teilhaftig werden wollen, gehen dort hinein und werden Geister, indem sie dem Körper entfliehen.› Da sprach ich zu ihm: ‹Und bist du auch ein Geist?› Und er antwortete und sprach: ‹Ich bin ein Geist und ein Wächter über die Geister.› Während wir dies miteinander verhandelten und während das Kochen des Wassers immer mehr zunahm und das Volk aufheulte, da sah ich einen ehernen Mann, der hielt in seiner Hand eine bleierne Schreibtafel. Der sprach mit lauter Stimme, indem er die Schreibtafel anblickte: ‹All denen, die sich in den Strafen befinden, befehle ich an, zu schlafen, und jeder soll in seine Hand eine bleierne Schreibtafel nehmen und mit der Hand schreiben, die Augen emporheben, und ihr sollt euere Münder öffnen, bis euer Halszäpfchen anschwillt.›[10] Und dem Wort folgte die Tat, und der Herr des Hauses sprach zu mir: ‹Du hast es geschaut, du hast deinen Nacken emporgerichtet und hast gesehen, was sich vollzogen hat.› Und ich sagte, daß ich es gesehen hätte, und er fuhr fort: ‹Dieser eherne Mann, den du sahst, der ist der Priester, der opfert und geopfert wird, und sein eigenes Fleisch ausspeit. Und ihm ist Gewalt gegeben über dieses Wasser und über die, die gezüchtigt werden.› Als ich mir dies anschaulich vorgestellt hatte, erwachte ich wieder, und ich sprach zu mir selbst: ‹Welches ist die Ursache dieser Schau? Ist also dieses weiße und gelbe siedende Wasser das Göttliche ⟨Wasser⟩?› Und ich fand, daß meine Erkenntnis immer trefflicher wurde. Und ich sagte: ‹Es ist schön zu reden und schön zu hören, schön zu geben und schön zu nehmen, schön arm zu sein und schön reich zu sein. Wie lehrt die Natur, zu geben und zu nehmen? Es gibt der eherne Mann, und es empfängt der Wasserstein; es gibt das Metall, und es empfängt die Pflanze; es geben die Sterne, und es empfangen die Blumen; es gibt der Himmel, und es empfängt die Erde; es geben die Donner vom herauszuckenden Feuer, und alle Dinge werden zusammengeflochten. Und alle Dinge werden wieder aufgelöst, und alle Dinge werden miteinander vermischt, und alle Dinge werden zusammengesetzt, und alle Dinge werden wieder entmischt. Und alles wird benetzt werden und wieder getrocknet, und alles blüht auf, und alles verwelkt auf dem Schalenaltar. Denn jedes Ding geschieht mit Methode und in bestimmtem Maß und in ⟨genauer⟩[11] Abwägung der vier Elemente. Die Verflechtung aller Dinge und die Auflösung aller Dinge und jede Verbindung überhaupt kann ohne Methode nicht geschehen. Die Methode ist natürlich (φυσική) einatmend und ausatmend, ihre gesetzmäßigen Ordnungen bewahrend; sie bringt die Mehrung und sie bringt die Abnahme. Und alle Dinge, um es zusammenzufassen, stimmen überein in der Art der Trennung und der Vereinigung, ohne daß die Methode auch nur im kleinsten außer acht gelassen wird: so kommt die Natur zum Vorschein. Denn die Natur, wenn auf sich selbst gewendet, verwandelt sich. Denn dies ist die kunstvolle Struktur und Verbindung des gesamten Kosmos.› Damit ich dir nun nicht so weitschweifig schreibe, liebster Freund, geh ans Werk und errichte einen Tempel. Dieser Tempel darf nur aus *einem* Stein gebaut werden, wie Bleiweiß scheinend, in der Art des Alabasters, ein prokonnesischer[12]. Dieser Tempel darf weder einen Anfang noch ein Ende in seinem Bau haben: innerhalb muß sich eine Quelle von reinstem Wasser befinden, und ein Licht muß von ihm ausgehen, das so hell wie die Sonne strahlt. Beobachte genau, von welcher Seite her man den Eingang des Tempels erreicht, und nimm in deine Hände ein Schwert und suche so den Eingang. Denn der Ort, wo der Zugang zur Tempeltür sich befindet, ist eng und schmal. Es liegt ein Drache hingestreckt an der Tempeltür; der bewacht den Tempel. Diesen überwältige und schlachte ihn zuerst; zieh ihm dann die Haut ab; nimm sein Fleisch mitsamt den Knochen; zerlege seine Glieder; vereinige ⟨das Fleisch der Glieder⟩ einzeln[13] mit den Knochen am Eingang des Tempels; mache dir so eine Stufe; steige hinauf und tritt ein, und du wirst dort die gesuchte Sache finden: nämlich den Priester, den ehernen Mann, den du in der Quelle die Sache zusammensetzen siehst. Jenen <siehst du aber> nicht als ehernen Mann, denn er hat die Farbe seiner Natur verändert und ist ein silberner Mann geworden, und wenn du willst, wirst du bald den goldenen Mann haben. Diese meine Einleitung ist der Schlüssel, dir die nachfolgende[14] Auswahl von Worten aufzutun; die Erforschungen der Künste, der Weisheit, der Besinnung (φρονήσεως) und des Verstandes und wirksame Methoden und Enthüllungen verborgener Reden, welche sich klären.»

III, v, 1. «Unter Schwierigkeiten war ich zur Begierde gelangt, die sieben Stufen hinaufzusteigen und die sieben Arten der Züchtigungen zu schauen, und, wie es sich verhält, an einem einzigen Tage; da legte ich den Weg zurück, um hinaufzuschreiten. Indem ich viele Male daran vorbeiging, kam ich endlich auf den Weg. Und als ich im Begriffe war, hinaufzugehen, verfehlte ich gänzlich den Weg, und, in große Mutlosigkeit geratend, da ich nicht sah, in welcher Richtung ich weitergehen sollte, fiel ich in Schlaf. Und ich erblickte im Schlaf einen Barbier-Homunculus, angetan mit einem roten Mantel, und er hatte ein königliches Gewand und stand außerhalb der Strafen. Er sprach zu mir: ‹Was tust du, Mensch?› Ich aber antwortete ihm: ‹Ich stehe hier so, weil ich den Weg gänzlich verfehlt habe und nun völlig verwirrt bin.› Er aber sagte zu mir: ‹Folge mir!› Ich aber kam heraus und folgte ihm. Wie wir nun näher an den Ort der Strafen gekommen waren, da erblickte ich meinen Wegführer, jenen Barbier-Homunculus, und siehe da, er stürzte in den Ort der Strafen, und ich sah, wie sein ganzer Leib vom Feuer verzehrt wurde.»

III, v, 2. «Als ich das sah, geriet ich außer mir und zitterte vor Furcht und erwachte und sagte zu mir selbst: ‹Was bedeutet doch dieses Gesicht?› Und wiederum machte ich mir das Wort klar und erkannte, daß jener Barbier-Mann der eherne Mann war, nur daß er ein rotes Kleid angezogen hatte, und ich sprach: ‹Recht habe ich erkannt. Dies ist der eherne Mann. Und er muß zuerst in den Ort der Strafen geworfen werden.»

III, v, 3. «Abermals begehrte meine Seele danach, auch die dritte Stufe hinaufzusteigen. Und wiederum schritt ich allein den Weg dahin, und als ich schon ganz nahe an den Ort der Strafen gekommen war, da verirrte ich mich wiederum, da ich den Weg nicht kannte, und da stand ich nun voller Verzweiflung. Und wiederum, in ähnlicher Weise wie vorher, erblickte ich einen ergrauten Alten, der war ganz weiß, so weiß, daß infolge seiner starken Weiße die Augen geblendet waren. Sein Name aber war Agathodaimon. Und jener ergraute Alte wandte sich um und betrachtete mich die längste Zeit. Ich aber drang in ihn: ‹Zeige mir den rechten Weg.› Er aber wendete sich nicht nach mir um, sondern setzte seinen Weg eifrig fort. Ich aber, daher und dorther den Weg verfolgend, erreichte endlich den Altar. Wie ich nun oben bei dem Altar stand, erblickte ich den ergrauten Alten, und er stürzte sich an den Ort der Strafen. O ihr Erschaffer der himmlischen Naturen! Sofort wurde er ganz von der Flamme in eine Feuersäule verwandelt. O ihr Brüder, welch schauderhafte Erzählung! Denn infolge der furchtbaren Gewalt der Strafe füllten sich seine Augen mit Blut. Ich aber redete ihn an und fragte: ‹Was liegst du da?› Er aber konnte kaum seinen Mund öffnen und stöhnte: ‹Ich bin der bleierne Mann und unterziehe mich einer unerträglichen Gewalt.› Und aus großer Furcht erwachte ich und suchte in mir den Grund des Geschehenen. Und wiederum machte ich mir ein Urteil in bezug auf ihn und sprach: ‹Gut habe ich erkannt, daß so das Blei hinausgeworfen werden muß, und in Wirklichkeit bezieht sich das Geschaute auf die Zusammensetzung der Flüssigkeiten.›»

III, V^{bis}. «Und wiederum erkannte ich den göttlichen und heiligen Schalenaltar, und ich sah einen ehrwürdigen Priester, der ein bis auf die Füße reichendes weißes Gewand trug und jene furchterregenden Mysterien zelebrierte. Und ich sprach: ‹Wer also ist dieser?› Und die Antwort lautete: ‹Dieser ist der Priester der nicht zu betretenden Heiligtümer. Dieser will die Körper in Blut verwandeln und die Augen sehend machen und die Toten auferstehen lassen.› Und alsbald fiel ich von neuem zur Erde und schlief einen kurzen Schlaf. Und während ich daran war, auf die vierte Stufe des Altars zu steigen, sah ich von Sonnenaufgang her einen schreiten, der in seiner Hand ein Schwert hielt. Und ein anderer ⟨kam⟩ hinter ihm: Der brachte einen rings mit Bildern Geschmückten, Weißgekleideten und von schönem Anblick, dessen Name ‹Mittagsstand der Sonne› genannt wurde[15]. Als sie näher an den Ort der Strafen kamen, ⟨vernahm ich,⟩ daß derjenige, der das Schwert in seiner Gewalt hatte, ⟨sagte⟩[16]: ‹Schneide ihm den Kopf ab, und dann lege seine Fleischteile der Reihe nach hin und ⟨ebenso⟩ die Weichteile der Reihe nach, damit sein Fleisch zuerst technisch (ὀργανικῶς)[17] gekocht und dann der Strafe überliefert werde.› Und darauf erwachte ich wieder und sprach: ‹Ich habe alles wohl verstanden. Es handelt sich um die Flüssigkeit in der Metall⟨kunst⟩.› Der das Schwert in der Hand trug, sprach wiederum: ‹Ihr habt vollendet den Abstieg über die sieben Stufen.› Sein Begleiter aber sprach, während er zugleich die Springquellen aus allen feuchten Stellen entspringen ließ: ‹Das Verfahren ist zur Vollendung gebracht!›»

III, VI, 1. «Und siehe, da war ein schalenähnlicher Altar, und ein feuriger Geist stand auf dem Altar. Und sie ⟨?⟩ besorgten das ⟨zum⟩ Sieden ⟨benötigte⟩ Feuer und das Kochen und die Verbrennung der Menschen, die hinaufkamen, und ich fragte wegen des Volkes, das da stand, und sprach: ‹Ich wundere mich über das Kochen des Wassers und über das Geräusch des Siedens, und wie die Menschen, die verbrannt werden, noch leben bleiben.› Und er antwortete und sagte zu mir: ‹Dieses Sieden, das du siehst, ist der Ort der Übung, der sogenannten Einbalsamierung: denn die Menschen, die der Kunst teilhaftig werden wollen, gehen da hinein und werfen ihre Leiber von sich und werden Geister. Wiederum wird die Übung von da erklärt durch das Sich-Üben[18]. Denn, was die Dichtigkeit des Körpers von sich abwirft, das wird Geist.›»

In III, I, 5 findet sich sozusagen außer der Reihe (was dem ungeordneten Zustand der Zosimostexte entspricht) ein offenbar authentisches Résumé beziehungsweise eine Amplifikation und zugleich symbolische Deutung der Visionenserie. Der Text lautet:

«Und damit ich mich kurz fasse, mein Lieber, errichte einen Tempel aus *einem* Stein 〈der weiß〉 wie Bleiweiß, wie Alabaster von prokonnesischem Marmor ist 〈und〉 keinen Anfang und kein Ende in seiner Bauart (οἰκοδομή) hat 〈das heißt rund ist〉. Innen aber enthält er eine Quelle des reinsten Wassers und hervorblitzendes Sonnenlicht. Bemühe dich 〈herauszufinden〉, wo der Eingang des Tempels ist, und nimm in deine Hände ein Schwert, und so suche den Eingang. Engschlündig ist nämlich der Ort, wo sich die Öffnung des Einganges befindet; und ein Drache liegt beim Eingang, den Tempel bewachend. Und indem du diesen ergreifst, opfere (θῦσον) ihn zuerst, und wenn du ihm die Haut abgezogen hast, 〈dann〉 nimm das Fleisch desselben mitsamt den Knochen, zergliedere ihn (διέλῃς μέλη) und lege die Glieder[19] zusammen mit den Knochen zum Eingang des Tempels. Mache 〈vor〉 diesem eine Stufe und schreite hinauf und gehe hinein, und du wirst dort die gesuchte Sache[20] finden, nämlich den Priester, den Kupfermenschen (χαλκάνθρωπον), welchen du in der Quelle sitzen und die Sache zusammensetzen (συνάγοντα) siehst. Jenen aber siehst du 〈bald〉 nicht 〈mehr〉 als Kupfermenschen, denn er verwandelte sich nämlich in bezug auf die Farbe seiner Natur und ist ein Silbermensch (ἀργυράνθρωπος) geworden, welchen du über ein kurzes, wenn du willst, 〈als〉 Goldmenschen (χρυσάνθρωπον) haben wirst.»

2. DER KOMMENTAR

A. Allgemeines über die Deutung

Obschon es den Anschein hat, als ob es sich um eine Reihe oder sogar Stufenfolge von Visionen handle, so weisen doch öftere Wiederholungen oder auffallende Ähnlichkeiten auf die Möglichkeit hin, daß es sich im Grunde genommen um wesentlich *eine* Vision handelt, welche, zwar das Motiv der Stufenfolge enthaltend, in den wiederholten Erzählungen doch nur variiert ist. Es besteht, psychologisch wenigstens, kein Grund zur Annahme, daß es eine allegorisierende Erfindung sei. Vielmehr scheinen verschiedene Züge dafür zu sprechen, daß ZOSIMOS die Vision als ein bedeutsames *Erlebnis* betrachtet, von dem er Kunde geben möchte. Obschon es in der alchemistischen Literatur eine Reihe von Allegorien gibt, die zweifellos bloße Lehrfabeln sind und auf keinen unmittelbaren Erlebnissen beruhen[21], so dürfte doch die Zosimosvision ein wirkliches Erlebnis sein. Dies scheint mir hervorzugehen aus der Art und Weise, wie ZOSIMOS sich den Traum im Sinne seiner Präokkupation selber deutet: «Ist dies nicht etwa die Zusammensetzung der Flüssigkeiten?» Diese Deutung scheint – uns wenigstens – die eindrucksvollsten Bilder der Vision außer acht zu lassen und damit einen weit umfänglicheren und bedeutenderen Tatbestand auf einen allzu einfachen Nenner zu bringen. Wäre die Vision eine Allegorie, so hätten die am meisten hervortretenden Bilder wohl auch die größte Bedeutung. Es ist aber für subjektive Trauminterpretationen charakteristisch, daß sie sich mit einer das Wesentliche außer acht lassenden, oberflächlichen Beziehungsandeutung begnügen. Zur Entscheidung dieser Frage muß man ebenfalls in Betracht ziehen, daß durch verschiedene Äußerungen der Alchemisten die Tatsache von Visionen und Träumen, die sich während des opus [Werk] ereignen können, beglaubigt wird[22]. Ich bin geneigt, anzunehmen, daß die Vision oder die Visionen des ZOSIMOS solche Erlebnisse sind, die sich während der Operation ereignen und die Natur der diese begleitenden psychischen Hintergrundsprozesse enthüllen[23]. In diesen Visionen treten jene Inhalte zutage, welche sich, den Alchemisten unbewußt, in die chemischen Prozesse projizieren und dann an diesen wahrgenommen werden, wie wenn sie Eigenschaften des Stoffes wären. Wie sehr dieser Projektionsvorgang auch durch die Bewußtseinseinstellung unterstützt wird, zeigt die uns etwas vorschnell erscheinende Deutung, welche ZOSIMOS selber seinem Traum gibt.

Wenn uns diese Deutung zunächst wenig einleuchtend, ja sogar gesucht und willkürlich vorkommt, so darf man doch wiederum nicht vergessen, daß zwar die Vorstellung der «Wässer» eine uns fremdartige Größe ist, für ZOSIMOS aber oder für den Alchemisten überhaupt eine ungeahnte Bedeutung haben könnte. Auch wäre es möglich, daß die Erwähnung des «Wassers» dem Alchemisten einen Zusammenhang auftut, in welchen die Vorstellungen von Zerreißung, Tötung, Qual und Verwandlung hineingehören. Handelt doch die Alchemie, angefangen mit den Traktaten eines DEMOKRITOS und KOMARIOS, die ins 1. Jahrhundert gesetzt werden, bis weit ins 18. Jahrhundert hinein von dem wunderbaren Wasser, der aqua divina oder permanens [göttliches oder ewiges Wasser], das durch die Qual des Feuers aus dem lapis [Stein], das heißt der prima materia [Urstoff], gezogen wird. Das Wasser ist jenes humidum radicale [wurzelhaft Feuchte], welches die in den Stoff gebannte anima media natura [Seele in der Mitte der Natur] oder anima mundi [Seele der Welt] darstellt[24], eine Stein- oder Metallseele, eine anima aquina, wie sie auch genannt wird. Diese anima wird nicht nur mittels der «Kochung», sondern auch durch das Schwert aus dem «Ei» befreit, oder durch separatio, nämlich Auflösung in die vier radices, das heißt Elemente[25], hergestellt. Die separatio ihrerseits wird auch nicht selten als Zergliederung eines menschlichen Körpers dargestellt[26]. Von der aqua permanens heißt es auch, daß sie die Körper in die (vier) Elemente auflöse. Das göttliche Wasser hat überhaupt Verwandlungskraft. Es wandelt durch wunderbare Abwaschung die nigredo [Schwärzung] in die albedo [Weißung], es belebt das Tote, macht die Toten auferstehen[27] und hat darum die virtus [Kraft] des Taufwassers im kirchlichen Ritus[28]. Wie in der Benedictio fontis [Taufwasserweihe] das Wasser von der Hand des Priesters kreuzweise in vier Teile geteilt wird[29], so unterliegt auch der serpens mercurialis [Merkurschlange], welcher die aqua permanens [ewiges Wasser] darstellt, der Zerstückelung, welche wiederum eine Parallele zur Zerteilung des Leichnams ist[30].

Ich will dieses Geflecht von wechselseitigen Bedeutungsdurchdringungen, an denen die Alchemie so reich ist, nicht weiter ausspinnen. Das Gesagte möge genügen, um zu zeigen, daß die Vorstellung des «Wassers» und der damit verbundenen Operationen im Kopfe des Alchemisten ohne weiteres Zusammenhänge, in denen so ziemlich alle Motive der Visionen vorkommen, auslösen kann. Vom Standpunkt der Bewußtseinspsychologie des ZOSIMOS aus betrachtet, erscheint daher seine Deutung weniger gesucht und willkürlich. Ein lateinisches Sprichwort sagt: «Canis panem somniat, piscator pisces.» (Der Hund träumt von Brot, der Fischer von Fischen.) So träumt auch der Alchemist in seiner ihm eigentümlichen Sprache. Dieser Umstand zwingt uns zu größter Vorsicht, um so mehr, als jene Sprache überaus dunkel ist. Um sie völlig zu verstehen, müßte man das psychologische Geheimnis der Alchemie kennen. Denn es ist wohl so, wie die alten Meister sagen, daß nur der, welcher das Geheimnis des «Steines» kennt, versteht, «wovon sie reden»[31]. Man hat sich zwar in neuerer Zeit auf den Standpunkt gestellt, daß dieses Geheimnis bloßer Unsinn sei, und hat sich damit sorgfältiger Nachforschung entschlagen. Dem Psychologen aber stünde solche Leichtfertigkeit schlecht an, denn ein «Unsinn», der während bald zweitausend Jahren die Geister – und darunter nicht die geringsten (ich erwähne zum Beispiel GOETHE und NEWTON) – fesselte[32], muß etwas an sich haben, welches zu kennen dem Psychologen wohl von einigem Nutzen wäre. Zu dem kommt noch, daß die alchemistische Symbolik mit der Struktur des Unbewußten in nicht geringem Maße zusammenhängt, wie ich in meinem Buch über *«Psychologie und Alchemie»* [Grundwerk 6] dargelegt habe. Solche Fälle sind keineswegs seltene Kuriositäten, und wer immer die Symbolik der Träume zu verstehen trachtet, der kann die Augen vor der Tatsache nicht verschließen, daß Träume moderner Menschen gelegentlich jene Bilder und Metaphern enthalten, denen wir in den gelehrten Traktaten des Mittelalters begegnen[33]. Da das Verständnis der in den Träumen geleisteten biologischen Kompensation für die Neurosentherapie sowohl wie für die Entwicklung des Bewußtseins überhaupt von einer gewissen Bedeutung ist, hat die Kenntnis solcher Tatsachen auch ein nicht zu unterschätzendes praktisches Interesse.

B. Die Opferhandlung

Das wesentliche Bild unserer Traumvision ist eine Art Opferhandlung, vorgenommen zum Zwecke der alchemischen Verwandlung. Bezeichnend für diesen Opferritus ist die Tatsache, daß der Priester Opferer und Geopfertes zugleich ist. Diese bedeutende Idee des Selbstopferers war, wie wir wissen, an ZOSIMOS in der Form der Lehre der «Hebräer» (das heißt Christen) herangetreten[34]. Christus war ein Gott, der sich selbst geopfert hatte. Ein wesentlicher Teil der Opferhandlung ist die *Zerstückelung*. Dieses Motiv muß ihm aus der dionysischen Mysterientradition wohlbekannt gewesen sein. Auch dort ist der Gott selber das Opfer, das von den Titanen zerstückelt in den Kochtopf[35] geworfen und dessen Herz von Hera noch im letzten Augenblick gerettet wird. Unser Text zeigt, daß auch der Schalenaltar ein Kochgefäß ist, in welchem viele Menschen gesotten und verbrannt werden. Zum dionysischen Orgiasmus gehört, wie wir aus der Sage und einem Fragment des EURIPIDES[36] wissen, der Ausbruch tierischer Gier sowie die Zerfleischung lebender Tiere mit den Zähnen[37]. Dionysos wird geradezu als «der unzerteilte und zerteilte Geist» bezeichnet[38].

Auch das *Abhäutungsmotiv* muß ZOSIMOS geläufig gewesen sein. Ist doch eine bekannte Parallelfigur des sterbenden und wiedererstehenden Gottes Attis[39] der geschundene und gehängte Marsyas. Ebenso hat die Legende dem mit ZOSIMOS beinahe gleichzeitigen Religionsstifter Mani die Abhäutung zugedacht[40]. Die nachherige Ausstopfung der Haut mit Stroh weist auf die attischen Fruchtbarkeits- und Wiedergeburtsgebräuche hin. In Athen nämlich wurde jährlich ein Ochse geschlachtet und abgehäutet und dessen Haut mit Stroh ausgestopft. Der ausgestopfte Balg wurde sodann vor einen Pflug gestellt, offenbar zum Zweck der Wiederbelebung der Ackerfruchtbarkeit[41]. Ähnliche Abhäutungsbräuche sind bekannt von den Azteken, Skythen, Chinesen und Patagoniern[42].

Die Abhäutung beschränkt sich in der Vision auf den Kopf. Es ist eine *Skalpierung* im Gegensatz zu der totalen ἀποδερμάτωσις (Abhäutung), die im «Résumé» (III, I, 5; s. o. p. 207) geschildert ist. Dies ist eine der originellen Spezifizierungen, welche den Traum von der Schilderung des Prozesses im Résumé unterscheiden. Wie das Herausschneiden und Verzehren des Herzens oder Gehirns eines Feindes eine Einverleibung von dessen Lebenskräften oder Tugenden bewirken soll, so bedeutet wohl auch die Skalpierung als pars pro toto eine Inbesitznahme des Lebensprinzips oder der Seele[43]. Die Abhäutung stellt ein Wandlungssymbol dar, welches ich in meiner Abhandlung über die Messe [s. Grundwerk 4][44] einer näheren Betrachtung unterzogen habe, weshalb ich hier nur das besondere Moment der Qual (respektive κόλασις, Strafe), das sich besonders in der Schilderung der Zerstückelung und Skalpierung aufdrängt, erwähnen möchte. Es gibt dazu eine bemerkenswerte Parallele in der von GEORG STEINDORFF veröffentlichten Achmimischen Handschrift der *Eliasapokalypse*[45]. In der Vision heißt es vom Blei-Homunculus [Blei-Männlein], an dem die Tortur vollzogen wird: «Seine Augen füllten sich mit Blut» infolge der Qual. In dieser Apokalypse heißt es von denen, die «in die ewige Strafe» geworfen sind: «...deren Augen gemischt sind mit Blut.» Von den Heiligen, welche vom Antimessias verfolgt werden, heißt es: «...er wird abziehen ihre Häute von ihren Köpfen.»

Diese Parallelen machen es wahrscheinlich, daß die κόλασις nicht bloß eine Züchtigung oder Strafe sein kann, sondern eine Höllenstrafe sein muß. Während κόλασις als poena [Strafe] übersetzt werden muß, so kommt letzterer Ausdruck in der Vulgata überhaupt nicht vor, indem an allen Stellen, wo von der Höllenqual die Rede ist, dafür cruciare (quälen, foltern) oder cruciatus (Qual, Folter) verwendet wird (zum Beispiel *Apocalypse* 14,10: «cruciabitur igne et sulphure» [mit Feuer und Schwefel gequält], oder 9,5: «ut cruciatus scorpii» [wie die Qual durch den Skorpion]). Der entsprechende griechische Ausdruck ist βασανίξειν und βασανισμός, was ebenfalls Folterung bedeutet. Das griechische Wort hat für den Alchemisten eine Doppelbedeutung: βασανίξειν bedeutet nämlich auch das Probieren am Prüfstein (βάσανος), was in der Alchemie keine geringe Rolle spielt. Der lapis Lydius (Probierstein) wird als Synonym für den lapis philosophorum [Stein der Weisen] gebraucht. Durch die Qual des Feuers wird die Echtheit, die incorruptibilitas, nicht nur erwiesen, sondern auch erlangt. Das ist ebenfalls ein alchemistisches Leitmotiv.

In unserem Text bezieht sich die Abhäutung speziell auf den Kopf, womit gewissermaßen eine extractio animae [Abziehen der Seele] – wenn hier die primitive Gleichung Haut = Seele noch gilt – angedeutet wäre. Der Kopf spielt in der Alchemie eine gewisse Rolle, und zwar seit alten Zeiten. So nennt zum Beispiel ZOSIMOS seine Philosophen «Söhne des goldenen Kopfes». Da ich dieses Motiv bereits ausführlich behandelt habe[46], kann ich es mir ersparen, hier nochmals darauf einzugehen. Der Kopf hat bei ZOSIMOS und den späteren Alchemisten die Bedeutung des «Runden», des sogenannten Omega-Elementes, des «runden Elementes», womit die Arkan- oder Wandlungssubstanz gemeint ist[47]. Die Dekapitation (Text III, v^{bis}) bedeutet daher die Gewinnung der Arkansubstanz. Dem Text nach ist es der hinter dem Opferer Schreitende, welcher als «Mittagsstand der Sonne» bezeichnet ist und dem der Kopf abgeschlagen werden soll. Diese Abtrennung des goldenen Kopfes findet sich auch in den Handschriften des *«Splendor solis»* sowohl wie im Rorschacher Druck von 1598. Die Opferung betrifft in der Vision einen Mysten, der eben seine Vollendung als Helios erfährt. Sonne ist alchemistisch synonym mit Gold. Das Gold ist, wie MICHAEL MAIER sagt, das «kreisförmige Werk der Sonne», «der schimmernde... und in eine herrliche Substanz geformte Lehm, worin die Sonnenstrahlen gesammelt werden und hervorleuchten»[48]. MYLIUS sagt, daß das «Wasser von den Sonnen- oder Mondstrahlen» komme[49]. Nach der «*Aurelia occulta*» sollen in der aqua argenti [Wasser des Silbers] die Sonnenstrahlen gesammelt sein[50]. DORNEUS leitet die Metalle überhaupt von den «unsichtbaren Strahlen» des Himmels her[51], dessen Rundung ein Vorbild für das hermetische Gefäß ist. Wir gehen darum wohl kaum fehl in der Annahme, daß *der Myste selber die Arkansubstanz darstellt.* Wir werden unten noch auf diesen Gedanken zurückkommen.

Wir wenden uns nun zunächst anderen Einzelheiten der Vision zu. Vor allem ist es der Schalenaltar, der auffällt. Er hat eine unverkennbare Beziehung zum kratēr des Poimandres. Dieses Gefäß sandte der Demiurg zur Erde, mit νοῦς (Geist) gefüllt, damit diejenigen, die nach höherer Bewußtheit strebten, sich darin taufen konnten. Wir begegnen ihm an jener bedeutsamen Stelle, wo ZOSIMOS seiner Freundin und soror mystica [mystischen Schwester] folgenden Rat gibt: «Eile hinunter zum Hirten und tauche dich in das Gefäß (κρατήρ = Mischkrug), und eile hinauf zu deiner Art[52] (γένος = Geschlecht).»

Der kratēr ist offenbar ein wunderbares Gefäß, ein Taufbecken oder eine piscina, in welcher der baptismos, das Eintauchen, die Taufe vollzogen wurde. Dadurch kam die Wandlung in ein geistiges Wesen zustande. Es ist das vas Hermetis der späteren Alchemie. Daß der kratēr des ZOSIMOS in nächster Beziehung steht zu jenem des Poimandres im *Corpus Hermeticum*[53], ist wohl nicht zu bezweifeln. Der kratēr des Poimander ist das Taufbad, in welchem die unbewußten und erkenntnislosen Menschen, die sich nach der énnoia [Erkenntnis] sehnen, Bewußtheit erlangen können. Das vas Hermetis ist ein uterus [Mutterschoß] der geistigen Erneuerung oder Wiedergeburt. Diesem Gedanken entspricht wortgetreu der Text der Benedictio fontis [Taufwasserweihe], den ich oben in einer Fußnote [28] angemerkt habe. In der Erzählung von *Isis und Horus*[54] bringt der erscheinende Engel ein kleines Gefäß mit einem durchsichtigen oder wohl besser «glänzenden» Wasser gefüllt[55]. Man darf, der alchemischen Natur des Traktates entsprechend, dieses Wasser wohl als das göttliche Wasser der Kunst[56] auffassen; stellt dieses doch neben der prima materia [Urstoff] das eigentliche arcanum [Geheimnis] dar. Das

Wasser, das heißt das Nilwasser, hat im alten Ägypten eine besondere Bedeutung: es ist Osiris, der zerstückelte Gott par excellence[57]. So heißt es in einem Text aus Edfu: «Ich bringe dir die Gefäße mit den Gottesgliedern (d.i. den Nil), damit du von ihnen trinkst, ich erfrische dein Herz! damit du zufrieden bist.»[58] Die Gottesglieder sind die vierzehn Teile des Gottes. Zahlreich sind die Hinweise in den alchemistischen Texten auf die geheime Gottesnatur der Arkanmaterie[59]. Dieser alten Tradition entsprechend besitzt das Wasser die Fähigkeit, Auferstehung zu verleihen; denn es ist Osiris, der von den Toten auferstanden ist. Im λέξικον ... τῆς χρυσοποιίας[60] (Wörterbuch der Goldkunst) ist Osiris der Name von Blei und Schwefel, welche beide Synonyme der Arkanmaterie sind. So heißt das Blei, welches lange Zeit die Hauptbezeichnung der Wandlungssubstanz war: «das verschlossene Grab des Osiris, welches alle Glieder des Gottes in sich birgt...»[61] Nach der Legende soll Typhon den Sarg des Osiris mit Blei übergossen haben. PETASIOS lehrt[62]: «Die Sphäre des Feuers wird festgehalten und eingeschlossen durch das Blei.» OLYMPIODOR, der diesen Satz zitiert, bemerkt dazu, daß PETASIOS, sich selber erklärend, sagte: «Das ⟨Blei⟩ ist das Wasser, welches vom Männlichen kommt.» Das Männliche aber sei, wie er sage, «die Sphäre des Feuers».

Dieser Gedanke weist darauf hin, daß der Geist, der ein Wasser, oder das Wasser, das ein Geist ist, im Grunde genommen ein Paradoxon darstellt, nämlich ein Gegensatzpaar wie etwa das von Feuer und Wasser. In der «aqua nostra» [unser Wasser] der Alchemisten fließen die Begriffe von Wasser, Feuer und Geist ebenso zusammen, wie sie es in der religiösen Sprache tun[63].

Außer dem Motiv des Wassers enthält die Rahmenerzählung des Isistraktates auch dasjenige der Gewalttat. Der Text[64] lautet:

«Isis, die Prophetin, zu ihrem Sohn Horos: ‹Du mußtest, o Kind, gegen den treulosen Typhon in den Kampf ziehen um der Königsherrschaft deines Vaters willen, während ich mich nach Hormanuthi, Ägyptens ⟨Stadt⟩ der heiligen Kunst, begeben habe, wo ich einige Zeit verweilte. Nach dem Laufe der Zeitumstände und der notwendigen Hervorbringung der sphärischen[65] Bewegung[66] geschah es, daß einer von den Engeln, die im ersten Firmament verweilen, mich von oben betrachtete und mit mir die Gemeinschaft der Vermischung vornehmen wollte. Rasch entschlossen wollte er dieses verwirklichen; ich gab mich nicht hin, da ich die Zubereitung des Goldes und des Silbers erfragen wollte. Als ich es von ihm verlangte, sagte er mir, es sei ihm nicht erlaubt, sich darüber auszusprechen, wegen der überragenden Bedeutung der Mysterien; aber es werde folgenden Tages ein Engel, Amnaël, größer als er, kommen, und dieser könne mir die Lösung des Problems verschaffen. Ebenso sprach er über das Zeichen desselben – er halte es auf dem Kopfe und werde mir ein kleines, unverpichtes Gefäß, gefüllt mit einem durchsichtigen Wasser, zeigen. Er wollte die Wahrheit sagen. Am folgenden Tag, als die Sonne die Mitte ihrer Bahn durchlief, erschien Amnaël, der größer war als der erste, und ergriffen von derselben Begierde, zögerte er nicht, sondern eilte zu seinem Ziele. Ich aber war nicht weniger entschlossen, über diese[67] zu fragen.›»

Sie ergab sich ihm nicht, und der Engel enthüllte das Geheimnis, das sie nur ihrem Sohne Horus weitergeben durfte. Es folgen dann eine Reihe von Rezepten, die hier kein Interesse haben.

Der Engel als geflügeltes oder geistiges Wesen stellt, wie Mercurius, die volatile Substanz, das pneuma, das ἀσώματον (Körperlose) dar. Der Geist hat in der Alchemie fast regelmäßig eine Beziehung zum Wasser oder zum humidum [Feuchten] (radicale), was wohl einfach durch die Empirie der ältesten «Chemie», nämlich der Kochkunst, zu erklären ist. Das beim Sieden verdampfende Wasser vermittelt die ersten tiefen Eindrücke der metasomatosis, nämlich der Verwandlung des Körperlichen in das Unkörperliche, den spiritus oder das pneuma. Die Beziehung des «Geistes» zum Wasser besteht darin, daß er im Wasser verborgen ist wie ein Fisch. In den *«Allegoriae super librum Turbae»*[68] wird dieser Fisch als «rund» und als mit «lebenspendender Kraft» begabt bezeichnet. Er stellt, wie aus dem Text[69] hervorgeht, die Wandlungssubstanz dar. Aus der alchemischen Verwandlung, sagt der Text, gehe ein collyrium (Augenwasser) hervor, das den Philosophen die Anschauung der Geheimnisse erleichtere[70]. Der «runde Fisch» scheint ein naher Verwandter des «lapis albus rotundus» [weißer runder Stein] der *«Turba»* zu sein[71]. Von diesem heißt es, er habe «in sich die drei Farben und die vier Naturen und entstehe aus etwas Lebendigem»[72]. Das «Runde» ist überhaupt eine beliebte alchemistische Vorstellung. So begegnen wir in der *«Turba»* (Sermo XLI) dem «rotundum»: «Ich weise für die Nachwelt auf das Runde hin, welches das Erz in vier verwandelt.»[73] Wie aus dem darauffolgenden Text hervorgeht, ist das «Runde» identisch mit dem «Wasser» (aqua permanens). Bei ZOSIMOS begegnen wir einem ähnlichen Gedankengang. Von dem στοιχεῖον στρογγύλον, dem «runden Element», symbolisiert durch das Ō (das heißt Omega = Ω), sagt er: «Es besteht aus zwei Teilen. Es gehört zur siebenten Zone, zu der des Kronos[74], nach der Sprache des Körperlichen (κατὰ τὴν ἔνσωμον φράσιν); nach der des Unkörperlichen ist es etwas anderes, das nicht enthüllt werden darf. Einzig Nikotheos, der Verborgene[75], weiß es. In der Sprache des Körperlichen aber ist es Okeanos genannt, aller Götter – so sagen sie – Ursprung und Samen.»[76] Bei den Peraten des HIPPOLYTUS ist Kronos eine «wasserhelle» Kraft der Zerstörung[77], «denn das Wasser, sagen sie, ist Zerstörung». Das «Runde» ist demnach äußerlich das Wasser, innerlich aber das arcanum [Geheimnis].

Wasser und Geist sind oft überhaupt identisch. So sagt HERMOLAUS BARBARUS[78]: «Es gibt auch ein himmlisches oder eher göttliches Wasser der Alchemisten, welches sowohl Democritus als auch Hermes Trismegistus gekannt haben, indem sie es bald göttliches Wasser, bald skythischen Saft nennen, bald pneuma, das heißt Geist, von der Natur des Äthers, und die Quintessenz der Dinge.»[79] RULANDUS nennt das Wasser «die geistlich Macht», ein spiritus «himmlischer Natur»[80]. Zur Entstehung dieser Idee gibt CHRISTOPHORUS STEEBUS eine interessante Erklärung: «Es hat das Brüten des Heiligen Geistes auf den überhimmlischen Wassern 〈*Genesis* 1,3〉 eine Kraft hervorgebracht, welche alles aufs feinste durchdringt, wärmt und im Verein mit dem Lichte im Mineralreich des Unteren die Schlange des Mercurius, im Pflanzenreich die gesegnete Grüne, im Tierreich die formende Kraft erzeugt, so daß der überhimmlische Geist der Wasser, mit dem Lichte verbunden, mit Recht Weltseele genannt werden kann.»[81] STEEBUS fügt bei, daß die himmlischen Wasser, vom Geist belebt, alsbald in kreisende Bewegung geraten seien, woraus die vollkommene sphärische Form der anima mundi [Weltseele] entstanden sei. Das «Runde» ist also ein Stück Weltseele, und dies dürfte wohl das von ZOSIMOS gehütete Geheimnis sein. Diese Gedankengänge beziehen sich ausdrücklich auf den *«Timaios»* des PLATON. In der *«Turba»* preist PARMENIDES das «Wasser» mit folgenden Worten: «O ihr himmlischen Naturen, die ihr auf den Wink Gottes die ‹Naturen der Wahrheit› vermehrt! O du starke Natur, die die Naturen besiegt und ihre Naturen sich freuen und fröhlich sein läßt[82]! Diese ist es nämlich insbesondere, der Gott eine Kraft zugeteilt hat, die das Feuer nicht besitzt... Sie ist selbst die Wahrheit, alle Erforscher der Weisheit, denn mit ihren ‹Körpern› verflüssigt, bewirkt sie das höchste der Werke.»[83]

Ähnlich spricht der Sokrates der *«Turba»:* «O diese Natur, wie wandelt sie den ‹Körper› in ‹Geist›!... Sie ist der schärfste ‹Essig›, der bewirkt, daß das Gold zu lauterem ‹Geist› wird.»[84] «Essig» ist synonym mit «Wasser», wie die Texte ausweisen, und ebenso mit dem «roten Geist»[85]. Von letzterem sagt die *«Turba»*: «Aus dem in ‹roten Geist› verwandelten Zusammengesetzten aber entsteht das principium mundi», worunter wiederum die Weltseele verstanden werden kann[86]. Die *«Aurora consurgens»* sagt: «Gieße deinen Geist aus, das heißt das Wasser... und du wirst das Antlitz der Erde erneuern.» An anderer Stelle findet sich die Alternative: «Regen oder Geist» oder «es fließt der Geist ⟨des Wortes⟩, und es werden die Wasser fließen»[87]. ARNALDUS DE VILLANOVA (1235 bis 1313) schreibt in seinem *«Flos florum»:* «Sie haben Wasser Geist genannt, und es ist auch wahrlich Geist.»[88] Das *«Rosarium philosophorum»* sagt kurz und bündig: «Aqua est spiritus» [das Wasser ist der Geist][89]. Im *Komariostraktat* (1. Jahrhundert n. Chr.) ist das «Wasser» beschrieben als ein Heilmittel des Lebens, welches die Toten, die im Hades schlafen, zu einem neuen Frühling erweckt[90]. In der *«Turba»* sagt Apollonius: «Dann aber, ihr Söhne der Lehre, bedarf jenes ‹Ding› des Feuers, bis der ‹Geist› jenes ‹Körpers› umgewandelt und die Nächte hindurch stehengelassen wird, wie der Mensch in seinem Grab, und zu Staub wird. Nachdem dies geschehen ist, wird ihm Gott seine Seele und seinen Geist wiedergeben, und nach Beseitigung der Schwäche wird jenes Ding verstärkt und nach der Zerstörung verbessert, so wie der Mensch nach der Auferstehung stärker und jünger wird, als er in dieser Welt gewesen war.»[91] Das «Wasser» bewirkt am Stoff das gleiche was Gott am Körper der Menschen. Es steht also an Stelle Gottes und ist darum selbst göttlicher Natur.

Wie wir bereits sahen, rührt nach alter Auffassung die geistige Natur des «Wassers» von der Bebrütung des Chaos her (*Genesis* 1,3). Eine sehr ähnliche Anschauung findet sich im *Corpus hermeticum:* «Es war Finsternis in der Tiefe und Wasser ohne Form, und ein feiner, geisterfüllter Hauch bewegte ⟨durchdrang?⟩ die Dinge im Chaos.»[92] Dieser Auffassung kam in erster Linie das neutestamentliche Motiv der Taufe durch «Geist und Wasser», sodann auch der Ritus der Benedictio fontis [Taufwasserweihe], die am Karsamstag gefeiert wird, entgegen[93]. Aber die Idee des wunderbaren «Wassers» stammt ursprünglich aus der wahrscheinlich ägyptisch beeinflußten hellenistischen Naturphilosophie und keineswegs aus christlichen oder biblischen Quellen. Vermöge dieser mystischen Kraft belebt und befruchtet und tötet es aber auch. Und zwar befruchtet und tötet es sich selbst. Diesen Kreislauf von Leben und Tod hat schon die alte Alchemie durch das Symbol des Ouroboros, des Schwanzfressers, nämlich des Drachen[94], der sich in den eigenen Schwanz beißt, dargestellt. Das Auffressen entsprach der Selbstvernichtung[95]. Die Vereinigung des Schwanzes mit dem Drachenschlund wurde aber auch als Selbstbefruchtung aufgefaßt. Darum heißt es in den Texten: «Der Drache tötet sich selbst, heiratet sich selbst und befruchtet sich selbst.»[96]

Im göttlichen Wasser, dessen dyophysitische Natur (τὸ στοιχεῖον τὸ διμερές)[97] immer wieder betont wird, halten sich zwei Prinzipien die Waage, ein aktives und ein passives, ein männliches und ein weibliches, und bilden im ewigen, rhythmischen Wechsel von Geburt und Tod einen Inbegriff schaffender Kraft[98].

Diese alchemistische Urvorstellung erscheint dramatisiert in der Zosimosvision, und zwar etwa so, wie es auch in einem wirklichen Traum geschehen könnte. In der ersten Fassung ist es der Priester Ion, der sich der «Qual» freiwillig unterzieht. Die Opferhandlung wird vom Hierourgos (dem, der die heilige Handlung ausführt) dadurch vollbracht, daß er den Ion mit dem Schwert durchbohrt. Damit steht Ion gewissermaßen an der Stelle jener weißgekleideten und geschmückten Gestalt in der Vision (III, v^{bis}), welche wir in der Fußnote zum Texte mit der solificatio (Sonnenapotheose) des Mysten der Isismysterien in Beziehung gesetzt haben. Diesem Ion entspricht die Gestalt eines königlichen Mystagogen oder Psychopompos [Seelengeleiter], die in einer spätmittelalterlichen alchemistischen Traumvision auftritt. Es ist die sogenannte «Declaratio et Explicatio Adolphi» in der *«Aurelia occulta»*[99]. Allem Anschein nach steht die Vision in keinem Zusammenhang mit dem Zosimostext. Auch ist es mir zweifelhaft, ob man ihr einen bloß parabolischen Charakter zumessen darf. Sie besitzt nämlich gewisse Züge, welche nicht traditionsgemäß, sondern originell sind, weshalb sie möglicherweise ein genuines Traumerlebnis darstellt. Auf alle Fälle weiß ich aus einer professionellen Erfahrung, daß dergleichen Traumvisionen auch bei modernen Menschen vorkommen, die keine Ahnung von alchemistischer Symbolik haben. Es handelt sich um eine leuchtende, männliche Gestalt mit einer Gestirnskrone. Der Körper ist durchsichtig wie Glas. Sein Kleid ist von weißem Linnen, übersät mit vielfarbigen Blumen, wobei die grüne Farbe besonders hervorleuchtet. Er beschwichtigt die ängstlichen Zweifel des Adepten, indem er zu ihm spricht: «Adolphe, sequere me, monstrabo tibi ea, quae praeparata tibi sunt, ut e tenebris in lucem transmeare possis.» («Folge mir, ich werde dir das zeigen, was für dich vorbereitet ist, so daß du aus der Finsternis ins Licht hinübergehen kannst.») Diese Gestalt ist also ein echter und rechter Hermes Psychopompos und Initiator, welcher den geistigen Transitus [Übergang] des Adepten in die Wege leitet. Dies bestätigt sich im Verlauf des Abenteuers dadurch, daß der Adept ein Buch erhält, in welchem die «parabolische Figur» des Alten Adam dargestellt ist. Damit ist wohl angedeutet, daß die Erscheinung der Adam secundus [Zweite Adam], also eine Parallelfigur zu Christus, ist. Vom Opfer ist allerdings nicht die Rede, aber dieser Gedanke wäre ja, wenn unsere Vermutung richtig ist, durch den Adam secundus gewährleistet. Auf alle Fälle ist mit dem Rex [König] meist das Motiv der mortificatio [Tötung] verbunden.

So soll auch der Ion unseres Textes als Personifikation des Sonnen- respektive Goldarkanums geopfert[100] und sein (goldener) Kopf, der zuvor mit der Sonnencorona gekrönt war (also offenbar im besonderen die Sonne, das heißt das Gold darstellt), abgetrennt werden, denn dieser enthält das Geheimnis oder ist es[101]. Damit ist auf die psychische Natur des Arkanums hingewiesen, denn der Kopf eines Menschen hat in erster Linie die Bedeutung des Bewußtseinssitzes[102]. Auch hier, in der Vision der Isis, steht der das Geheimnis tragende Engel mit dem «Mittagsstand der Sonne» in Beziehung, wie es im Text heißt: «als die Sonne die Mitte ihrer Bahn durchlief». Der Engel trägt das geheimnisvolle Elixier auf dem Kopf und stellt, eben durch seine Beziehung zum Mittagsstand, eine Art von Sonnengenius oder einen Boten der Sonne dar, welcher «Erleuchtung», das heißt Erhöhung und Erweiterung des Bewußtseins, bringt. Seine nicht eben salonfähigen Manieren dürften damit in Zusammenhang stehen, daß die Engelmoral sich seit alters einer zweifelhaften Reputation erfreut. Noch immer ist es Regel, daß die Frauen in der Kirche ihr Haar verhüllen. Noch bis ins 19. Jahrhundert hinein trugen die Frauen daher vielerorts in protestantischen Gegenden eine besondere Haube[103], wenn man sonntags zur Kirche ging. Dies geschah nicht etwa wegen des männlichen Publikums, sondern wegen der möglichen Anwesenheit von Engeln, die durch den Anblick der weiblichen «Coiffure» in Verzückung geraten könnten. Der Ursprung dieser Anschauung dürfte wohl in der Erzählung von *Genesis* 6 liegen, wonach die «Gottessöhne» (eben die Engel) eine besondere Affinität zu den «Töchtern der Menschen» bekundeten und ihrer Begeisterung ebensowenig Zügel anlegten wie die beiden Engel des *Isistraktates*. Dieser Traktat wird ins 1. Jahrhundert n. Chr. gesetzt. Seine Anschauungen entsprechen der jüdisch-hellenistischen Angelologie Ägyptens[104]. Er kann daher sehr leicht dem Ägypter ZOSIMOS vorgelegen haben.

Solche Auffassungen der Engel stimmen trefflich mit der weiblichen sowohl als mit der männlichen Psychologie überein. Wenn die Engel nämlich *etwas* sind, so sind sie personifizierte Übermittler unbewußter Inhalte, die sich zu Wort melden. Wenn aber im Bewußtsein keine Bereitschaft vorhanden ist, unbewußte Inhalte aufzunehmen, so fließt die Energie derselben in das Gebiet der Affektivität respektive in die Triebsphäre ab. Daraus entstehen Affektausbrüche, Gereiztheit, Launen und sexuelle Erregungen, wodurch das Bewußtsein gründlichst desorientiert zu werden pflegt. Wird der Zustand chronisch, so entwickelt sich eine Dissoziation, von FREUD als Verdrängung beschrieben, mit all ihren bekannten Folgen. Darum ist es therapeutisch von größtem Belang, die der Dissoziation zugrunde liegenden Inhalte kennenzulernen.

Wie der Engel Amnaël die Arkanmaterie mit sich bringt, so stellt der zu opfernde Ion sie selber dar. Die Prozedur der Durchbohrung respektive Zerteilung, die ihm zugedacht ist, findet sich in der Literatur in der speziellen Form der Zerteilung des «Eies». Es wird ebenfalls mit dem Schwert zerteilt, das heißt in die vier Naturen oder Elemente aufgelöst. Als arcanum ist das Ei selbstverständlich ein Synonym des «Wassers»[105]. Ebenso ist es ein Synonym des Drachen (serpens Mercurii)[106] und damit des «Wassers» mit der besonderen Bedeutung des Mikrokosmos oder der Monas. Da Wasser synonym mit Ei ist, so wird die Zerteilung durch das Schwert auch am Wasser vollzogen. «Nimm das Gefäß, durchhau es mit dem Schwert, nimm dessen 〈des Gefäßes〉 Seele... So ist dieses unser Wasser unser Gefäß.»[107] Das Gefäß ist ebenfalls ein Synonym des Eies, daher die Vorschrift: «Gieß in ein rundes, gläsernes Gefäß, einer Phiole oder einem Ei ähnlich.»[108] Das Ei ist das Abbild des Welteies; das Eiweiß entspricht den aquis supracoelestibus (den überhimmlischen Wassern), dem splendido liquori (der glänzenden Flüssigkeit), und der Dotter der physischen Welt[109]. Das Ei enthält die vier Elemente[110].

Dem Schwert, mit dem die Zerteilung vollzogen wird, scheint noch eine besondere Bedeutung zuzukommen. So sagt das *«Consilium coniugii»*, das Hochzeitspaar, Sonne und Mond, müsse «mit dem eigenen Schwert getötet» werden[111], wie oben erwähnt. Dies geschieht, damit das durch die coniunctio [Vereinigung] verbundene Paar «unsterbliche Seelen in sich trinke, bis die ganz im Inneren verborgene (frühere) Seele ausgelöscht wird». In einem Gedicht von 1620 beklagt sich Mercurius darüber, daß er vom «fewrigen Schwerdte Uebel geplagt» werde[112]. Nach alchemistischer Auffassung ist er ja die alte Schlange, die schon im Paradies die «scientia» [Wissen] besaß, insofern er dem Teufel nahe verwandt ist (Mephistopheles!). Es ist das feurige Schwert des Engels an der Paradiesespforte, das ihn quält[113], und doch ist er selber dieses Schwert[114]. Mercurius mit dem Schwert den König oder die Schlange tötend – also «mit dem eigenen Schwert sich selber tötend» – ist dargestellt im *«Speculum veritatis»*[115]. Auch Saturnus wird als vom Schwert durchbohrt dargestellt[116]. Das Schwert eignet dem Mercurius als ein Spezialfall des «telum passionis», nämlich des Cupidopfeiles, den er als Kyllenios abschießt[117]. DORNEUS gibt in seiner *«Speculativa philosophia»*[118] eine ebenso interessante wie vollständige Deutung dieses Schwertes: es ist der gladius irae (das Schwert des göttlichen Zornes), das als Christus-Logos (Verbum Dei) [Wort Gottes] am Lebensbaum aufgehängt wurde. Aus dieser Wandlung geht, nach DORNEUS, der «Tau» hervor, welcher als «aqua gratiae» [Wasser der Gnade] über die ganze Welt ausgebreitet wird. Auch hier wird, wie im Text des ZOSIMOS, die Entstehung der «Wässer» mit der Opferhandlung in Zusammenhang gebracht. Der Logos, das «Wort» Gottes, ist «durchdringender als ein zweischneidiges Schwert»[119]. So werden die Konsekrationsworte in der Messe als «Opferschwert», mit dem das Dargebrachte getötet wird, aufgefaßt[120]. Man begegnet daher auch im christlichen Symbolismus dem gleichen «kreisförmigen» gnostischen Denken wie in der Alchemie. In beiden Gebieten ist der Opferer das Geopferte, und das tötende Schwert ist dasselbe wie das zu Tötende.

Der gleiche Zirkel offenbart sich bei ZOSIMOS in der Identität des Opferpriesters mit seinem Opfer und in der merkwürdigen Vorstellung, daß der Homunculus [Menschlein], in welchen sich Ion verwandelt, sich selbst auffresse[121]. Er speit nämlich sein eigenes Fleisch aus, wie wenn er dieses vorher verschlungen hätte. Daß er solches wirklich tut, beweist die nachfolgende Selbstzerfleischung. Der Homunculus steht somit an Stelle des Ouroboros, der sich selber auffrißt und sich selbst gebiert (Erbrechen!). Insofern nun der Homunculus eine Wandlungsform des Ion darstellt, ist dieser dem Ouroboros wesensgleich und damit auch dem Hierourgos [Opferer]. Es handelt sich also um ein und dasselbe Prinzip in drei verschiedenen Aspekten. Diese Gleichung wird durch die Symbolik jenes Textstückes, welches ich als Résumé bezeichnet und darum an das Ende der Visionenserie gesetzt habe, bestätigt. Das Geopferte ist tatsächlich der Drache Ouroboros. Seine Kreisgestalt ist durch den Tempel, dessen «Grundriß keinen Anfang und kein Ende» hat, angedeutet. Seine Zerstückelung entspricht der späteren Idee von der Trennung des Chaos in die vier Elemente (vergleiche die Vierteilung des Wassers in der Benedictio fontis!). Damit ist der Anfang zu einer Ordnung in der massa confusa [ungeordnete Masse] gemacht, wie in III, I, 2: «entsprechend der harmonischen Zusammensetzung» bereits angedeutet ist. Die psychologische Parallele dazu ist die durch Bewußtwerdung und Reflexion hergestellte Ordnung zunächst chaotisch erscheinender Stücke des Unbewußten, die ins Bewußtsein eingebrochen sind. Ohne von den Operationen der Alchemie zu wissen, habe ich seinerzeit meine viergeteilte psychologische Typologie als Ordnungsprinzip für die psychischen Vorgänge überhaupt aufgestellt und habe mich dabei unbewußt desselben Archetypus bedient, welcher auch SCHOPENHAUER veranlaßt hat, dem Satz vom Grund eine vierfache Wurzel zu geben.

Der Tempel als Monolith[122] ist offenkundig eine Paraphrase des Lapis [Steines]. Die darin sprudelnde Quelle ist ein Lebensquell, womit angedeutet wird, daß die Herstellung der runden Ganzheit, eben des Steines, eine Garantie der Belebtheit darstellt. Das ebenfalls im Inneren des Steins aufblitzende Licht hat die Bedeutung der mit der Ganzheit verbundenen illuminatio[123]. Erleuchtung ist Vermehrung des Bewußtseins.

Obschon der weißglänzende Monolith unzweifelhaft den Lapis repräsentiert, so hat er doch auch zugleich, wie leicht ersichtlich, die Bedeutung des Hermetischen Gefäßes. In dieser Hinsicht sagt das *«Rosarium philosophorum»:* «Einer ist der Stein, eine die Medizin, eines das Gefäß, eines das Verfahren und eine die Anordnung.»[124] Noch deutlicher heißt es in den Scholien zum *«Tractatus aureus Hermetis»:* «Aber alles sei eines in *einem* Kreislauf oder Gefäß.»[125] MICHAEL MAIER schreibt der Maria der Jüdin («soror Mosis» [Schwester des Moses]!) die Ansicht zu, daß das ganze Geheimnis in der Kenntnis des Hermetischen Gefäßes bestehe.

Dieses sei nämlich göttlich und von der Weisheit des Herrn den Menschen verborgen worden[126]. Die *«Aurora consurgens»*[127] sagt, daß das vas naturale [natürliche Gefäß] die aqua permanens [ewiges Wasser] und der «Essig der Philosophen» sei, womit natürlich die Arkansubstanz selber gemeint ist. In diesem Sinne ist auch die *«Practica Mariae»*[128] zu verstehen, wenn sie vom hermetischen Gefäß sagt, es sei «das Maß deines Feuers», und daß die Stoiker es verborgen hätten[129]; es sei das «corpus toxicum», welches den Merkur wandelt, nämlich eben das «Wasser» der Philosophen[130]. Es sei aber (als Arkansubstanz) nicht nur das «Wasser», sondern auch das «Feuer», wie die *«Allegoriae sapientum»*[131] dartun: «Ebenso ist unser Stein, das heißt der Kolben des Feuers, aus dem Feuer erschaffen.» Es ist daher begreiflich, wenn MYLIUS[132] das Gefäß als «die Wurzel und das Prinzip unserer Kunst» bezeichnet. LAURENTIUS VENTURA[133] nennt es «Luna» [Mond], welche die foemina alba [weiße Frau] der Kunst und die Mutter des Lapis ist. Das Gefäß, das «vom Wasser nicht gelöst und vom Feuer nicht geschmolzen» wird, sei, sagt der *«Liber quartorum»*[134], «wie das Werk Gottes im Gefäß des göttlichen Keimes (germinis divi), weil es den Lehm aufgenommen, geformt und mit Wasser und Feuer durchmischt hat». Damit dürfte wohl einerseits auf die Menschenschöpfung angespielt sein, aber andererseits scheint es sich auch um die Erschaffung der Seelen zu handeln, indem der Text unmittelbar anschließend von dem Hervorgehen der Seelen «aus den Keimen der Himmel»[135] spricht. Zum Auffangen der Seele aber habe Gott das «vas cerebri», nämlich die Schädelkapsel geschaffen. Hier berührt nun die Symbolik des Gefäßes diejenige des Kopfes, welche ich gesondert, in meiner Untersuchung über *«Das Wandlungssymbol in der Messe»* [Grundwerk 4] behandelt habe.

Die prima materia [Ursubstanz] hat als humidum radicale [wurzelhafte Feuchte] mit der anima [Seele] zu tun, denn letzterer kommt ebenfalls eine gewisse «Feuchtigkeit» zu[136] (zum Beispiel als Tau[137]). So wird das Symbol des Gefäßes auch auf die Seele übertragen. Ein treffliches Beispiel hierfür bietet CÄSARIUS VON HEISTERBACH[138]: die Seele sei eine geistige Substanz von sphärischer Natur, wie die Mondkugel, oder wie ein Glasgefäß, das «vorne und hinten mit Augen versehen» sei und «das ganze Universum sehe», also wie der alchemistische draco πανтόφθαλμος [vieläugiger Drache] oder wie die Schlange des IGNATIUS VON LOYOLA. In diesem Zusammenhang ist die Bemerkung des MYLIUS[139], daß durch das Gefäß «das ganze Firmament in seinem Umlaufe rotiere», von besonderem Interesse, denn der Sternhimmel und die Vieläugigkeit haben eine symbolische Koinzidenz[140]. Der «Tempel» des ZOSIMOS erscheint in der späteren Alchemie als domus thesaurorum und gazophylacium (Schatzhaus)[141].

Aus all dem dürfte die Ansicht des DORNEUS, das Gefäß müsse aus der Quadratur des Zirkels hergestellt werden[142], begreiflich erscheinen; handelt es sich doch dabei um eine wesentlich psychische Operation, nämlich um die Herstellung einer inneren Bereitschaft, den Archetypus des Selbst aufzunehmen und (subjektiv) erscheinen zu lassen. DORNEUS nennt das Gefäß «vas pellicanicum» [Pellicanisches Gefäß], durch welches die essentia quinta [Quintessenz] aus der prima materia ausgezogen wird[143]. Ebenso sagt der Anonymus der Scholien zum *«Tractatus aureus»:* «Dieses Gefäß nämlich ist der wahre philosophische Pelikan, und es ist kein anderer in der ganzen Welt zu suchen.»[144] Es ist der Lapis selber und enthält ihn zugleich, das heißt das *Selbst beinhaltet sich selbst.* Dieser Formulierung entspricht die häufige Vergleichung des Steins mit dem Ei oder mit dem Drachen, der sich selbst verschlingt und sich selber gebiert.

Die Gedankenwelt sowohl wie die Sprache der Alchemie lehnen sich an die der Mystik an: der Leib Christi heißt im *Barnabasbrief* τὸ σκεῦος τοῦ πνεύματος (das Gefäß des Geistes). Christus selber ist ja der Pelikan, der seine Brust für seine Jungen ritzt[145]. Die Herakleoniten lassen den Sterbenden zu den demiurgischen Mächten sprechen: «Ich bin ein Gefäß kostbarer als jenes weibliche Wesen, das euch gemacht hat. Während eure Mutter ihre eigene Wurzel nicht kennt, so weiß ich um mich selbst, und ich erkenne, woher ich bin, und ich rufe die unvergängliche Weisheit an, welche im Vater[146] und die Mutter eurer Mutter ist, sie, die keine Mutter hat, aber auch keinen männlichen Gefährten» usw.[147].

In der abstrusen Symbolik der Alchemie tönt uns einerseits der ferne Widerhall dieses Geistes, welcher, ohne Hoffnung auf Entwicklungsmöglichkeit, der Zerstörung durch die kirchliche Zensur verfallen mußte, entgegen; andererseits finden wir in ihr ein Voraustasten und Vorausahnen in eine Zukunft, welche die Projektion auf den Menschen zurückführen wird, von dem sie ausgegangen ist. Es ist interessant zu sehen, in wie seltsam unbeholfener Weise sich diese Tendenz in der alchemistischen Phantasmagorik ihren Weg bahnt. JOHANNES DE RUPESCISSA gibt folgende Anweisung: «Laß ein Gefäß herstellen nach der Art eines Cherub, der das Abbild Gottes ist, und der sechs Flügel habe, wie sechs Arme, die auf ihn zurückkommen: und darüber einen runden Kopf... Und tue in dieses Gefäß das besagte feurige Wasser» etc.[148]. Danach sollte also das ideale Destilliergefäß respektive das vas Hermetis eine zwar göttlich-monströse, aber doch annähernd menschliche Gestalt haben. Ebenso nennt RUPESCISSA die Quintessenz den «ciel humain» [menschlichen Himmel], sie ist «comme le ciel et les étoiles» [wie der Himmel und die Sterne]. (Beziehung des «Firmamentes» zum Unbewußten!) Im Buche *El-Habib*[149] heißt es: «La tête de l'homme, aussi, est semblable à un appareil de condensation» [Auch der Kopf des Menschen gleicht einem Kondensationsgefäß]. Unter den vier Schlüsseln, welche das Schatzhaus aufschließen, erwähnt das *«Consilium coniugii»*[150] folgenden Prozeß: «Dieser eine Schlüssel ist das Aufsteigen des Wassers durch den Hals zum Kopf des Gefäßes, das einem lebendigen Menschen ähnlich ist.» Einer ähnlichen Vorstellung begegnen wir auch im *Liber quartorum*[151]. «Das Gefäß muß von runder Gestalt sein, so wie der Künstler dieses Werkes ein Veränderer des Firmamentes und der Schädelkapsel, und wie die Sache, deren wir bedürfen, eine einfache Sache sei.» Es ist klar, daß die Vorstellungen historisch zur Kopfsymbolik der Zosimostexte zurückreichen, zugleich aber weisen sie auch vorwärts zu der Erkenntnis, daß der Wandlungsprozeß im Kopf, das heißt ein psychischer Vorgang sei. Diese Erkenntnis ist nicht etwa nachträglich in ungeschickter Weise verhüllt worden, sondern es ist gerade die Mühseligkeit ihres Erwachens, welche die Hartnäckigkeit ihrer Projektion in den Stoff beweist. Psychologische Erkenntnis durch Reduktion der Projektionen scheint von jeher eine ungemein schwierige Angelegenheit gewesen zu sein.

Der Drache, respektive die Schlange, stellt die *uranfängliche Unbewußtheit* dar, denn dieses Tier liebt es, wie die Alchemisten sagen, sich «in cavernis et tenebrosis locis» [in Höhlen und an finsteren Orten] aufzuhalten. Diese Unbewußtheit muß geopfert werden; erst dann kann man den Eingang in den Kopf, das heißt zur bewußten Erkenntnis, finden. Hier spielt sich wiederum der universale Kampf des Helden gegen den Drachen ab, bei dessen siegreichem Ende jeweils die Sonne aufgeht, das heißt, das Bewußtsein erhellt sich und nimmt wahr, wie dies der Zosimostext beschreibt, daß der Wandlungsprozeß im Inneren des Tempels, das heißt des Kopfes, stattfindet. Es ist in der Tat ὁ ἔσω ἄνθρωπος, der innere Mensch, als Homunculus vorgestellt, welcher die Verwandlungsstufen vom Kupfer durch das Silber bis zum Gold durchläuft. Diese Stufen entsprechen einer graduellen Werterhöhung.

Es mutet den modernen Menschen recht sonderbar an, daß gerade der innere Mensch und sein von ihm vorausgesetztes geistiges Wesen durch Metalle repräsentiert sein soll. An der historischen Tatsache ist nicht zu zweifeln, auch handelt es sich nicht um eine der Alchemie allein eigentümliche Vorstellung. So wird zum Beispiel von Zarathustra berichtet, daß er von Ahura Mazda in einem Becher den Trank der Allwissenheit erhielt. Darauf sah er in einem Traum einen Baum mit vier Zweigen von Gold, Silber, Stahl und gemischtem Eisen[152]. Der Baum entspricht genau dem Metallbaum der Alchemie, der arbor philosophica [philosophische Baum], welcher, wenn irgend etwas, dann geistiges Wachstum bis zur höchsten Erleuchtung darstellt. Das kalte, tote Metall scheint einem allerdings das schlechthinnige Gegenteil des Geistes zu sein – aber wie ist es dann, wenn der Geist ebenso tot ist wie das Blei oder das Kupfer? Dann kann zum Beispiel ein Traum sagen: Such es im Blei oder im Quecksilber! Es scheint nämlich der Natur daran gelegen, das Bewußtsein zu größerer Ausdehnung und Erhellung anzutreiben, weshalb sie sich das stete Begehren des Menschen nach Metallen, insonderheit nach den kostbaren, zunutze macht und ihn veranlaßt, diese zu suchen und auf ihre Möglichkeiten zu prüfen. Während dieser Beschäftigung mag es ihm dämmern, daß sich in seinen Schächten nicht nur Erzadern befinden, sondern auch Erzmännchen, und daß im Blei entweder ein gefährlicher Dämon oder eine Taube des Heiligen Geistes verborgen ist.

Einzelne Alchemisten haben diesen Erkenntnisprozeß nachweislich bis zu einem solchen Grade durchlaufen, daß nur noch eine dünne Scheidewand sie von psychologischer Bewußtheit trennte. CHRISTIAN ROSENCREUTZ steht noch diesseits der Schwelle, GOETHES *«Faust»* aber gerade jenseits und schildert daher das psychologische Problem, welches sich dann erhebt, wenn der «innere Mensch», jene größere Gestalt, die sich zuvor in der kleineren des Homunculus barg, in das Licht des Bewußtseins und damit dem bisherigen Ich (dem homo animalis) gegenübertritt. Mehr als einmal ahnt Faust die Metallkälte des Mephistopheles, der ihn erstmals in Hundegestalt umkreist (Ouroborosmotiv!); er bedient sich seiner als eines familiaris (πάρεδρος, dienstbarer Geist) und entledigt sich seiner mittels des Motivs vom betrogenen Teufel, hat aber den Frühling, den ihm Mercurius brachte, für sich in Anspruch genommen und ebenso den Ruhm und die Macht der Magie. Die Lösung, die GOETHE dem Problem gegeben hat, war noch mittelalterlich, entsprach jedoch einer seelischen Haltung, welche des Schutzes der Kirche entbehrte. Das war bei ROSENCREUTZ nicht der Fall: er konnte sich noch weise außerhalb des Zauberkreises halten; denn er, nämlich ANDREAE, stand noch innerhalb der Tradition. GOETHE war moderner und daher unvorsichtiger. Er hat nie recht verstanden, vor welcher Walpurgisnacht des Geistes das christliche Dogma schützt, obschon gerade sein Meisterwerk ihm diese Unterwelt sogar in zwei Auflagen vorsetzte. Allein, was kann einem Dichter nicht alles geschehen, ohne daß es ernstlich Folgen zu haben braucht! Diese kamen dann bekanntlich erst um ein Jahrhundert später. Mit solchen Zeiträumen muß die Psychologie des Unbewußten allerdings rechnen, denn sie hat es weniger mit der ephemeren Persönlichkeit als mit jenem säkularen Prozeß zu tun, dem der einzelne Mensch aufgepflanzt ist wie der hinfällige Blüten- und Fruchtstand seinem Rhizom.

C. Die Personifikationen

Was uns als Résumé erscheint, nämlich das eben besprochene Stück, nennt ZOSIMOS ein προοίμιον, eine Vorrede. Es ist also keine Traumvision, sondern er spricht hier seine bewußte Kunstsprache und drückt sich in Begriffen aus, welche seinem Leser offenbar geläufig sind. Die Schlange, ihre Opferung und Zerstückelung, das Kopfgefäß und das Wunder der χρυσοποιία, des Goldmachens, die Wandlung der ἀνθρωπάρια, der Metallgeister, sind in der Tat Vorstellungen der damaligen Alchemie. Darum mutet uns auch dieses Stück wie eine bewußte Allegorie an, und zwar im Gegensatz zu den eigentlichen Visionen, welche das Thema der Wandlung in einer durchaus unorthodoxen und originellen Weise abhandeln, genauso, wie es Träume tun können. Die abstrakten Metallgeister sind hier erleidende, menschliche Wesen, und der ganze Prozeß wird einer mystischen Initiation angenähert, das heißt in erheblichem Maße psychologisiert. Das Bewußtsein des ZOSIMOS ist aber noch dermaßen im Bann der Projektion, daß er in der Vision nichts anderes zu erblicken vermag als eben nur die «Herstellung der Flüssigkeiten». Man sieht, wie sich das damalige Bewußtsein vom mystischen Prozeß abwendet und sich dem materiellen zukehrt, und wie eben gerade die mystische Projektion dazu dient, die Aufmerksamkeit auf das Physische zu ziehen. Denn noch war die physische Welt nicht entdeckt. Hätte ZOSIMOS die Projektion erkannt, so wäre er in den Nebel der damaligen mystischen Spekulation zurückgefallen, und die Entwicklung des naturwissenschaftlichen Geistes wäre noch länger verzögert worden. Für uns liegen die Dinge nun allerdings anders. Für uns ist gerade der mystische Inhalt seiner Träume von besonderer Bedeutung, denn wir kennen jene chemischen Prozesse, an deren Erforschung ihm gelegen war, zur Genüge. Wir sind darum in der Lage, sie von der Projektion zu trennen und das Psychische in ihnen an und für sich zu erkennen. Das Résumé gibt uns auch eine Vergleichsmöglichkeit, welche uns befähigt, den Unterschied in der Darstellungsweise der Vorrede und der Vision wahrzunehmen. Dieser Unterschied spricht zugunsten unserer Annahme, daß die Visionen Träume und keine Allegorien sind. Die Herstellung des authentischen Traumes aus der mangelhaft überlieferten Gestalt des Textes dürfte mit Sicherheit allerdings kaum mehr möglich sein.

Die Darstellung des alchemisch-mystischen Vorganges durch Personen bedarf einiger Erläuterungen. Die Personifikationen von leblosen Dingen sind Überbleibsel primitiver und antiker Psychologie. Sie beruhen auf ursprünglicher unbewußter Identität, der sogenannten «participation mystique»[153]. Die unbewußte Identität entsteht durch eine Projektion unbewußter Inhalte in ein Objekt, wobei diese erst als Qualitäten, scheinbar dem Objekt zugehörig, dem Bewußtsein zugänglich werden. Jedes irgendwie interessante Objekt provoziert einen mehr oder weniger großen Betrag an Projektionen. Der Unterschied zwischen der primitiven und der modernen Psychologie in dieser Hinsicht ist vor allem ein qualitativer und in zweiter Linie auch ein gradueller. Die Kulturentwicklung des Bewußtseins ist wesentlich extensiv: es erweitert sich einerseits durch Acquisition, andererseits durch Zurückziehung von Projektionen. Letztere werden als psychische Inhalte erkannt und der Psyche re-integriert. Die Alchemie hat sozusagen alle ihre hauptsächlichen Ideen konkretisiert beziehungsweise personifiziert, die Elemente, das Gefäß, den Stein, die prima materia, die Tinktur usw. Die Idee vom Menschen als einem Mikrokosmos, der in allen seinen Teilen die Erde oder das Weltall darstellt (vergleiche zum Beispiel die mittelalterlichen Melothesien![154]), ist ein Überrest der ursprünglichen psychischen Identität, welche einem vorwiegend dämmerhaften Bewußtsein entsprach. Ein alchemistischer Text drückt sich folgendermaßen aus:

⟨Der Mensch gelte als Mikrokosmos...⟩ «Seine unter der Haut verborgenen Knochen werden den Felsen verglichen. Durch jene ist nämlich der Körper verstärkt, nicht anders die Erde durch die Felsen, und das Fleisch wird für die Erde gehalten und die großen Blutgefäße für große Ströme, die kleinen aber für kleine Flüsse, die sich in die großen ergießen. Die Blase ist das Meer, in welchem ebensowohl große als kleine Flüsse gleicherweise sich sammeln. Das Haar wird dem wachsenden Kraut, die Nägel an den Händen und Füßen und was inner- und außerhalb am Menschen erfaßt wird – alles wird nach seiner Art mit der Welt verglichen.»[155]

Die alchemistischen Projektionen bilden nichts anderes als einen Spezialfall der allgemeinen Denkweise, die sich in der Idee des Mikrokosmos typisiert. Ein gutes Beispiel für solche Personifikationen ist folgendes:

«Nun merck fürbaß mein allerliebster / wie du thun solt / du solt gehn für das Hauß / da findtstu zwey Thor / die sein verschlossen / da soltu ein kleine weil darvor stehn / biß daß einer kompt / und die Porten auffschleußt / und geht zu dir herauß / daß wirdt sein ein Gelber Mann / unnd ist nit hüpsch under den Augen / du solt ihn aber nit fürchten / darumb das er ungestalt ist / er ist aber lieblicher wort / und wirt dich fragen / mein lieber was suechestu hie / wann ich wahrlich lang nit keinen Menschen so hieforn gesehen hab / so nahend bey disem hauß / dan soltu jm antworten / ich bin hir gewisen und suech den Lapidem Philosophorum / derselb Gelb Mann wirt dir antworten und also sprechen / mein lieber freundt nachdem du nun so ver bist kommen / so wil ich dich fürbas weisen / du solt gehn in das Hauß / so lang biß das du kombst an ein fliessenden Brunnen... und dan so gehe aber fürbaß ein kleine weil / so wirt dir bekommen ein Rotter Mann / der ist Fewrot und hat Rotte augen / du solt jn auch nit fürchten seiner fraidigkeit halben / dan er ist mit worten glimpflich / und der wirt dich auch fragen / mein lieber freund / was ist dein begern hie / wan du bist mir gar ein fremmder Gast / so soltu jm antworten / ich suech Lapidem Philosophorum...[156].»

Eine besondere Quelle für die Metallpersonifikationen sind die Volkssagen von den Wichtelmännchen, die öfters in Erzgruben gesehen wurden[157]. Den «Metallmännchen» begegnen wir mehrfach bei Zosimos[158], auch einem ehernen Adler[159], ebenso in der lateinischen Alchemie: «Nimm jenen weißen Mann aus dem Gefäß an», der nämlich aus der coniunctio sponsi et sponsae [Vereinigung von Bräutigam und Braut] hervorgeht[160]. Hierher gehören auch die immer wieder zitierten Figuren der «Weißen Frau» und des «Roten Sklaven», die sich auf Beya[161] und Gabricus beziehen. Diese beiden Figuren scheinen auch bei CHAUCER Eingang gefunden zu haben:

> Die Statue des Mars stand auf einem Streitwagen,
> bewaffnet, und sah wild aus, wie rasend vor Wut;
> und über seinem Kopf erschienen zwei Sternbilder,
> welche in Schriften genannt wurden
> das eine Puella, das andere Rubeus[162].

Nichts war leichter möglich, als daß die Liebesgeschichte von Mars und Venus mit derjenigen von Gabricus und Beya in Parallele gesetzt wurde («uxor candida» [weiße Gattin] und «servus rubicundus» [roter Sklave], etwa auch als Hündin und Hund personifiziert), ebenso sind astrologische Einflüße wahrscheinlich. Wie der Mensch vermöge seiner Identität am Makrokosmos teilhat, so dieser auch am Menschen. Daraus ist folgende, für die Psychologie der Alchemie überaus wichtige Stelle zu verstehen: «Und wie der Mensch aus vier Elementen zusammengesetzt ist, so ist es auch der Stein, und so ensteht er aus dem Menschen, und du bist sein Mineral, nämlich durch das Werk; und er wird aus dir extrahiert, nämlich aus der Teilung; und er bleibt unzertrennlich in dir, nämlich durch die Wissenschaft.»[163] Wie die Dinge als «Menschen» personifiziert werden, so personifiziert sich der Makrokosmos als Mensch: «... so sehr, daß die ganze Natur im Menschen gleichsam als in einem Zentrum zusammenkommt und eines am anderen teilhat, und man nicht zu Unrecht daraus den Schluß ziehen wird, daß die materia prima des philosophischen Steins überall gefunden werden kann.»[164] Im *«Consilium coniugii»*[165] heißt es: «Es sind vier Naturen, die den Philosophischen Menschen zusammensetzen.» «Es sind die vier Elemente des Steins, welche, aufs beste zueinander ins Verhältnis gebracht, den Philosophischen Menschen, das heißt das vollkommene menschliche Elixier, zusammensetzen.» «Der Stein wird als Mensch bezeichnet, weil man nur durch Vernunft und menschliches Wissen zu ihm (eum[166]) gelangt.» Die Aussage «du bist sein Mineral» hat ihre Parallele im Komariostraktat[167]: «In dir ⟨Kleopatra⟩ ist verborgen das ganze wunderbare und schauerliche Geheimnis.» Das gleiche wird auch von den «Körpern» (σώματα, das heißt

Materie) ausgesagt: «In ihnen nämlich ist das ganze Geheimnis verborgen.»[168]

D. Die Steinsymbolik

ZOSIMOS stellt das σῶμα im Sinne von σάρξ = Fleisch dem geistigen (πνευματικός) Menschen gegenüber[169]. Der geistige Mensch ist dadurch gekennzeichnet, daß er *Selbst-* und *Gotteserkenntnis* sucht[170]. Der irdische, fleischliche (σάρκινος) Mensch ist Thot genannt oder Adam. Er trägt in sich den geistigen Menschen, den man φῶς (Licht) nenne. Dieser erste Mensch Thot-Adam wird durch die vier Elemente symbolisiert. Der geistige und der fleischliche Mensch heißen Prometheus und Epimetheus. Sie bilden aber zusammen *einen* Menschen «in der allegorischen Sprache». «Es ist Seele und Körper.» Der geistige Mensch ist verführt worden, den Körper anzuziehen. Er ist daran gebunden durch Pandora oder Eva, das Weib[171]. Es handelt sich hier um eine anima [Seele], die als ligamentum corporis et spriritus [Bindeglied zwischen Körper und Geist] funktioniert, also die Rolle der Shakti oder Maja, welche das Bewußtsein in die Welt verwickelt, spielt. Im *Buch des Krates* sagt der geistige Mensch: «Bist du fähig, deine Seele vollständig zu verstehen? Wenn du sie kenntest, wie es sich gebührt, und wenn du wüßtest, was sie besser machen kann, so wärest du imstande, zu erkennen, daß die Namen, welche die Philosophen ihr ehemals gegeben haben, nicht ihre wirklichen Namen sind.»[172] Dieser letztere Satz ist eine stehende Phrase, welche auf die Namen des lapis («der Stein, kostbarer als das Goldwasser») angewendet wird. Der lapis bedeutet den inneren Menschen, das heißt den ἄνθρωπος πνευματικός [geistigen Menschen]. Das ist die natura abscondita [verborgene Natur], um deren Befreiung sich die Alchemie müht. In diesem Sinne sagt die *«Aurora consurgens»,* daß durch die Feuertaufe «der Mensch, der zuvor tot war, zu einer lebenden Seele gemacht worden ist»[173].

Die göttlichen Attribute des lapis sind dermaßen aufdringlich – incorruptibilis, permanens, divinus, trinus et unus [unzerstörbar, ewig, göttlich, dreifach und eins] usw. – daß man wohl nicht umhin kann, ihn als den deus absconditus in materia [in der Materie verborgener Gott], das heißt als den Gott des Makrokosmos zu verstehen. Dies ist wohl die Brücke zur Christusparallele, die sich schon bei ZOSIMOS[174] findet (wenn es sich hier nicht um eine spätere Interpolation handelt). Insofern Christus sich mit einem leidensfähigen menschlichen Körper, das heißt mit Materie, bekleidet hat, besteht eine Analogie zum Lapis, dessen Körperlichkeit immer wieder betont wird. Die Ubiquität des letzteren entspricht der Allgegenwart respektive Vollpräsenz Christi. Seine «Billigkeit» steht jedoch im Widerspruch zur kirchlichen Anschauung: die Gottheit Christi geht nicht aus dem Menschen hervor, wohl aber der heilbringende Stein, und jeder Mensch ist der potentielle Träger und sogar Erzeuger desselben. Man sieht unschwer, was für eine Bewußtseinslage mit der Lapisphilosophie kompensiert wird: der Lapis – weit davon entfernt, Christus zu *bedeuten* – steht in einem Komplementaritätsverhältnis zu der damaligen, allgemeinen Auffassung der Gestalt Christi[175]. Woran es jener unbewußten Natur, welche das Bild des Lapis erzeugte, im besonderen lag, sieht man am deutlichsten im Gedanken des Ursprungs in der Materie, der Herkunft vom Menschen, der allgemeinen Verbreitung und der Erzeugbarkeit, die wenigstens potentiell in menschlicher Reichweite liegt. Diese Eigenschaften zeigen die damals empfundenen Mängel des Christusbildes: eine für menschliche Bedürfnisse zu dünne Luft, eine zu große Distanz und eine leergelassene Stelle im menschlichen Herzen. Man ermangelte des «inneren» und jedem Menschen zugehörigen Christus. Seine Geistigkeit war zu hoch und die Natürlichkeit des Menschen zu niedrig. Im Bild des Mercurius und des Lapis glorifizierte sich das «Fleisch» auf seine Art, indem es sich nicht in Geist verwandeln ließ, sondern im Gegenteil den Geist als Stein fixierte und diesem ungefähr alle Attribute der drei Heiligen Personen gab. Der Lapis darf daher in gewissen Sinne als ein *Symbol des «inneren» Christus, des Deus in homine* [Gott im Menschen], aufgefaßt werden. Ich brauche absichtlich den Ausdruck «Symbol»: der Lapis will nämlich mit seiner Christusanalogie keineswegs eine komplementäre Gegensatzposition bedeuten, sondern die Tendenz tritt im Laufe der alchemistischen Jahrhunderte allmählich deutlich hervor, ihn als die *Krönung des Erlösungswerkes* erscheinen zu lassen. Damit aber kündigt sich der Versuch an, die Gestalt Christi in die Philosophie der «scientia Dei» zu rezipieren. Im 16. Jahrhundert formuliert KHUNRATH zum erstenmal die «theologische» Stellung des Lapis: er ist der filius macrocosmi [Sohn der großen Welt] im Gegensatz zum «Menschensohn», der als filius microcosmi [Sohn der kleinen Welt] bezeichnet wird. Dieses Bild des «Sohnes der großen

Welt» zeigt deutlich an, von welcher Instanz es herstammt: es kommt nicht aus dem bewußten Geist des individuellen Menschen, sondern aus jenen *psychischen Grenzgebieten, die in das Geheimnis der Weltmaterie münden.* In richtiger Ahnung der spirituellen Einseitigkeit des Christusbildes hat die theologische Spekulation sich schon früh mit dem Körper Christi, das heißt mit dessen Materialität, beschäftigt und das Problem mit der Hypothese des «Auferstehungsleibes» vorläufig gelöst. Weil dies nur eine vorläufige und deshalb nicht restlos befriedigende Antwort war, hat sich das Problem folgerichtigerweise mit der «Assumptio Beatae Virginis Mariae» [Aufnahme Mariens] wieder erhoben und hat zunächst zum Dogma der conceptio immaculata [unbefleckte Empfängnis] und sodann zu dem der assumptio geführt. Damit ist aber die wirkliche Antwort nur hinausgeschoben, ihr Weg jedoch vorbereitet. Durch die Aufnahme und Krönung Mariens entsteht, wie die mittelalterlichen bildlichen Darstellungen zeigen, eine Vermehrung der männlichen Trias um ein Viertes weiblicher Natur. Damit entsteht eine Quaternität, die ein wirkliches und nicht bloß postuliertes Ganzheitssymbol darstellt. Die Ganzheit der Trinität ist bloßes Postulat, denn außerhalb derselben steht der autonome und ewige Widersacher mit seinen Engelchören und Höllenbewohnern. Die natürlichen Ganzheitssymbole, wie sie bei uns in Träumen und Visionen und im Osten als Mandalas auftreten, sind Quaternitäten, respektive Vielfache von Vier, oder quadrierte Zirkel.

Die Betonung der Materie offenbart sich vor allem in der Wahl des Gottesbildes, nämlich im Stein. Diese Symbolwahl begegnet uns schon in der ältesten griechischen Alchemie. Man geht wohl kaum fehl mit der Annahme, daß das Steinsymbol ein unvergleichlich viel höheres Alter als seine alchemistische Anwendung habe. Der Stein als gelegentlicher Geburtsort der Götter (zum Beispiel Steingeburt des Mithras) beruht auf primitiven Steingeburtsagen, die ihrerseits auf noch ursprünglichere Vorstellungen zurückgehen: zum Beispiel gibt es eine australische Auffassung, nach welcher Kinderseelen im Kinderstein wohnen. Sie können zur Auswanderung in einen Uterus dadurch veranlaßt werden, daß ein Mann den Kinderstein mit einem churinga reibt. Als churingas werden Rollsteine oder geformte, mit Ornamenten verzierte, längliche Steine, oder längliche, flache und ebenfalls verzierte Holzstücke oder Stöcke bezeichnet, welche die Bedeutung von Kultinstrumenten haben. Nach der australischen und melanesischen Auffassung stammen die churingas vom

Totemahnen, sind Relikte seines Körpers oder seiner Tätigkeit und enthalten sein arunquiltha oder mana. Sie sind verbunden mit dessen Seele und den Geistern aller nachmaligen Inhaber. Sie sind tabu, das heißt geheim, werden in caches begraben oder in Felsklüften verborgen. Zur Stärkung werden sie auch auf Gräberfeldern begraben, um das mana der Toten aufzunehmen. Sie fördern das Wachstum der Feldfrüchte, die Fortpflanzung von Mensch und Tier, heilen Wunden, Krankheiten und seelische Schäden. So besteht ein australischer Brauch, das Abdomen eines Mannes mit einem Steinchuringa hart anzustoßen, um die durch Emotionen veranlaßten Verknotungen der Eingeweide zu lösen[176]. Die churingas werden kultisch mit rotem Ocker gefärbt, mit Fett gesalbt, auf Blätter gebettet oder eingewickelt und bespuckt (Speichel = mana!)[177].

Diese Vorstellungen von magischen Steinen finden sich nicht nur etwa in Australien und Melanesien, sondern auch in Indien und Burma und – last but not least – in Europa selber. Der Wahn des Orestes wird durch einen Stein in Lakonien geheilt[178]. Ebenso findet Zeus Heilung seines Liebeskummers auf dem Stein von Leukadia. In Indien tritt der junge Mann auf einen Stein, um Festigkeit seines Charakters, und auch die Braut, um Dauerhaftigkeit ihrer Treue zu erlangen. Nach SAXO GRAMMATICUS stehen die Elektoren des Königs auf Steinen, um dadurch ihrem Wahlentscheid Dauer zu geben[179]. Der grüne Stein von Arran war ein Schwur- und Heilstein[180]. In einer Höhle des Birseck bei Basel wurde eine cache von solchen «Seelensteinen» gefunden, und bei den neulichen Ausgrabungen im Pfahlbau des Burgäschisees im Kanton Solothurn wurde eine Setzung von Rollsteinen, die in Birkenrinde eingewickelt waren, entdeckt. Diese höchst ursprüngliche Auffassung von der magischen Kraft des Steines führt auf höherer Kulturstufe zu der ähnlichen Bedeutung der Edelsteine, denen allerhand magische und medizinische Fähigkeiten zugeschrieben wurden. Die berühmtesten historischen Edelsteine sollen sogar die Urheber tragischer Schicksale ihrer Eigentümer sein.

Die primitive Phantasie, die sich um den Stein rankt, schildert in besonders anschaulicher Weise ein Navajomythus von Arizona: In der Zeit der großen Dunkelheit wurde von den Heroenahnen[181] gesehen, wie Vater Himmel sich herabsenkte und Mutter Erde emporstieg. Sie vereinigten sich, und auf der Bergspitze, wo sie sich vereinigt hatten, fanden jene Urmenschen eine kleine Figur aus Türkis[182]. Diese verwandelte sich in, oder – nach anderer Version – aus ihr wurde geboren Estsánatlehi, «die

Frau, die sich verjüngt und verwandelt». Sie ist als die Mutter der Zwillingsgötter, welche die Ungeheuer der Urwelt erschlugen, die «Großmutter der yéi, der Götter». Sie ist eine der bedeutendsten Figuren, wenn nicht die bedeutendste des matriarchalen Navajopantheons. Sie ist nicht nur die «Changing Woman», sondern geradezu eine Doppelgestalt, indem sie noch eine Zwillingsschwester hat, Yolkaíetsan, mit wesentlich ähnlichen Eigenschaften. Estsánatlehi ist unsterblich, indem sie mit der Natur jung ist, reift und als Greisin dahinwelkt, um als junges Mädchen wiederzuerstehen, also eine wahre Dea Natura [Göttin Natur]. Aus verschiedenen Teilen ihres Körpers wurden ihr vier Töchter geboren, aus ihrem Geiste aber die fünfte. Von Türkisperlen in ihrer rechten Brust entstand die Sonne, von weißen Muschelperlen in der linken Brust der Mond. Aus einem Stückchen Epidermis unter der linken Brust erzeugt sie sich selber wieder. Sie wohnt im Westen auf einer Insel im Meer. Ihr Geliebter ist der wilde und grausame Sonnenträger, der noch eine andere Frau hat. Mit dieser muß er aber nur bei Regenwetter zu Hause bleiben. Die Türkisgöttin gilt als so heilig, daß man von ihr kein Bild machen darf. Selbst die Götter dürfen nicht auf sie blicken. Als ihre Zwillingssöhne sie fragen, wer ihr Vater sei, gibt sie ihnen eine falsche Auskunft, offenbar um sie vor dem gefährlichen Heldenschicksal, das ihrer wartet, zu bewahren[183].

Diese matriarchale Göttin ist eine klare Animafigur, welche zugleich noch das Symbol des Selbst ist; daher ihre Steinnatur, ihre Unsterblichkeit (das «Ewig-Weibliche»), ihre vier Töchter aus dem Leib plus der einen aus dem Geist, ihr Doppelwesen (Sonnen- und Mondnatur), ihr Konkubinat mit einem Ehemann und ihre Wandlungsfähigkeit[184]. Sie ist der türkisblaue Himmel, der sich über den westlichen Hochländern wölbt und dessen Tochter in Gestalt des Türkises auf der Bergspitze gefunden wurde. Das Selbst des matriarchalen Mannes ist noch verhüllt in seinem unbewußten Weiblichen, das heißt unbewußt, wie man auch heutzutage bei allen männlichen Mutterkomplexen sehen kann. Die Türkisfrau schildert aber auch des Wesen der matriarchalen Frau, welche als Animafigur die Mutterkomplexe aller Männer einfängt und diese damit ihrer Selbständigkeit beraubt – wie eine Omphale den Herakles oder eine Circe, welche die Männer zu animalischer Unbewußtheit reduziert oder – last but not least – wie BENOITS Atlantide, welche sich eine Sammlung mumifizierter Liebhaber anlegt –, all das, weil sie das Geheimnis des kostbaren Steines enthält, denn «alle Lust will Ewigkeit»[185] (NIETZSCHE). So sagt der legendäre Ostanes zu seiner Schülerin Kleopatra, indem er vom Mysterium der «Philosophie» spricht: «In dir ist verborgen das ganze, wunderbare und schauerliche Geheimnis... Sage ⟨uns⟩, wie das Oberste zum Untersten hinuntersteigt und wie das Untere zum Obersten hinaufsteigt und wie das Mittlere sich dem Obersten annähert, um aus dem Mittleren eine Einheit zu bilden ἑνωθῆναι τὸ μέσον.»[186] Dieses Mittlere ist der Stein, der Mediator, der die Gegensätze vereinigt. Solche Dinge sind sinnlos, wenn sie nicht von den tiefsten Wurzeln der Seele her verstanden werden.

Obschon gerade das Motiv der Steingeburt (zum Beispiel die griechische Ursprungssage von Deukalion und Pyrrha) weitverbreitet ist, so scheint doch der amerikanische Sagenkreis das Motiv des Steinkörpers, respektive des belebten Steines, besonders zu bevorzugen[187]. Wir begegnen diesem zum Beispiel im irokesischen Brüdermärchen. In wunderbarer Weise im Leib einer Jungfrau gezeugt, wird ein Zwillingspaar geboren, von dem der eine auf normalem Wege das Licht der Welt erblickt, der andere dagegen sich einen unnatürlichen Ausweg bahnt (zum Beispiel aus der Achselhöhle geboren wird) und damit seine Mutter tötet. Letzterer hat einen Körper von Feuerstein. Er ist böse und grausam im Gegensatz zum normalgeborenen Bruder[188]. In der Siouxversion ist die Mutter eine Schildkröte. Bei den Wichita ist der «Heilbringer» der große Südstern, der auf Erden als «Feuersteinmann» sein Heilswerk verrichtet. Er hat einen Sohn, genannt «junger Feuerstein». Nach Beendigung des Werkes fahren beide zum Himmel auf[189]. In diesem Mythus kommt, genau wie in der mittelalterlichen Alchemie, der «Heilbringer», das heißt «Heiland», mit dem Stein, dem Stern, dem «Sohn», der «super omnia lumina» [über alle Lichter] erhöht ist, zusammen. Bei den Natchez-Indianern findet sich ein Kulturheros, der von der Sonne herunterkam und, wie diese, unerträglich strahlte. Sein Blick war sogar tödlich. Um solches zu vermeiden, und um seinen Körper vor Verwesung in der Erde zu bewahren, verwandelte er sich in eine steinerne Statue, von welcher die nachmaligen Priesterhäuptlinge der Natchez abstammen[190]. Bei den Taospueblos wird eine Jungfrau von schönen Steinen geschwängert[191] und gebiert einen Heldensohn, der durch spanischen Einfluß die Züge des Christusknaben angenommen hat[192]. Im altmexikanischen Sagenkreis spielt der Stein ebenfalls eine Rolle. So wurde die Mutter Quetzalcoatls durch einen grünen Edelstein geschwängert[193]. Er selber hatte den Beinamen «Edelsteinpriester» und trug eine Türkismaske[194]. Der «grüne Edelstein» stellt ein belebendes Prinzip dar. Er wird den Toten (zur Wiederbelebung) in den Mund gelegt[195]. Die Urheimat der Menschen ist die «Edelsteinschale»[196]. Das Motiv der Steinverwandlung respektive der Versteinerung ist in den peruanischen und kolumbischen Sagen häufig und dürfte mit einem megalithischen Steinkultus[197] und vermutlich auch mit dem paläolithischen Seelenstein- respektive Churingakult zusammenhängen. Die Parallele hierzu bilden die Menhirs (Steinmänner) der Megalithkultur, die sich bis in den pazifischen Archipelag erstreckt. Die aus dem Megalithikum hervorgegangene Kultur des Niltales hat ihre Gottkönige in ewigwährende Steingestalten verwandelt mit dem ausdrücklichen Bestreben, die Identität des königlichen Ka auf diese Weise unvergänglich zu erhalten. Im Schamanismus spielen die Kristalle eine große Rolle. Sie haben dort oft die Bedeutung von dienstbaren Geistern[198]. Sie stammen vom Kristallthron des höchsten Wesens oder vom Himmelsgewölbe. Sie spiegeln die Ereignisse auf der Erde oder offenbaren, was der Seele des Kranken geschieht, oder sie verleihen die Fähigkeit des Fliegens[199].

Die Beziehung des Lapis zur Unsterblichkeit ist schon sehr früh begründet. Er hat überhaupt eine bis in die Vorzeit zurückreichende Geschichte. Er ist «der Stein, der einen Geist hat»[200]. Er ist die Panazee, die medicina catholica (Universalmedizin), das Alexipharmakon (Gegengift), die Tinktur, welche unedles Metall in Gold und wertlose Kiesel in Edelsteine verwandelt. Er ist der Bringer von Reichtum, Macht und Gesundheit; als seelisches Heilmittel überwindet er die Melancholie, und auf höherer Stufe, als ein vivus lapis philosophicus [lebendiger philosophischer Stein] ist er ein Symbol des Retters, des Anthropos und der Unsterblichkeit. Diese Inkorruptibilität des Steines zeigt sich auch in der noch antiken Vorstellung, daß der Leib der Heiligen quasi zu Stein wird. So heißt es in der *Eliasapokalypse* von denen, die der Verfolgung durch den Antimessias entkommen:

> ... Der Herr wird zu sich nehmen ihren
> Geist und ihre Seelen, ihr
> Fleisch wird werden, indem es Stein (πέτρα) ist, kein
> wildes Tier wird sie fressen bis zum letzten
> Tage des großen Gerichts ...[201]

In einer Basutosage, welche FROBENIUS berichtet, wird der Heros von seinen Verfolgern am Ufer eines Flusses gestellt. Er verwandelt sich aber in einen Stein und läßt sich von den Feinden auf die andere Seite werfen. (Motiv des transitus: «andere Seite» = Ewigkeit[202].)

E. Die Wassersymbolik

Die psychologische Untersuchung der historisch nachweisbaren Symbolik ergibt, daß der Lapis die Idee einer transzendenten Ganzheit darstellt, welche mit dem, was die Komplexe [Analytische] Psychologie als «Selbst» bezeichnet, zusammenfällt[203], indem die historischen oder ethnischen mit den vom Unbewußten spontan produzierten Symbolen schlechthin identisch sind. Von hier aus begreift man ohne Schwierigkeit die scheinbar absurde Behauptung der Alchemisten, daß der Stein aus Körper, Seele und Geist bestehe und überhaupt ein «animale» (lebendes Wesen) sei, also mithin ein «homunculus» [Menschlein] oder «homo» [Mensch]. Der Lapis ist eben eine Idee des Menschen oder, besser gesagt des *inneren Menschen*, und die von ihm ausgesagten paradoxen Eigenschaften wollen eigentlich als eine Beschreibung und Definition des inneren Menschen gelten. Auf dieser Bedeutung des Lapis beruht sein Parallelismus mit Christus. Hinter den zahlreichen Parallelen kirchlicher und alchemistischer Metaphorik liegt die beiden ursprünglich gemeinsame Sprache des hellenistischen Synkretismus. Stellen, wie die folgende aus PRISCILLIAN, einem gnostisch-manichäisch angehauchten Häretiker des 4. Jahrhunderts, waren für Alchemisten gewiß äußerst suggestiv: «Einhörnig ist Gott, uns ist Christus der Stein, uns Jesus der Eckstein, uns Christus der Mensch aller Menschen[204]» – wenn der Fall nicht gar umgekehrt lag, daß nämlich zum Beispiel durch das *Johannesevangelium* einige naturphilosophische Metaphern in die kirchliche Sprache übergingen[205].

Das im Zosimostraum personifizierte Prinzip ist jenes wundersame, doppelnaturige Wasser, welches Wasser *und* Geist ist, tötet und wiederbelebt. Wenn ZOSIMOS, aus dem Traum erwachend, sofort an die «Zusammensetzung der Wässer» denkt, so ist dies wirklich – alchemistisch gesehen – der nächstliegende Schluß. Da das gesuchte und benötigte Wasser ein Kreislauf von Geburt und Tod ist, so bedeutet natürlich jeder

Prozeß, der aus Tod und Wiedergeburt besteht, eben das göttliche Wasser.

Es ist vielleicht nicht unmöglich, daß hier eine Parallele zum Nikodemusgespräch vorliegt. Zur Zeit der Abfassung des *Johannesevangeliums* war das «göttliche Wasser» ein den Alchemisten geläufiger Begriff. Wenn Jesus sagt: «Es sei denn, daß jemand geboren werde aus Wasser und Geist...»[206], so hätte ihn ein Alchemist der damaligen Zeit wohl ohne weiteres verstanden. Jesus wundert sich über die Unwissenheit des Nikodemus und bemerkt: «Bist du ein Meister in Israel und weißt das nicht?» Womit er offenbar voraussetzt, daß ein Lehrer (διδάσκαλος) das Geheimnis von «Wasser und Geist», nämlich von Tod und Wiedergeburt, kenne. Darauf fährt er fort mit einem Satz, welcher sich häufig in alchemistischen Traktaten findet: «Wir reden, was wir wissen, und bezeugen, was wir gesehen haben.»[207] Nicht daß die alten Autoren etwa diese Stelle wörtlich zitierten, sondern sie dachten in ähnlicher Weise. Bei irgendeinem Meister hätten sie gesehen, ja mit Händen berührt, wie das arcanum [Geheimnis] oder das donum Spiritus Sancti [Geschenk des Heiligen Geistes], das «geoffenbarte» ewige Wasser wirkt. Wennschon diese Bekenntnisse aus späterer Zeit stammen, so ist doch der Geist der Alchemie von den frühesten Zeiten (also etwa vom 1. Jahrhundert an) bis ins späte Mittelalter ungefähr derselbe geblieben.

Die im Nikodemusgespräch unmittelbar folgende Stelle von den «irdischen» und «himmlischen Dingen» ist wiederum ein Gemeingut der Alchemie seit den «Physika und Mystika» des DEMOKRITOS. Es sind die somata und asomata, die corporalia und spiritualia [Körper und Nicht-Körper, das Leibliche und Geistige][208]. Unmittelbar darauf folgt das Motiv des zum Himmel Aufsteigens und vom Himmel Herunterkommens[209]. Dies ist wiederum Tod und Geburt, das Aufsteigen der anima [Seele] aus dem mortifizierten Körper und das wiederbelebende Heruntersteigen, das Fallen des «Taues», welches zu den beliebtesten Motiven der Alchemie gehört[210]. Wenn nun Jesus gar die am Pfahl erhöhte Schlange in diesem Zusammenhang erwähnt und sein Selbstopfer damit in Parallele setzt, so kann ein «Meister» wohl nicht mehr umhin, an den sich selbst tötenden und wiederbelebenden Ouroboros zu denken. Im nächsten Satz erscheint das Motiv des «ewigen Lebens» und der Panazee (nämlich des Glaubens an den Christus), des φάρμακον ἀθανασίας [Heilmittel der Unsterblichkeit]. Zweck des opus ist ja, den inkorruptiblen Körper, die «Sache, die nicht stirbt», den «unsichtbaren», «geistigen Stein», den lapis aethereus [ätherischen Stein], das Allheilmittel und das Alexipharmakon [Gegengift], herzustellen[211]. Der Monogenes [Einziggeborene] ist synonym mit dem Nous [Geist] und dieser mit der Soter- oder Agathodaimonschlange. Im folgenden Satz («Also hat Gott die Welt geliebt, daß er seinen eingeborenen Sohn gab...») identifiziert sich Jesus mit der Heilsschlange des Moses. Die Schlange aber war damals ein Synonym des göttliches Wassers. Man möge damit das Gespräch mit der Samariterin – «... ein Brunnen des Wassers... das in das ewige Leben quillt» – vergleichen[212]. Bezeichnenderweise gehört zu diesem Gespräch am Brunnen die Belehrung über Gott als Geist[213]. («Gott ist Geist.»)

Trotz der nicht immer unabsichtlichen Dunkelheit der alchemistischen Mysteriensprache ist es nicht schwer zu erkennen, daß das «göttliche Wasser» oder sein Symbol, der Ouroboros, nichts anderes bedeuten als den deus absconditus, den in der Materie verborgenen Gott, jenen göttlichen Nous, der sich zur Physis [Natur] herunterneigte und von ihr um- und verschlungen wurde[214]. Dieses Mysteriengeheimnis der physisch gewordenen Gottheit liegt wohl nicht nur hinter der antiken Alchemie, sondern ebensosehr auch hinter vielen anderen geistigen Erscheinungen des hellenistischen Synkretismus[215].

F. Der Ursprung der Vision

Da es sich bei der Alchemie um ein Mysterium geistiger und zugleich physischer Art handelt, hat es nichts Erstaunliches an sich, wenn ZOSIMOS die «Zusammensetzung der Wässer» durch eine Traumoffenbarung erfährt. Sein Schlaf ist ein Inkubationsschlaf, sein Traum ein «somnium a Deo missum» (von Gott gesandt). Das göttliche Wasser ist das A und das O des opus, von den «Philosophen» verzweifelt gesucht und ersehnt. Der Traum erscheint daher wie eine dramatische Erklärung des Wesens dieses Wassers. Die Dramatisierung veranschaulicht in drastischen Bildern den schmerzhaften und gewalttätigen Prozeß der Wandlung, der ebensowohl Ursache wie Wirkung des Wassers, ja eben gerade dessen Wesen ist. Die Dramatisierung zeigt, wie der göttliche Prozeß sich in der Reichweite menschlicher Auffassung offenbart, und wie der Mensch göttliche Wandlung erfährt, nämlich als Strafe, Qual[216], Tod und Verwandlung. Der Träumer beschreibt, wie ein Mensch sich benehmen und was er erfahren würde, wenn er in den göttlichen Kreislauf von Tod und Geburt hineingeriete, oder in welcher Art und Weise der deus absconditus [verborgene Gott] menschliches Wesen in Mitleidenschaft ziehen würde, wenn es einem Sterblichen gelänge, den «Wächter der Geister» aus seiner dunklen Behausung durch die «Kunst» zu befreien. Es gibt einige Andeutungen in der Literatur, die auf gewisse Gefahren hinweisen[217].

Die mystische Seite der Alchemie ist, abgesehen vom historischen Aspekt, ein psychologisches Problem. Es handelt sich dabei, wie es den Anschein hat, um die konkretisierte (projizierte) Symbolik des *Individuationsprozesses.* Dieser Prozeß bringt auch heute noch Symbole hervor, welche die allernächste Beziehung zur Alchemie haben. Ich muß in dieser Hinsicht auf meine früheren Arbeiten verweisen, die sich mit dieser Frage von der psychologischen Seite her beschäftigen und an praktischen Beispielen den Prozeß veranschaulichen [s. Grundwerk 6].

Was die Ursachen, die einen solchen Prozeß auslösen, betrifft, so gibt es gewisse pathologische Zustände (hauptsächlich im Gebiet der Schizophrenie), welche annähernd ähnliche Symbole produzieren. Die besten und deutlichsten Materialien aber stammen von geistig Gesunden, welche unter dem Druck einer geistigen Notlage dem Unbewußten aus religiösen, philosophischen oder psychologischen Gründen eine besondere Aufmerksamkeit schenken. Da dem Mittelalter bis zurück zur römischen Kaiserzeit eine natürliche Betonung des inneren Menschen eignete und eine psychologische Kritik erst im Zeitalter der Naturwissenschaft möglich wurde, so konnten die inneren apriorischen Gegebenheiten viel leichter in der Gestalt von Projektionen das Bewußtsein erreichen, als dies heutzutage der Fall ist. Der nachfolgende Text möge den mittelalterlichen Standpunkt illustrieren:

«Wie dann Christus Luc. 11 spricht statt: Daß Aug ist des Leibes Liecht / so aber dein Aug ein Schalck ist / oder sein wirt / so ist auch dein Leib finster statt: oder macht das Liecht in dir finsternus sein. Item am 17. cap. spricht er auch: Siehe das Reich Gottes ist inwendig in euch / auß welchem dann klerlich zu sehen / das die Erkantnus des Liechts im Menschen / erstlich von innen heraus / und nicht von aussen hinein gebracht werden muß / wie solches die H. Schrifft an vielen Orten hin unnd wider bezeugt.

Das daß eusserliche obiectum (wie man zu reden pflegt) oder der Buchstab / welcher umb unserer schwachheit geschrieben / dem innerlichen von Gott eingepflantzten und verliehenen gnaden Liecht / nur für ein Zeugnus Matth. 24. Wie auch das mündlich gehörte Wort / für ein anreitzung unnd mittelhülff / oder befördernus zu solchem zu achten und zu halten ist. Als zu einem Exempel wann dir ein weisse unnd schwartze Taffel wirt fürgelegt / und würdest gefragt / welche auß ihnen beiden für schwartz oder weiss zu halten sey. So die Erkantnus aber der zweyer underschiedlichen Farben nicht vor in dir were / würdest du mir solche dir fürgelegte Frage / auß den blossen und stummen obiectis oder Taffeln langsam zu erörtern wissen / Sintemal die Erkantnus nit auß den Taffeln (so stumm unnd todt seind) auß sich selbst nit erkennen können / sondern auß deiner dir angeborn unnd täglich geübten wissenschafften / herrühret und fleusset. Die obiecta zwar / (wie zuvor auch gedacht) movirn die sensus, unnd verursachen sie zum erkennen / daß Erkantnus aber geben sie mit nichten / sondern muß von innen herauß / auß dem erkenner / unnd solcher Farben wissenschafften iudicante kommen unnd herfür gebracht werden. Also auch wann man von dir ein materialisch unnd eusserlichs Fewer oder Liecht / auß einem darzu gehörigen Fewerstein (in dem das Fewer oder Liecht verborgen) zu haben begehrte / mustu solch verborgen unnd heimlich Liecht / nicht in den Stein hinein / sondern vielmehr / durch einen darzu gehörigen Stahl / so nothwendig darbey sein / und daß verborgene Fewer in dem Stein movirn unnd erwecken muß / auss dem Stein herauß bringen / unnd offenbarlich machen / welches Fewer aber gleichwoll auch vor allen dingen / auch in einem guten unnd hierzu woll praeparirten Zunder / so fern es anders nicht wider verschwinden oder verleschen soll / auffangen / und fleißig auffgeblassen werden muß: da du als dann hernach ein recht scheinendes und Fewer leuchtendes Liecht uberkommen / und so lang es fovirt, unnd erhalten wirt / deinem gefallen nach darmit schaffen / handeln und wandeln wirst können. Wie dann auch in dem Menschen / solch himlisch und Göttlich Liecht ebener / massen verborgen / unnd auch wie vorgemeldt / nicht von aussen hinein in den Menschen / sondern von einem heraus kommen und gebracht werden muß. ... Nemblich daß Gott dem Menschen in hochsten Theil seines Leibs / nit ongefehr oder vergeblich zwey Augen und Ohren mit getheilet und geben hat / darmit anzudeuten daß der Mensch bey jhm zweyerley sehen und gehör / ein innerlichs und eusserlichs zu lehren / und in acht zu nehmen hat. Also daß er mit dem innerlichen / geistliche Sache richten / unnd das Geistliche dem Geistlichen / das eusserliche aber / auch seinen theil I. Cor. 2. zueignen und geben soll.»[218]

Das göttliche Wasser ist für ZOSIMOS und seine Gesinnungsgenossen ein corpus mysticum [mystischer Leib]. Eine personalistisch orientierte

Psychologie würde natürlich die Frage aufwerfen: Wie kam ZOSIMOS dazu, nach einem corpus mysticum[219] zu suchen? Die Antwort wäre ein Hinweis auf die zeitgeschichtlichen Bedingungen: es war das Problem der Zeit. Insofern aber das corpus mysticum ein donum Spiritus Sancti [Gabe des Heiligen Geistes] im alchemistischen Verstande ist, kann es ganz allgemein als eine sichtbare Gnadengabe, das heißt als ein Erlösungsakt aufgefaßt werden. Die Erlösungssehnsucht ist in erster Linie ein allgemeines Phänomen und kann daher nur in Ausnahmefällen persönlich begründet werden, nämlich in allen jenen Fällen, wo es sich nicht um das genuine Urphänomen, sondern um abnormen Mißbrauch handelt. Hysterische und normale Selbstbetrüger haben es zu allen Zeiten verstanden, alles zu mißbrauchen, um sich um die Notwendigkeiten des Lebens, um unvermeidliche Pflichten und vor allem um die Verpflichtung sich selbst gegenüber herumzudrücken. Sie geben sich zum Beispiel den Anschein von Gottsuchern, um die Wahrheit, daß sie gewöhnliche Egoisten sind, nicht erfahren zu müssen. In solchen Fällen lohnt es sich, zu fragen: Warum suchst du das göttliche Wasser?

Wir haben aber keinerlei Anlaß zur Annahme, daß sämtliche Alchemisten Selbstbetrüger dieser Art waren, sondern müssen ihnen, je tiefer wir ihre dunklen Gedankengänge zu verstehen suchen, um so mehr das Recht, sich «Philosophen» zu nennen, zugestehen. Die Alchemie ist für alle Zeiten eine der großen menschlichen Quests nach dem Unerreichbaren gewesen. So wenigstens würde es ein rationalistisches Vorurteil bezeichnen. Die religiöse Erfahrung der Gnade ist aber ein irrationales Phänomen, welches so undiskutierbar ist wie das «Schöne» oder das «Gute». In dieser Hinsicht ist keine ernstliche Quest aussichtslos. Es ist eine instinktive Gegebenheit, die sich so wenig wie Intelligenz oder Musikalität oder irgendeine andere angeborene Disposition auf eine persönliche Ätiologie reduzieren läßt. Ich bin deshalb der Ansicht, daß die Analyse und Deutung dem Traum des ZOSIMOS Genüge getan hat, wenn es gelungen ist, dessen wesentliche Bestandteile im Licht der damaligen Geistesart zu verstehen und darüber hinaus das Motiv und den Sinn der Traumveranstaltung zu erkennen. Als KÉKULÉ[220] von den tanzenden Paaren träumte und daraus die Idee des Benzolringes ableitete, ist ihm damit etwas gelungen, was ZOSIMOS vergeblich erstrebt hat. Seine «Zusammensetzung der Wässer» hat sich nicht so glatt gefügt, wie die CH des Benzolringes es getan haben. Die Alchemie hat ein inneres, seelisches Erlebnis auf einen Stoff projiziert, der geheimnisvolle Möglichkeiten anzubieten schien, sich aber hinsichtlich ihrer Absicht als refraktär erwies.

Zwar hat die Chemie aus den Träumen des ZOSIMOS nichts zu lernen, wohl aber sind sie eine Fundgrube für die moderne Psychologie, die in arger Verlegenheit wäre, wenn ihr diese Zeugnisse seelischer Erfahrung aus ferner Vergangenheit mangelten. Ihre Feststellungen stünden dann nämlich notwendigerweise in der Luft und wären damit unvergleichbare Nova, deren Bewertung und Erklärung fast unüberwindliche Schwierigkeiten bereiten müßten. Der Besitz solcher Dokumente aber gibt der Forschung einen Archimedischen Punkt außerhalb ihres engeren Gebietes und damit die unschätzbare Möglichkeit einer objektiven Orientierung im anscheinenden Chaos individueller Vorkommnisse.

Paracelsus als Arzt

Wer einigermaßen mit den Schrifen jenes großen Arztes, dessen Erinnerung wir heute feiern, bekannt ist, weiß, daß es schlechthin unmöglich ist, im Rahmen eines Vortrages mit auch nur annähernder Vollständigkeit all das darzustellen, was seinen Namen unsterblich gemacht hat. Er war ein gewaltiger Sturmwind, welcher alles auseinanderriß und alles zusammenwirbelte, was sich irgendwie von der Stelle rücken ließ. Wie ein Vulkanausbruch hat er gestört und zerstört, aber auch befruchtet und belebt. Man kann ihm nicht gerecht werden: man kann ihn immer nur unter- oder überschätzen, und darum ist man mit der eigenen Bemühung, wenigstens einen Teil seines Wesens genügend zu erfassen, stets unzufrieden. Auch wenn man sich darauf beschränkt, nur den «Arzt» PARACELSUS zu beschreiben, so begegnet man eben diesem «Arzt» auf so vielen verschiedenen Ebenen und in so vielen verschiedenen Gestalten, daß jeder Darstellungsversuch klägliches Stückwerk bleibt. Auch hat seine schriftstellerische Fruchtbarkeit wenig zur Klärung des unendlich verworrenen Stoffes beigetragen, zum allerwenigsten die Tatsache, daß die Frage der Echtheit einiger nicht unbedeutender Schriften noch im Dunkeln liegt, nicht zu reden von den zahllosen Widersprüchen und einer wuchernden Arkanterminologie, welche ihn zu einem der größten «tenebriones» des Zeitalters macht. Alles hat bei ihm größtes Ausmaß; man kann auch ebensogut sagen: Alles ist bei ihm übertrieben. Lange, dürre Wüsten wilden Geschwätzes wechseln ab mit Oasen überquellenden Geistes, dessen Leuchtkraft erschüttert und dessen Reichtum so groß ist, daß man das leidige Gefühl, irgendwo habe man die Hauptsache übersehen, nie mehr loswird.

Leider kann ich mich nicht rühmen, ein PARACELSUS-Spezialist zu sein und mithin eine völlige Kenntnis der *«Opera omnia Paracelsi»* zu besitzen. Wenn man in der Lage ist, noch etwas anderes wissen zu müssen als gerade PARACELSUS, so kann man es kaum ermöglichen, die zweitausendsechshundert Folioseiten der HUSERschen Ausgabe von 1616 oder gar die noch ausführlichere SUDHOFFsche Gesamtausgabe[1] gewissenhaft durchzustudieren. PARACELSUS ist ein Meer oder – weniger freundlich – ein Chaos, und insofern er eine historisch beschränkte menschliche Persönlichkeit ist, kann man ihn als einen alchemistischen Schmelztiegel bezeichnen, in welchen die Menschen, Götter und Dämonen jener ungeheuerlichen Zeit der ersten Hälfte des 16. Jahrhunderts, jeder einzeln, ihren besonderen Saft gegossen haben. Das erste, was einem bei der Lektüre seiner Schriften auffällt, ist sein galliges und streitsüchtiges Temperament. Die schulgerechten Ärzte bekämpft er wütend auf der ganzen Linie, ebenso ihre Autoritäten, den GALEN, AVICENNA, RHAZES und wie sie alle heißen. Eine Ausnahme machen (außer HIPPOKRATES) nur die alchemistischen Autoritäten, wie HERMES, ARCHELAOS, MORIENUS und andere, die er mit Wohlwollen und Achtung zitiert. Überhaupt bekämpft er weder Astrologie[2] noch Alchemie, noch irgendeine der volkstümlichen Superstitionen. Aus letzterem Grund bilden seine Werke eine folkloristische Fundgrube. Es gibt, außer den theologischen, gewiß nur wenige Traktate aus der Feder des PARACELSUS, welche keine Andeutungen seiner fanatischen Gegnerschaft gegen die Schulmedizin enthalten. Man stößt immer wieder auf affektvolle Äußerungen, welche seine Bitterkeit und persönliche Gekränktheit verraten. Man sieht deutlich, daß es sich längst nicht mehr um sachliche Kritik handelt, sondern vielmehr um den Niederschlag vieler persönlicher Enttäuschungen, die wohl darum so besonders bitter sind, weil er keinerlei Einsicht in sein eigenes Verschulden hat. Ich erwähne diesen Umstand nicht, um seine persönliche Psychologie zu erläutern, sondern um einen der Haupteindrücke zu nennen, welche der Leser paracelsischer Schriften erhält. Sozusagen auf jeder Seite tritt das Menschliche, oft allzu Menschliche dieser ebenso starken wie sonderbaren Persönlichkeit hervor. Es wird ihm die Devise zugeschrieben: «Alterius non sit, qui suus esse potest», «Es sei nicht eines andern, der sein eigen sein kann», und wenn es dazu eines rücksichtslosen, ja brutalen Unabhängigkeitswillens bedürfen sollte, so fehlen uns die literarischen sowohl wie biographischen Beweise für die Existenz eines solchen wahrhaftig nicht. Dieser rebellischen Trotzhaltung und Härte steht, wie das so sein muß, einerseits seine treue Anhänglichkeit an die Kirche, andererseits seine Weichheit und Einfühlung gegenüber dem Kranken, und besonders dem mittellosen Kranken, entgegen.

Einerseits ist PARACELSUS Traditionalist, andererseits Revolutionär. Er ist konservativ in bezug auf die Grundwahrheiten der Kirche, der Astrologie und der Alchemie, skeptisch und aufrührerisch aber gegen die Schulmeinungen der Medizin, und zwar in praktischer wie theoretischer Hinsicht. Diesem letzteren Umstand verdankt er wohl in erster Linie seine Zelebrität, denn es erscheint mir persönlich schwer, anzugeben, welche sonstigen ärztlichen Entdeckungen *grundsätzlicher Natur* auf PARACELSUS zurückgeführt werden könnten. Die uns heutzutage als wichtig erscheinende Einbeziehung der chirurgischen Kunst in den Gesichtskreis der Medizin bedeutete für PARACELSUS nicht etwa die Herausarbeitung einer neuen Wissenschaft, sondern vielmehr das Mithereinnehmen der Bader- und Feldschererkünste neben jener der Hebammen, Hexen, Zauberer, Astrologen und Alchemisten. Es scheint mir, ich sollte meine Leser um Entschuldigung bitten für den ketzerischen Gedanken, daß PARACELSUS heute wohl unzweifelhafter Anwalt aller jener Künste wäre, welche die auf den Universitäten vertretene Medizin vom Ernstnehmen ausschließt, also die Osteopathie, Magnetopathie, Augendiagnose, diverse Ernähungsmonomanien, Gesundbeten usw. Vergegenwärtigen wir uns für einen Augenblick die emotionalen Zustände unserer klinischen Lehrer bei einer Fakultätssitzung, an der auch die Ordinarii der Augendiagnose, der Magnetopathie und der Christian Science teilnehmen würden, so begreifen wir ohne weiteres jene unangenehmen Gefühle der Basler Fakultät, als PARACELSUS die klassischen Lehrbücher der Medizin verbrannte, deutsche Vorlesungen hielt und, statt im prestigehaltigen Talar des Medizinmannes, im würdelosen Laborantenkittel sich auf der Straße zeigte. Mit der Herrlichkeit der Basler Karriere des «Waldesels von Einsiedeln» (wie er benannt wurde) war es dann auch raschestens vorbei. Der lemurenhafte Troß paracelsischen Geistes war dem damaligen Bürger-Arzt eben doch zuviel.

Wir besitzen das kostbare Zeugnis eines ärztlichen Zeitgenossen, nämlich des gelehrten Doctoris Medicinae CONRAD GESSNER von Zürich, in Gestalt eines lateinischen Briefes an den kaiserlichen Leibarzt CRATO VON CRAFFTHEIM vom 16. August 1561[3]. Der Brief ist allerdings zwanzig Jahre nach dem Tod des THEOPHRASTUS [PARACELSUS] geschrieben, atmet aber noch die Atmosphäre paracelsischen Wirkens. In diesem Brief antwortet GESSNER auf eine Anfrage CRATOS, daß er kein Verzeichnis der paracelsischen Schriften besitze und sich auch nicht bemühe, ein solches zu haben, weil er nämlich den THEOPHRASTUS für ganz und gar unwert erachte, unter anständigen Autoren erwähnt zu werden oder auch nur unter bloß christlichen oder gar nur bürgerlich Rechtschaffenen (pios saltem civiliter), wie es auch die Heiden waren. Er und seine Schüler seien arianische Ketzer. Er sei ein Zauberer gewesen und habe Umgang mit Dämonen gehabt. «Der Basler Carolostadius», fährt GESSNER fort, «genannt Bodenstein[4], hat vor wenigen Monaten einen Traktat des Theophrastus ⟨De anatome corporis humani⟩ hieher zum Drucken gesandt. Er ⟨scilicet THEOPHRASTUS⟩ spottet darin über die Ärzte, welche die einzelnen Körperteile untersuchen und deren Lage, Gestalt, Zahl, Beschaffenheit usw. mit Sorgfalt darstellen, die Hauptsache aber vernachlässigen, nämlich, zu welchen Gestirnen und zu welchen Regionen des Himmels jeder Teil gehöre.»

Mit dem lapidaren Satz: «Sed Typographi nostri imprimere noluerunt, – aber unsere Typographen haben die Drucklegung verweigert», schließt GESSNERS Bericht. Wir entnehmen daraus, daß PARACELSUS nicht unter die «boni scriptores» zählt. Er steht sogar unter dem gewissen Verdacht der Zauberei verschiedenster Art und – noch schlimmer – der arianischen Häresie[5]. Beide Beschuldigungen betreffen todeswürdige Verbrechen in damaliger Zeit. Bei solchen Vorwürfen wird etwas von der sogenannten Reiselust beziehungsweise Unrast des PARACELSUS verständlich, welche ihn nämlich sein Leben lang nirgends litt, sondern von Stadt zu Stadt durch halb Europa trieb. Er durfte mit gutem Recht um seine Haut besorgt sein. Was GESSNER der *«Anatome corporis humani»* vorwirft, besteht zu Recht, insofern PARACELSUS tatsächlich die damals aufkommenden Sektionen verspottete, weil die Ärzte an den aufgeschnittenen Organen doch nichts sähen. Ihm kam es hauptsächlich auf die kosmischen Zuordnungen an, so wie er sie in der astrologischen Tradition vorfand. Die Lehre des «Astrum in corpore» [Stern im Körper] ist sogar seine Haupt- und Lieblingsidee, der wir überall in den verschiedensten Abwandlungen begegnen. Getreu der Auffassung des Menschen als Mikrokosmos [Welt im kleinen] setzte er das «Firmament» in den Körper des Menschen und bezeichnete es als «Astrum» oder «Sydus». Es war für ihn ein endosomatischer Himmel, dessen Gestirnslauf mit dem astronomischen Himmel nicht übereinstimmt, sondern mit der individuellen Nativität, dem «Ascendenten» oder «Horoscopus» seinen Anfang nimmt.

Das Beispiel GESSNERS hat uns gezeigt, wie PARACELSUS von einem nicht nur zeitgenössischen, sondern auch maßgebenden Kollegen beurteilt wurde. Wir müssen nun aber versuchen, ein Bild des *Arztes* PARACELSUS aus dessen eigenen Schriften zu gewinnen. Zu diesem Zweck möchte ich dem Meister soviel wie möglich das Wort lassen: doch weil dieses Wort ein «etwas altertümliches, aber kräftiges Deutsch» ist und daneben noch eine Reihe seltsamer Kunstwörter benützt, muß ich wohl hie und da kommentierend eingreifen.

Zur Funktion des Arztes gehört die Ausrüstung mit einem spezifischen Wissen. Auch PARACELSUS ist dieser Meinung[6]. Er hat, wie es scheint, zu Ferrara studiert und dort den medizinischen Doktorgrad erworben. Dort wurde er auch mit den Kenntnissen der damaligen klassischen Medizin eines HIPPOKRATES, GALEN und AVICENNA ausgerüstet, nachdem er schon von seinem Vater eine gewisse Vorbildung empfangen hatte. Hören wir nun, was er über den «kunstreichen» Arzt zu sagen hat. Im *«Buch Paragranum»* lesen wir[7]: «Was ist nuhn Kunstreiche eines Artzts? daß er wiß / wz den unempfindtlichen ⟨nicht wahrnehmbaren⟩ dingen nutz sey / und zuwider sey / was den beluis marinis / wz den Fischen / was den Brutis angenehm und unangenehm sey / was in gesundt und ungesundt sey: daß sind kunstreiche ding / betreffend natürliche ding. Was mehr? die Wundtsegen und ihr kräfft / von wannen oder auß was sie das thund / was auch sey: was Melosina sey / wz Syrena sey / wz Permutatio, Transplantatio und Transmutatio sey / ũn wie sie mit vollkom̃enem verstand zu fassen seind: was über die Natur sey / was über die arth sey / was über das Leben sey / was das sichtbar / und was dz unsichtbar sey / was die süsse unnd was das bitter geb / was da schmeck / was der tod sey / was dem Fischer diene / was dem Lederer / was dem Gerber / was dem Ferber / was dem Schmidt / der Metallen / was dem Schmid des Holtzs zuwissen sei / was in die Küchen gehört / was in Keller gehört / wz in Garten gehört / was der Zeit gehört / was ein Jäger weiß / was ein Bergmann weiß / was eim Landfarer zustehet / was eim bleibenden zusteht / was Kriegsleuff bedörffen / was Fried mach / was den Geistlichen / was Weltlichen ursach gebe / was jedtwederer Stand mach / wz jedweder Stand sey / wz jedweders Standts ursprung sey / waß Gott / waß Sathan sey / waß Gifft / was Giffts wieder sey / was inn Frauen / wass in Mannen / was unterscheidt zwischen Frauen unnd Jungfrauen / zwischen Gelben und Bleichen / zwischen Weissen und Schwartzen / unnd Roht unnd Falben / inn allen dingen / warum̃ die

Farb da / ein ander da / warumb Kurtz / warum Lang / warumb Gerathen / warumb Fehlen : unnd was diese Adepterey an trifft in allen dingen.»

Dieses Zitat führt uns, sozusagen mit einem Schlag, in die typisch Paracelsische Empirie ein: wir sehen ihn als wandernden Scholaren mit allerhand «fahrenden Leuth» auf der Landstraße, er kehrt beim Dorfschmied ein, der als medizinische Autorität allerhand Wund- und Blutsegen weiß. Er hört kräftiges «Latein» von Jägern und Fischern, Wundergeschichten von Land- und Wassertieren, etwa von der hispanischen Baumgans, die sich in der Putrefaktion [Verwesung] in Schildkröten verwandelt, oder von der Fruchtbarkeit des Windes in Portugal, welcher in einer auf eine Stange gesteckten Strohgarbe Mäuse erzeugt[8]. Der Fährmann erzählt vom *Lorind,* der das geheimnisvolle «geschrey und gethön des Wassers» verursacht[9]. Tiere sind krank und heilen sich wie die Menschen, ja von den Bergleuten hört man sogar von Metallkrankheiten, vom Aussatz des Kupfers und ähnlichen Dingen[10]. Das alles sollte der Arzt wissen. Er sollte die Wunder der Natur und die seltsame Übereinstimmung des menschlichen Mikrokosmos mit der großen Welt kennen, und zwar nicht nur mit dem sichtbaren Universum, sondern auch mit den unsichtbaren, kosmischen «arcanis», den Geheimnissen. Wir begegnen auch sofort einem derartigen arcanum, nämlich der *Melosina,* um die der Arzt auch wissen sollte. Die Melosina ist ein zauberisches Wesen, welches einesteils, wie schon der Name andeutet, der Folklore, andernteils aber zur alchemistischen Geheimlehre des PARACELSUS gehört, wie auch die Erwähnung in Zusammenhang mit permutatio und transmutatio dartut. Nach seiner Auffassung wohnen die Melusinen im Blut, und insofern das Blut der uralte Seelensitz ist, steht zu vermuten, daß sie eine Art anima vegetativa ist. Sie ist im Grunde nichts anderes als eine Variante des spiritus mercurialis, der im 14. und 15. Jahrhundert auch als weibliches Monstrum dargestellt wurde. Ich muß es mir leider versagen, auf diese für die Paracelsische Arkanlehre so bedeutsame Gestalt hier des näheren einzugehen. Sie würde uns etwas zu tief in die Geheimnisse der alchemistischen Spekulation hineinführen. Wenn man aber den wirklichen PARACELSUS darstellen will, dann kann man nicht umhin, auch das Hinter- und Untergründige dieses mittelalterlichen Geistes wenigstens zu erwähnen.

Wenden wir uns wieder unserem besonderen Thema zu, nämlich der

Wissenschaft des Arztes, wie sie PARACELSUS sieht! Im *«Buch Paragranum»* heißt es: der Arzt «sicht uñ weiß ausserhalben dem Menschē alle kranckheitē»[11], (und an anderer Stelle:) «dz der Artzt auß den eussern dingen wachsen soll / unnd nicht auß Menschen»[12]. «Darumb vor den Augen wachßt der Artzt / und durch das vorder sicht er was hinder ihm ist / das ist: Bey dem eussern sicht er das inner. Allein die eussern ding geben die erkandtnuß des inneren / sonst mag kein inner Ding erkandt werden.»[13] Damit soll gesagt sein, daß der Arzt sein Wissen um die Krankheit weniger aus dem kranken Menschen, als vielmehr aus anderen, scheinbar mit dem Menschen nicht zusammenhängenden Naturerscheinungen bezieht, so vor allem aus der Alchemie: «Wissen sie das nicht», sagt PARACELSUS, «so wissen sie die Arcana nicht: Unnd wissen sie nicht was Kupffer macht / unnd was die Vitriolata gebiert / so wissen sie auch nicht / was den Aussatz macht: Wissen sie auch nicht was den Rost auff dem Eisen macht / so wissen sie auch nicht was die Ulcerationes macht: Wissen sie auch nicht was die Erdbidem macht / so wissen sie auch nicht was die Kalten Wehe macht. Die eussern lernen unnd zeigen an was den Menschen gebrist 〈Bresten verursacht〉 / unnd der Mensch zeigt sein bresten selbst nit an.»[14]

Man sieht: der Arzt erkennt zum Beispiel aus den Krankheiten der Metalle, was die Krankheit des Menschen ist. Der Arzt muß überhaupt ein *Alchemist* sein. Er muß die scientia Alchimiae verwenden, nicht «wie die Mompelierischen Apotecker handlen... mit ihren sudelküchlin», das sind «schwaderlappen / daß die Säw lieber Dreck fressen»[15]. Er muß die Gesundheit und Krankheit der Elemente kennen[16]. Die «Species Lignorũ, Lapidum, Herbarum» sind ebensoviele *auch im Menschen,* daher muß der Arzt sie alle kennen. Das Gold zum Beispiel ist im Menschen ein «Natürlich Confortatiff»[17]. Es gibt eine «eusser kunst der Alchimey», aber auch eine «Alchimia microcosmi», als welche der Verdauungsprozeß erscheint. Der Magen ist, nach PARACELSUS, der Alchemist im Bauche. Erstens muß der Arzt Alchemie kennen, um die Medikamente zu erzeugen, insbesondere die sogenannten arcana, als da sind «Aurum potabile», die «Tinctura Rebis», die «Tinctura procedens», das «Elixir Tincturae» und wie sie alle heißen[18]. Wie so oft, spottet hier PARACELSUS seiner selbst «und weiß nicht wie», sagt er doch von den akademischen Ärzten: «Ihr seid jedermann Rotwelsch / und habt euch seltzam Dictionarios und Vocabularios gemacht / wers ansicht / mag unbeschissen nicht hinwegkom̃en / und schickents mit solchem seltzamen Rotwelsch in die Apotheck / daß sie es selbst im Garten besser hetten.»[19] Die Arkanmittel spielen in der paracelsischen Therapie eine große Rolle (besonders in der Behandlung der Geisteskrankheiten!). Sie gehen aus der alchemistischen Prozedur hervor. «Dann in den arcanis», sagt er, «wird der Dufststein Hyacint / der Leberstein ein Alabaster, Kißling ein Granat / der Leim ⟨Laim = Lehm⟩ ein edler Bolus, der Sandt Perlin / die Nesseln Manna, Ungula ein Balsam. Hierinnen ligt beschreibung der dingen / in diesen dingen soll der Artzt gegründet sein.»[20] Und schließlich ruft PARACELSUS aus: «Ist es nit also / dz Plinius kein prob nie bewiesen hat? Was hat er dañ geschrieben? was er gehört hat von den Alchimisten. So du es nit weisst uñ kennest wer sie sind / du bist ein Hümpelartzt.»[21] Sodann braucht der Arzt alchemistische Kenntnisse, um aus den Krankheiten der minera die Krankheiten des Menschen per analogiam zu diagnostizieren. Und endlich ist *er selber* das subiectum, das heißt der Gegenstand, des alchemistischen Wandlungsprozesses. Er wird durch denselben «zeitig» gemacht, das heißt gereift.

Diese schwer verständliche Bemerkung bezieht sich wiederum auf die Geheimlehre. Die Alchemie ist nämlich nicht nur eine chemische Unternehmung in unserem Sinne, sondern – und dies vielleicht noch in höherem Maße – eine philosophische Wandlungsprozedur, das heißt eine sonderbare Art von Yoga, insofern auch der Yoga seelische Wandlung bezweckt. Aus diesem Grunde haben auch die Alchemisten die transmutatio [Verwandlung] in Parallele gesetzt zur christlich-kirchlichen Wandlungssymbolik.

Aber nicht nur Alchemist soll der Arzt sein, sondern auch *Astrologe*[22]. Denn eine zweite Erkenntnisquelle für ihn ist das *Firmament* oder der *Himmel.* Im *«Labyrinthus medicorum»* sagt PARACELSUS, daß die Sterne im Himmel müssen «zusammen kuppelt werden» und der Arzt müsse «den Firmamentischen Sententz daraus nemmen»[23]. Ohne diese Kunst der astrologischen Konstellationsdeutung sei der Arzt ein «Pseudomedicus». Das Firmament ist nämlich nicht bloß der kosmische Sternhimmel, sondern ein corpus, welches seinerseits ein Teil oder Inhalt des sichtbaren, menschlichen Körpers ist. «Wo das Corpus ligt», sagt er, «da samlen sich auch die Adler... Dann wo die Artzney ist, da samlen sich auch die Artzte.»[24] Das firmamentische «Corpus» ist eine körperhafte Entsprechung[25] des astrologischen Himmels. Und insofern die astrologische Konstellation die Diagnose ermöglicht, gibt sie zugleich den Hinweis auf die Therapie. In diesem Sinne liegt im Firmament auch die «artzney». Die Ärzte «sammeln sich» um das firmamentische «Corpus» wie die Adler um das Aas, weil, wie PARACELSUS mit nicht gerade schmackhaftem Vergleich sagt, das «ass des natürlichen liechts» im Firmament liege. Das «Corpus sydereum» ist mit andern Worten die *Quelle der Erleuchtung* durch das «lumen naturae», das «natürliche liecht», welches nicht nur in den Schriften unseres Autors, sondern auch in seiner ganzen Auffassungsweise die denkbar größte Rolle spielt. Die intuitive Formulierung dieser Anschauung ist nach meiner unmaßgeblichen Ansicht die bedeutendste geistesgeschichtliche Tat, um derentwillen niemand des PARACELSUS unsterblichen Nachruhm neiden möge. Diese Anschauung wirkte zwar auf die Zeitgenossen und noch mehr auf die folgenden Generationen sogenannter mystischer Denker. Aber die in ihr schlummernde allgemein-philosophische und spezielle gnoseologische Bedeutung hat ihre höchste Entwicklungsmöglichkeit noch nicht erfüllt. Die Zukunft wird davon noch zu reden haben.

Der Arzt soll diesen inneren Himmel erkennen. «Dañ so er den Himmel nur eusserlich weißt / so bleibt er ein Astronomus uñ ein Astrologus: So ers aber im Menschen ordnet / so weißt er zween Himmel. Nuhn machen zwey wissend einen Artzt auff den theil / das die oberen Sphaer antrifft. Nuhn muss hierinn das ohne gebresten im Artzt ligen / das er weißt den Caudam Draconis im Menschen / und wisse den Arietem unnd Axem Polarem / wisse sein Lineam Meridionalem / sein Orient / sein Occident.» «Bey dem eussern sicht er das inner.» «Also im Menschen ein Firmament / wie im Himmel / nicht aber von eim stuck / sondern es sind zwey. Dañ die Handt / die Liecht und Finsternuß gescheiden hat / und die Hand die Himmel und Erden gemacht hatt / hat das unter im Microcosmo auch gemacht / auß dem obern genommen / und beschlossen in die Haut des Menschen / alles was der Himmel begreifft. Darumb so ist uns d'eusser Himmel ein Wegweiser des innern Himmels: Wer wil dann ein Artzt sein / der den eussern Himmel nit erkennt? Dann im selbigen Himmel sind wir / und er ligt uns vor den Augen: Und der Hiṁel in uns / ligt uns nit vor den Augen / sondern hinder den Augen / darumb so mögen wir ihne nicht sehen. Dann wer sicht durch die Haut hinein? niemands.»[26]

Man denkt hier unwillkürlich an KANTS berühmten Ausspruch vom «gestirnten Himmel über mir» und vom «moralischen Gesetz in mir», dessen «kategorischer Imperativ» die stoische heimarmene, den Gestirnszwang, psychologisch vollgültig ersetzt hat. Es ist wohl unzweifelhaft, daß die Intuition des PARACELSUS hier von der hermetischen Grundidee des «Himmel oben, Himmel unten» beeinflußt wurde[27]. Er hat in seiner Konzeption vom inneren Himmel wohl ein urtümliches Bild erschaut, das, um seiner ewigen Natur willen, nicht nur ihm, sondern vielen und zu verschiedenen Zeiten und an verschiedenen Orten gegeben war. In jedem Menschen, sagt er, ist ein besonderer Himmel, ganz und unzerbrochen. «Dann ein kindt / das empfangen wirt / das hat jetzt sein Himmel.»[28] «Wie d' groß Himmel stehet / also Imprimirt er den Himmel in der geburt.»[29] Der Mensch hat «sein Vatter... im Himmel / und auch im Lufft / und ist ein Kind das auß dem Luft und auß dem Firmament gemacht ist und geborn.» Es gibt eine «Linea lactea» im Himmel und in uns. Die Galaxa geht durch den Bauch[30]. Ebenso sind die poli und der zodiacus im menschlichen Leib. «So ist von nötten / dz ein Artzt der Ascendenten / der Coniunctionen / d' Planeten Exaltation / etc. uñ alle Constellation erkeñe / verstande uñ wiß: Unnd so ers weißt aussen im Vatter / so volgt jetzund hernach / wie er den Menschen einbringe / dieweil die zal so groß ist der Menschen / unndt ihr viel seindt: Wo er finde den Himmel in einem jedlichen mit seiner Concordantz / wo gesundt / wo kranck / wo anfang / wo außgang / wo ende / wo todt. Dann der Himmel ist der Mensch / unnd der Mensch ist der Himmel / unnd alle Menschen ein Himmel / unnd der Himmel nur ein Mensch.»[31] Der sogenannte «Vatter im Himmel» ist der gestirnte Himmel selber. Der Himmel ist der homo maximus [größte Mensch], und das corpus sydereum ist, wenn man so sagen darf, der Vertreter des homo maximus im Individuum. «Nuhn ist der Mensch nicht auß dem Menschen geboren: Dann im ersten Menschen ist kein Vormensch gewesen / sondern die Creatur / uñ auß den Creatis ist der Limbus / und der Limbus ist der Mensch worden / und der Mensch ist d' Limbus blieben. So er nuhn der blieben ist / so muss er je / dieweil er mit der haut beschlossen ist (und niemands sicht hinein / unnd die wirckung seind nicht sichtbar in ihm) auß dem Vatter fürgenommen werden / und nicht auß ihm selbst. Dann der eusser Himmel unnd sein Himmel ist ein Himmel / aber zween theil. Wie ein Vatter unnd ein Sohn seind zween / ist ein Anatomey / der einen erkennt / der erkennt auch den andern.»[32]

Der himmlische Vater, eben der große Mensch, fällt auch in Krankheit, und daraus kann man Diagnose und Prognose für den Menschen stellen. Der Himmel ist aber, wie PARACELSUS sagt, sein eigner Arzt, «wie ein Hund seiner wunden», was beim Menschen aber nicht der Fall ist. Darum muß, wie er sagt, der Mensch «sein vatter erstatten mit kranckheiten unnd gesundtheiten. Und sehend / das glid hat Mars gemacht / das hat Venus gemacht / das hatt Luna gemacht» usw.[33]. Was offenbar heißen will, der Arzt müsse Krankheit und Gesundheit aus dem Zustand des Vaters, also des Himmels, ersehen. Das Gestirn ist recht eigentlich ätiologisch. «Nun gehet», sagt er, «alle Infection ann im Gestirne / unnd vom Gestirn volget es hernach in Menschen: Das ist / so der Him̃el für ist / so fahet der Mensch an. Nuhn ist es nicht / das der Himmel hinein in Menschen stoss: Darumb wir nit sollen Rauch noch Gschmack machen: Sondern das Gstirn im Menschen / das ist in der Hand Gottes verordnet / nachzuthun / das der Himmel eusserlich anhebt und gebiert / darumb muss es hernach im Menschen. Wiewohl die Sonn durch ein Glaß scheint / der Monn auff der Erden ein Liecht gibt: Das ist aber nicht gegen dem Menschen also seines leibs verderben / zu den kranckheiten. Dann als wenig die Sonn in das ort selbst kompt / also wenig kommen die Gstirn in den Menschen / und ire Radij geben dem Menschen nichts: Dañ Corpora müssens thun / und nit Radij / das sind Corpora Microcosmi Astralia / die des Vatters Art erben.»[34] Die «Corpora Astralia» sind gleichbedeutend mit dem bereits erwähnten corpus sydereum oder astrale. An einem andern Ort sagt er, «auß dem Vatter kommen die kranckheiten»[35] und nicht aus dem Menschen, wie auch der Holzwurm nicht aus dem Holz komme.

Wie für die Diagnose und Prognose das Astrum von Bedeutung ist, so auch für die *Therapie*. «Dann hierauß entspringt die ursach / so dir der Himmel ungünstig ist / und wil dein Artzney nit leytten / dz du nichts außrichtest: Der Himmel muß dirs leytten. Darumb so ligt die kunst hie an dem orth / in dem das du nicht sagen solt / Melissa ist ein Mutterkraut / Maiorana ist zum Haupt: Also reden die unverstendigen. Solches ligt in der Venus und in Luna: So du sie wilt also haben / wie du fürgibst / so mußt ein günstigen Himmel haben / sonst wirdt kein wirckung geschehen. Da ligt die irrung / die in der Artzney überhandt genommen hatt: Gib nur ein / hilffts so hilffts. Solcher Practiken kunst kan ein jedlicher Baurenknecht wol / darff keins Avicennae darzu / noch Galeni.»[36]

Wenn der Arzt das corpus astrale mit dem Himmel, das heißt den physiologischen Saturn, nämlich die Milz oder den Jupiter beziehungsweise die Leber, in die richtige Verbindung bringt, dann sei der Arzt, wie PARACELSUS sagt, «auff dem richtigen Weg». «Und das er darnach wisse den Astralischen Mars und den gewachsenen Mars 〈eben das corpus astrale〉 einander unterthenig zu machẽ / und zu coniungieren unnd vergleichen: Dann hierinn ligt der Butz / den noch nie kein Artzt vom Ersten biß auff mich gebissen hatt. Also wirdt das verstanden / das die Artzney soll in die Gestirn bereit werden / und das sie Gestirn werden. Dann die Obern Gestirn kräncken unnd tödten / machen auch gesundt. Nuhn soll do etwas beschehen / so mags ohne die Astra nicht geschehen. Sols nuhn mit den Astris geschehen / also in dem weg / das die bereitung dahin gebracht werde / das zu gleicher weiß die artzney durch den Himmel werd gemacht und bereit.»[37] Der Arzt muß «der Artzney arth erkennen nach dem Gestirn / das also oben unnd unden Astra sindt. Und dieweil die Artzney nichts soll ohne den Him̃el / so muß sie durch den Himmel gefürt werden.» Das heißt, die astrale Influenz muß auch die alchemistische Prozedur beziehungsweise die Herstellung der Arkanmittel regieren. So sagt PARACELSUS: «Und der lauff des Himmels lernet den Lauff und das Regiment des Feurs in dem Athanar[38]. Dann die Tugent / so im Saphir liget / gibt der Him̃el durch Solutionem / unnd Coagulationem / unnd Fixationem.»[39] Von der praktischen Anwendung des Medikamentes sagt er, die Arznei ist «inn dem willen der Gestirne / unnd wirdt vom Gestirn gefürt und geleitet. Das also zum Hirn gehört / das wirdt zum Hirn durch Lunã geführt: Was zum Miltze gehört / wirdt zum Miltze durch den Saturnum gefürt: Was zum Hertzẽ gehört / wirdt durch Solem zum Hertzen geleyt: Und also durch Venerem die Nieren / durch Iouem die Lebern / durch Martem die Gallen. Unnd also nicht allein mit denen / sondern auch mit allen andern / unaußsprechlich zu melden.»[40]

Die Krankheitsnamen sollten ebenso in Beziehung zur Astrologie gebracht werden, wie die «Anatomey», unter welcher PARACELSUS, wie schon angedeutet, nichts anderes versteht als die astrophysiologische Struktur des Menschen, aber beileibe nicht das, was ein VESAL darunter verstanden hat. Nach ihm muß die Anatomie als eine «concordantz mit der machina mundi» aufgefaßt werden. Es genüge nicht, den Körper aufzuschneiden, «wie ein Bawr / der ein Psalter sicht»[41]. Die «Anatomey» bedeutet für ihn etwas wie Analyse. So sagt er: : «Magica ist Anatomia

Medicinae… Also zerlegt die Magica alle corpora der Artzney.»[42] Anatomie bedeutet ihm aber auch etwas wie Erinnerung an das ursprüngliche, eingeborene Wissen des Menschen, welches ihm durch das lumen naturae geoffenbart wird. So sagt er im *«Labyrinthus medicorum»*: «Wie vil mühe unnd arbeit hat der Mille Artifex[43] gebraucht / dass dise Anatomey dem Menschen auß der gedechtnus brecht / auff daß er der edlen Kunst vergesse / unnd hatt ihn gefürdert in die schwermerey unnd in andern gugelfuhr / in den kein kunst ist / unnd also die zeit auff Erden unnützlich verzehren. Dann der nichts weist / dem liebt nichts… Der aber verstehet / der liebts / der merckts / der sichts.»[44]

Bezüglich der Krankheitsnamen meint er, sie sollten nach dem Zodiakus [Tierkreis] und den Planeten gewählt werden und sollten also etwa lauten: Morbus leonis, sagittarii, Martis usw. Daran hat er sich aber selber nur sehr bedingt gehalten. Er vergißt überhaupt häufig, wie er eine Sache einmal benannt hat, und erfindet dann wieder einen neuen Namen dafür, was, beiläufig bemerkt, das Verständnis seiner Schriften keineswegs erleichtert

So sehen wir, daß bei PARACELSUS Ätiologie, Diagnose, Prognose, Therapie, pathologische Terminologie, Pharmakognosie und Arzneimittelbereitung alle in unmittelbarer Beziehung zu astrologischen Daten stehen und – last but not least – die Opportunitäten der Praxis ebenfalls. So ruft er seinen Kollegen zu: «Ihr sollent euch dermassen in wissenheit richten ihr Artzet alle / daß ir kennet ursprung glücks und unglücks: dieweil ir das nit können / so stehet der Artzney ab.»[45] Das kann auch etwa besagen, daß bei ungünstigen Direktionen, die aus dem Horoskop des Kranken zu ermitteln sind, der Arzt die Möglichkeit habe, sich beizeiten dünne zu machen, was angesichts der Handfestigkeit damaliger Zeiten, wie wir auch aus der Lebensgeschichte des großen CARDANUS wissen, nicht unangezeigt war.

Aber nicht nur Alchemist und Astrologe, sondern auch *Philosoph* soll der Arzt sein. Was versteht nun PARACELSUS unter «Philosophey»? Um es gleich vorwegzunehmen, Philosophie, wie er sie versteht, hat rein gar nichts zu tun mit unserem Begriff dieser Sache. Es handelt sich bei ihm um eine – wie wir sagen würden – okkulte Angelegenheit. Vergessen wir es nicht, PARACELSUS ist durch und durch Alchemist und treibt alte Naturphilosophie, welche, im Gegensatz zu der modernen Meinung, viel weniger mit Denken als mit *Erleben* zu tun hat. In der alchemistischen

Tradition sind die Ausdrücke philosophia, sapientia und scientia wesentlich identisch. Obschon sie einerseits als abstrakte Ideen gehandhabt werden, sind sie doch seltsamerweise andererseits als stofflich vorgestellt oder wenigstens als im Stoff enthalten[46] und nach diesen benannt. Sie treten auf als Quecksilber beziehungsweise Mercurius, Blei beziehungsweise Saturnus, Gold beziehungsweise aurum non vulgi [nicht gewöhnliches Gold], als Salz beziehungsweise sal sapientiae [Salz der Weisheit], als Wasser beziehungsweise aqua permanens [ewiges Wasser] usw. Das heißt: diese Stoffe sind arcana [Geheimnisse], und wie diese ist auch die Philosophie ein arcanum. Praktisch läuft es darauf hinaus, daß die Philosophie gewissermaßen im Stoff verborgen und darum auch im Stoff aufzufinden ist[47]. Es handelt sich, wie ersichtlich, um psychologische Projektionen, das heißt um einen in der Zeit des PARACELSUS noch deutlich vorhandenen primitiven Geisteszustand, dessen hauptsächlichstes Symptom die *unbewußte Identität* von Subjekt und Objekt ist.

Es schien mir nötig, diese Bemerkungen vorauszuschicken, weil sie das Verständnis des Paracelsischen Philosophiebegriffes erleichtern dürften. So fragt PARACELSUS: «Was ist die Natur anders dañ die Philosophey?»[48] Sie ist im Menschen und außerhalb. Sie ist wie ein Spiegel, und dieser besteht aus den vier Elementen, denn in den Elementen spiegelt sich der Mikrokosmos[49]. Man kann ihn aus seiner «Mutter»[50], das heißt aus der «Materia» der Elemente, erkennen. Es gibt eigentlich «zwei Philosophien» (!), nämlich die der unteren und die der oberen sphaera. Die untere betrifft die minera, die obere die astra[51]. Letztere ist eigentlich Astronomie, woraus zu ersehen ist, wie wenig bei PARACELSUS der Begriff der Philosophie von dem der scientia [Wissen] getrennt ist. Dies wird vollends klar, wenn wir hören, daß die Philosophie Erde und Wasser, die Astronomie dagegen Luft und Feuer betreffe[52]. Die Philosophie ist die Erkenntnis der unteren Sphäre. Sie ist, wie die scientia, allen Naturgeschöpfen eingeboren; so trägt der Birnbaum die Birnen nur aus seiner scientia. Diese ist ein «Einfluß», *verborgen in der Natur*. Sie ist auch im Menschen verborgen, und man braucht die «Magica» dazu, um dieses arcanum zu offenbaren. Alles andere ist, wie er sagt, «leere fantasey / und dollerey / darauß die Fantasten wachsen». Dieses donum der scientia muß man «auff Alchimistich in den höchsten grad» bringen[53]. Das heißt, die scientia wird wie ein chemischer Stoff destilliert, sublimiert und subtilisiert. Wenn die «Scientiae der Natur» nicht im Arzt sind, so, sagt er, «ledelest <du> hin unnd her / unnd weist nichts gewiß / als deines mauls geschwetz.»[54]

So ist es nicht verwunderlich, daß die Philosophie auch eine Praktik ist. Er sagt in seinem *«Fragmenta Medica»*: «In der Philosophey steht die erkantnuß / die gantz Globul / und dasselbig durch die Practick. Dann die Philosophey ist nichts / als Practica Globuli oder Sphaerae... Philosophia lehrndt krafft und eigenschafft der Irrdischen / unnd Wesserischen dingen... Darumb sag ich dir von der Philosophey / das zu gleicher weiss wie in der Erden ein Philosophus ist / also auch im Menschen. Dann ein Philosophus ist der Erden / einer des Wassers» usw.[55]. Danach gibt es also im Menschen einen «Philosophus» im selben Sinne wie einen Alchemisten, welch letzterer, wie wir gehört haben, nichts anderes als der Magen ist. Dieselbe Funktion findet sich aber auch in der Erde, aus welcher die Philosophie gegebenenfalls «ausgezogen» werden kann. Darauf spielt unser Text unter der practica globuli an, welche nämlich die alchemistische Behandlung der *Massa globosa,* das heißt der *prima materia* [Urstoff], der eigentlichen Arkansubstanz, bedeutet. Die Philosophie ist also alchemistische Methode[56]. Das philosophische Erkennen ist für PARACELSUS tatsächlich eine Aktivität des Objektes, darum nennt er es ein «Zuwerffen». «Der Baum... gibt ohn das Alphabet, den namen Baum», und er sagt gewissermaßen, was er ist und enthält, genau wie die Gestirne, die auch ihre «firmamentische Sententz» enthalten. So kann PARACELSUS sagen, daß der «Archasius» des Menschen[57] «scientiam atque prudentiam» [Wissen und Klugheit] anzieht[58]. Ja, er bekennt in großer Bescheidenheit: «Was erfindt der Mensch von ihm selbst / oder durch sich selbst? nicht ein pletzlin an ein paar hosen zu setzen.»[59] Überdies sind nicht wenige der ärztlichen Künste «vom Teuffel unnd Geistern eröffnet» worden[60].

Ich will die Zitate nicht häufen. Aus dem Gesagten dürfte klar hervorgehen, daß auch die *Philosophie* des Arztes eine geheimnisvolle Angelegenheit ist. So ist es beinahe selbstverständlich, wenn PARACELSUS ein großer Verehrer der *Magie* und der *Ars cabbalistica,* der «Gabal» ist. Wenn ein Arzt die Magie nicht kennt, «so ist er ein Irrer unnd ein Gutwöller in der Artzney / der mehr zum betrug gericht ist / dann zur warheit... Die Magica ist <ihm> Praeceptor... unnd Paedagogus»[61]. Dementsprechend hat auch PARACELSUS viele Amulette und Sigilla entworfen[62] und ist damit, nicht ohne eigene Schuld, in den üblen Ruf der Zauberei geraten. Von den zukünftigen Ärzten sagt er – und dieser Ausblick auf kommende Zeiten ist für ihn durchaus kennzeichnend –: «Sie werden Geomantici sein / sie werden Adepti sein / sie werden Archei sein / sie werden Spagyri sein, sie werden Quintum Esse haben»[63] usw. Wenn der chemische Traum der Alchemie sich erfüllt hat, so hat Paracelsus die heutige chemische Medizin ahnend vorausgeschaut.

Bevor ich zum Schluß meiner leider allzu summarischen Ausführungen komme, möchte ich aber doch noch einen höchst wichtigen Aspekt seiner Therapie hervorheben, nämlich den *psychotherapeutischen.* PARACELSUS kennt noch die uralte Methode der *Krankheitsbesprechung,* von der uns schon der *«Papyros Ebers»* so treffende Beispiele aus altägyptischer Zeit gibt[64]. PARACELSUS nennt diese Methode «Theorica». Es gibt zwar, wie er sagt, eine Theorica Essentiae Curae [der Kur] und eine Theorica Essentiae Causae [der Ursachen], aber wie er bald beifügt: «Theorica curae et causae sind beyeinander und miteinander verschlossen.» Was er nun zum Kranken zu sagen hat, das geht aus des *Arztes eigener Beschaffenheit* hervor: «so muß er vollkommen seyn, sonsten mag er doch nichts erschießen.» Das *Licht der Natur* muß ihm die Instruktion geben, das heißt, er muß intuitiv vorgehen, denn nur durch Illumination wird der «Textus libri naturae» [Text des Buches der Natur] verstanden. Der «Theoricus medicus» muß daher *aus Gott reden,* denn Gott hat den Arzt erschaffen[65] und die Arznei, und wie der Theologe seine Wahrheit aus der heiligen geoffenbarten Schrift nimmt, so der Arzt aus dem Licht der Natur. Die Theorica ist ihm «Religio medica» [ärztliche Religion]. Er gibt nun ein Beispiel, wie man Theorica üben, das heißt, wie man zum Patienten sprechen müsse: «Oder einer ist Hydropicus, sagt / die Leber sey ihm erkaltet / etc. Unnd also seindt sie geneigt zur Wassersucht: Solche Rationes sind viel zu wenig. So du aber sagest / es ist ein Meteorisch Semen, der wirdt zu einem Regen / der Regen stillirt von oben herab / auß den Mediis Interstitiis in die und'n theil / unnd wird also auß dem Sahmen / ein Wasser / ein Teycht / ein See: So hetst du es troffen. Dann wie jhr sehen ein lautern schönen Himmel / in dem kein gewülck ist: Gleich in einem augenblick / so erhebt sich ein kleines Wölcklin / das wechst auff unnd nimpt zu / das in einer stundt ein grosser Regen / Hagel / Schawer / etc. darauß wird. Also müssen wir Theoricirn / von dem grund der Medicin / in der kranckheit / wie gemelt ist.»[66] Man sieht, wie suggestiv diese Anrede auf den Kranken wirken muß. Der meteorologische Vergleich überredet zu einem Niederschlag: gleich werden sich die Schleusen des Körpers öffnen, und der ascites wird abströmen. Dergleichen psychische Stimulierung auch bei körperlichen Krankheiten ist keineswegs zu unterschätzen, und ich bin überzeugt, daß mehr als eine Wunderkur unseres Meisters auf seine vortreffliche Theorica zurückzuführen ist.

Über die ärztliche Einstellung zum Kranken sagt er viele gute Dinge. Aus der Fülle seiner Äußerungen möchte ich zum Schluß einige wenige, aber um so schönere Worte aus dem *Liber de caducis*»[67] zitieren. Es «ist am ersten vor allen Dingen / grosse notturfft zu erzehlen die Barmhertzigkeit / so einem Artzt soll angeboren sein.» «Wo kein Lieb ist / do ist kein Kunst.» Arzt und Arznei «sein beyde nichts / als ein gegebne Barmhertzigkeit den dürfftigen / auss Gott». Aus dem «werck der Lieb» wird die Kunst erlangt. «So muß der Artzt mit solcher Barmhertzigkeit unnd Liebe nicht weniger / dann wie sich Gott gegen dem Menschen vermeint / auch gefast sein.» Barmherzigkeit ist ein «Schulmeister der Artzten». «Ich under dem Herren / der Herr unter Mir / Ich under Ihm / ausserhalb meines Ampts / und Er unter Mir / ausserhalb seines Ampts. Also ist je einer under des andern Ampt / und in solcher Lieb / je einer dem andern unterworffen.» Der Arzt ist «das Mittel ⟨dadurch⟩ die Natur in dz werck gebracht wirdt... die Artzney ungebettē wechst / und dringt auß der Erden / so wir schon nichts bettendt». Was der Arzt tut, ist nicht sein Werk. «Diser kunst ubung ligt im Hertzen: ist dein Hertz falsch / so ist auch der Artzt bey dir falsch.» «Nit das er mit dem verzweiffelten Sathan sag / Es ist unmüglich.» Man soll darum Gott vertrauen. Denn eher werden «mit dir die Kreutter unnd Wurtzelen reden / darinnen dann wer die krafft / der du notturfft hettest.» «Der Artzt hatt von dem Maal gessen / zu welchem Maal die geladnen Gest nit kamen.»

Damit wäre ich am Schluß meiner Ausführungen angelangt. Ich bin zufrieden, wenn es mir gelungen ist, wenigstens einige Eindrücke von der ebenso sonderbaren wie genialen Persönlichkeit sowie von der geistigen Atmosphäre des berühmten Arztes, den die Zeitgenossen nicht zu Unrecht als den «Lutherus medicorum» [Luther der Ärzte] bezeichneten, vermittelt zu haben. PARACELSUS ist eine jener großen Gestalten der Renaissance, welche uns in ihrer Abgründigkeit auch heute, nach vierhundert Jahren, noch problematisch sind.

Sigmund Freud

Der Name FREUD kann aus der Geistesgeschichte des ausgehenden 19. und des beginnenden 20. Jahrhunderts nicht mehr weggedacht werden. Die FREUDsche Betrachtungsweise hat ungefähr alle Kreise des zeitgenössischen Geisteslebens, mit Ausnahme der exakten Naturwissenschaften, berührt; sie hat nämlich alles angetastet, worin die menschliche Seele entscheidend hervortritt, also in erster Linie das weitläufige Gebiet der Psychopathologie, sodann die Psychologie, die Philosophie, die Ästhetik, die Ethnologie und – last but not least – die Religionspsychologie. Alles nämlich, was in gültiger oder scheinbar gültiger Weise über das Wesen der Seele ausgemacht wird, zieht automatisch und unfehlbar den ganzen Umfang der Geisteswissenschaften in seinen Bereich; denn was immer über das Wesen seelischen Geschehens gedacht wird, rührt an die psychischen Grundlagen aller Geisteswissenschaften, auch wenn die eigentlichen Entscheidungen innerhalb der medizinischen Disziplin, die sich bekanntlich *nicht* zu den Geisteswissenschaften zählt, gefallen sind.

FREUD war ein «Nervenarzt» (in dieses Wortes striktester Bedeutung) und ist es in jeglicher Hinsicht auch immer geblieben. Er war kein Psychiater, kein Psychologe und kein Philosoph. Auf dem Gebiet der Philosophie fehlten ihm sogar die elementarsten Bildungselemente. So hat er mir persönlich einmal versichert, es sei ihm nie eingefallen, NIETZSCHE zu lesen. Diese Tatsache ist wichtig zum Verständnis der eigenartigen FREUDschen Ansichten, welche sich durch eine anscheinend völlige philosophische Voraussetzungslosigkeit auszeichnen. Seine Theoriebildung trägt den unmißverständlichen Stempel des ärztlichen Konsultationszimmers. Seine stetige Voraussetzung ist die *neurotisch* entartete Seele, die sich halb mit Widerwillen, halb mit schlecht verhehltem Vergnügen unter den kritischen Augen des Arztes ihrer Geheimnisse entblättert. Insofern der neurotische Patient neben seinem individuellen Kranksein auch ein Exponent der lokalen und zeitgenössischen Geistesverfassung ist und es immer war, besteht zwischen der ärztlichen Beobachtung seines besonderen Falles und gewissen allgemeinen geistigen Voraussetzungen von vornherein eine Brücke, deren Existenz es FREUD ermöglichte, seine Intuition aus der Enge der Sprechstunde auf die Weite einer Welt moralischer, philosophischer und religiöser Voraussetzungen zu richten, welch letztere sich, fatalerweise, dieser kritischen Untersuchung als zugänglich erwiesen.

FREUD hat seine ersten Anregungen CHARCOT, dem großen Lehrer der Salpêtrière, zu verdanken. Das eine Fundament, das er sich dort erwarb, war die Lehre vom Hypnotismus und der Suggestion (1888 übersetzte er BERNHEIMS Buch über die Suggestion), das andere war CHARCOTS Erkenntnis, daß die hysterischen Symptome Folgen gewisser Vorstellungen sind, welche vom «Gehirn» der Kranken Besitz ergriffen hatten. CHARCOTS Schüler PIERRE JANET hat diese Erkenntnis weiter ausgebaut und in seinen umfangreichen Werken *«Les Obsessions et la psychasthénie»* und *«Névroses et idées fixes»* mit den nötigen Grundlagen versehen. FREUDS älterer Kollege JOSEPH BREUER in Wien hat zu dieser überaus wichtigen Feststellung (welche übrigens schon mancher alte Hausarzt längst vorher gemacht hatte) einen belegenden Fall beigesteuert, um darauf eine Theorie zu gründen, von der FREUD sagt, daß sie sich mit der Auffassung des Mittelalters decke, nachdem sie den «Dämon» der priesterlichen Phantasie durch eine psychologische Formel ersetzt habe. Die mittelalterliche *Besessenheitstheorie* (bei JANET zur «obsession» abgemildert) fand also bei BREUER und FREUD eine positivere Aufnahme, wennschon der böse Geist – in Umkehrung des Faustschen Mirakels – sich als der Pudel einer harmlosen «psychologischen Formel» entpuppte. Es ist nun das große Verdienst der beiden Forscher gewesen, nicht, wie der französische Rationalismus JANETS, über die bedeutsame Analogie der Besessenheit achtlos hinwegzugleiten, sondern vielmehr, der mittelalterlichen Theorie folgend, den die Besessenheit verursachenden Faktor aufzustöbern, um gewissermaßen den bösen Geist auszutreiben. BREUER hat als erster herausgefunden, daß die krankheitsverursachenden «Vorstellungen» Erinnerungen sind an gewisse Vorkommnisse, welche er als *traumatisch* (verwundend) bezeichnete. Dieses Ergebnis war der erste wesentliche Schritt über die Feststellungen der Salpêtrière hinaus, und damit war das Fundament der ganzen FREUDschen Theoriebildung gelegt. Schon gleich zu Anfang (1893) haben beide Forscher die weitreichende *prakti-*

sche Bedeutung ihres Fundes erkannt. Sie sahen nämlich, daß die symptomerregende Wirkung der «Vorstellungen» auf einem *Affekt* beruhte. Dieser Affekt hatte die Eigentümlichkeit, daß er nie wirklich zum Ausbruch gekommen und darum auch nicht wirklich bewußt war. Die therapeutische Aufgabe bestand also darin, diesen «eingeklemmten» Affekt «abzureagieren».

Diese vorläufige Formulierung war zwar einfach, aber zu einfach, um dem Wesen der Neurosen im allgemeinen gerecht zu werden. An diesem Punkt setzte nun FREUDS selbständige Forschung ein. Zunächst war es die Frage des Traumas, die ihn beschäftigte. Er fand bald (oder glaubte zu finden), daß die traumatischen Momente um ihrer Peinlichkeit willen unbewußt waren. Sie waren aber peinlich, weil sie (nach seiner damaligen Auffassung) samt und sonders der geschlechtlichen Sphäre entstammten. Die Theorie des sexuellen Traumas war seine erste selbständige Hysterietheorie. Jeder Spezialist, der mit Neurosen zu tun hat, weiß, wie suggestibel einerseits die Patienten sind und wie unzuverlässig in ihrer Berichterstattung andererseits: diese Theorie bewegte sich also auf schlüpfrigem und gefährlichem Boden. FREUD sah sich daher auch bald zu der mehr oder weniger stillschweigenden Korrektur genötigt, daß das traumatische Moment auch oder eher einer abnormen infantilen Phantasieentwicklung zufalle. Als treibende Kraft der Phantasiewucherung nahm er eine kindliche Sexualität an, von der bis dahin niemand die Rede haben wollte. Die medizinische Literatur kannte natürlich schon längst Fälle abnormer Frühentwicklung, ohne aber eine solche auch in Fällen relativ normaler Kinder anzunehmen. Die FREUDsche Auffassung begeht diesen Fehler zwar auch nicht und denkt nicht an eine konkrete Frühentwicklung. Es handelt sich mehr um eine Art von Umbenennung und Deutung mehr oder weniger normaler kindlicher Vorkommnisse im Sinne der Sexualität. Gegen diese Auffassung erhob sich ein Sturm des Unwillens und der Entrüstung zunächst in den Fachkreisen und dann auch im weiteren gebildeten Publikum. Abgesehen von dem Umstand, daß jede grundsätzlich neue Idee unfehlbar auf den heftigsten Widerstand der Zunft stößt, bedeutete die FREUDsche Auffassung des kindlichen Instinktlebens einen Übergriff auf das Gebiet der allgemeinen und normalen Psychologie, indem sie Beobachtungen aus der Neurosenpsychologie auf ein Gebiet übertrug, welches bisher nie einer solchen Beleuchtung ausgesetzt war.

Bei der sorgfältigen und eingehenden Erforschung der eigentümlichen neurotischen und speziell hysterischen Geistesverfassung konnte es FREUD nicht entgehen, daß solche Patienten öfters ein besonders reges Traumleben entwickeln und darum neben andern Dingen auch gerne von ihren Träumen erzählen. Solche Träume entsprechen in Struktur und Ausdrucksweise häufig der Symptomatologie der Neurose. Angstzustände und Angstträume gehören sozusagen zusammen. Sie entspringen offensichtlich ein und derselben Wurzel. FREUD konnte daher nicht umhin, auch das Phänomen des *Traumes* in den Bereich seiner Auffassungen zu ziehen. Er hatte schon früher erkannt, daß die «Einklemmung» des traumatischen Affektes eine *Verdrängung* von sogenanntem «inkompatiblem» Material zum Grund hatte. Die Symptome waren Ersatzprodukte für Regungen, Wünsche und Phantasien, die um ihrer moralischen und ästhetischen Peinlichkeit willen einer «Zensur» durch gewisse ethische Konventionen unterlagen, das heißt, sie wurden durch eine gewisse moralische Haltung aus dem Bewußtsein verdrängt und durch eine spezifische Hemmung an der Wiedererinnerung gehindert. Die *Verdrängungstheorie,* wie FREUD diese Anschauung passend benannte, wurde wohl zum Kernstück seiner Psychologie. Da sich mit dieser Auffassung sehr vieles erklären ließ, ist es nicht verwunderlich, wenn sie nun auch ihre Anwendung auf die Träume fand. FREUDS *«Traumdeutung»* (1900) ist ein epochemachendes Werk und wohl der kühnste Versuch, der je gemacht wurde, auf dem scheinbar festen Boden der Empirie die Rätsel der unbewußten Psyche zu meistern. Der Autor versuchte den Nachweis, daß Träume verhüllte Wunscherfüllungen seien, an einem konkreten Material zu erbringen. Diese Ausdehnung des aus der Neurosenpsychologie stammenden «Verdrängungsmechanismus» auf das Gebiet des Traumes war der zweite und folgenschwere Übergriff in die Sphäre der normalen Psychologie und rührte allbereits an Probleme, welche ein anderes und gewichtigeres Rüstzeug erfordert hätten als die beschränkten Erfahrungen der ärztlichen Sprechstunde.

«Die Traumdeutung» ist wohl FREUDS bedeutendstes Werk und zugleich das anfechtbarste. Für uns damals junge Psychiater war es aber eine Quelle der Erleuchtung, während es für unsere älteren Kollegen ein Gegenstand des Spottes war. Wie mit der Erkenntnis des Besessenheitscharakters der Neurosen hat FREUD mit der Bewertung des Traumes als wichtigste Informationsquelle über die Vorgänge im Unbewuß-

ten – «der Traum ist die via regia zum Unbewußten» – einen Wert der Vergangenheit und Vergessenheit entrissen, welcher unrettbar verloren schien. Der Traum hatte ja in der alten Heilkunde sowohl wie in der alten Religion eine hohe Bedeutung und die Dignität eines Orakels. Es war eine Tat nicht zu unterschätzenden wissenschaftlichen Mutes, einen damals so unpopulären Gegenstand, wie den Traum, überhaupt in ernsthafte Diskussion zu ziehen. Was uns junge Psychiater damals am meisten förderte, war weder die Technik noch die Theorie, die uns beide in höchstem Maße anfechtbar schienen, sondern die Tatsache, daß es jemand gewagt hatte, sich gründlich mit dem Traum überhaupt zu beschäftigen. Diese Beschäftigung eröffnete nämlich einen Zugang zum inneren Verständnis der Halluzinations- und Wahnbildung in der Schizophrenie, welche die Psychiatrie nur äußerlich beschreibend darstellen konnte. Darüber hinaus wurde sie auch zum Schlüssel für die vielen verschlossenen Türen der neurotischen sowohl wie der normalen Psychologie. Das große und uneingeschränkte Verdienst der *«Traumdeutung»* ist die Tatsache, daß der Traum überhaupt wieder zur Diskussion gestellt wurde.

Die Verdrängungslehre fand eine weitere Anwendung auf die Theorie des *Witzes* und erzeugte die vergnüglich zu lesende Schrift über den *«Witz und seine Beziehung zum Unbewußten»* (1905), ein Seitenstück zur *«Psychopathologie des Alltagslebens»* (1901), welche ebenfalls ein lehr- und unterhaltsames Buch auch für Laien ist. Ein Vorstoß der Verdrängungslehre auf das Gebiet der primitiven Psychologie in *«Totem und Tabu»* (1912) war weniger erfolgreich, indem die Anwendung neurosenpsychologischer Begriffe auf diese primitiven Anschauungen weniger letztere erklärte, als vielmehr die Unzulänglichkeit ersterer in etwas zu deutlichem Lichte erscheinen ließ.

Eine letzte Anwendung dieser Lehre ist endlich diejenige auf das religiöse Gebiet: *«Die Zukunft einer Illusion»* (1927). Wenn in der Schrift über *«Totem und Tabu»* noch vielerlei Haltbares zu finden ist, so kann dasselbe von der letzteren Anwendung leider nicht behauptet werden. Ungenügende philosophische und religionswissenschaftliche Vorbereitung machen sich peinlich bemerkbar, ganz abgesehen von dem Umstand, daß dem Autor jegliches Verständnis für das Wesen des Religiösen abgeht. Im höchsten Alter hat FREUD noch eine Schrift über den «Mann Moses»[1] abgefaßt, über den Führer Israels, der den Boden des versprochenen Landes nicht betreten sollte. Daß seine Wahl gerade auf Moses fiel, dürfte bei einer Persönlichkeit wie FREUD kein Zufall sein.

Wie ich eingangs sagte, ist FREUD stets Arzt geblieben, und bei aller Beschäftigung mit Gebieten anderer Prägung stand ihm die Vision der neurotischen Geistesverfassung vor Augen, jener geistigen Haltung, welche den Kranken eben krank macht und ihn immer wieder daran hindert, gesund zu werden. Wer dieses Bild vor Augen hat, sieht das Unzulängliche an allen Dingen, und er kann, auch wenn er sich dagegen sträubt, nichts anderes aufzeigen, als was ihn die Dämonie des obsedierenden Bildes zu sehen zwingt, nämlich das Peinliche, den nicht zugestandenen Wunsch, das versteckte Ressentiment und die durch Zensur entstellte geheime, illegitime Wunscherfüllung. Weil *unter anderem* solche Dinge in der Seele des Neurotikers ihr Wesen treiben, ist er eben krank, und sein Unbewußtes kennt scheinbar keine anderen Inhalte als diejenigen, die das Bewußtsein aus guten Gründen verworfen hat. Aus der Gedankenwelt FREUDS tönt uns darum ein erschütterndes, pessimistisches «Nichts als» entgegen. Nirgends öffnet sich ein befreiender Durchblick auf hilfreiche, heilende Kräfte, welche das Unbewußte dem Kranken zugute kommen ließe. Jede Position wird unterhöhlt durch eine psychologische Kritik, welche alles auf seine ungünstigen und zweideutigen Vorstufen zurückführt oder sie wenigstens solcher verdächtigt. Diese vorzugsweise negative Haltung hat ihre unbezweifelbare Richtigkeit gegenüber den Uneigentlichkeiten, wie sie die Neurose reichlich produziert. Hier ist eine dunkle Hintergründe vermutende Einstellung oft durchaus am Platz – jedoch nicht immer. Und es gibt keine Krankheit, die nicht zugleich ein mißglückter Heilungsversuch wäre. Anstatt den Kranken als den heimlichen Täter oder Komplizen moralisch unzulässiger Wünsche erscheinen zu lassen, könnte er ebensogut als das unwissentliche Opfer unverstandener Triebprobleme, zu deren Lösung ihm auch niemand in seiner Umgebung geholfen hat, erklärt werden. Seine Träume vollends könnte man auch als Wahr-sagungen der Natur verstehen, jenseits aller menschlich-allzumenschlichen Selbsttäuschungsoperationen, die FREUD in das Traumphänomen hineindeutet.

Ich sage dies nicht zur Kritik seiner Hypothesen, sondern zur Betonung und Herausstellung seiner, offenbar zeitgenössisch bedingten, Skepsis gegenüber allen oder wenigstens den meisten Idealen des 19. Jahrhunderts. Jenes Stück Vergangenheit nämlich ist der geistige

Hintergrund, der sich von der Gestalt FREUDS nicht wegdenken läßt. Er hat den Finger auf mehr als ein Geschwür gelegt. Es war eben längstens nicht alles Gold, was im 19. Jahrhundert glänzte, einschließlich der Religion. FREUD war ein großer Zerstörer, aber die Zeit der Jahrhundertwende bot so viel Gelegenheit zum Einreißen, daß auch ein NIETZSCHE nicht genügt hat. FREUD hat das übrige, und dies gründlich, besorgt. Er hat ein heilsames Mißtrauen geweckt und damit indirekt den Sinn für die wahren Werte geschärft. Der Dusel vom guten Menschen, der die Köpfe benebelte, nachdem sie das Dogma der Erbsünde nicht mehr begreifen konnten, ist zum nicht geringen Teil von FREUD ernüchtert worden. Und was davon etwa noch übriggeblieben ist, das wird die Barbarei des 20. Jahrhunderts hoffentlich endgültig austreiben. FREUD war kein Prophet, aber er ist eine prophetische Figur. In ihm wie in NIETZSCHE kündigt sich die Gigantomachie unserer Tage an, wo es sich zeigen wird und muß, ob unsere höchsten Werte so wirklich sind, daß ihr Glanz nicht in der acherontischen Flut erlischt. Der Zweifel an unserer Kultur und ihren Werten ist eine Zeitneurose. Wären unsere Überzeugungen unzweifelhaft, so könnten sie auch nicht angezweifelt werden. Niemand könnte dann auch nur mit einiger Wahrscheinlichkeit darauf hinweisen, daß unsere Ideale nur uneigentliche Ausdrücke für ganz andersartige und aus guten Gründen zu verheimlichende Motive seien. Das ausgehende 19. Jahrhundert hat uns aber eine Erbschaft von so vielen zweifelhaften Positionen hinterlassen, daß Bezweifelung nicht nur möglich, sondern auch berechtigt, ja sogar nützlich ist. Anders nämlich wird sich das Gold nicht bewähren: es sei denn im Feuer. Man hat FREUD schon öfters mit dem Zahnarzt verglichen, der mit dem zerstörenden Bohrer die kariösen Herde in unangenehmster Weise ausbohrt. So weit stimmt das Gleichnis; es hinkt aber, wenn man erwartet, daß nunmehr eine Goldfüllung eingesetzt werde. Die FREUDsche Psychologie offeriert keinen Ersatz für verlorengegangene Substanz. Wenn die kritische Vernunft uns schon belehrt, daß wir in gewissen Hinsichten infantil und unvernünftig sind oder daß jede religiöse Erwartung eine Illusion sei, was machen wir mit unserer Unvernunft, und was soll uns eine zerstörte Illusion ersetzen? In der Kindlichkeit liegt schöpferische Voraussetzungslosigkeit, und Illusion ist eine natürliche Lebensäußerung, welche beide sich nie und nimmer durch konventionsgebundene Vernünftigkeit und Nützlichkeit unterdrücken oder ersetzen lassen.

Die FREUDsche Psychologie bewegt sich in den engen Grenzen der materialistischen Wissenschaftsvoraussetzung des ausgehenden 19. Jahrhunderts und hat sich über ihre philosophische Prämisse nie Rechenschaft gegeben, was offenkundig mit der ungenügenden philosophischen Besinnlichkeit des Meisters selber zusammenhängt. So war es unvermeidlich, daß sie unter den Einfluß zeit- und ortsbestimmter Vorurteile und Ressentiments geriet – ein Umstand, der schon von verschiedenen Kritikern hervorgehoben worden ist. Die psychologische Methode FREUDS ist und war immer ein Ätzmittel für verderbtes und entartetes Material, wie es in erster Linie bei neurotisch Kranken gefunden wird. Es ist ein Instrument für die Hand des Arztes, das gefährlich und destruktiv oder im besten Fall untauglich wird, wenn es auf natürliche Lebensäußerungen und -notwendigkeiten stößt. Eine gewisse starre Einseitigkeit des theoretischen Standpunktes, gestützt auf eine oft fanatische Unduldsamkeit, war im Anfangsjahrzehnt vielleicht eine unvermeidliche Notwendigkeit; später, als reichliche Anerkennung den neuen Ideen zufloß, wurde sie zum Schönheitsfehler, und schließlich erregte sie, wie jede Intoleranz, den Verdacht auf innere Unsicherheit. Jeder schließlich trägt die Fackel der Erkenntnis nur eine Strecke weit, und keiner ist vor Irrtum gefeit. Der Zweifel allein ist der Vater der wissenschaftlichen Wahrheit. Wer das Dogma in höherem Sinne bekämpft, verfällt, tragischerweise, leicht der Tyrannei einer Teilwahrheit. Alle, die mit Anteilnahme das Schicksal dieses bedeutenden Mannes verfolgten, sahen, wie sich dieses Verhängnis Stück um Stück in seinem Leben erfüllte und in zunehmendem Maße den Horizont seiner Erkenntnis verengte.

Im Laufe einer jahrelangen persönlichen Freundschaft, welche mich ihm verband, war es mir vergönnt, einen tiefen Blick in die Seele dieses eigenartigen Menschen zu tun: er war ein «Ergriffener», das heißt einer, dem sich einmal ein Licht mit überwältigendem Eindruck geöffnet, das von seiner Seele Besitz ergriffen hat und ihn nicht mehr los ließ. Es war die Begegnung mit CHARCOTS Ideen, die jenes Urbild der dämonisch besessenen Seele in ihm erweckte und jenen leidenschaftlichen Erkenntnisdrang entzündete, der ihm eine dunkle Welt erschließen sollte. Er fühlte, daß er den Schlüssel hielt zu jenen düsteren Abgründen der besessenen Seele. Und was dem «lächerlichen Aberglauben» vergangener Zeiten als dämonischer Inkubus erschien, das wollte er als Illusion entlarven, dem bösen Geist der Maske vor die Füße schmeißen und ihn wiederum zum harmlosen Pudel zurückverwandeln, mit einem Wort: ihn zur «psychologischen Formel» machen. Er glaubte an die Macht des Intellektes; kein Faustisches Grauen erschütterte die Hybris seines Unterfangens. Er sagte einmal zu mir: «Mich wundert nur, was in der Zukunft die Neurotiker machen werden, wenn alle ihre Symbole einmal entlarvt sind. Dann wird ja die Neurose gänzlich unmöglich.» Er erhoffte alles von der Aufklärung, und darum war eines seiner Lieblingszitate das VOLTAIREsche: «Ecrasez l'infâme.» Aus diesem Pathos erwuchs eine bewundernswerte Kenntnis und ein ebenso erstaunliches Verständnis des krankhaften seelischen Materials, das er unter hundert verhüllenden Larven witterte und aus ebenso vielen Verkleidungen mit wahrhaft unendlicher Geduld herauszuschälen wußte.

Das KLAGESsche Wort vom «Geist als dem Widersacher der Seele» wäre eine Formel für die Art, wie FREUD die besessene Seele erfaßte. Wo immer er konnte, enteignete er den «Geist» als Besitzergreifer und Verdränger, indem er ihn zur «psychologischen Formel» degradierte. Sein «nichts als» galt diesem «Geiste». In einer entscheidenden Unterredung versuchte ich einst, das «probare spiritus si ex Deo sint» [die Geister prüfen, ob sie aus Gott sind] seinem Verständnis näherzubringen. Leider gelang es mir nicht. So mußte das Schicksal wohl seinen Lauf nehmen. Man kann nämlich einer Ergriffenheit verfallen, wenn man nicht beizeiten begreift, warum man ergriffen worden ist. *Einmal* sollte man sich fragen: Warum hat mich jener Gedanke so ergriffen? Was heißt das in bezug auf mich selber? Dieser bescheidene Zweifel kann uns davor schützen, der eigenen Idee restlos und auf Nimmerwiedersehen zu verfallen.

Die «psychologische Formel» ist nur ein Scheinersatz für jenes dämonisch Vitale, das eine Neurose verursacht. In Wirklichkeit besiegt nur der *Geist* die «Geister», nicht der Intellekt, der bestenfalls dem getreuen Famulus Wagner entspricht und darum kaum als Exorzist geeignet ist.

Anmerkungen

Vom Werden der Persönlichkeit

Vortrag, gehalten unter dem Titel «Die Stimme des Innern» im Kulturbund, Wien, November 1932. Als Abhandlung «Vom Werden der Persönlichkeit» in: *Wirklichkeit der Seele.* Rascher, Zürich 1934. Neuauflagen 1939 und 1947. Neuausgabe (Paperback) 1969. GW 17.

[1] *West-östlicher Divan,* Buch Suleika.

[2] Seitdem dieser Satz geschrieben wurde, hat Deutschland seinen Führer gefunden.

[3] [Vgl. JUNG UND KERÉNYI, *Das göttliche Kind,* in: *Einführung in das Wesen der Mythologie,* s. Grundwerk 2: *Zur Psychologie des Kindarchetypus*].

[4] [In der angloamerikanischen Gesamtausgabe wird dieser Ausspruch CROMWELL zugeschrieben.]

Die Frau in Europa

Erstmals erschienen in: *Europäische Revue* III/7 (Berlin 1927). Als Broschüre im Verlag der Neuen Rundschau, Zürich 1929; Neuausgaben bei Rascher, Zürich 1932, 1948, 1959, 1965; zuletzt in: *Der Einzelne in der Gesellschaft.* Studienausgabe bei Walter, Olten 1971. GW 10.

[1] In den dreißig Jahren seit der ersten Publikation dieser Schrift hat sich die Bedeutung des «Ostens» verändert und zum großen Teil die Gestalt des «russischen Reiches» angenommen. Damit reicht dieser bereits bis nach Mitteldeutschland, hat aber deswegen nichts von seinem asiatischen Charakter eingebüßt. [Anmerkung des Verfassers zur 4. Auflage (1959)]

[2] In *Seelenprobleme der Gegenwart* [und in diesem Band]

Die Ehe als psychologische Beziehung

Erstmals erschienen in: *Das Ehe-Buch. Eine neue Sinngebung im Zusammenklang der Stimmen führender Zeitgenossen.* Hg. von Graf HERMANN KEYSERLING. Kampmann, Celle 1925. Später als Einzelaufsatz in: *Seelenprobleme der Gegenwart.* Rascher, Zürich 1931. Neuausgabe (Paperback) 1969. GW 17.

[1] Vorzügliche Beschreibungen dieses Typus bei RIDER HAGGARD, *She,* London 1887 (und zahlreiche Neuausgaben) und BENOIT, *L'Atlantide,* Paris 1919.

[2] Leidlich gute Beschreibung des Animus bei MARIE HAY, *The Evil Vineyard,* London und New York 1923. Ferner ELINOR WYLIE, *Jennifer Lorn: A Sedate Extravaganza,* London 1924, und SELMA LAGERLÖF, *Gösta Berling,* Leipzig 1903.

Die Lebenswende

Vortrag, im Auszug veröffentlicht in: *Neue Zürcher Zeitung* (Zürich, 14./16. März 1930) als «Die seelischen Probleme der menschlichen Altersstufen». Bearbeitet und erweitert unter dem jetzigen Titel in: *Seelenprobleme der Gegenwart.* (Psychologische Abhandlungen III) Rascher, Zürich 1931. Neuauflagen 1933, 1939, 1946 und 1950; Paperback 1969. GW 8.

Seele und Tod

Erschienen in *Europäische Revue X/4* (Berlin 1934). Gekürzte Fassung unter dem Titel «Von der Psychologie des Sterbens» in *Münchner Neueste Nachrichten* (2. Oktober 1935). Ferner in: *Wirklichkeit der Seele.* (Psychologische Abhandlungen IV) Rascher, Zürich 1934. Neuauflagen 1939 und 1947; Paperback 1969. GW 8.

Das Gewissen in psychologischer Sicht

Vortrag, im Rahmen des vom C. G. Jung-Institut, Zürich, im Wintersemester 1957/58 organisierten Zyklus über «Das Gewissen». Das Manuskript wurde von Dr. med. FRANZ RIKLIN† vorgelesen. Zuerst veröffentlicht in: *Universitas* (Stuttgart, Juni 1958), dann in: *Das Gewissen* (Studien aus dem C. G. Jung-Institut VII) Zürich 1958. GW 10.

Gut und Böse in der analytischen Psychologie

Diskussionsbeitrag bei der Wochenendtagung der Stuttgarter Arbeitsgemeinschaft «Arzt und Seelsorger» im Herbst 1958, auf Grund von Protokollen für den Druck bearbeitet von GEBHARD FREI und veröffentlicht in: *Gut und Böse in der Psychotherapie. Ein Tagungsbericht.* Stuttgart 1959. Der Herausgeber, WILHELM BITTER, schreibt dazu in seinem Vorwort: «Von allen Teilnehmern besonders begrüßt wurden längere Ausführungen von Professor *Jung,* die er als spontane Reaktion auf das Referat von Professor *Seifert* und Fragen der Teilnehmer in lockerer, freier Rede vortrug.» GW 10.

[1] 1 *Mos.* 3,5.

[2] *Luk.* 18,9–14.

[3] HENNECKE (Hg.), *Neutestamentliche Apokryphen,* Tübingen 1924, p. 11.

Psychologie und Dichtung

Erstmals erschienen in: EMIL ERMATINGER, *Philosophie der Literaturwissenschaft.* Berlin 1930. Leicht überarbeitet, mit einigen Änderungen und Zusätzen in: C. G. JUNG, *Gestaltungen des Unbewußten,* Zürich 1950. Das Manuskript einer Vorrede wurde im Nachlaß gefunden und in GW 15 erstmals veröffentlicht. Der Wortlaut deutet darauf hin, daß es sich um einen Vortrag handelt, doch ist hierüber nichts Näheres bekannt.

[1] [In: *Hermetica,* Oxford 1924, I, 114–133.]

[2] Vgl. dazu meine Ausführungen in: *Aufsätze zur Zeitgeschichte,* Zürich (1944) 1952, p. 6 ff.

[3] Neuerdings gründlich nach den Prinzipien der Komplexen Psychologie bearbeitet von LINDA FIERZ-DAVID in: *Der Liebestraum des Poliphilo,* Zürich 1947.

[4] Einige Proben aus BÖHME finden sich in meiner Abhandlung *Zur Empirie des Individuationsprozesses:* GW 9/I [ferner in: *Psychologie und Alchemie:* Grundwerk 5 und 6].

[5] Siehe die ausführliche Untersuchung von ANIELA JAFFÉ *Bilder und Symbole aus E. T. A. Hoffmanns Märchen «Der Goldne Topf»,* in C. G. JUNG, *Gestaltungen des Unbewußten.*

[6] Man denke hierbei an Produkte wie *Ulysses* von JAMES JOYCE, der trotz oder vielleicht gerade wegen seiner nihilistischen Desintegration eine bedeutsame Tiefe besitzt. [Vgl. JUNG, *«Ulysses»,* GW 15.]

[7] *Confessiones,* lib. IX, cap. X (lat. Text s. GW).

[8] *Is.* 33,14 (lat. Text s. GW).

[9] (Lat. Text s. GW.)

[10] Die von BRUNO GUTMANN herausgegebenen *«Stammeslehren der Dschagga»,* München 1932–38, beanspruchen nicht weniger als drei Bände mit zusammen 1975 Seiten.

[11] Briefe an ALBERT BRENNER (*Basler Jahrbuch 1901,* p. 91 f.).

[12] Ich habe dies 1929 geschrieben.

[13] *Hypnerotomachia Poliphili,* Venedig 1499. Vgl. hierzu die Ausführungen von LINDA FIERZ-DAVID, l. c., p. 239 ff.

[14] l. c., p. 38.

[15] Ich beziehe mich auf die erste Prosafassung.

[16] Vgl. *Psychologische Typen,* 5. Aufl. 1950, p. 257 ff. [GW 6].

[17] Vgl. FREUD, *Der Wahn und die Träume in W. Jensens «Gradiva»,* Ges. Werke 7, und *Leonardo da Vinci,* Ges. Werke 8.

[18] *Psyche,* Jena 1926, p. 158.

[19] ECKERMANNS TRAUM, in welchem das Paar – Faust und Mephisto – als ein Doppelmeteor auf die Erde fällt, erinnert damit an das Dioskurenmotiv (vgl. dazu meine Vorlesungen «Über Wiedergeburt» [GW 9/I] und das Motiv der Freundespaare in: *Gestaltungen des Unbewußten*) und interpretiert dadurch eine wesentliche Eigentümlichkeit der GOETHEschen Psyche. Eine besondere Feinheit hierbei ist die Bemerkung ECKERMANNS, daß die beschwingte und leicht gehörnte Figur des Mephisto ihn an Mercurius erinnere. Diese Observation steht in bester Übereinstimmung mit der alchemistischen Natur und Essenz des GOETHEschen Hauptwerks.

[20] Zu diesem Motiv vgl. KARL KERÉNYI, *Der göttliche Arzt,* Basel 1948, p. 84 ff.

Die träumende Welt Indiens

Ursprünglich englisch geschrieben und veröffentlicht unter dem Titel «The Dreamlike World of India» in: *Asia* XXXIX/1 (New York 1939) pp. 5–8. In GW 10 erstmals in deutscher Übersetzung.

Was Indien uns lehren kann

Ursprünglich englisch geschrieben und veröffentlicht unter dem Titel «What India Can Teach Us» in: *Asia* XXXIX/2 (New York 1939) pp. 97–98. In GW 10 erstmals in deutscher Übersetzung.

Zur Psychologie östlicher Meditation

Zuerst erschienen in: *Mitteilungen der Schweizerischen Gesellschaft der Freunde ostasiatischer Kultur,* V, 1943; dann publiziert in: *Symbolik des Geistes,* 1948. GW 11.

[1] *Kunstform und Yoga im indischen Kultbild,* Berlin 1926.

[2] *Sacred Books of the East,* hg. von MAX MÜLLER, 50 Bde., Oxford 1879/1910, Vol. XLIX, Part II, p. 161 ff. (translated by TAKAKUSU).

[3] Jambunadî = Fluß aus dem Saft der Jambusfrucht, fließt rings um den Meru herum und kehrt wieder zum Baum zurück.

[4] Vgl. *Wandlungen und Symbole der Libido.* 1912, p. 161, bzw. Neuauflage 1952: *Symbole der Wandlung* [Grundwerk 7 u. 8, s. Index].

[5] Vgl. *Psychologie und Alchemie* Abb. 61.

[6] Vgl. P. ALBAN STÖCKLI, O. M. Cap.: *Die Visionen des Seligen Bruder Klaus,* Einsiedeln 1933. Vgl. *Bruder Klaus,* GW 11, Paragr. 474 ff.

[7] Der Leser findet die nötigen Angaben in *Psychologie und Religion:* Grundwerk 4, pp. 82 ff.

Vorwort zum I Ging

Geschrieben 1948 für die englische Ausgabe von: *I Ging, Das Buch der Wandlungen,* erschienen 1950. Übersetzt von Mrs. C. F. BAYNES. Die englische Übersetzung dieses Vorwortes weicht weitgehend von der vorliegenden, ursprünglichen Fassung ab. Die deutsche Ausgabe: *I Ging. Das Buch der Wandlungen.* Aus dem Chinesischen verdeutscht und erläutert von R. Wilhelm, Jena 1923. Jungs Vorwort: GW 11.

[1] Über den die einzelnen Linien erläuternden Text macht LEGGE folgende Bemerkung: «According to our notions, a framer of emblems should be a good deal of a poet, but those of the Yî only make us think of a dryasdust. Out of more than 350, the greater number are only grotesque.» (*Sacred Books of the East,* Vol. XVI, p. 22.) Von den «lessons» der Hexagramme sagt derselbe Autor: «But why, it may be asked, why should they be conveyed to us by such an array of lineal figures, and in such a farrago of emblematic representations?» (l. c., p. 25.) Wir vernehmen aber nirgends, daß LEGGE die Methode einmal praktisch probiert hätte.

[2] Die Stengel sind die der Ptarmica Sibirica, die LEGGE noch auf dem Grab des KUNG-FU-TSE wachsen sah.

[3] Hier könnten sich die Arbeiten J. B. RHINES noch als recht hilfreich erweisen. Vgl. *Extra-Sensory Perception.* Boston 1934, und: *New Frontiers of the Mind.* New York 1937.

[4] [Vgl. *Über Synchronizität:* Grundwerk 2.]

[5] Sie sind nach alter Auffassung shan = spiritlike. («Heaven produced the spiritlike things».) LEGGE: l. c., p. 41.
[6] Ich muß hier auf die Darstellung der Methode im WILHELMschen Text verweisen.
[7] So sind z. B. die invidi (Neider) eine stehende Sprachfigur in den alten Lateinern der alchemistischen Literatur, insbesondere in der *Turba Philosophorum* (XI.–XII. Jahrhundert).
[8] Englisch: concept, vom Lateinischen concipere: zusammenfassen, z. B. in einem Gefäß. Concipere kommt von capere: nehmen, ergreifen.
[9] Dies ist die klassische Etymologie. Erst die Kirchenväter haben religio von religare (wiederanbinden) abgeleitet.
[10] Ich habe das Experiment gemacht, bevor ich dieses Vorwort niederschrieb.
[11] Die Chinesen deuten nur die wandelbaren Verse des durch das Orakel erhaltenen Hexagramms. Ich halte in den meisten Fällen alle Zeilen des Hexagramms für bedeutungsvoll.
[12] Ich möchte dem Leser empfehlen, die vier Hexagramme im Text aufzuschlagen und mit sämtlichen Kommentaren zu lesen.

Die Visionen des Zosimos

Vortrag, gehalten bei der Eranos-Tagung in Ascona, August 1937, und veröffentlicht unter dem Titel «Einige Bemerkungen zu den Visionen des Zosimos» in: *Eranos-Jahrbuch* 1937 (Rhein-Verlag, Zürich 1938). Revidiert und erheblich erweitert unter dem jetzigen Titel in: *Von den Wurzeln des Bewußtseins. Studien über den Archetypus.* (Psychologische Abhandlungen IX) Rascher, Zürich 1954. GW 13.
[1] Ἀρετή ist hier nicht als «Tugend» oder «Kraft» («vertu» bei BERTHELOT), sondern als «Kunst» zu übersetzen, entsprechend der «ars nostra» der Lateiner. Von Tugend ist im Traktat überhaupt nicht die Rede.
[2] BERTHELOT, *Collection des anciens alchimistes grecs,* Paris 1887/88, pp. 108 ff./117 ff.
[3] Der ἱερουργός ist der Opferpriester, der die Zeremonien ausführt. Der ἱερεύς ist mehr der ἱεροφάντης, der Prophet und Inhaber der Geheimnisse. Im Texte wird zwischen den beiden kein Unterschied gemacht.
[4] Ein Ἴων begegnet uns in der sabäischen Tradition als Jûnân ben Merqûlius (Sohn des Merkur). Nach EUTYCHIUS soll er der Urahn der Jonier (el-Jûnâniûn) sein. Er gilt den Sabäern als Stifter ihrer Religion. Siehe CHWOLSOHN, *Die Ssabier und der Ssabismus,* Petersburg 1856, I, pp. 205 und 796, und II, p. 509. Auch Hermes gilt als Stifter (l. c. I, p. 521).
[5] Κόλασις, das hier mit «Strafe» wiedergegeben ist, bedeutet dem Sinnzusammenhang nach dasselbe wie die «Qualen», welche die prima materia erleiden muß, um gewandelt zu werden. Diese Prozedur wird als «mortificatio» bezeichnet. (Vgl. *Psychologie und Alchemie:* Grundwerk 6, p. 168 [ferner: Abhandlung V, Abschnitt R. von GW 13].)
[6] διασπάσας κατὰ σύστασιν ἁρμονίας. BERTHELOT (*Alch. grecs,* III, I, 2, 10, pp. 118/108) übersetzt «me démembrant, suivant les règles de la combinaison». Es handelt sich um die Aufteilung in vier Körper, Naturen oder Elemente. Vgl. BERTHELOT, l. c., II, III, 11, pp. 64/68, und id., *La Chimie au moyen âge* III, p. 92. Ebenso *Visio Arislei* in: *Art. aurif.* I, p. 151, und *Exercitationes in Turbam,* IX, l. c., p. 171.
[7] Ich habe mich hier zu einer recht freien Übersetzung gezwungen gesehen. Der Text lautet: εἶδον αὐτὸν ὡς τοὐναντίον ἀνθρωπάριον κολοβόν [pp. 108/118]. Wenn ich mich nicht

täusche, kommen hier Vorstellung und Begriff eines Homunculus zum erstenmal in der alchemistischen Literatur vor.

[8] Ich lese hier statt dem sinnlosen ξηρουργός des Textes ξυρουργός (Barbier). Vgl. dazu III, v, 1, pp. 115/125, wo der ξυρουργός tatsächlich als ἀνθρωπάριον erscheint. (Oder heißt es – adjektivisch – ξυρουγὸν ἀνθρωπάριον?). Der Homunculus ist grau, weil er, wie sich später herausstellt, das Blei ist.

[9] Es kann heißen «der Kunst» oder «der sittlichen Vervollkommnung».

[10] Damit dürfte eine besonders krampfhafte Mundöffnung, die mit einer heftigen Pharynxkontraktion verbunden ist, gemeint sein. Diese Kontraktion hat wohl die Bedeutung einer Würgebewegung, welche das Herauswürgen von Inhalten darstellen soll. Letztere sollen auf den Tafeln niedergeschrieben werden. Es sind von oben kommende Inspirationen, welche von den emporgehobenen Augen gewissermaßen aufgefangen werden. Vermutlich handelt es sich hierbei um ein Procedere, das man mit der modernen Aktiven Imagination vergleichen kann.

[11] οὐγγιασμῷ.

[12] Prokonnesos war der berühmte Marmorbruch Griechenlands, heute Marmora genannt.

[13] Der Text hat hier μέλος.

[14] παρακάτω = daneben herab, vielleicht auch als «untenstehenden» zu übersetzen?

[15] Der Text lautet: Καὶ ἄλλος ὀπίσω αὐτοῦ φέρων περιηκονισμένον τινὰ λευκοφόρον καὶ ὡραῖον τὴν ὄψιν, οὗ τὸ ὄνομα... ἐκαλεῖτο μεσουράνισμα ἡλίου (*Alch. grecs*, III, v[bis], pp. 118/126). BERTHELOT übersetzt: «Un autre, derrière lui, portait un objet circulaire, d'une blancheur éclatante, et très beau à voir, appelé Méridien du Cinnabre.» Es ist nicht ersichtlich, warum ἥλιος im Zusammenhang mit μεσουράνισμα (Mittagsstellung) in eine alchemische Analogie übersetzt werden sollte. Περιηκονισμοένον τινά muß sich auf eine Person und nicht auf einen Gegenstand beziehen. Als Parallele ist, worauf mich Fräulein Dr. von Franz aufmerksam macht, APULEIUS, *Metamorphoseos*, lib. XI [p. 240], zu erwähnen. Von der «Olympiaca stola», mit welcher der Myste bekleidet wird, sagt er: «Bis zu den Fersen fiel mir ein köstlicher Mantel, auf dessen beiden Seiten allerhand Tiere von verschiedenen Farben zu sehen waren; hier indische Drachen, dort hyperboreische Greife... Bei den Eingeweihten heißt dieser Mantel die olympische Stole»... «Ich... war mit einem Kranze von Palmblättern geziert, die so geordnet waren, daß sie um mein Haupt gleich Strahlen herumstanden. So als Bild der Sonne ausgeschmückt, stand ich gleich einer Bildsäule da.» So wurde der Myste dem Volk gezeigt. Die Sonne, die er jetzt war, hatte er zuvor in der Nacht gesehen, nach seinem figürlichen Tod: «Zur Zeit der tiefsten Mitternacht sah ich die Sonne in ihrem hellsten Lichte leuchten.» (Lat. Texte s. GW.) Weiteres hierzu s. u.

[16] Es muß hier im Text eine Lücke bestehen.

[17] Das heißt «der Methode entsprechend».

[18] Ἄσκησις hat hier wohl die Bedeutung von Methode oder Verfahren.

[19] Ich folge hier der Lesart von Lc. (Cod. Par. Gr. 2252).

[20] Die res quaesita oder quaerenda ist bei den Lateinern stehender Ausdruck.

[21] *Visio Arislei*, p. 146 ff. und die Visionen im *Buche des Krates* (BERTHELOT, *Chimie au moyen âge*, Paris 1893, III, p. 44 ff.)

[22] Einige solcher Berichte finden sich zusammengestellt in: *Psychologie und Alchemie*: Grundwerk 6, pp. 28 ff.

[23] Das alchemische Opus erstreckt sich über einen unbestimmt langen Zeitraum. Während

dieser Zeit muß nach allgemeinen Regeln der Laborant «religiose» mit dem Wandlungsprozeß beschäftigt sein. Der Prozeß ist subjektiv sowohl wie objektiv; daher ist es begreiflich, das auch das Traumleben mit in den Prozeß einbezogen ist. G. BATTISTA NAZARI hat das Opus sogar in Form von (allegorischen) Träumen dargestellt (*Della tramutazione metallica sogni tre,* 1599). «Das philosophische Wasser wird dir manchmal im Traum offenbart», heißt es in der Parabola des SENDIVOGIUS (*Bibliotheca chemica curiosa* II, p. 475 b). Es ist nicht anzunehmen, daß hier irgendeine Kenntnis der Zosimosvisionen vorliegt, wohl aber eine wahrscheinliche Beziehung zur *Visio Arislei.* Darauf weist folgende Stelle (l. c.) «...ich sah in Träumen Saturn unserem Merkur die einzige Frucht des Sonnenbaumes aufnötigen». Vgl. dazu den Schluß der *Visio Arislei:* «... wir sahen dich in Träumen als Lehrer. Wir baten, du möchtest uns durch deinen Jünger Horfoltus, welcher der Mehrer der Nahrung ist, Unterstützung gewähren.» (RUSKA, *Turba philosophorum,* p. 327 f.) Am Anfang der *Visio* aber handelt es sich darum, darzustellen, wie man «von jenem unsterblichen Baum» die Früchte sammeln könne.

[24] In unserem Text ist es sogar der Agathodaimon selber, welcher sich der Wandlung unterzieht.

[25] Teilung in die vier Elemente, auf die mortificatio folgend, in: *Exercitationes in Turbam,* IX (*Art. aurif.* I, p. 170). Zur Teilung des Eies in vier Teile vgl. Buch des El-Habîb in: BERTHELOT, *Chimie au moyen âge* III, p. 92. Die Vierteilung wurde bezeichnet als «die... Philosophie in vier Teile teilen» (griech. Text s. GW). (BERTHELOT, *Alch. grecs,* III, XLIV, 5, pp. 219/212).

[26] Z. B. in: SALOMON TRISMOSSIN, *Splendor solis* (*Aureum vellus,* Figur p. 27); id. Neudruck der Londoner Handschrift, Tafel X; ferner in: LACINIUS, *Pretiosa margarita novella* (1546), «mansiones» VIII bis X.

[27] «Es ist das Wasser, welches tötet und belebt» (*Rosarium philosophorum* in: *Art. aurif.* II, p. 214; lat. Text s. GW).

[28] Wie die Taufe ein vorchristlicher Brauch ist, laut evangelischem Zeugnis, so ist auch das göttliche Wasser heidnischen und vorchristlichen Ursprungs. Der entsprechende Text der Praefatio in der Benedictio fontis [Karsamstagsliturgie] lautet: «Der dieses vorbereitete Wasser durch die geheimnisvolle Beimischung seiner Gotteskraft befruchten wolle, damit es deine Heiligung empfange und, aus dem unbefleckten Schoße der göttlichen Quelle zu einem neuen Geschöpfe wiedergeboren, eine himmlische Nachkommenschaft hervorgehen lasse, und damit die Gnade alle, welche durch Geschlecht oder Alter verschieden sind, als Mutter zu einer neuen Kindheit gebäre.» (*Missale Romanum,* SCHOTT; lat. Text s. GW.)

[29] «Sacerdos dividit aquam manu in modum crucis» (l. c.).

[30] Die technischen Ausdrücke hierfür sind divisio und separatio. Vgl. *Psychologie und Alchemie*: Grundwerk 6, pp. 12 f., 158 ff., 216 f.

[31] «Sie ⟨die Wissenschaft⟩ ist jenen klar, die Verständnis haben... sie scheint denen leicht, die um sie wissen.» (*Beati Thomae Aurea hora,* abgedruckt in: *Harmoniae imperscrutabilis* usw., p. 177 [ferner in: *Aurora consurgens,* hg. von MARIE-LOUISE VON FRANZ, Zürich 1950, pp. 136/137 GW 14/III]. «... damit sie seine Worte nicht verstünden, außer jenen, die einer so bedeutenden Unterweisung würdig erachtet werden.» (MAIER, *Symbola aureae mensae,* Frankfurt 1617, p. 146.) «Nur wer den Stein der Philosophen herstellen kann, versteht deren Worte über den Stein.» (*Hortulanus super Epistolam Hermetis* in: *Ros. phil., Art. aurif.* II, p. 270; lat. Texte s. GW.)

[32] Neuerdings hat R. D. GRAY den Einfluß der Alchemie auf GOETHE untersucht. (*Goethe the Alchemist. A Study of Alchemical Symbolism in Goethe's Literary and Scientific Works,* Cambridge 1952.)

[33] Es ist mir mehrfach entgegnet worden, daß man solche Symbole in Träumen gar nicht finde. Selbstverständlich kommen diese Symbole nicht in allen oder irgendwelchen Träumen vor, sondern nur in gewissen. Zwischen Träumen und Träumen ist ein gewaltiger Unterschied, so gut wie zwischen verschiedenen Individuen. Es bedarf schon einer bestimmten Konstellation des Unbewußten, um solche Träume hervorzubringen. Es handelt sich um «archetypische» Träume, d.h. solche, in denen deutliche Mythologeme enthalten sind. (Beispiele in: *Psychologie und Alchemie:* Grundwerk 5.) Um diese zu erkennen, bedarf es allerdings einiger mythologischer Kenntnisse, über welche viele Psychologen nicht zu verfügen scheinen.

[34] Vorausgesetzt, daß es sich an jenen Stellen nicht um Interpolationen mönchischer Abschreiber handelt.

[35] PRELLER, *Griechische Mythologie,* Leipzig 1854, I, p. 436.

[36] Es handelt sich um das Kreterfragment (472 N^2), zit. in: DIETERICH, *Eine Mithrasliturgie,* Berlin 1910, p. 105.

[37] Zum Motiv der «Zerstückelung» vgl. *Symbole der Wandlung:* Grundwerk 8 [ferner *Das Wandlungssymbol in der Messe:* Grundwerk 4]. Zerstückelung, Verwandlung und Zusammensetzung in einem Fall von Schizophrenie bei SPIELREIN, *Über den psychologischen Inhalt eines Falles von Schizophrenie,* in: *Jahrbuch für psychoanalytische und psychopathologische Forschungen* III (1912) pp. 329–400, p. 358 ff. Die Zerstückelung ist ein sozusagen universales Motiv der weit ins Primitive zurückreichenden schamanistischen Psychologie. Sie bildet ein Hauptstück im Initiationserlebnis des Schamanen. (Siehe ELIADE, *Schamanismus und archaische Ekstasetechnik,* Zürich 1956, p. 51.)

[38] FIRMICUS MATERNUS, *Liber de errore profanarum religionum,* Wien 1867, Kp. 7, p. 89 (griech. Text s. GW).

[39] Attis steht in naher Beziehung zu Christus, indem nach alter Überlieferung die Geburtshöhle zu Bethlehem ein Attisheiligtum gewesen sein soll. Durch neuere Ausgrabungen ist diese Tradition bestätigt worden.

[40] Vgl. FRAZER, *The Golden Bough.* A Study in Magic and Religion, London 1911, Part IV: Adonis, Attis, Osiris, p. 242 ff.

[41] FRAZER, l. c., p. 249.

[42] FRAZER, l. c., p. 246.

[43] Bei den Thompson-Indianern in Britisch-Kolumbien hat der Skalp die Bedeutung eines hilfreichen «guardian-spirit». Ähnliches findet sich auch bei den Shuswap in Britisch-Kolumbien. (FRAZER, *Totemism and Exogamy,* London 1910, III, pp. 417 und 427)

[44] [*Das Wandlungssymbol in der Messe:* Grundwerk 4]

[45] *Die Apokalypse des Elias,* hg. von G. STEINDORFF, Leipzig 1899 [Erstes Stück, 4,20–5,1, p. 43, und Fünftes Stück, 36,8 f., p. 95].

[46] *Das Wandlungssymbol in der Messe:* Grundwerk 4 (griech. Text s. GW).

[47] Für diese Begriffe siehe: *Psychologie und Alchemie:* Grundwerk 6 (griech. Text s. GW).

[48] *De circulo physico quadrato,* 1616, p. 15 f. (lat. Text s. GW).

[49] *Philosophia reformata,* 1622, p. 31,3 (lat. Text s. GW).

[50] «In qua radii solis coniuncti sunt». (*Theatr. chem.,* 1613, IV, p. 563)

[51] *Speculativa philosophia* (*Theatr. chem.*, 1602, I, p. 276).
[52] BERTHELOT, *Alch. grecs,* III, LI, 8, pp. 245/236 (griech. Text s. GW).
[53] SCOTT [Hg.], *Hermetica,* Oxford 1924, I, lib. IV, und REITZENSTEIN, *Poimandres,* Leipzig 1904, p. 8 ff.
[54] BERTHELOT, l. c., I, XIII, 1 f., pp. 28 f./31 f.
[55] Griech. Text s. GW (l. c., 2, pp. 29/32).
[56] Das arcanum ist hier symbolisiert durch das Säen des Getreides, die Erzeugung des Menschen, des Löwen und des Hundes. In der chemischen Anwendung ist es die Fixation des Quecksilbers (l. c., 6–9). Hg ist eines der älteren Symbole für das göttliche Wasser. Letzteres hat dessen silberweißen Glanz. «Aqua clarissima» sagt das *Rosarium philosophorum* (*Art. aurif.* II, p. 213).
[57] BUDGE, *The Gods of the Egyptians,* London 1904, II, p. 122 ff.
[58] JACOBSOHN, *Die dogmatische Stellung des Königs in der Theologie der alten Ägypter,* Glückstadt 1939, p. 50.
[59] Vgl. dazu oben die Identifikation des Agathodaimon mit der Wandlungssubstanz.
[60] BERTHELOT, l. c., I, II, pp. 4/4.
[61] Griech. Text s. GW (Traktat des Olympiodoros von Alexandria in: BERTHELOT, l. c., II, IV, 42, pp. 95/103).
[62] BERTHELOT, l. c., II, IV, 43, pp. 95/103.
[63] Vgl. dazu den Hymnus des heiligen ROMANUS über die Theophanie: «Er ist auf der Wasserfläche zu erblicken, er, der einst inmitten dreier Knaben, wie Tau auf dem Feuer, gesehen wurde, nun aber als Feuer im Jordan lodert und hervorbricht, er selbst das unzugängliche Licht» (lat. Text s. GW). (PITRA, *Analecta sacra,* Paris 1876, I, 21.)
[64] BERTHELOT, *Alch. grecs, I,* XIII, 1 ff., pp. 28 f./31 f.
[65] Statt φευρικῆς (?) des Textes.
[66] D. h. des Umlaufes der Gestirne.
[67] Nämlich über die Geheimnisse der Kunst.
[68] *Art. aurif.* I, p. 141.
[69] «Im Meer gibt es einen runden Fisch, der keine Knochen und keine Schale hat, und er hat in sich Fettigkeit, eine wundertätige Kraft, welche, wenn er auf langsamem Feuer gekocht wird, bis sein Fett und seine Feuchtigkeit gänzlich weichen, mit Meerwasser durchtränkt wird, bis sie aufleuchtet: hierauf soll er für eine Woche begraben und dann durch Braten weiß gemacht werden.» (Lat. Text s. GW.) Der Text [l. c.] beschreibt den Wandlungsprozeß [vgl. auch *Aion,* GW 9/II, Paragr. 195].
[70] Lat. Text s. GW [l. c.].
[71] Die Handschrift 390 [Vadiana] von St. Gallen (15. Jh., bei RUSKA, *Turba philosophorum,* Berlin 1931, p. 93 erwähnt). Zu «Fisch» siehe meine «Beiträge zur Symbolik des Selbst» in: *Aion,* GW 9/II, Kp. X.
[72] Lat. Text s. GW [RUSKA, l. c.].
[73] Lat. Text s. GW (Sermo XLI, p. 148).
[74] Worunter Saturn zu verstehen ist. Er gilt als die dunkle Gegensonne. Wie Mercurius das Kind von Sonne und Mond ist, so auch das Kind des Saturn.
[75] Siehe *Psychologie und Alchemie:* Grundwerk 6, p. 135 (6).
[76] BERTHELOT, *Alch. grecs.* III, XLIX, pp. 228/221.
[77] Griech. Text s. GW (*Elenchos,* V, 16,2 p. 111).

[78] 1454–1493, Kardinalerzbischof von Aquileja und großer Humanist.

[79] Lat. Text s. GW (zit. in: MAIER, *Symbola aureae mensae,* 1617, p. 174).

[80] *Lexicon alchimiae,* 1612, pp. 48/49.

[81] Lat. Text s. GW (*Coelum Sephiroticum,* p. 33).

[82] Eine Anspielung auf das Axiom des (Pseudo-)DEMOCRITUS von der Natur, die sich aus sich selbst wandelt.

[83] RUSKA, l. c., p. 190.

[84] l. c., p. 197.

[85] l. c., p. 200 f. – Die aqua nostra ist «nämlich das Feuer, weil es alles verbrennt und zerreibt, das argentum vivum ist der Essig» (Kalidzitat aus dem *Rosarium* in: *Art. aurif.* II, p. 218). «... unser Wasser ist stärker als Feuer ... Und das Feuer ist im Verhältnis zu diesem wie Wasser im Verhältnis zu gewöhnlichem Feuer. Daher sagen die Philosophen: Brennet unser Herz in gewaltigem Feuer» (l. c., p. 250). Das Wasser ist also eine Art Überfeuer, ein ignis coelestis, verhüllt vom Decknamen «Wasser».

[86] Entgegen RUSKA (p. 201[3]) halte ich an der Lesart der Manuskripte fest, weil es sich bei diesem «Geist» einfach um ein Synonym der feuchten Seele des Urstoffes, des humidum radicale, handelt. In diesem Sinne ist ein anderes Synonym des «Wassers» spiritualis sanguis [geistliches Blut] (l. c., p. 129), welches RUSKA [p. 203[2]] mit Recht zu πυρρὸν αἷμα (feuerfarbenes Blut) der griechischen Quellen stellt. Die Gleichung Feuer = Geist ist der Alchemie geläufig. So heißt, wie RUSKA p. 211 selber anführt, Mercurius (ein häufiges Synonym für aqua permanens, vgl. RULANDUS, *Lex. alch.,* p. 49) φάρμακον πύρινον (feuriges Heilmittel).

[87] Lat. Texte s. GW. [Vgl. auch MARIE-LOUISE V. FRANZ (Hg.), l. c., pp. 70 und 76 f.]

[88] *Art. aurif.* II, p. 482.

[89] *Art. aurif.* II, p. 239.

[90] BERTHELOT, *Alch. grecs,* IV, xx, 8, pp. 292/281: «Und wie die gesegneten Wasser herunterkommen, um die im Hades hingestreckt liegenden, gefesselten und darniedergebeugten Toten heimzusuchen, und wie das Heilmittel des Lebens ‹zu ihnen› kommt und sie aus dem Schlafe erweckt» (griech. Text s. GW).

[91] RUSKA, l. c., p. 217.

[92] SCOTT [Hg.] I, Lib. III, 1 b, pp. 146/147.

[93] Vgl. die Praefatio: «Es steige in die Fülle dieses Quells die Kraft des Heiligen Geistes und befruchte die ganze Substanz dieses Wassers mit der Kraft zur Wiedergeburt» [*Missale Romanum,* SCHOTT]

[94] Die Dunkelheitsseele wurde in Ägypten als Krokodil dargestellt. (BUDGE, *The Gods of the Egyptians, London 1904,* I, p. 286)

[95] Im Buch des Ostanes (BERTHELOT, *Chimie au moyen âge, Paris 1893,* III, p. 120) ist ein Monstrum beschrieben, mit Geierflügeln, Elephantenkopf und Drachenschwanz. Die einzelnen Teile des Tieres fressen sich gegenseitig auf.

[96] Vom argentum vivum (=aqua vitae, perennis) heißt es: «Es ist die Schlange, die sich selbst genießt, sich selber befruchtet, sich selbst an einem einzigen Tage hervorbringt und mit ihrem Gift alles tötet, vor dem Feuer flieht» (*Tractatulus Avicennae* in: *Art. aurif.* I, p. 406). «Der Drache wurde in der Schwärze geboren und nährt sich an seinem Merkur, und er tötet sich selbst» (*Art. aurif.* II, p. 271 f.). Die vielfach wiederholte Phrase: «Der Drache stirbt nicht außer mit seinem Bruder und seiner Schwester» wird von MAIER, *Symbola aureae*

mensae, p. 466) folgendermaßen erklärt: «... denn wenn immer die himmlische Sonne und der Mond sich verbinden, muß das im Kopf oder Schwanz des Drachen stattfinden: darin vollzieht sich die Konjunktion und Vereinigung von Sonne und Mond bei einer Eklipse.» (Lat. Texte s. GW.)

97 Diese Eigenschaft hat es mit dem «Mercurius duplex» gemeinsam.

98 «In Lebensfluten, im Tatensturm / Wall ich auf und ab, / Webe hin und her! / Geburt und Grab, / Ein ewiges Meer, / Ein wechselnd Weben, / Ein glühend Leben...» So spricht der Erdgeist, eben der spiritus mercurialis, zu Faust. [*Faust,* 1. Teil, Nacht.]

99 *Theatr. chem.* (1613), IV, p. 577 ff. [Zitat p. 579].

100 In der späteren Alchemie tritt das Motiv der Tötung (mortificatio) des *Königs* auf. Dieser ist, vermöge seiner Krone, eine Art von Sonne. (Vgl. *Psychologie und Alchemie:* Grundwerk 6, Abb. 173.) Das Motiv ist in weiterem Umfang das des Gottesopfers, welches sich nicht nur im Westen, sondern auch im Osten und insbesondere im alten Mexiko entwickelt hat. Dort ist es der Personifikator des Tezcatlipocâ (Feuriger Spiegel), welcher am Toxcatlfest geopfert wird. (SPENCE, *The Gods of Mexico,* London p. 97 ff.) Das gleiche geschah im Kult des Uitzilopochtli, des Sonnengottes (l. c., p. 73 ff.), dessen Gestalt auch im eucharistischen Ritus des Teoqualo [= das Gottessen; siehe *Aion,* GW 9/II, Paragr. 222] figuriert. (Vgl. Das *Wandlungssymbol in der Messe:* Grundwerk 4, pp. 129 ff.)

101 Auf die Sonnennatur des Opfers weist die Tradition hin, daß der zur harranischen Köpfung Bestimmte hellblondes Haar und blaue Augen haben mußte. (Siehe *Das Wandlungssymbol in der Messe:* Grundwerk 4, p. 143 f.)

102 Vgl. hierzu meine Ausführungen über den λίθος ἐγκέφαλος, das harranische Kopfmysterium und den legendären Orakelkopf des Papstes Sylvester II. (l. c., pp. 144).

103 Ihre Form ist noch in der Gestalt der Diakonissenhaube erhalten. (Lat. Texte s. GW.)

104 Nach rabbinischer Tradition sind die Engel (inklusive Satan) am zweiten Schöpfungstage (am Mond-Tag) geschaffen worden. Sie waren in bezug auf die Schöpfung des Menschen sofort geteilter Meinung. Deshalb habe Gott den Adam im geheimen erschaffen, um das Mißfallen der Engel zu vermeiden.

105 «... sie verglichen das Wasser mit dem Ei, da es alles umschließt, was in ihm ist, und in sich alles enthält, wessen es bedarf (totum quo indiget)» *(Consilium coniugii* in: *Ars chem., p. 140).* «Das «totum quo indiget» ist eines der «göttlichen» Attribute. (Vgl. unten!)

106 «... ovo philosophico ... Alias Draco dicitur» (MAIER, *Symbola,* p. 466). Vgl. SENIOR (*De chemia,* p. 108): «Der Drache ist das göttliche Wasser» (lat. Text s. GW).

107 *Mus. herm.,* p. 785. (Lat. Text s. GW).

108 L. c., p. 90. (Lat. Text s. GW)

109 STEEBUS, *Coelum Sephiroticum,* 1679, p. 33.

110 RUSKA, *Turba,* Sermo IV, p. 112. Vgl. auch die «Nomenklatur des Eies». BERTHELOT, *Alch. grecs,* I, IV, pp. 20/21 f., und II, IV, 44, pp. 96/104: OLYMPIODOR über das Ei, die Tetrasomie und die sphärische Phiole. Bezüglich Identität von Ouroboros und Ei sowie Vierteilung siehe das Buch von El-Habîb (BERTHELOT, *Chimie au moyen âge* III, pp. 92 und 104). Die Zerteilung des Eies mit dem Schwert ist figürlich dargestellt im Emblem VIII des *Scrutinium chymicum* von MAIER [p. 22], mit der Sentenz: «Nimm das Ei, und durchschneide es mit dem Schwert.» Daselbst, im Emblem XXV, die Tötung des Drachen, p. 71. Dieselbe mit dem Schwert in der Secunda Figura des LAMBSPRINCK (*Mus. herm.,* p. 345) genannt «Putrefactio». Tötung und Vierteilung gehören zusammen. «Mortificatio ⟨lapidis⟩», «se-

paratio elementorum» (*Exercitationes in Turbam,* IX, p. 170 in: *Art. aurif.* I). Vgl. auch die dramatischen Drachenkämpfe in den Visionen des Krates (BERTHELOT, *Chimie au moyen âge* III, p. 73 ff.).

111 *Ars chem.,* p. 259. Der Text lautet: «Diese Konjunktion von Sonne und Mond entsteht nur nach deren Verderbung. Daher ⟨heißt es von ihnen⟩ in Allegorien...» – weitere Übersetzung siehe oben im Text.

112 *Verus Hermes,* in: PRODROMUS RHODOSTAUROTICUS, *Parergi philosophici,* 1620, p. 16. [Siehe auch GW 13, Paragr. 276.]

113 Dieses Motiv findet sich auch in der Adamparabel der *Aurelia occulta* (*Theatr. chem.,* 1613, IV, p. 580). Dort wird geschildert, wie das Schwert des Engels dem Adam mehrfache blutende Wunden zufügt, weil dieser nicht aus dem Paradies weichen will. Es ist die Arkansubstanz, deren «extractio ex horto» [Herausziehen aus dem Garten] der Eva durch Anwendung eines Blutzaubers endlich gelingt.

114 Vgl. *Das Wandlungssymbol in der Messe:* Grundwerk 4.

115 Cod. Vat. Lat. 7286 (17. Jh.). Abb. 150 in: *Psychologie und Alchemie:* Grundwerk 6. Lat. Text s. GW.

116 Cod. Vossianus 29 (Leiden), fol. 73.

117 RIPLEY, *Cantilena,* Strophe 17. [Vgl. *Mysterium Coniunctionis:* GW 14/II, IV, 4.]

118 *Theatr. chem.* (1602) I, P. 284.

119 [*Hebr.* 4, 12: Lat. Text s. GW.]

120 Siehe *Das Wandlungssymbol in der Messe:* Grundwerk 4, p. 121 f.

121 Die Parallele hierzu ist die Auffassung, daß Christus sein eigenes Blut getrunken hätte.

122 «Lapis noster fit ex una re.» [Unser Stein entsteht aus *einer* Sache.]

123 Das Leuchten des Gefäßes kommt öfters vor, so in: *Allegoriae super librum Turbae* (Art. *aurif.* I, p. 143): ... bis ihr das Gefäß glühen und wie ein Hyazinth leuchten seht. (Lat. Text s. GW). Desgleichen in: *Consilium coniugii* (*Ars chem.* p. 221).

124 Erschienen 1550, fol. A III (lat. Text s. GW).

125 Abgedruckt in: *Bibl. chem.* I, p. 442 b.

126 *Symbola aurea mensae,* p. 63.

127 *Art. aurif.* I, p. 203.

128 l. c., p. 323 f. (lat. Text s. GW).

129 Die «Stoici» sind auch im *Liber quartorum* (*Theatr. chem.,* 1622, V, p. 143) erwähnt.

130 HOGHELANDE, *De alchemiae difficultatibus* (*Theatr. chem.,* 1602, I, p. 199) und a. a. O.

131 *Theatr. chem.* (1622) V, p. 67 (lat. Text s. GW).

132 *Philosophia reformata,* p. 32.

133 «Et istud vas est Luna». (*De lapide philosophico* in: *Theatr. chem.* (1622) II, p. 280.)

134 *Theatr. chem.* (1622) V, p. 148.

135 «Cum animae processissent a germinibus coelorum» [l. c., p. 148].

136 Die humiditas ist «retentiva animarum» [seelenhaltig]. *Lib. quart.* (l. c., p. 148).

137 Vgl. die descensio animae in: *Die Psychologie der Übertragung:* Grundwerk 3, p. 218 f. und 229. f.

138 *Dialogus miraculorum,* Distinctio IV, Kp. XX und Dist. I, Kp. XXXII. [Zu IGNATIUS vgl. JUNG, *Der Geist der Psychologie* = Theoretische Überlegungen zum Wesen des Psychischen, GW 8, Paragr. 395.]

139 *Phil. ref.,* p. 33.

[140] Vgl. die Hypothese des multipeln Bewußtseins in: *Theoretische Überlegungen zum Wesen des Psychischen* [GW 8, Abschnitt F].

[141] *Cons. coniugii* in: *Ars chem.*, p. 109.

[142] *De transmutatione metallorum* in: *Theatr. chem.* (1602) I, p. 574 f.: «... unser Gefäß müsse wahrlich nach geometrischem Größenverhältnis und Maßstab und aus einer bestimmten Quadratur des Kreises hergestellt werden» (lat. Text. s. GW).

[143] *Philosophia chemica* in: *Theatr. chem.* I (1602), p. 500.

[144] *Theatr. chem.* (1613) IV, p. 789.

[145] HONORIUS VON AUTUN, *Speculum de mysteriis ecclesiae*, col. 936. Das Aufritzen der Brust, die Seitenwunde und der Martertod sind Parallelen zur Schlachtung, Zerstückelung, Abhäutung usw. und gehören wie diese zu dem Durchbruch und der Offenbarung des inneren Menschen. Siehe dazu den Bericht des HIPPOLYTUS über das phrygische System: die Phrygier nämlich lehrten, daß der Vater des Alls «Amygdalos» (Mandelbaum) heiße, präexistent (προόντα) sei und «in sich die vollkommene Frucht trage, welche in der Tiefe pulsiere und sich bewege». Er habe «seine Brust zerrissen (διήμυξε) und sein unsichtbares, namenloses und unaussprechliches Kind geboren». Das ist der «Unsichtbare, durch den alles geworden, und ohne den nichts geworden» ist. (Bezieht sich auf den Logos, *Joh.* 1,3.) Er ist der «Syriktes», der Pfeifer, nämlich der Wind (pneuma). Er ist der «Tausendäugige, Unbegreifliche», das «Wort (ῥῆμα) Gottes, das Wort der Verkündigung der großen Kraft». Er ist «verborgen in der Wohnung, wo die Wurzel des Alls gründet». Er ist «das Königreich der Himmel, das Senfkorn, der unteilbare Punkt, den die Pneumatiker allein kennen». (*Elenchos,* V, 9, 1–6, p. 97. f.) [*Barnabasbrief* in: HENNECKE, *Neutestamentliche Apokryphen,* p. 143 ff.]

[146] HERAKLEION lehrte, daß es als Weltgrund einen Urmenschen, genannt Bythos (Meerestiefe), gebe, welcher weder männlich noch weiblich ist. Diesem Wesen scheint «der innere Mensch» nicht nur zu entstammen, sondern auch zu entsprechen, denn es heißt von ihm, daß er «aus dem oberen Pleroma herabgekommen» sei (lat. Texte s. GW).

[147] EPIPHANIUS, *Panarium* (*Contra octoaginta haereses,* XXXVI, III), p. 125.

[148] *La Vertu et la propriété de la quinte essence,* 1581, p. 26 (franz. Text s. GW). Vgl. auch *Aion:* GW 9/II, Paragr. 379.

[149] BERTHELOT, *Chimie au moyen âge* III, p. 80.

[150] In: *Ars chem.,* p. 110 (lat. Text s. GW).

[151] *Theatr. chem.* (1622) V, p. 150 f. (lat. Text s. GW): Die «res simplex» (einfache Sache) bezieht sich in diesem Text letzthinnig auf Gott. Die «res qua indigemus» (Sache, derer wir bedürfen) ist «simplex». Das «simplex» ist «insensibile». Die Seele ist das Einfache, und «das Werk wird nicht vollendet, wenn die Sache nicht in das Einfache verwandelt wird» (p. 130). «Das Verständnis ist die einfache Seele»; «und das Verständnis weiß auch, was höher ist als dieses, und der eine Gott umgibt es, dessen Eigenschaft nicht erfaßt werden kann» (p. 145); «... die Sache, aus der die Dinge entstanden sind, ist der unsichtbare und unbewegliche Gott, durch dessen Willen das Verständnis begründet ist» (l. c.). (Lat. Texte s. GW.)

[152] REITZENSTEIN UND SCHAEDER, *Studium zum antiken Synkretismus aus Iran und Griechenland,* Berlin 1926, p. 45.

[153] LÉVY-BRUHL, *Les Fonctions mentales dans les sociétés inférieures*, Paris 1912. Vgl. *Psychologische Typen*, GW 6, Definitionen s. «Identifikation» und «Identität».

[154] [Vgl. dazu JUNG, *Psychologie und Religion*, Grundwerk 4, pp. 44 und 70 f.]
[155] *Gloria mundi* in: *Mus. herm.*, p. 270 (lat. Text s. GW).
[156] *Ein Philosophisches Werck und Gespräch, von dem Gelben und Rotten Mann «Reverendissimis Domini Melchioris Cardinalis et Episcopi Brixiensis»* in: SALOMON TRISMOSIN, *Aureum vellus*, 1600, p. 179 f. Nach dem roten Mann findet er den schwarzen Raben, und aus diesem kommt die weiße Taube.
[157] Dazu interessante Belege bei GREGORIUS AGRICOLA, *De animantibus subterraneis*, 1549, ebenso bei ATHANASIUS KIRCHER, *Mundus subterraneus*, 1678, lib. VIII, cp. IV.
[158] BERTHELOT, *Alch. grecs*, III, XXXV, pp. 201/207.
[159] l. c., IILX, 18 f., pp. 197/202.
[160] Aenigma IV in: *Art. aurif.* I, p. 151 (lat. Text s. GW).
[161] *Visio Arislei* in: *Art. aurif.* I, p. 146 ff.
[162] *The Canterbury Tales*, in: The Complete Works, hg. von Robinson, Boston 1933: «The Knightes Tale», 2040–2045, p. 444 [engl. Text s. GW].
[163] *Rosinus ad Sarratantam* in: *Art. aurif.* I, p. 311 (lat. Text s. GW).
[164] *Orthelii epilogus* in: *Theatr. chem.* (1661) VI, p. 438 (lat. Text s. GW).
[165] *Ars chem.*, pp. 247, 253 (lat. Texte s. GW).
[166] Der Text hat «Deum», was sinnlos ist. Aussage wie «corpus nostrum est Lapis noster» [unser Körper ist unser Stein] (*Authoris ignoti opusculum* in: *Art. aurif.* I, p. 392) sind zweifelhaft, weil «unser Körper» ebensogut die Arkanmaterie bedeuten kann.
[167] «Belehrung der Kleopatra» in: BERTHELOT, *Alch. grecs.* IV, XX, 8 pp. 292/281.
[168] l. c., 16, pp. 297/285.
[169] BERTHELOT, *Alch. grecs*, III, XLIX, 4, pp. 222 f./229 f.
[170] Für die Wichtigkeit der Selbsterkenntnis gibt es in der alchemistischen Literatur mehrere Belege. Vgl. *Aion*, GW 9/II, Paragr. 250 ff.
[171] BERTHELOT, l. c., 6–7, pp. 22 f./231. Übersetzung des ganzen Textes in: *Psychologie und Alchemie:* Grundwerk 6, pp. 134 ff.
[172] BERTHELOT, *La Chimie au moyen âge* III, p. 50 (franz. Text s. GW).
[173] *Aurora consurgens* [GW 14/III, pp. 72/73.]
[174] BERTHELOT, *Alch. grecs*, III, XLIX, 4, pp. 223/230.
[175] *Der Geist Mercurius* [GW 13, Paragr. 295 ff.].
[176] SPENCER AND GILLEN, *The Northern Tribes of Central Australia*, London 1904, p. 257 ff.
[177] HASTINGS [Hg.], *Encyclopaedia of Religion and Ethics* I, p. 553 b, und FRAZER: *The Golden Bough*, Part I: *The Magic Art* I, p. 160 ff. Solche mit Ocker gefärbten Steine sieht man in Indien noch heute, z. B. im Kalghat in Kalkutta [vgl. HASTINGS, l. c. XI, s. v. «Stones (Indian)»].
[178] PAUSANIAS, *Graeciae descriptio*, hg. von C. S. Siebelis, III, 22,1 [Dt.: *Beschreibung von Griechenland* (Langenscheidt, Klassiker 37 und 38), p. 248].
[179] Ebenso die Archonten von Athen bei der Ablegung ihres Amtseides.
[180] FRAZER, l. c., p. 161.
[181] Sie entsprechen den Aborigines oder Autochthones der vormenschlichen Urzeit, welche von den Zentralaustraliern als Alcheringazeit (gleichbedeutend mit Ahnen- und Traumwelt) bezeichnet wird.
[182] Vgl. dazu den *Komariostraktat* (BERTHELOT, *Alch. grecs*, IV, XX, 11, pp. 294/282): «Gehe hinauf auf den obersten Gipfel zum dichtbewaldeten Berg inmitten der Bäume, und siehe:

ganz oben gibt es einen Stein! Und nimm aus dem Stein das Männliche [wörtlich: das Arsen]...»

183 M. E. SCHEVILL, *Beautiful on the Earth,* New Mexiko 1947, pp. 24 ff. und 38 ff.

184 Vgl. die «She» bei RIDER HAGGARD [in: *She. A History of Adventure,* London 1887].

185 [«Das trunkne Lied» in: *Also sprach Zarathustra,* p. 471.]

186 BERTHELOT, *Alch. grecs,* IV, xx, 8, pp. 292/281.

187 Ich verdanke das Märchenmaterial der freundlichen Unterstützung durch Dr. Marie-Louise von Franz.

188 Ausführlich *Gut und Böse* (Irokesen) in: Nordamerikanische Indianermärchen.

189 A. VAN DEURSEN, *Der Heilbringer,* Den Haag 1931, p. 227.

190 l. c., p. 238.

191 Vgl. damit die Fruchtbarkeitsbedeutung bei den churingas.

192 l. c.

193 *Märchen der Azteken und Inkaperuaner, Maya und Musica,* Diederichs 1928, p. 36.

194 l. c., p. 65.

195 l. c., p. 330.

196 l. c., p. 317.

197 l. c., p. 382.

198 ELIADE, *Schamanismus und archaische Ekstasetechnik,* Zürich 1956, p. 62.

199 l. c., p. 141 f.

200 BERTHELOT, *Alch. grecs,* III, vi, 5, pp. 121/129.

201 STEINDORFF, *Die Apokalypse des Elias,* Leipzig 1899, 36, 17–37, 3, p. 97.

202 *Das Zeitalter des Sonnengottes,* Berlin 1904, p. 106.

203 Näheres siehe *Psychologie und Alchemie:* Grundwerk 5, pp. 226 ff.: «Über die Symbole des Selbst».

204 *Priscilliani quae supersunt* (Corpus scriptorum ecclesiasticorum Latinorum XVIII), 1889, Tractatus I, p. 24.

205 Weiteres zur Christusparallele in: *Psychologie und Alchemie:* Grundwerk 6, passim (s. Register).

206 *Joh.* 3,1–21 [LUTHER-BIBEL].

207 «... quae vidi proprijs oculis, et manibus meis palpavi».

208 Man darf allerdings nicht übersehen, daß die Johanneische Sprache andere Ausdrücke gebraucht als die zeitgenössiche Alchemie: τὰ ἐπίγεια und τὰ ἐπιουράνια, terrena und coelestia in der *Vulgata.*

209 Die Quelle hierfür ist HERMES TRISMEGISTUS: «Es steigt von der Erde zum Himmel auf, und wiederum steigt es herab zur Erde», «... der Wind hat es in seinem Bauch getragen» (RUSKA [Hg.], *Tabula smaragdina,* p. 2). Der Text wird zwar seit alters auf den Stein gedeutet (cf. HORTULANUS, *Commentariolus in Tabulam smaragdinam* in: *Ars chemica,* p. 33 ff.). Der Stein geht aber aus dem «Wasser» hervor. Eine vollkommene alchemistische Parallele zum christlichen Mysterium ist folgende Stelle: «Und wenn ich nackt zum Himmel aufsteige, dann werde ich bekleidet auf die Erde kommen und alle Mineralien vollenden. Und wenn wir im Brunnen des Goldes und des Silbers getauft sein werden und der Geist unseres Körpers zum Himmel aufsteigen wird mit dem Vater und dem Sohn, und wieder herabkommen wird, so werden unsere Seelen wiederbelebt, und mein animalischer Körper wird rein bleiben» (*Consilium coniugii,* l. c., p. 128). Ganz ähnlich spricht der Anonymus der *Ars*

chemica: «Es steht fest, daß die Erde nicht aufsteigen kann, wenn nicht zuvor der Himmel herabgestiegen ist; von der Erde aber heißt es, sie werde in den Himmel emporgehoben, wenn sie, in ihrem eigenen Geiste aufgelöst, mit ihm vereinigt wird. Mit folgendem Gleichnis will ich dich zufriedenstellen: Der Sohn Gottes, herabgefallen (!) in die Jungfrau und dort Fleisch geworden, ist als Mensch geboren worden; er, der um unseres Heiles willen uns den Weg zeigte, litt und starb für uns und kehrte nach der Auferstehung in den Himmel zurück. Wohin die Erde, das ist die Menschheit, erhöht und, über alle Kreise der Welt, in den geistigen Himmel der allerheiligsten Dreifaltigkeit versetzt wurde. Gleichfalls wird, wenn ich sterbe, die Seele – unterstützt durch die Gnade und die Verdienste Christi – zur Lebensquelle, von der sie herabgekommen war, zurückkehren. Der Körper kehrt zur Erde zurück, von wo er, im Jüngsten Gericht gereinigt, durch die vom Himmel herabgestiegene Seele mit sich in die Herrlichkeit eingeführt werden wird» (*Liber de arte chimica incerti authoris* in: *Art. aurif.* I, p. 612f; lat. Texte s. GW).

[210] Die Bewegung des Auf- und Abstieges gehört zur natürlichen Erscheinung des Wassers (Wolken, Regen usw.).

[211] Theosebeia soll zum Kratēr, dem Ort des Todes und der Wiedergeburt, hinuntergehen und dann wieder hinauf zu ihrem «Geschlecht», wohl zur Gemeinschaft der Zweifachgeborenen, zum «Reich Gottes», in der Sprache der Evangelien ausgedrückt.

[212] [*Joh.* 3,16; 3,14 und 4,5–30 (LUTHER-Bibel).] JUSTINUS MARTYR sagt: «Als eine Quelle lebendigen Wassers von Gott ist... dieser Christus aufgebrochen.» (PREUSCHEN, *Antilegomena,* Gießen 1901, p. 129) Bei den Vätern wird die humanitas Christi dem Wasser verglichen (GAUDENTIUS, Sermo XIX, col. 983). EUCHERIUS VON LYON sagt (*Liber formularum spiritalis intelligentiae,* col. 734), daß Christus «das von uns übernommene Fleisch in den Himmel geführt» habe. Diese Idee koinzidiert mit dem arcanum der *Tabula smaragdina,* von dem es heißt: «Es steigt von der Erde zum Himmel auf, und wiederum steigt es herab zur Erde, und es empfängt die Kraft der Oberen und der Unteren.» (RUSKA, l. c., p. 2; lat. Texte s. GW.)

[213] «Geist» in der Alchemie ist das Volantile schlechthin, d. h. alle verdampfbaren und flüchtigen Körper, alle Oxyde und dergleichen. Zugleich aber auch das projizierte Psychische im Sinne eines corpus mysticum, eines «subtle body». (Vgl. MEAD, *The Doctrine of the Subtle Body in Western Tradition,* London 1919.) In diesem Sinne ist die Definition des lapis als eines «spiritus humidus et aqueus» [feuchten und wässerigen Geistes] zu verstehen. Darüber hinaus gibt es auch Hinweise dafür, daß «Geist» und «mens» (engl. mind) und dessen Übung und Verfeinerung als «sublimatio» aufgefaß wurde.

[214] Vgl. dazu das Schicksal des Lichtmenschen bei ZOSIMOS. (*Psychologie und Alchemie:* Grundwerk 6, p. 134ff.

[215] Diese Auffassung liegt schon bei den ältesten Quellen der Alchemie auf der Hand, nur wurde sie symbolisch ausgedrückt. Vom 13. Jh. an aber mehren sich die Texte, welche den mystischen Teil des arcanum preisgeben. Einer der deutlichsten seiner Art ist der deutsche Traktat *Wasserstein der Weysen. Das ist, Ein Chymisch Tractätlein,* Frankfurt/M. 1619.

[216] Das Moment der Qual, das bei ZOSIMOS so stark hervortritt, macht sich auch in der sonstigen alchemistischen Literatur bemerkbar: «Töte die Mutter ab, indem du ihre Hände und Füße abschlägst» (Aenigma VI in: *Art. aurif.* I, p. 151). Zum «Quälen» vgl. *Turba,* Sermones XVIII, XLVII und LXIX [RUSKA, l. c., pp. 127f., 151f. und 167f.]. Entweder

werden die zu verwandelnden Stoffe gequält, oder das Verwandelnde, das arcanum, wird gequält. «Nimm einen Mann, schere ihn kahl und ziehe ihn über einen Stein... bis sein Körper stirbt.» «Nimm einen Hahn... rupfe ihn lebendig, hierauf stecke seinen Kopf in ein gläsernes Gefäß.» (*Allegoriae super librum Turbae* in: *Art. aurif.* I, p. 139ff). Die «Qualen» der materia werden in der mittelalterlichen Alchemie als Abbild der Passion Christi aufgefaßt. (Vgl. z. B. *Wasserstein der Weysen*, p. 97.)

217 «Die Grundlage dieser Kunst, um derentwillen viele zugrunde gegangen sind» (*Turba*, Sermo XV [l. c., p. 124]. ZOSIMOS erwähnt Antimimos, den Dämon des Irrtums. (BERTHELOT, *Alch. grecs*, III, XLIX, 9, pp. 232/225) OLYMPIODOR berichtet, daß Petasius gesagt habe, das Blei (prima materia) sei von einem unverschämten Dämon besessen, welcher bewirke, daß die Adepten verrückt (μανία) würden (BERTHELOT, l. c., II, IV, 43, pp. 95/104). Der Teufel verursache Ungeduld, Zweifel, ja Verzweiflung beim Werke (*Thomae Nortoni Angli Tractatus chymicus* in: *Musaeum hermeticum*, p. 461). HOGHELANDE beschreibt, wie der Teufel ihn und seinen Freund mit Illusionen betrogen hätte (*De alchemiae difficultatibus* in: *Theatr. chem.*, 1602, I, p. 152ff.). Es sind offenbar psychische Gefahren, die dem Alchemisten drohen. Vgl. dazu *Der philosophische Baum*: GW 13, Paragr. 429ff.

218 *Wasserstein der Weysen*, p. 73ff.

219 Dieser Begriff wird in der Alchemie verwendet, z. B. «⟨das Quecksilber⟩ mit seinem mystischen Leib verfestigen» (*Consilium coniugii* in: *Ars chem.*, p. 189).

220 [Vgl. C. A. MEIER, *Die Empirie des Unbewußten*, Zürich 1968, p. 29ff.]

Paracelsus als Arzt

Vortrag, gehalten anläßlich der Feier zum 400. Todesjahr des PARACELSUS im Rahmen der Schweizerischen Gesellschaft zur Geschichte der Medizin und der Naturwissenschaften bei der Jahresversammlung der Naturforschenden Gesellschaft, 7. September 1941 in Basel. Erstmals veröffentlicht in: *Schweizerische medizinische Wochenschrift* LXXXI/40 (Basel 1941), pp. 1153–1170. Ferner in: C. G. JUNG, *Paracelsica. Zwei Vorlesungen über den Arzt und Philosophen Theophrastus*, Zürich 1942, GW 15.

1 Sämtliche Werke. Nach der Huserschen Gesamtausgabe (1589/91) zum erstenmal in neuzeitliches Deutsch übersetzt von B. Aschner, 4 Bde., Jena 1926–1932.
Sämtliche Werke. Hg. von K. Sudhoff, 14 Bde., München und Berlin 1929–1933.

2 D. h. nicht im Prinzip. Gewissen abergläubischen Mißbrauch der Astrologie verwirft er ausdrücklich.

3 *Epistolarum Conradi Geßneri* libri III, Zürich 1577, fol. 2v–r.

4 Adam von Bodenstein, Herausgeber der *Vita longa* und Schüler des PARACELSUS in Basel.

5 PARACELSUS selber erwähnt den Vorwurf «Haeresiarcha» in: *Das Buch Paragranum*, Leipzig 1903, p. 18.

6 Dies allerdings mit einer seltsamen Einschränkung! So sagt PARACELSUS, daß ein «erdichter» Arzt hundertmal mehr Fleiß brauche als ein natürlicher, weil letzterem offenbar alles aus dem «natürlichen liecht» zukommt.

7 *Das Buch Paragranum*, p. 105.

[8] *Liber Azoth,* p. 578. Er behauptet, die Verwandlung der Baumgans selber gesehen zu haben.
[9] *De Caducis. Das ist Von den Hinfallenden Siechtagen,* [HUSER Bd. I, 5. Teil] Paragr. II, p. 253 ff.
[10] *Paragranum.* Die «leprositas aeris» ist übrigens eine bekannte alchemistische Vorstellung. «Der Rost macht erst die Münze wert» (GOETHE, *Faust,* 2. Teil).
[11] *Paragranum,* p. 33.
[12] l. c., p. 39.
[13] l. c., p. 53.
[14] l. c., p. 35 [von JUNG hervorgehoben].
[15] *Labyrinthus medicorum,* [HUSER Bd. I, 2. Teil] Kp. V, p. 166.
[16] l. c., Kp. III, p. 158 ff.
[17] l. c., Kp. IV, p. 161.
[18] *De morbis amentium tractatus secundus,* [HUSER Bd. I, 4. Teil] Kp. VI, p. 73.
[19] *Paragranum,* p. 32.
[20] l. c., p. 65.
[21] l. c., p. 80 und ähnlich p. 83.
[22] PARACELSUS macht zwischen Astronomie und Astrologie keinen eigentlichen Unterschied.
[23] Kp. II, p. 156.
[24] l. c., p. 157.
[25] Ein «Corpus» im Menschen entspricht dem oberen Gestirn (*Paragranum,* p. 49). Wie im Himmel, so schweben auch im Körper die Sterne frei, unvermischt, haben unsichtbare Wirkung wie die arcana (l. c., p. 50).
[26] *Paragranum,* p. 52 f.
[27] PARACELSUS kannte jedenfalls den Text der *Tabula smaragdina,* welche die klassische Autorität der mittelalterlichen Alchemie ist. Der Text lautet: «Quod est inferius, est sicut quod est superius. Quod est superius, est sicut quod est inferius. Ad perpetranda miracula rei unius.» [Was unten ist, ist wie das, was oben ist. Was oben ist, ist wie das, was unten ist. Um die Wunder der *einen* Sache zu durchdringen.]
[28] *Paragranum,* p. 57.
[29] l. c., p. 57.
[30] l. c., p. 48. Vgl. die anschauliche Schilderung in: *De ente astrali (Fragmenta ad Paramirum,* p. 112 f): «Der Himmel ist ein Geist / und ein Dunst / in dem wir wohnen gleich wie ein Vogel in der Zeit. Nicht allein die Sternen / oder Mond / usw. machen den Himmel / sondern es seindt Sternen bey uns / dieselben machen jhn auch / die wir nit sehen und in uns seind... Duplex est Firmamentum, Coeli et Corporum, et illa habent concordantiam ad inuicem, et non Corpus ad Firmamentum... die stercke deß Menschen kompt auß dem obern Firmament / und alle sein krafft steht in jm. Wie dasselbig starck oder schwach ist: Also ist auch das Firmamēt im Cörper...»
[31] *Paragranum,* p. 56.
[32] l. c., p. 55. [Von JUNG hervorgehoben.]
[33] l. c., p. 60.
[34] l. c., p. 54.
[35] l. c., p. 48.

[36] l. c., p. 73.
[37] l. c., p. 72 f.
[38] dem alchemistischen Ofen.
[39] *Paragranum,* p. 77.
[40] l. c., p. 73. Es handelt sich hier ebenfalls um alte alchemistische Vorstellungen.
[41] *Labyrinthus medicorum,* Kp. IV, p. 162.
[42] l. c., Kp. IX, p. 177.
[43] der Teufel.
[44] *Labyrinthus medicorum,* Kp. IX, p. 178.
[45] *Paragranum,* p. 67.
[46] Es ergibt sich daraus der seltsame, aber charakteristische alchemistische Sprachgebrauch, wie z. B. «Illud corpus est locus scientiae, congregans illam» usw. (MYLIUS, *Philosophia reformata,* Frankfurt 1622, p. 123).
[47] Der *Liber quartorum* (10. Jahrhundert) spricht direkt von der «Extraktion der Gedanken». Der betreffende Text lautet: «Sedentes super flumina Eufrates, sunt Caldaei, stellarum periti, et judiciorum earum, et sunt priores, qui adinvenerunt extrahere cogitationem.» [Die an den Fluten des Eufrat sitzen, sind die Caldäer, kundig der Sterne und der Schlüsse über sie. Und sie sind die ersten, die die Extraktion der Gedanken herausgefunden haben.] Diese Bewohner der Euphratufer sind wohl die Ssabier oder Harraniter, deren gelehrter Tätigkeit wir die Übermittlung einer ganzen Reihe von naturwissenschaftlichen Traktaten alexandrinischen Ursprungs verdanken. Wie bei PARACELSUS finden wir schon hier die Verbindung der alchemistischen Wandlung mit den Gestirnseinflüssen. So heißt es (an gleicher Stelle): «Qui sedent super flumina Eufrates, converterunt corpora grossa in speciem simplicem, cum adiutorio motus corporum superiorum» usw. (*Theatrum chemicum,* Bd. V, p. 144). Vgl. zu «extrahere cogitationem» das Paracelsische «attrahere scientiam atque prudentiam» (siehe übernächsten Abschnitt).
[48] *Paragranum,* p. 26.
[49] l. c., p. 27.
[50] l. c., p. 28.
[51] l. c., p. 13; ferner p. 33.
[52] l. c., p. 47.
[53] *Labyrinthus medicorum,* Kp. VI, p. 168 f.
[54] l. c., Kp. VI, p. 170.
[55] *Fragmenta medica,* liber quatuor columnarum medicinae, [HUSER Bd. I, 5. Teil] p. 132.
[56] Auch hierin erweist sich PARACELSUS als konservativer Alchemist. Die Alchemie hat schon im Altertum ihr vierfaches Procedere als τετραμερεῖν τὴν φιλοσοφίαν bezeichnet: «die Teilung der Philosophie in vier Teile» (BERTHELOT, Collection des anciens alchimistes grecs, Paris 1887/88, III, XLIV, 5, p. 219).
[57] «Archasius» wohl identisch mit «Archeus», der inneren Lebenswärme, dem sogenannten Vulcanus. Er scheint im Bauch lokalisiert zu sein, wo er die Verdauung besorgt und «Speise» erzeugt, wie der «Archeus Terrae» die Metalle. Er ist der Alchemist der Erde, der das «Mineralische Fewr in Bergen» gradiere (*De transmutationibus rerum naturalium,* [HUSER Bd. I, 6. Teil] lib. VII, 305). Auch diese Idee ist nicht originell. Wir begegnen ihr schon im harranitischen *Liber quartorum.* Der «Archeus» heißt dort «Alkian» oder «Alkien». «Alkian est... spiritus nutriens et regens hominem, per quem fit conversio nutrimenti, et generatio

animalis, et per ipsum consistit homo...» (*Theatrum chemicum*, Bd. V, p. 152). «Alkien terrae, est Alkien animalis: In finibus terrae... sunt vires..., sicut vires animalis [sic] quas vocant medici alkien» (l. c., p. 191).

[58] *De vita longa*, liber I, Kp. IX, p. 26.

[59] *Paragranum*, p. 98.

[60] *Von dem Podagra*, [HUSER Bd. I, 4. Teil] p. 145.

[61] *Labyrinthus medicorum*, Kp. IX, p. 177.

[62] *Archidoxis magicae*, Huser II, Zehender Theil: catalogus (vgl. auch Sudhoff XIV, p. 437 ff.).

[63] *Paragranum*, p. 21.

[64] 16. Jh. vor Chr. Vgl. EBERS, *Papyros Ebers. Das hermetische Buch über die Arzneimittel der alten Ägypter*, Leipzig 1875.

[65] Gott habe den Arzt von allen Fakultäten am liebsten. Dieser dürfe daher «kein Larvenmann», sondern er müsse wahrhaftig sein (*Paragranum*, p. 95).

[66] *Labyrinthus medicorum*, Kp. VIII, p. 175 f.

[67] Paragraphus primus, pp. 245, 246, 247, 248 und 249.

Sigmund Freud

Erstmals veröffentlicht als Nachruf in: *Sonntagsblatt der Basler Nachrichten* XXXIII/40 (Basel, 1. Oktober 1939). FREUD war am 23. September gestorben. GW 15.

[1] [*Moses ein Ägypter: Wenn Moses ein Ägypter war...* und *Moses, sein Volk, und die monotheistische Religion* (1939).]

Register

Grundwerk C. G. Jung

BAND 1
GRUNDFRAGEN ZUR PRAXIS

Vorwort zur Reihe
Grundsätzliches zur praktischen Psychotherapie
Ziele der Psychotherapie
Psychotherapie und Weltanschauung
Die Psychotherapie in der Gegenwart
Grundfragen der Psychotherapie
Der therapeutische Wert des Abreagierens
Die praktische Verwendbarkeit der Traumanalyse
Allgemeine Gesichtspunkte zur Psychologie des Traumes
Vom Wesen der Träume
Allgemeines zur Komplextheorie
Allgemeine Beschreibung der Typen
Die Schizophrenie

BAND 2
ARCHETYP UND UNBEWUSSTES

Theoretische Überlegungen zum Wesen des Psychischen
Über die Archetypen des kollektiven Unbewußten
Der Begriff des kollektiven Unbewußten
Über den Archetypus mit besonderer Berücksichtigung des Animabegriffes
Die psychologischen Aspekte des Mutterarchetypus
Zur Psychologie des Kindarchetypus
Zur Phänomenologie des Geistes im Märchen
Die transzendente Funktion
Über Synchronizität

BAND 3
PERSÖNLICHKEIT UND ÜBERTRAGUNG

Die Beziehungen zwischen dem Ich und dem Unbewußten

I. Die Wirkungen des Unbewußten auf das Bewußtsein
Das persönliche und das kollektive Unbewußte
Die Folgeerscheinungen der Assimilation des Unbewußten
Die Persona als ein Ausschnitt aus der Kollektivpsyche
Die Versuche zur Befreiung der Individualität
aus der Kollektivpsyche

II. Die Individuation
Die Funktion des Unbewußten – Anima und Animus
Die Technik der Unterscheidung zwischen dem Ich
und den Figuren des Unbewußten
Die Mana-Persönlichkeit

Die Psychologie der Übertragung

Die Bilderserie des Rosarium Philosophorum als Grundlage
für die Darstellung der Übertragungsphänomene

BAND 4
MENSCHENBILD UND GOTTESBILD

Psychologie und Religion

Die Autonomie des Unbewußten
Dogma und natürliche Symbole
Geschichte und Psychologie eines natürlichen Symbols

Das Wandlungssymbol in der Messe

Einleitung
Die einzelnen Teile des Wandlungsritus
Die Parallelen zum Wandlungsmysterium
Zur Psychologie der Messe

Antwort auf Hiob

BAND 5

TRAUMSYMBOLE DES INDIVIDUATIONSPROZESSES

Einleitung in die religionsgeschichtliche Problematik der Alchemie

Traumsymbole des Individuationsprozesses

I. Einführung

Das Material – Die Methode

II. Die Initialträume

III. Die Mandalasymbolik

Über das Mandala – Die Mandalas in den Träumen

Die Vision der Weltuhr – Über die Symbole des Selbst

BAND 6

ERLÖSUNGSVORSTELLUNGEN IN DER ALCHEMIE

Die alchemistischen Grundbegriffe

Die psychische Natur des alchemistischen Werkes

Das Werk

Die Materia prima

Die Lapis-Christus-Parallele

Die alchemistische Symbolik im religionsgeschichtlichen Rahmen

BAND 7

SYMBOL UND LIBIDO

Erster Teil

Einleitung

Über die zwei Arten des Denkens

Vorgeschichte

Der Schöpfungshymnus

Das Lied von der Motte

Zweiter Teil

Einleitung

Über den Begriff der Libido

Die Wandlung der Libido

BAND 8
HEROS UND MUTTERARCHETYP

Die Entstehung des Heros
Symbole der Mutter und der Wiedergeburt
Der Kampf um die Befreiung von der Mutter
Die zweifache Mutter
Das Opfer

BAND 9
MENSCH UND KULTUR

Vom Werden der Persönlichkeit
Die Frau in Europa
Die Ehe als psychologische Beziehung
Die Lebenswende
Seele und Tod
Das Gewissen in psychologischer Sicht
Gut und Böse in der analytischen Psychologie
Psychologie und Dichtung
Die träumende Welt Indiens
Was Indien uns lehren kann
Zur Psychologie östlicher Meditation
Vorwort zum I Ging
Die Visionen des Zosimos
Paracelsus als Arzt
Sigmund Freud

Gesammelte Werke von C. G. Jung

Herausgegeben von
Lilly Jung-Merker und Dr. Elisabeth Rüf

Band 1
Psychiatrische Studien

Band 2
Experimentelle Untersuchungen

Band 3
Psychogenese der Geisteskrankheiten

Band 4
Freud und die Psychoanalyse

Band 5
Symbole der Wandlung

Band 6
Psychologische Typen

Band 7
Zwei Schriften über Analytische Psychologie

Band 8
Die Dynamik des Unbewußten

Band 9/I
Die Archetypen und das kollektive Unbewußte

Band 9/II
Aion. Untersuchungen zur Symbolgeschichte

Band 10
Zivilisation im Übergang

Band 11
Zur Psychologie westlicher und östlicher Religion

Band 12
Psychologie und Alchemie

Band 13
Studien über alchemistische Vorstellungen

Band 14/I
Mysterium Coniunctionis

Band 14/II
Mysterium Coniunctionis

Band 14/III
Mysterium Coniunctionis.
Ergänzungsband «Aurora consurgens»

Band 15
Über das Phänomen des Geistes in Kunst
und Wissenschaft

Band 16
Praxis der Psychotherapie

Band 17
Über die Entwicklung der Persönlichkeit

Band 18/I
Das symbolische Leben. Verschiedene Schriften

Band 18/II
Das symbolische Leben. Verschiedene Schriften

Band 19
Bibliographie

Briefe in drei Bänden 1906–1961

Supplementband Seminare; Kinderträume

Erinnerungen, Träume, Gedanken von C. G. Jung

Aufgezeichnet und herausgegeben von
Aniela Jaffé
432 Seiten mit 8 Seiten Abbildungen
kartonierte Sonderausgabe

«Dieses Erinnerungsbuch ist die Aussage eines Menschen, der von den stärksten religiösen Erlebnissen und Gedanken umgetrieben wurde, dem in Träumen und Visionen die erregendsten Bilder aus der Tiefe seines Unbewußten zukamen, und dem es gelang, diesen Ansturm der Bilder zu bewältigen, sie zu verstehen, ihre kulturhistorischen Entsprechungen zu finden und die Ergebnisse in wissenschaftlicher Sprache auszudrücken. Er sagt selbst darüber: ‹Meine Werke können als Stationen meines Lebens angesehen werden, sie sind Ausdruck meiner innersten Entwicklung.›»

Radio Bremen